Die LEGO®-Boost-Werkstatt

Die LEGO®-Boost-Werkstatt

Eigene Roboter erfinden und programmieren

Daniele Benedettelli

dpunkt.verlag

Daniele Benedettelli

Lektorat: Gabriel Neumann
Lektoratsassistenz: Julia Griebel
Übersetzung: G&U Language & Publishing Services GmbH, Flensburg, *www.GundU.com*
Copy-Editing: Claudia Lötschert, *www.richtiger-text.de*
Satz: G&U Language & Publishing Services GmbH, Flensburg, *www.GundU.com*
Herstellung: Stefanie Weidner
Umschlaggestaltung: Helmut Kraus, *www.exclam.de*
Druck und Bindung: mediaprint solutions GmbH, 33100 Paderborn

Bibliografische Information der Deutschen Nationalbibliothek
Die Deutsche Nationalbibliothek verzeichnet diese Publikation in der Deutschen Nationalbibliografie;
detaillierte bibliografische Daten sind im Internet über *http://dnb.d-nb.de* abrufbar.

ISBN:
Print 978-3-86490-644-2
PDF 978-3-96088-706-5
ePub 978-3-96088-707-2
mobi 978-3-96088-708-9

1. Auflage 2020

Wieblinger Weg 17
69123 Heidelberg

Hinweis:
Der Umwelt zuliebe verzichten wir auf die Einschweißfolie.

Schreiben Sie uns:
Falls Sie Anregungen, Wünsche und Kommentare haben, lassen Sie es uns wissen: hallo@dpunkt.de.

5 4 3

Für Lucia, in Liebe

Der Autor

Daniele Benedettelli ist für seine LEGO MINDSTORMS-Kreationen weltweit bekannt. Während der letzten zwölf Jahre hat er für die LEGO-Gruppe LEGO MINDSTORMS-Produkte getestet und entwickelt. 2012 wurde er als externer Programmierer für LEGO Education angeworben. In dieser Eigenschaft hat er Programme für Modelle des Grundbaukastens von LEGO MINDSTORMS Education EV3 entwickelt. Er ist der Verfasser von *Creating Cool LEGO MINDSTORMS NXT Robots* (Apress, 2008), *LEGO MINDSTORMS NXT Thinking Robots* (No Starch Press, 2010) und *Das LEGO-MINDSTORMS-EV3-Labor* (dpunkt, 2014).

Als freiberuflicher LEGO-Konstrukteur entwirft Daniele Modelle auf der Grundlage von LEGO Education-Produkten für Einrichtungen, die Nachmittagsbetreuung und Weiterbildung anbieten. Außerdem hat er vielschichtige funktionierende Modelle von automatischen Industrieanlagen für große, internationale Unternehmen wie CEA Technologies, Reply und ABB Robotics gebaut. Er hat an vielen LEGO-Veranstaltungen teilgenommen und wurde als Redner und Seminarleiter in viele Länder eingeladen. Zurzeit arbeitet Daniele als fest angestellter Oberstufenlehrer für Robotik in der Toskana. Sein YouTube-Kanal wird millionenfach gesehen, und seine Modelle wurden in Fernsehsendungen rund um die Welt vorgestellt.

Mehr über seine Arbeit erfährst du auf seiner Website *https://robotics.benedettelli.com/* und seiner Facebook-Seite *http://www.facebook.com/robotics.benedettelli/*.

Der Fachgutachter

Xander Soldaat ist ein ehemaliger Mindstorms Community Partner für LEGO MINDSTORMS. Er hatte 18 Jahre lang als IT-Infrastrukturarchitekt und Ingenieur gearbeitet, bevor er zum Vollzeit-Softwareingenieur umsattelte, erst für Robomatter und zurzeit für VEX Robotics. In den letzten fünf Jahren hat er an der Entwicklung von Firmware und der Programmierung von Umgebungen für verschiedene Robotikplattformen im Bildungswesen gearbeitet. In seiner Freiheit beschäftigt er sich mit Roboterbasteleien und 3-D-Druck. Außerdem sammelt und bemalt er Figuren für Tabletop-Spiele.

Danksagung

Wenn ein neues LEGO-Produkt wie LEGO Boost herauskommt, ist die Versuchung groß, ein neues Buch darüber zu schreiben, aber ich kann dir sagen, das ist wirklich harte Arbeit! Es gibt viele Leute, denen ich dafür danken muss, dass sie dieses Buch möglich gemacht haben. An erster Stelle steht dabei meine überaus geduldige Frau Lucia, die es mit mir aushält und auch versteht, dass ich manchmal auch mit LEGO *arbeite* und nicht einfach *spiele*. Ich danke auch unserer wunderbaren Maria Sole, die mir mit ihren molligen kleinen Händen geholfen hat, alle Roboter in diesem Buch einem Belastungstest zu unterziehen.

Danke an Marco Agostini, einen klugen Jungen, der mir dabei half, den Inhalt dieses Buchs zu prüfen, und mir Ideen für weitere Projekte gegeben hat. Danke auch an Beatrice Grasso, ein aufgewecktes, kreatives Mädchen, für ihre Vorschläge, wie die Bauanleitungen übersichtlicher gemacht werden können.

Danke an das Team von No Starch Press, vor allem an Bill Pollock, der die Tür geöffnet hat, als ich mit einer neuen Idee anklopfte, und an Annie Choi und Meg Sneeringer für ihre Unterstützung, ihre kritische Begutachtung und ihre Vorschläge.

Ein großes Dankeschön geht an Xander Soldaat, einen langjährigen LEGO-Kollegen, der nicht nur ein gründlicher und ernst zu nehmender Fachgutachter, sondern auch ein geistreicher Freund ist, ob man nun zusammen abhängt oder nur aus der Ferne kommuniziert.

Ein weiteres großes Dankeschön geht an die Mitglieder der LDraw-Community, die die Werkzeuge entwickelt haben, um hochwertige Bauanleitungen zu erstellen. Mein besonderer Dank gilt dem Meisterkonstrukteur und Autor Philippe Hurbain (Philo), einem Meister bei der 3-D-Modellierung von LEGO-Elementen, Roland Melkert für seine beeindruckende LDCad-Software, Travic Cobbs für LDView und Trevor Sandy für seine Arbeit zur Entwicklung von LPub3D aus den Überresten der Originalsoftware von Kevin Clague.

Danke auch an meinen lieben Fotografenfreund Francesco Rossi (*https://www.fr-ph.com/*) für das großartige Foto auf dem Titelbild. Dieses Mal war es einfach, Francesco, nicht wahr?

Inhaltsübersicht

Inhaltsverzeichnis

Teil III BrickPecker

Teil IV CYBOT

Einleitung

Der LEGO-Boost-Bausatz 17101 wird nicht umsonst als »kreativer Werkzeugkasten« (Creative Toolbox) beworben. Mit seiner großen Auswahl an LEGO-Elementen und elektronischen Geräten kannst du deine LEGO-Modelle zum Leben erwecken. Der Boost-Kasten und die zugehörige App wurden entworfen, um Kindern auf einfache Weise Programmierung und Robotik beizubringen. Mit LEGO Boost kannst du deine eigenen Roboter bauen und programmieren und die Möglichkeiten deiner bisherigen LEGO-Modelle erweitern (weshalb es »Boost« heißt), indem du sie mit Motoren und Sensoren ausstattest.

Warum dieses Buch?

Programmierung ist in Schulen rund um die Welt zu einem neuen Trend geworden, da sie im 21. Jahrhundert als grundlegende Fähigkeit gilt. Der Einstieg in die Robotik mit LEGO Boost ist eine hervorragende Möglichkeit, um Kinder jeglicher Altersgruppen, auch ganz junge, in die Programmierung einzuführen.

Der LEGO-Boost-Kasten enthält zwar fertige Programmierblöcke, mit denen du komplizierte Dinge tun kannst, doch gibt es kein Handbuch, das dir sagt, wo du anfangen sollst oder wie du eigene Roboter erstellen und programmieren kannst. Dazu ist dieses Buch da.

Die LEGO-Boost-Werkstatt verfolgt einen praktischen, vergnüglichen Ansatz, um dich in den LEGO-Boost-Bausatz einzuführen und dir zu zeigen, wie du deine eigenen Roboter bauen und programmieren kannst. Das Buch deckt die Funktionsweise von Boost und allgemeine LEGO-Bautechniken ab und gibt eine gründliche Einführung in die Roboterprogrammierung, wie du sie im Boost-Bausatz selbst nicht finden wirst. Du lernst hier, wie du die Programmierblöcke der Boost-App nutzt, um deine eigenen Modelle zu programmieren. Außerdem erhältst du Bauanleitungen für drei verschiedene Roboter!

Beim Durcharbeiten dieses Buchs findest du ausführliche Beschreibungen der Programme, die dir zeigen, wie du sie selbst von Grund auf erstellen kannst. Wenn du verstanden hast, wie und warum wir bei der Programmierung gewisse Dinge getan haben, lernst du zu denken wie ein Programmierer. Wenn du in eines der Themen tiefer einsteigen möchtest, solltest du nach den grünen »Gehirn-Booster«-Kästen in diesem Buch Ausschau halten.

Voraussetzungen

Um dieses Buch nutzen zu können, brauchst du folgende Dinge:

- Den LEGO-Boost-Kasten »Programmierbares Robotikset« #17101
- Die LEGO-Boost-App (in dem Kasten enthalten)
- Ein Boost-kompatibles Gerät, siehe dazu die Listen auf *http://www.lego.com/de-de/service/device-guide/boost/*
- Wenigstens sechs neue AAA-Batterien (ich empfehle wiederaufladbare Batterien)
- Einen Schraubendreher, um das Batteriefach des Move Hubs zu öffnen

In diesem Buch setze ich voraus, dass du dich bereits mit der LEGO-Boost-App vertraut gemacht und die im Set enthaltenen offiziellen Modelle gebaut und programmiert hast.

Über dieses Buch

In diesem Buch lernst du durch Ausprobieren. Falls du noch nie programmiert hast, solltest du ganz am Anfang des Buchs beginnen. Wenn du vorblätterst, verpasst du einige Grundlagen, die du in den späteren Kapiteln benötigst. Solltest du schon etwas erfahrener sein, kannst du im Index gezielt nach den Themen suchen, über die du etwas mehr erfahren möchtest, oder gleich vorblättern, um die anspruchsvolleren Roboter zu bauen und zu programmieren.

Im ersten Teil des Buchs erhältst du eine Einführung in den Boost-Kasten und einige der Programmierblöcke, die auf der Kreativen Leinwand zur Verfügung stehen. Außerdem lernst du deinen neuen Freund MARIO kennen, einen leicht zu bauenden Roboter mit Rädern, den du später mit zusätzlichen Werkzeugen und Sensoren ausstatten wirst.

Am Anfang sorgst du mit nur einem einzigen Programmierblock dafür, dass sich MARIO vorwärts bewegt, und erweiterst seine Fähigkeiten dann nach und nach. Schließlich wirst du ihn so programmieren, dass er sich präzise bewegt, Aktionen wiederholt, redet und Klänge abspielt, seine Umgebung erkundet, Linien auf dem Boden folgt, sich an der Wand orientiert, nach Zielen sucht, auf die er schießen kann, und deiner Hand folgt. Du kannst ihn sogar dadurch steuern, dass du ihm Farben zeigst, mit ihm sprichst und die Boost-App als Fernsteuerung nutzt.

Am Ende von Teil II lernst du mehr über das LEGO-System kennen und erhältst einige Tipps und Tricks für das Bauen mit den Teilen im LEGO-Boost-Set. Besondere Bautechniken und Konstruktionsmöglichkeiten sind in den Bauanleitungen aller Roboter in diesem Buch hervorgehoben. Die Versuche in den einzelnen Kapiteln helfen dir, das Gelernte zu wiederholen und anzuwenden.

In den letzten Teilen des Buchs findest du die Bau- und Programmieranleitungen für zwei Roboter, einen Steine sortierenden Vogel namens BrickPecker und einen gehenden, menschenähnlichen Roboter namens CYBOT. Du programmierst den BrickPecker, sodass er Steine nach Farben sortieren kann, und lässt CYBOT gehen, reden und auf deine Sprachbefehle reagieren.

In den einzelnen Kapiteln lernst du Folgendes:

Teil I: Grundlagen der Programmierung

Kapitel 1, »Der LEGO Boost-Werkzeugkasten«, beschreibt den Inhalt des LEGO-Boost-Kastens.

Kapitel 2, »Gestatten: MARIO!«, zeigt dir, wie du MARIO baust und programmierst. Diesen einfachen Roboter auf Rädern wirst du im Großteil des Buchs verwenden.

Kapitel 3, »Motorblöcke«, beschreibt, wie du MARIO mithilfe von Motorblöcken steuerst.

Kapitel 4, »Präzise Steuerung«, erklärt, wie du den Roboter bewegst und lenkst.

Kapitel 5, »Aktionen mithilfe von Schleifen wiederholen«, zeigt, wie du Code wiederverwenden kannst, damit dein Roboter Aktionen wiederholt.

Kapitel 6, »MARIO erkundet die Welt«, erläutert, wie du den Boost-Sensor verwendest, damit dein Roboter Objekte erkennen und darauf reagieren kann.

Kapitel 7, »Farben erkennen«, erklärt, wie du MARIO mithilfe von farbigen Fliesen steuern kannst.

Teil II: Techniken für Fortgeschrittene

Kapitel 8, »Ein Spurfolgeroboter«, erklärt, wie du MARIO so programmierst, dass er Linien folgt.

Kapitel 9, »Immer an der Wand lang«, zeigt dir, wie du MARIO so programmierst, dass er einer Wand folgt und dabei auch um die Ecken herumkommt.

Kapitel 10, »Ein klanggesteuerter Roboter«, beschreibt, wie du den Roboter mit deiner Stimme oder dadurch steuern kannst, dass du ihn kippst.

Kapitel 11, »MARIO schaut sich um«, zeigt, wie du einen Scankopf für MARIO baust, mit dem er seine Umgebung absuchen und dann entscheiden kann, wohin er sich bewegt.

Kapitel 12, »Pfeilspiel«, bringt dir bei, wie du den Roboter mit der Fernsteuerung bewegst und wie du ein Spiel schreibst, bei dem MARIO mit Pfeilen schießt.

Kapitel 13, »Bautechniken«, beschreibt einige Grundlagen des LEGO-Systems und einige Bautechniken für Fortgeschrittene wie Aussteifung und SNOT (Studs Not On Top, also »Noppen nicht oben«). Außerdem lernst du hier, wie du die Bewegungen der Motoren mithilfe von Zahnrädern umwandelst.

Teil III: BrickPecker

Kapitel 14, »BrickPecker: Ein Vogel sortiert Steine«, enthält die Bauanleitung für den Robotervogel BrickPecker.

Kapitel 15, »Den BrickPecker programmieren«, zeigt, wie du BrickPecker so programmierst, dass er Steine nach Farben sortiert.

Teil IV: CYBOT

Kapitel 16, »Den CYBOT bauen«, enthält die Bauanleitung für den menschenähnlichen Roboter CYBOT.

Kapitel 17, »Den CYBOT programmieren«, erklärt, wie du CYBOT so programmierst, dass er geht, Kopf und Arme bewegt, redet, auf Objekte schießt und auf Sprachbefehle reagiert.

Der **Anhang »Lösungen der Versuche«** enthält die Lösungen der Versuchsaufgaben aus den einzelnen Kapiteln.

Onlinequellen

Die Welt von LEGO Boost ändert sich ständig. Um Aktualisierungen, neue Informationen und Lösungen für Probleme zu erhalten, kannst du in den folgenden Onlinequellen nachschauen:

- Die offizielle Webseite zu LEGO Boost auf *http://www.lego-com/de-de/themes/boost/* enthält die neuesten Nachrichten zum Produkt sowie Links zum Onlinesupport von LEGO und Ratschläge für die Fehlersuche.
- Auf *http://www.lego.com/de-de/service/device-guide/boost/* findest du eine Liste aller Geräte, auf denen die LEGO-Boost-App läuft.
- Die Begleitwebsite zu diesem Buch auf *https://nostarch.com/boostactivitybook* enthält nützliche Links (in englischer Sprache).
- Die Website des Autors auf *https://robotics.benedettelli.com/lego-boost-activity-book/* bietet weitere Tipps und Tricks, Anleitungen und Korrekturen (in englischer Sprache).

TEIL I

Grundlagen der Programmierung

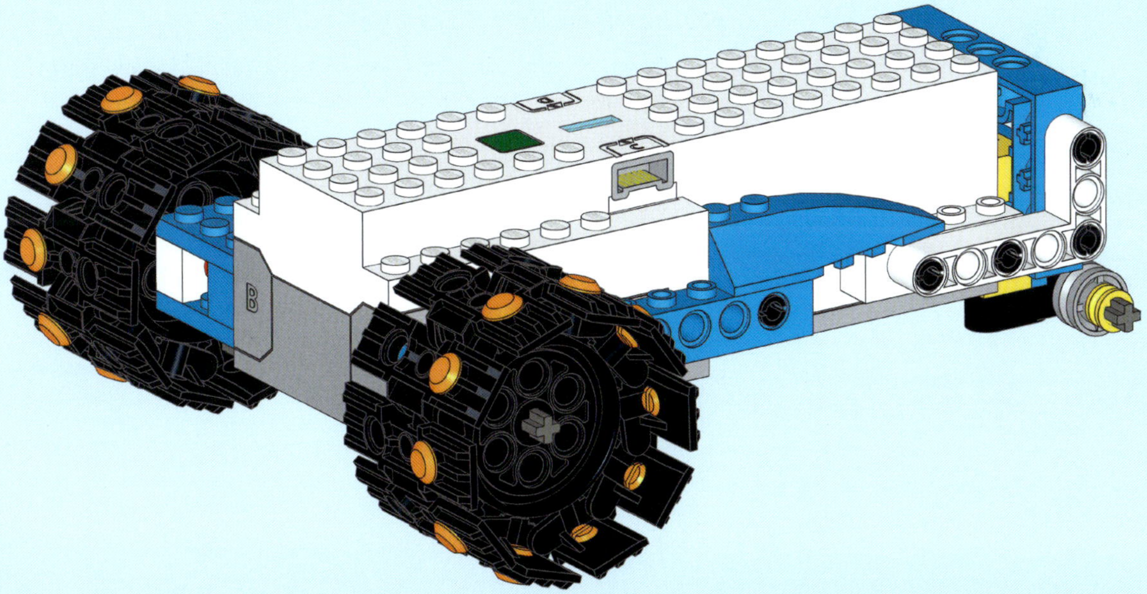

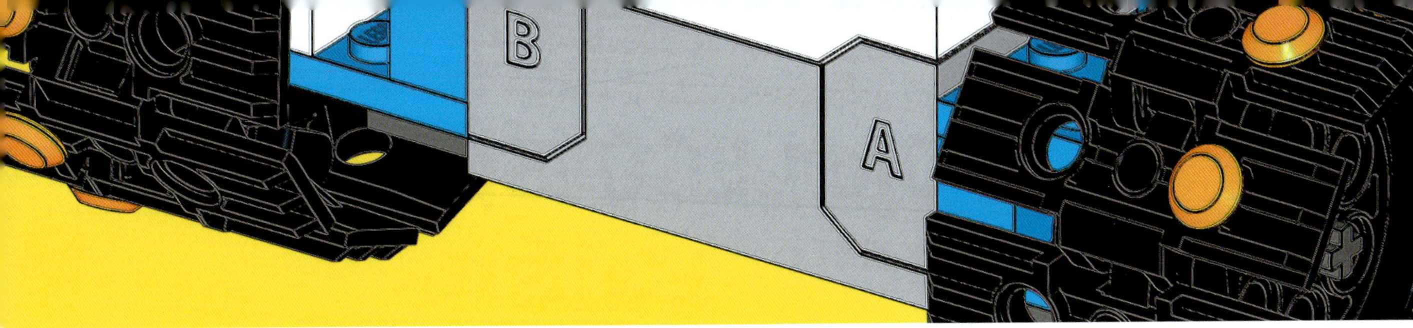

1

Der LEGO-Boost-Werkzeugkasten

Das Boost-Set enthält eine erstaunliche Vielfalt an bunten LEGO-Teilen, von einfachen Steinen, Platten und Fliesen über Technic-Steine, Liftarme, Achsen, Pins, Zahnräder, Räder und Raupenketten bis hin zu komischen Zierelementen. Der englische Name für das Set ist »Creative Toolbox«, kreativer Werkzeugkasten. Was diesen Kasten aber so einzigartig macht, sind der LEGO Boost Move Hub, der externe Motor und der Sensor!

Wenn du den Kasten aufmachst, findest du wie in Abb. 1-1 gezeigt, elf nummerierte Beutel, einen weiteren Beutel mit Teilen, einen weißen Kasten mit dem LEGO Boost Move Hub sowie die LEGO-Boost-Spielmatte aus Karton.

ABBILDUNG 1-1: Das LEGO-Boost-Set #17101 enthält LEGO-Elemente, elektronische Bauteile und eine Spielmatte aus Karton.

Die LEGO-Sprache beherrschen

Stell dir vor, du baust mit ein paar Freunden an einem LEGO-Boost-Modell und brauchst ein ganz bestimmtes Teil. Aber alles, was du hervorbringen kannst, ist: »He, reichst du mir mal dieses … Dingens … sachmaschnell … dieses Dingsbums da?«

Es ist viel einfacher, die LEGO-Bautechniken anzuwenden – und mit anderen darüber zu sprechen –, wenn du weißt, wie die einzelnen LEGO-Teile heißen, in welche Kategorien sie gehören und wie du ihre Größe angibst. Ohne Grammatikkenntnisse und einen ausreichenden Wortschatz kann man keinen Roman schreiben, und genauso verhält es sich auch mit dem Bauen von LEGO-Modellen: Du musst die LEGO-Sprache beherrschen.

Im LEGO-Boost-Kasten findest du Teile der folgenden Arten:

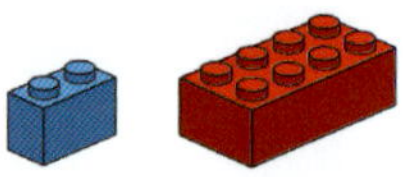

Steine Dies sind die grundlegenden Bauelemente. Gemessen und benannt werden sie anhand der *Noppen* auf ihrer Oberseite, also beispielsweise als »2-mal-4-Stein«, was im Druck als »2×4-Stein« wiedergegeben wird.

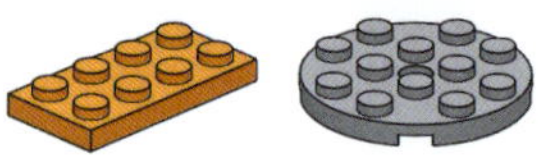

Platten und Fliesen Diese flachen Teile haben nur ein Drittel der Höhe eines Steins.

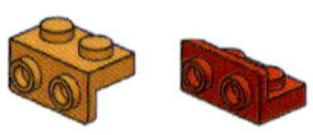

SNOT-Konverter SNOT steht für »Studs Not On Top«, also »Noppen nicht oben«. Diese Elemente haben auch Noppen an den Seiten, was es ermöglicht, in mehrere Richtungen zu bauen.

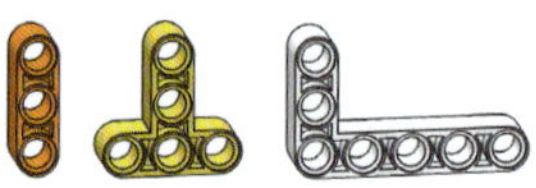

Liftarme Diese Technic-Elemente werden durch Verbinder zusammengehalten. Ähnlich wie bei Steinen wird ihre Größe anhand der Anzahl der Löcher angegeben.

Achsen Diese Stangen können sich frei drehen, du kannst sie aber auch dazu verwenden, Elemente fest miteinander zu verbinden.

Pins Es gibt zwei Varianten von Pins: Diejenigen mit Reibung halten Teile fest zusammen, während sich diejenigen ohne Reibung frei drehen können. Um ein Gefühl für den Unterschied zu bekommen, probiere einfach mal aus, zwei Liftarme mit unterschiedlichen Arten von Pins zu verbinden.

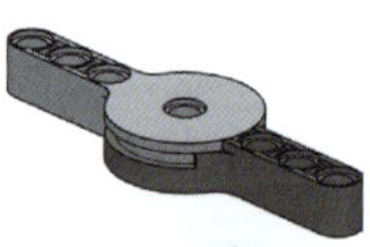

Scharniere Mit diesen Teilen kannst du deine Modelle mit Gelenken versehen.

Zahnräder Diese Elemente übertragen Bewegung.

Räder Räder gibt es in verschiedenen Größen.

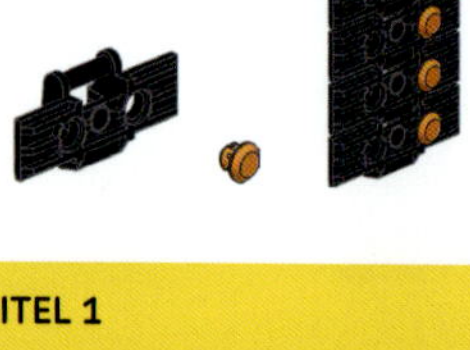

Raupenketten Diese Elemente kannst du für Panzer und Planierraupen verwenden. Die Länge bestimmst du dadurch, wie viele Teile du hinzufügst. Die orangefarbenen Gumminoppen geben der Raupenkette ein griffigeres Profil.

Der LEGO-Boost-Kasten enthält drei elektronische Bauteile (siehe Abb. 1-2).

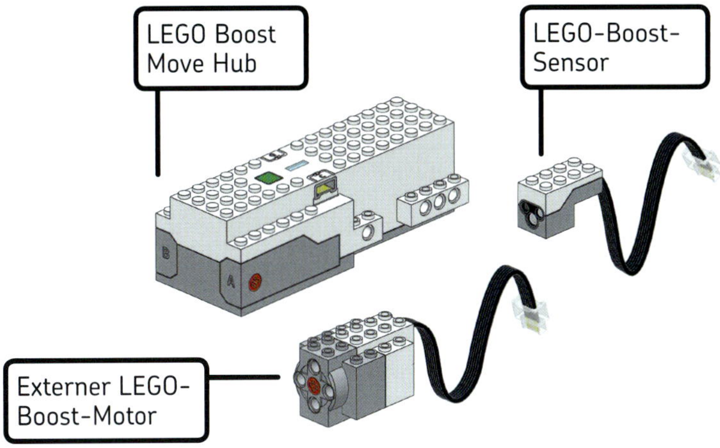

ABBILDUNG 1-2: Die elektronischen Bauteile

Move Hub Dies ist das Gehirn des Boost-Systems, das über Bluetooth mit deinem Gerät kommuniziert. Der Move Hub, der auch als *Antriebsbasis* bezeichnet wird, verfügt über zwei Motoren, einen eingebauten Neigungssensor und eine mehrfarbige Lampe. Den externen Motor und den Sensor kannst du mit seinen beiden Anschlüssen verbinden. Als Stromquelle benötigt er sechs AAA-Batterien. Am besten nimmst du wiederaufladbare Batterien. Der Move Hub ist ein echter Stromfresser, der einen kompletten Satz Batterien in wenigen Stunden leersaugt.

Motor Wenn der Motor an den Move Hub angeschlossen ihn, kannst du ihn genau steuern.

Sensor Dieser Sensor kann Farben erkennen, den Abstand zu anderen Objekten messen usw.

Spiele ein bisschen mit diesen Elementen herum, um ein besseres Gefühl dafür zu bekommen, was sie machen und wie sie funktionieren. Eine vollständige Liste aller Teile im LEGO Boost-Kasten findest du auf *https://nostarch.com/lego-boost-activity-book/* (in Englisch, aber mit genauen Abbildungen).

Roboter programmieren

Einen Roboter zu programmieren, bedeutet, ihm genau zu sagen, was er tun soll. Um den LEGO-Boost-Hub zu programmieren, musst du die LEGO-Boost-App herunterladen. Damit kannst du *Code schreiben*, also dem Roboter Anweisungen in seiner eigenen Sprache geben. Für ein Android-Gerät lädst du dir die App aus dem Google Play Store herunter, für ein Apple-Gerät aus dem App Store und für einen Windows 10-Computer aus dem Windows Store.

Auf *https://www.lego.com/de-de/service/device-guide/BOOST* unterhält LEGO Listen der kompatiblen Geräte. Es gibt auch eine ständig wachsende inoffizielle Liste mit getesteten, kompatiblen iOS- und Android-Geräten, die von der Facebook Unofficial LEGO Boost Community Group veröffentlicht wird (*https://www.facebook.com/groups/BOOSTcommunity/*).

Den Teiletrenner verwenden

Der Boost-Kasten enthält auch den Teiletrenner, ein sehr praktisches Werkzeug, das ein bisschen wie eine Brechstange aussieht. Damit kannst du eine Platte von der Oberseite (A) oder Unterseite (B) einer anderen Platte lösen, Fliesen an ihrer kleinen Nut anheben (C) und Pins und Achspins aus den Öffnungen von Zahnrädern (D) und Steinen (E) drücken.

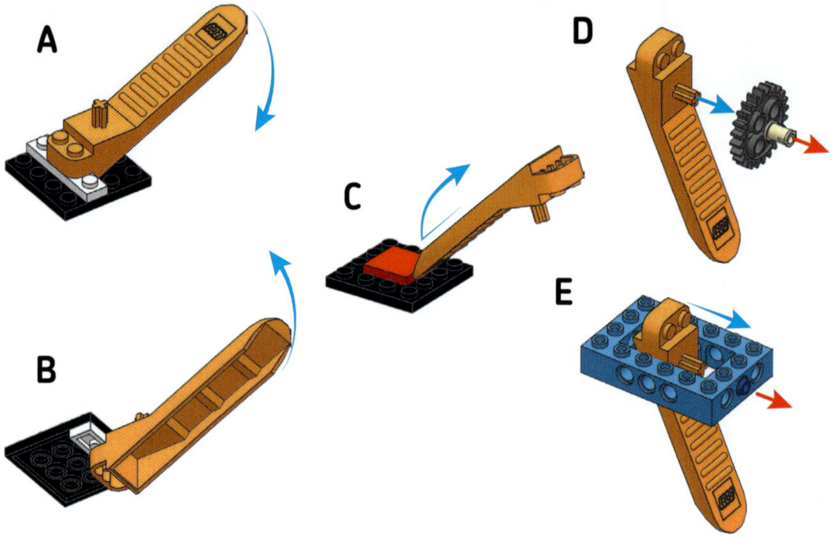

Bau dir einen Roboter!

Nachdem wir uns die in dem LEGO-Boost-Kasten enthaltenen Teile angesehen und die App zur Robotersteuerung heruntergeladen haben, wollen wir als Nächstes einen einfachen beweglichen Roboter bauen, um die Welt der Robotik kennenzulernen.

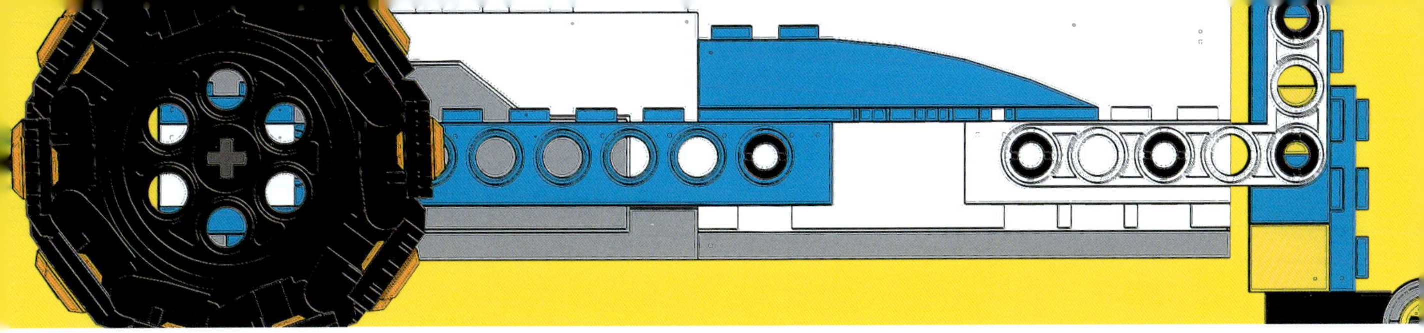

2

Gestatten: MARIO!

In diesem Kapitel baust du einen Roboter auf Rädern und schreibst dein erstes Programm! Dazu verwendest du einen Abschnitt der LEGO-Boost-App, der als *Kreative Leinwand* bezeichnet wird und es dir erlaubt, eigene Programme von Grund auf zu erstellen.

Der einfache Roboter, den du in Abb. 2-1 siehst, trägt den Namen MARIO, was für *Multi-Accessory Robot Is Obligatory* steht, also etwa »Roboter mit viel Zubehör ist unverzichtbar«. Das heißt also, dass wir diesen Roboter mit viel Zubehör ausstatten können, sodass er eine Menge toller Sachen machen kann! In den späteren Kapiteln erweitern wir ihn dann auch tatsächlich um viele neue Zusatzteile.

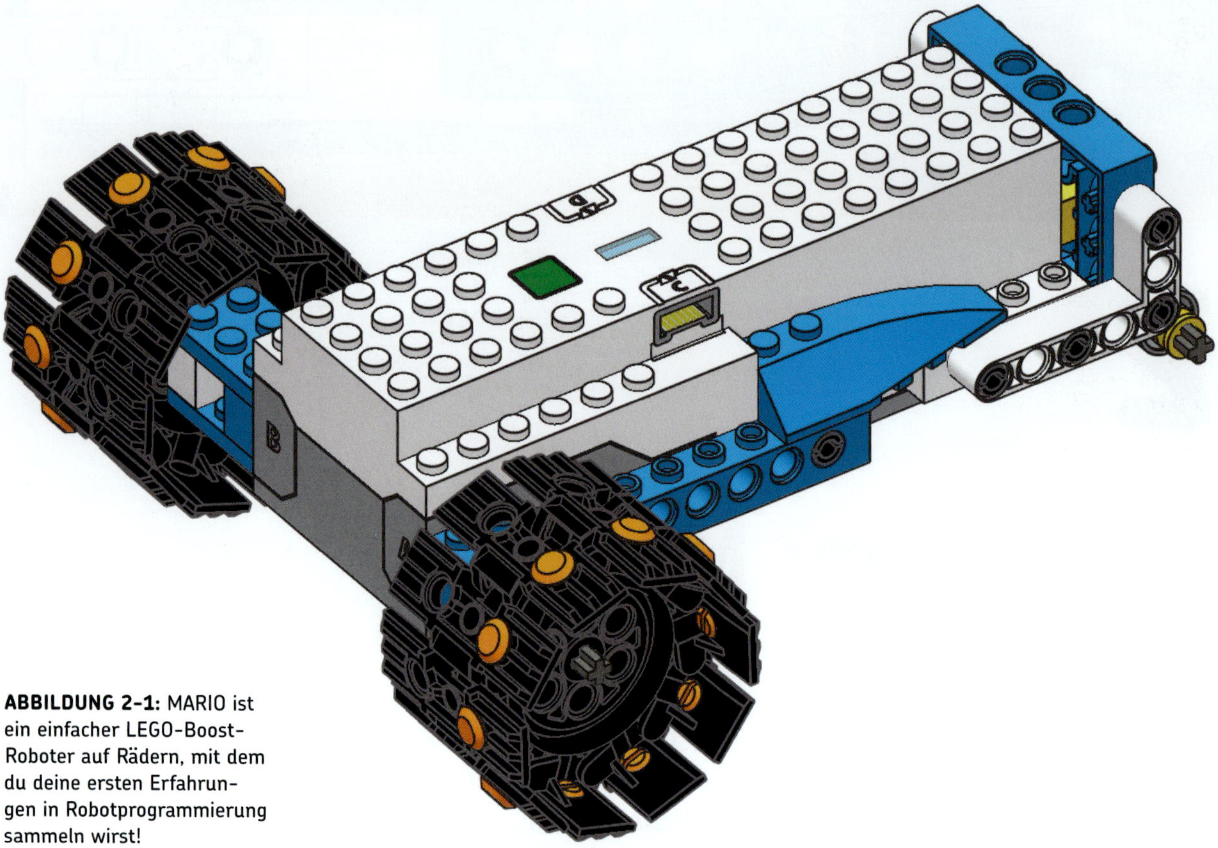

ABBILDUNG 2-1: MARIO ist ein einfacher LEGO-Boost-Roboter auf Rädern, mit dem du deine ersten Erfahrungen in Robotprogrammierung sammeln wirst!

MARIO bauen

Die folgenden Anleitungen beschreiben den Bau Schritt für Schritt, wobei auch jeweils angegeben ist, welche Teile du brauchst. Bei einigen Teilen, etwa Achsen, gebe ich die Länge in LEGO-Einheiten an, damit klar ist, welche Größe du verwenden musst. Um die Achsen zu messen, legst du sie neben einen Technic-Stein und zählst die Noppen, wie Abb. 2-2 zeigt.

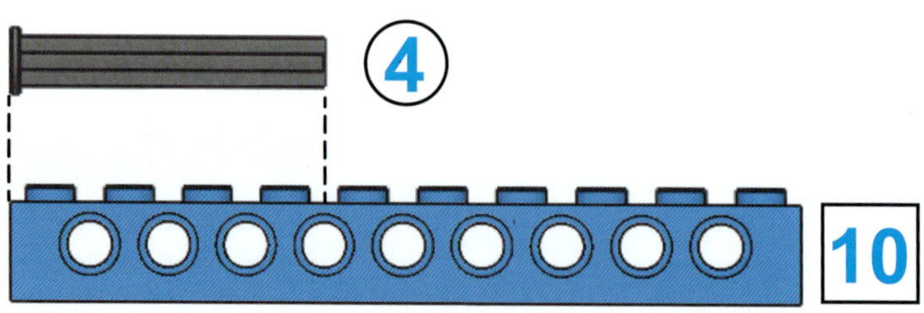

ABBILDUNG 2-1: Die Länge von Steinen wird durch die Anzahl der Noppen angegeben. Eine LEGO-Achse hat keine Noppen, aber du kannst sie neben einen Stein legen und dessen Noppen zählen, um die Länge der Achse zu bestimmen.

1

3x

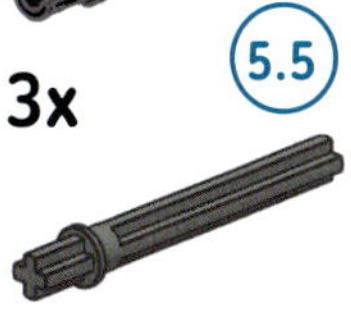

1x

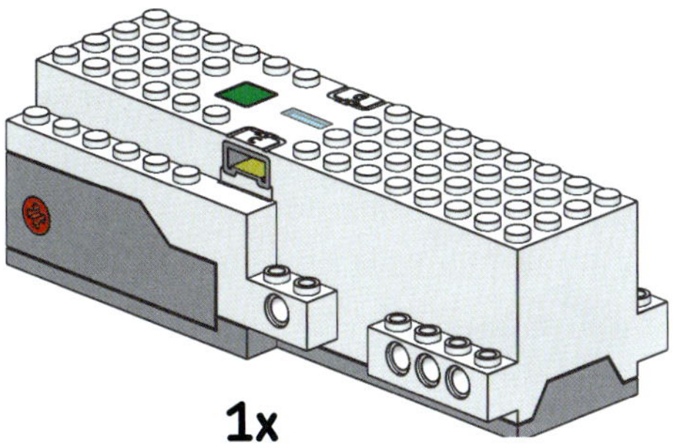

1x

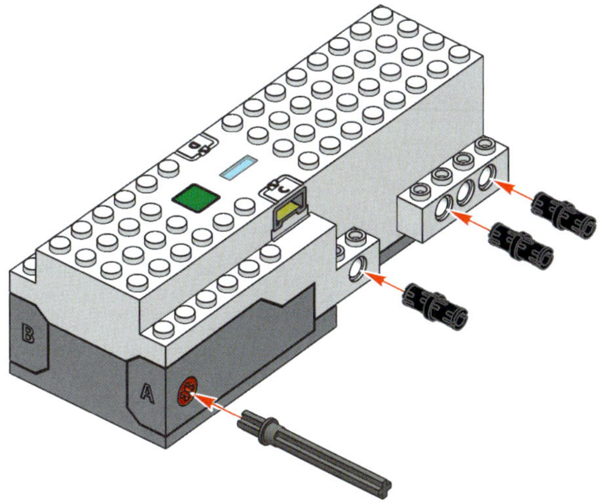

2

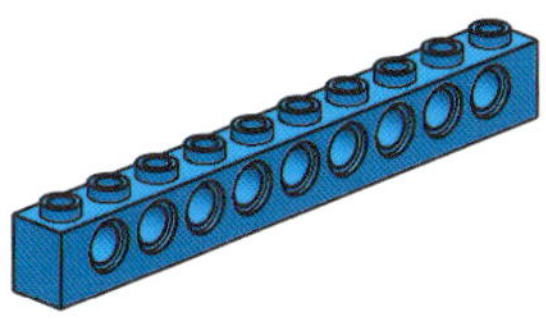

1x

1x

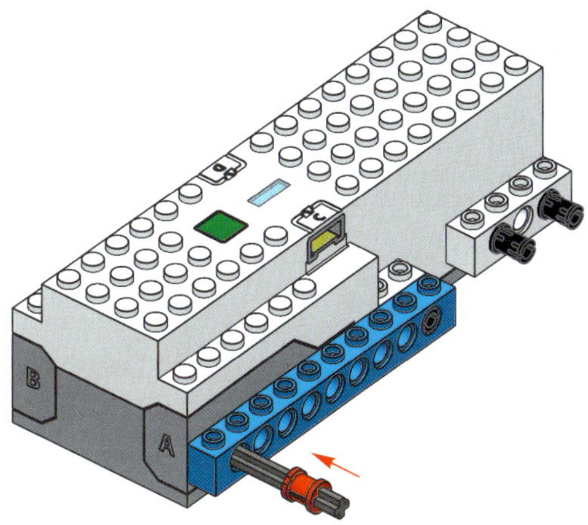

3

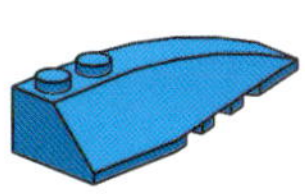

1x

1x

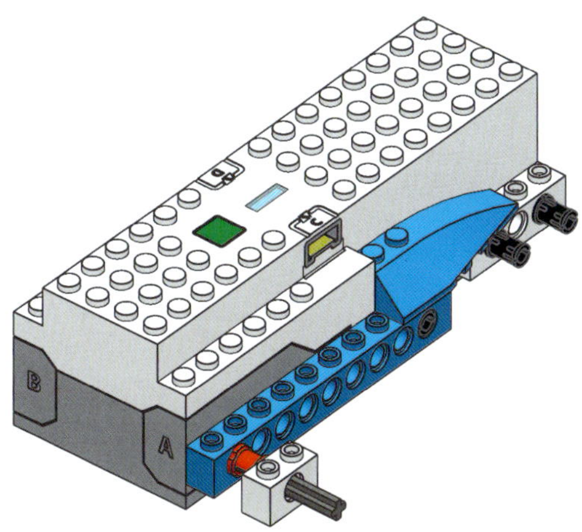

4

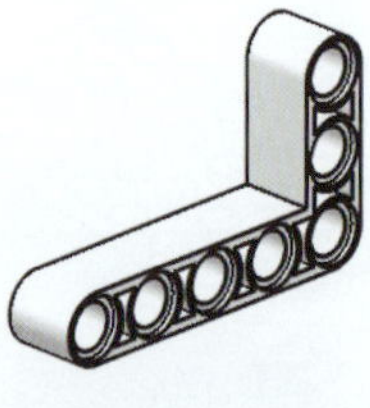

1x

2x

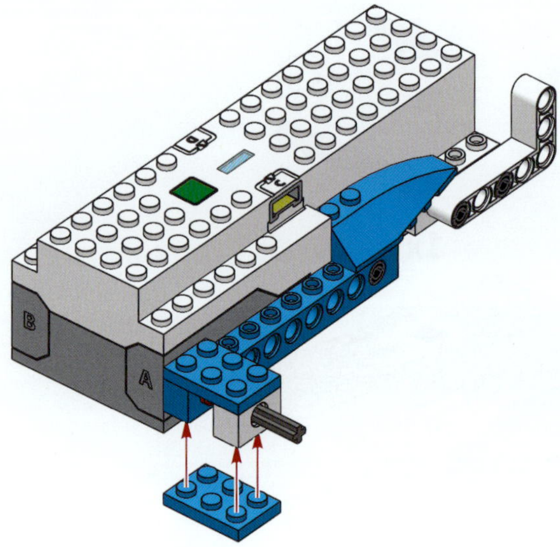

5

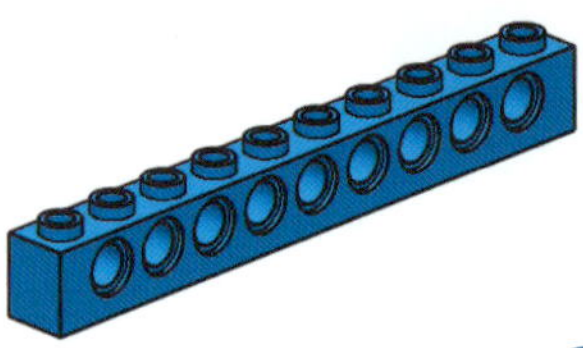

1x

1x

1x

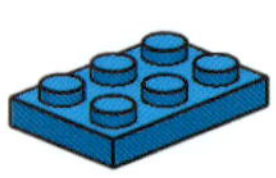

2x

1x

1x

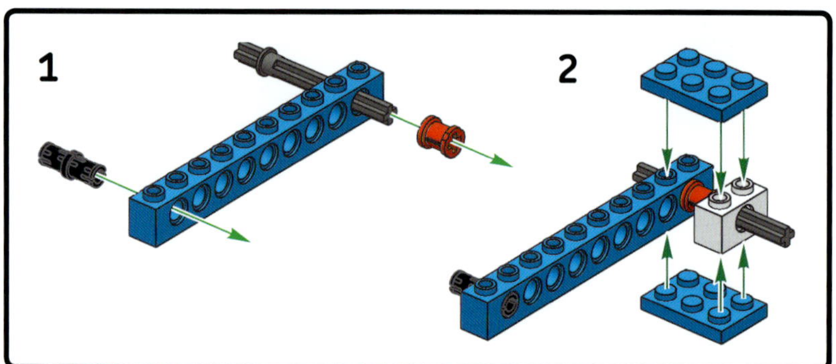

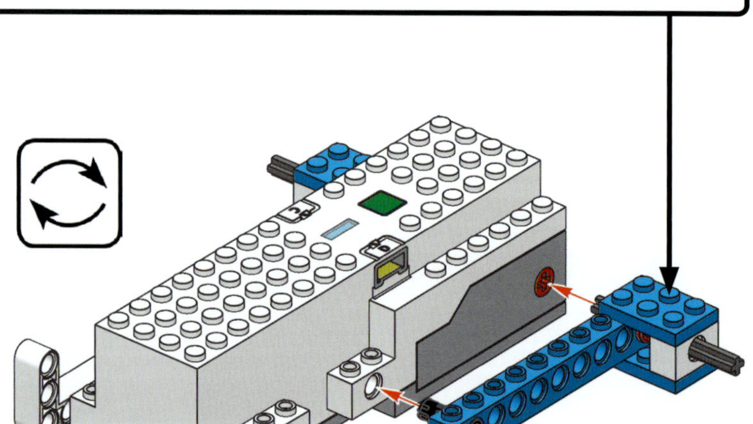

6

1x

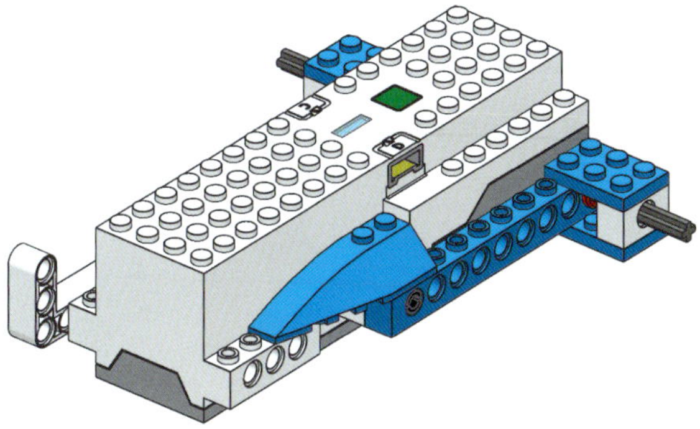

7

2x

2x

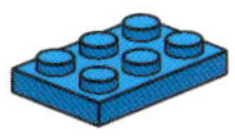

1x

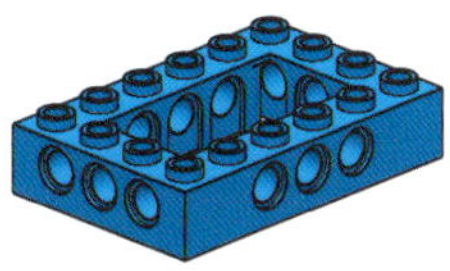

1x

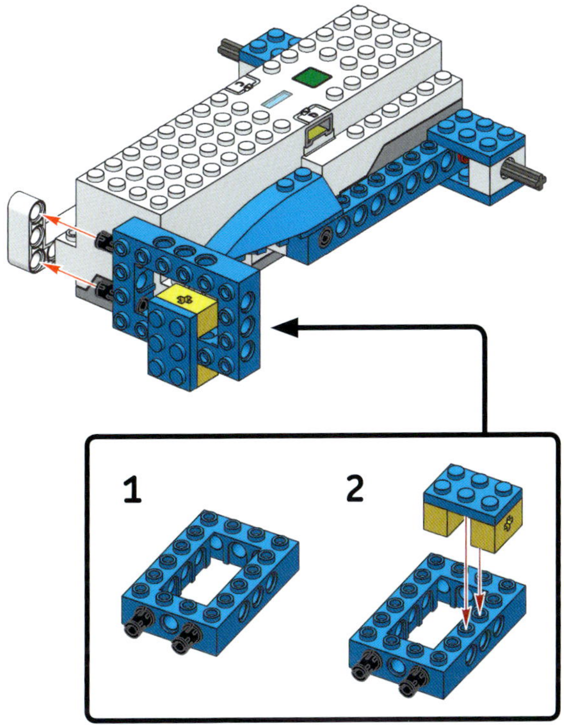

8

4x

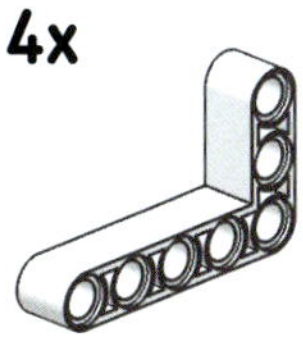

1x

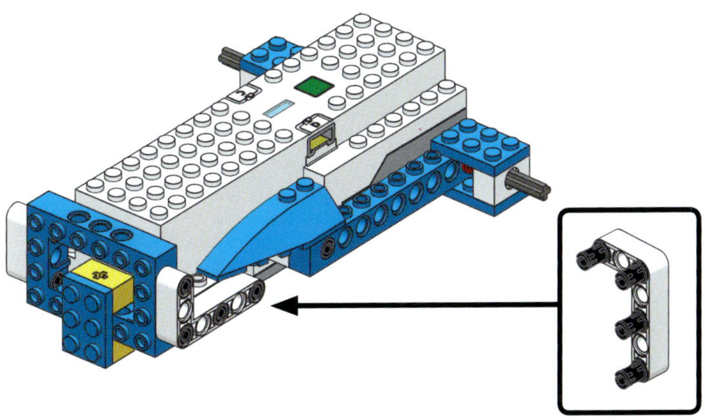

9

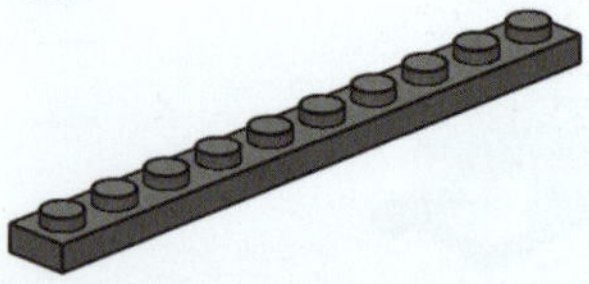

1x

2x

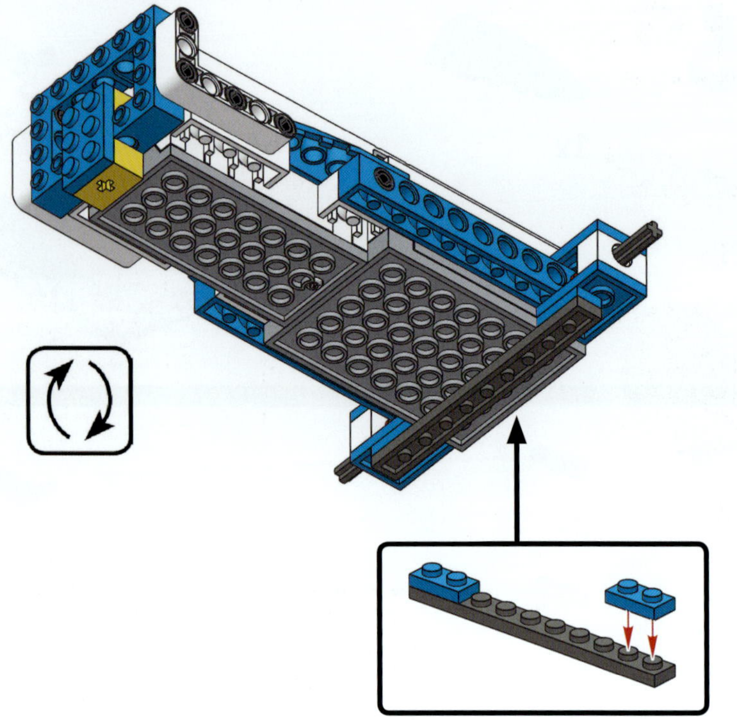

10

1x

2x

1x

2x

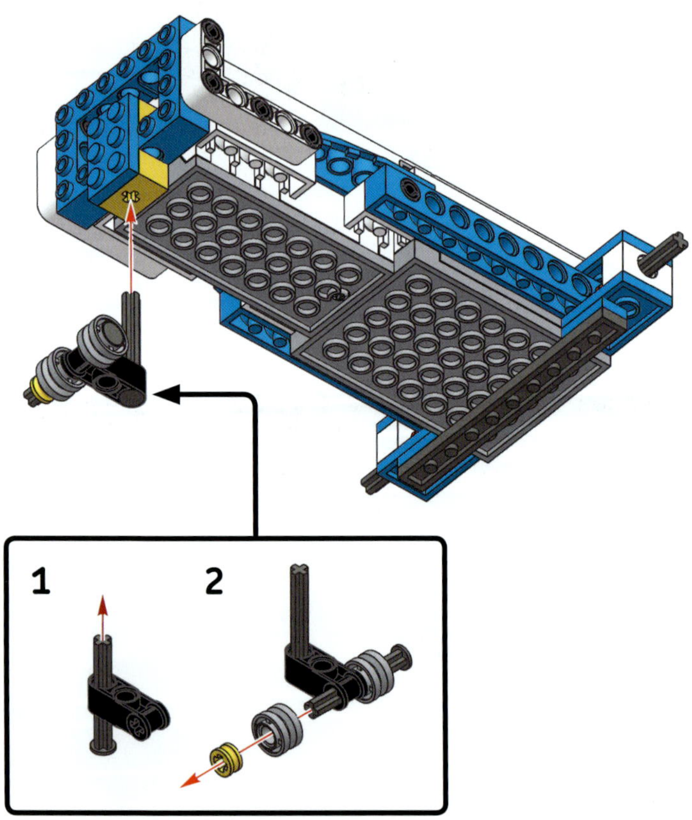

11

20x

2x

20x

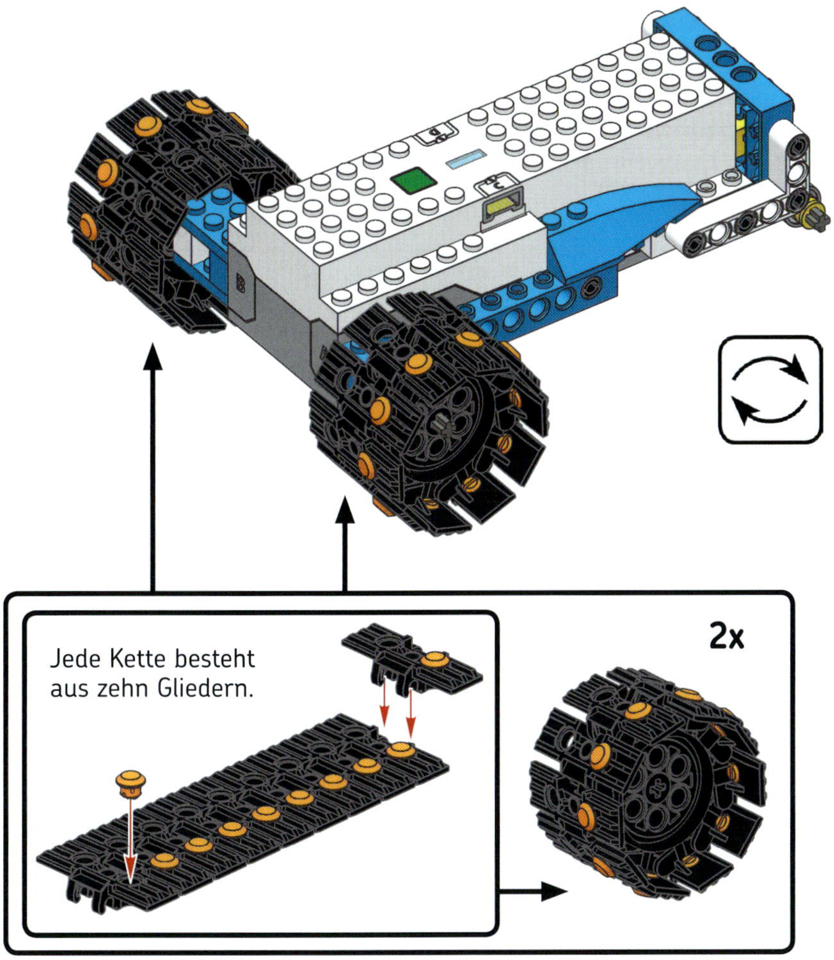

Die Kreative Leinwand

Auf der Kreativen Leinwand von LEGO Boost kannst du Roboter programmieren und jede Einzelheit ihres Verhaltens steuern.

HINWEIS:

Die Angaben in diesem Buch basieren auf Version 1.5 der LEGO-Boost-App. Inzwischen kann sich das Erscheinungsbild der App verändert haben, und es können neue Funktionen hinzugekommen sein.

Um mit dem Programmieren loszulegen, befolge die hier angegebenen Schritte und richte dich nach den Bildern:

Schritt 1: Um auf die Kreative Leinwand zu gelangen, scrollst du nach links, um das Ende des Hauptlobbybildschirms zu erreichen. Dann siehst du ein Fenster mit geschlossenem Rollo. Tippe auf das Rollo, um es hochzuziehen.

Schritt 2: Tippe auf die Spirale. Sie funktioniert ein wenig wie das Portal in *The LEGO Movie*.

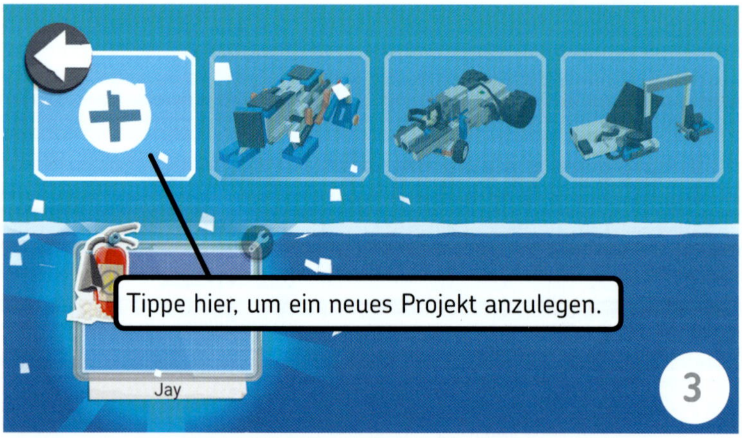

Schritt 3: Der nächste Bildschirm ist die Lobby der Kreativen Leinwand. Sie ist in zwei Bereiche aufgeteilt. Oben befinden sich vier Schaltflächen. Eine davon zeigt ein Pluszeichen und dient dazu, ein neues, leeres Projekt zu erstellen. Die anderen dienen dazu, neue Projekte auf der Grundlage von *Walking Base*, *Drive Base* bzw. *Gate Base* anzulegen. Dabei handelt es sich um drei Modelle, die du bauen und anpassen kannst.

Da wir hier etwas ganz Neues erschaffen wollen, tippst du auf die Schaltfläche mit dem Pluszeichen. Daraufhin erstellt die App ein Projekt mit einem zufällig gewählten Namen und Symbol und öffnet es automatisch.

Schritt 4: Jetzt befindest du dich auf der Kreativen Leinwand. Als Erstes änderst du das Symbol und den Namen des Projekts. Tippe auf den Zurück-Pfeil, um wieder in die Lobby der Leinwand zu gelangen.

Schritt 5: Zurück in der Lobby der Leinwand kannst du das Bild und den Namen des Projekts bearbeiten, indem du auf das Schraubenschlüsselsymbol tippst.

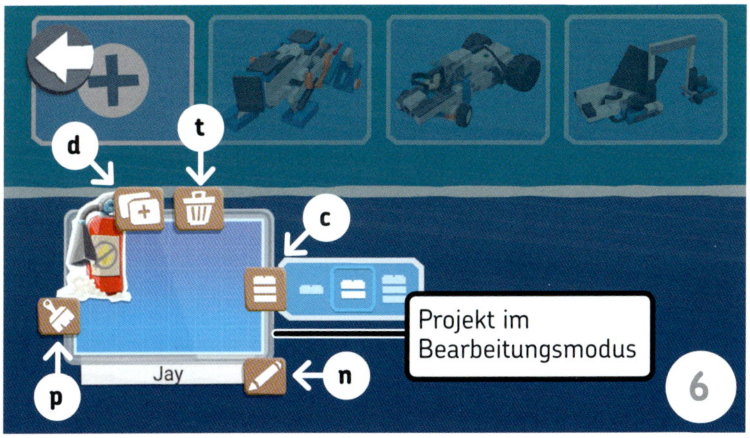

Schritt 6: Das Projekt wird jetzt hervorgehoben, und es werden fünf Optionen eingeblendet:

- Um ein Projekt zu duplizieren, tippst du auf die mit **d** bezeichnete Schaltfläche.
- Um ein Projekt zu löschen, tippst du auf das mit **t** bezeichnete Mülltonnensymbol. Wenn es sich grün färbt, musst du zur Bestätigung noch einmal tippen. Solltest du es dir anders überlegt haben, kannst du irgendwo anders tippen, um den Löschvorgang abzubrechen.
- Um das Projektsymbol zu ändern, tippst du auf das mit **p** bezeichnete Pinselsymbol.
- Um das Projekt umzubenennen, tippst du auf das mit **n** bezeichnete Bleistiftsymbol und gibst einen neuen Namen ein. Ein Projektname darf höchstens elf Zeichen lang ein.
- Um den Funktionsumfang der Blockpalette zu bestimmen, tippst du auf die Schaltfläche mit dem Stapelsymbol und der Bezeichnung **c**.

Schritt 7: Tippe auf die in Schritt 6 gezeigte Schaltfläche mit dem Stapelsymbol und wähle das *mittlere* Programmierniveau, also den *Fortgeschrittenenmodus* (das Symbol mit zwei Steinen übereinander). Tippe dann auf das Pinselsymbol mit der Bezeichnung **p**, wähle das kaputte Rad als Projektsymbol aus und tippe auf den Zurück-Pfeil oben links, um wieder auf den vorherigen Bildschirm zurückzugelangen.

Tippe auf das Bleistiftsymbol mit der Bezeichnung **n**, gib den Namen MARIO1 ein und tippe auf die Eingabeschaltfläche.

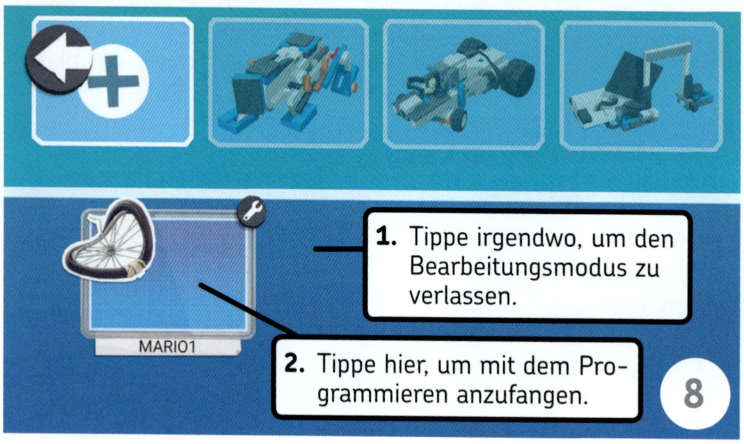

Schritt 8: Um die Bearbeitung der Projekteigenschaften abzuschließen, tippst du irgendwo auf den Bildschirm.

Tippe anschließend auf das Projektsymbol, um mit dem Programmieren zu beginnen!

Das erste Programm für MARIO

HINWEIS:

In diesem Buch werden die Programmierblöcke beschrieben, die im Fortgeschrittenenmodus zur Verfügung stehen (zwei gestapelte Steine). Um auf anspruchsvollere Programmierblöcke zugreifen zu können, musst du den Expertenmodus wählen (drei gestapelte Steine).

Wenn die App mit dem Laden fertig ist, siehst du eine leere Leinwand. Ein Pop-up-Fenster fordert dich dazu auf, den Move Hub einzuschalten, indem du auf seine grüne Taste drückst. Folge den Anweisungen auf dem Bildschirm, um den Move Hub mit deinem Gerät zu verbinden. Sollten Probleme auftauchen, schaue auf den offiziellen Hilfeseiten *https://www.lego.com/de-de/themes/boost/support/* und *https://www.lego.com/de-de/service/help/produkte/elektronik-roboter/boost* nach.

Bevor du dein erstes Programm schreibst, sehen wir uns den Programmierbereich an (siehe Abb. 2-3).

ABBILDUNG 2-3: Die als Kreative Leinwand bezeichnete Programmierumgebung

Um die offizielle Bezeichnung eines Programmierblocks und eine kurze Beschreibung seiner Funktion zu lesen, hältst du in der Palette oder auf der Leinwand den Finger auf ihn.

Wir wollen nun ein kurzes Programm schreiben. Befolge die angegebenen Schritte. Die Bilder helfen dir, die richtigen Blöcke zu finden.

Schritt 1: Die erste Palette von links enthält **Programmablaufblöcke**. Tippe darauf, um Blöcke daraus verwenden zu können.

Schritt 2: Ziehe den **Start**-Block auf die Leinwand und lasse ihn los. Mit ihm beginnt die Codesequenz.

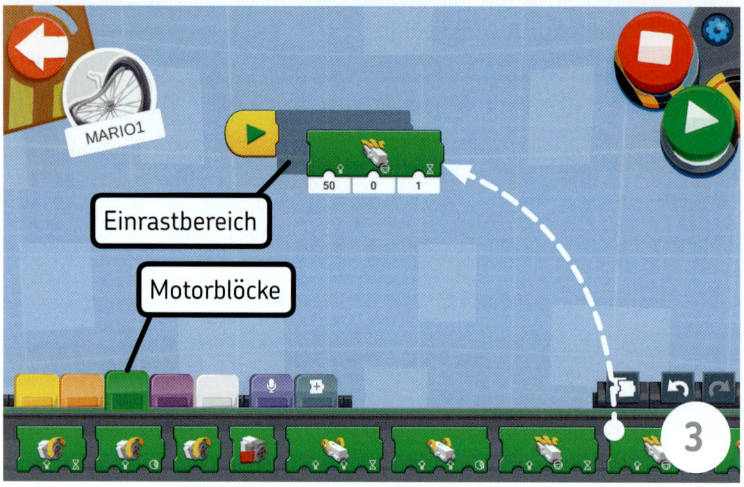

Schritt 3: Tippe auf das grüne Register, um zur Palette mit den Motorblöcken zu wechseln, und ziehe den Block **Steuerradlenkung der Antriebsbasis für eine Dauer** auf die Leinwand. Er zeigt am unteren Rand ein Lenkrand und eine Sanduhr. Es gibt vier sehr ähnliche Blöcke, weshalb du genau hinsehen musst, um den richtigen auszuwählen. Ziehe den Block an den zuvor platzierten Block (den **Start**-Block) heran, bis eine graue Fläche erscheint. Jetzt kannst du ihn loslassen, und er wird am vorherigen Block einrasten.

Schritt 4: Der Block **Steuerradlenkung der Antriebsbasis für eine Dauer** nimmt drei Werte entgegen, mit denen du das Verhalten des Roboters ändern kannst. Die Zahl links regelt die Geschwindigkeit des Roboters. Der Vorgabewert beträgt 50.

Um den Roboter zu verlangsamen, ändere die Zahl von 50 in 20. Wenn du auf die Zahl tippst, erscheint ein Zahlenfeld oder ein Schieberegler (siehe Abb. 2-4). Gib **20** ein und tippe dann außerhalb des Zahlenfelds, um es wieder zu schließen.

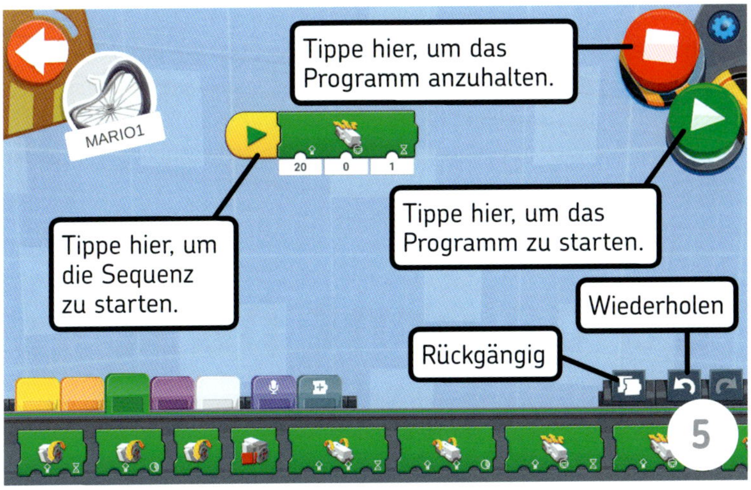

Schritt 5: Um das Programm zu starten, tippe auf den **Start**-Block im Code.

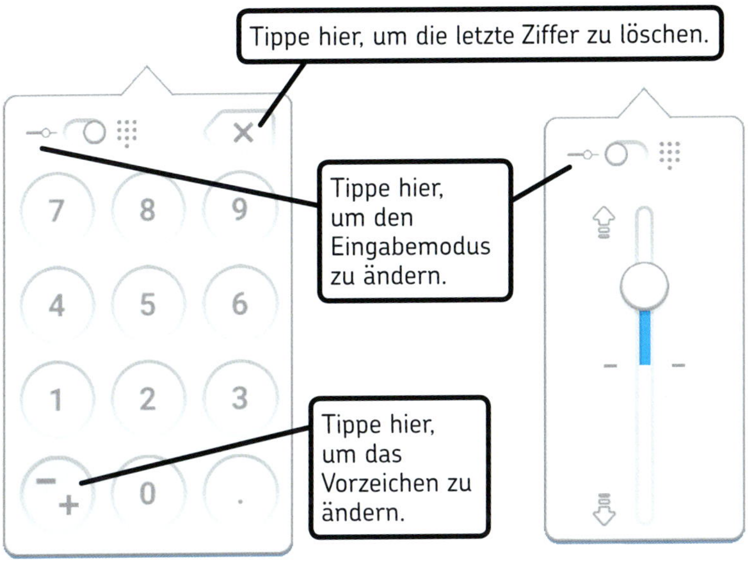

ABBILDUNG 2-4: Um den Geschwindigkeitswert zu ändern, kannst du das Zahlenfeld oder den vertikalen Schieberegler verwenden. Um zwischen den beiden Darstellungsarten umzuschalten, tippst du auf die Schaltfläche oben links in dem Feld.

Abb. 2-5 zeigt das fertige Programm.

ABBILDUNG 2-5: Das erste Programm für den Roboter MARIO

Wenn du das Programm startest, bewegt sich MARIO eine Sekunde lang mit der Geschwindigkeit 20 geradeaus.

Funktioniert das Programm? Herzlichen Glückwunsch! Damit hast du deinen ersten Schritt in der faszinierenden Welt der Roboterprogrammierung unternommen!

Sollte das Programm nicht funktionieren, so vergewissere dich, dass der Move Hub korrekt angeschlossen ist und dass seine blaue LED leuchtet. Um Verbindungsprobleme zu lösen, schlage auf *https://www.lego.com/de-de/themes/boost/support/* und *https://www.lego.com/de-de/service/help/produkte/elektronik-roboter/boost* nach. Fährt der Roboter nicht wie erwartet geradeaus, kann das an schwachen Batterien des Move Hubs liegen.

Was du gelernt hast

In diesem Kapitel hast du MARIO gebaut, einen einfachen Roboter mit Rädern, mit dessen Hilfe du deine ersten Schritte in der Welt der Programmierung unternimmst. Du hast dabei gelernt, wie du die Kreative Leinwand aufrufst und wie du Projekte erstellst und ihre Eigenschaften änderst, etwa ihren Namen und das Projektsymbol. Außerdem hast du mit dem **Start**-Block und dem Block **Steuerradlenkung der Antriebsbasis für eine Dauer** dein erstes Programm geschrieben.

Im nächsten Kapitel lernst du andere Motorblöcke kennen und erfährst, wie du ihre Parameter änderst, um MARIO herumfahren zu lassen!

Versuch 2-1

Du kannst den Geschwindigkeitswert ändern, um den Roboter schneller oder langsamer zu machen. Was aber passiert, wenn du einen *negativen* Wert angibst?

Die richtige Lösung erfährst du im Anhang auf S. 239.

3

Motorblöcke

In diesem Kapitel erweitern wir das Grundprogramm aus Kapitel 2, sodass MARIO vorwärtsfahren, umdrehen und wieder zurückkehren kann. Dabei lernst du alles, was du über die Motorblöcke wissen musst, die die Motoren des Move Hubs steuern. Du findest diese Blöcke in der Palette mit dem grünen Register (siehe Abb. 3-1).

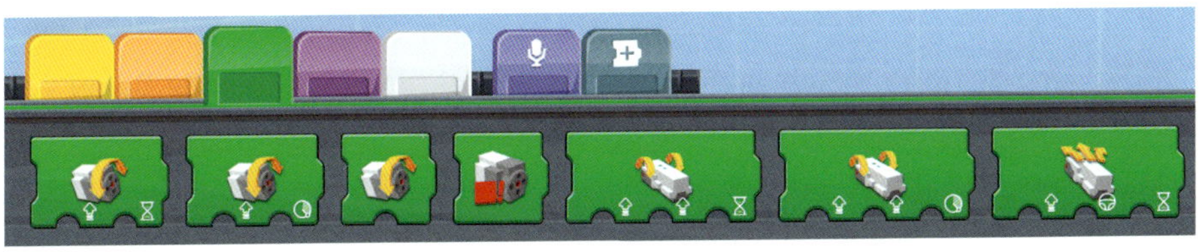

ABBILDUNG 3-1: Die Motorblöcke

Hin und wieder zurück

Es ist sehr hilfreich, aufzuschreiben, was dein Roboter tun soll, bevor du mit dem Programmieren beginnst. (So gehen auch professionelle Programmierer vor!). Auch wenn du noch nicht genau weißt, wie die Programmiersprache von LEGO Boost funktioniert, hast du bestimmt schon einige Ideen dazu, was dein Roboter tun soll.

Ein Programm mithilfe von Pseudocode planen

Mit *Pseudocode* kannst du einen groben Entwurf deines Programms schreiben. Dabei handelt es sich um eine ausführliche Beschreibung eines Programms, die für Menschen verständlich ist. Der Übersichtlichkeit halber wird dabei jede Aktion in eine eigene Zeile geschrieben. Die Verwendung von Pseudocode ist eine großartige Möglichkeit, um umfangreiche Aufgaben in kleinere Schritte zu zerlegen und dein Programm zu planen, bevor du anfängst, Code zu schreiben. Das folgende Beispiel zeigt, wie du Anweisungen an MARIO, vorwärtszufahren, umzudrehen und wieder zurückzukehren, in Pseudocode formulierst:

```
Bewege dich langsam in gerader Linie 1 Sekunde lang vorwärts
Drehe dich langsam 1 Sekunde lang auf der Stelle
Bewege dich langsam in gerader Linie 1 Sekunde lang vorwärts
```

Mit etwas mehr Kenntnissen über die Sprache von LEGO Boost kannst du diesen Anweisungen wie folgt noch weitere Einzelheiten hinzufügen:

```
Bewege dich mit Geschwindigkeit 20 und Lenkrichtung 0 für die Dauer
von 1 Sekunde
Bewege dich mit Geschwindigkeit 20 und Lenkrichtung 100 für die Dauer
von 1 Sekunde
Bewege dich mit Geschwindigkeit 20 und Lenkrichtung 0 für die Dauer
von 1 Sekunde
```

Schauen wir uns nun die Boost-Programmierumgebung an, um herauszufinden, was »Lenkung 0« und »Lenkung 100« bedeuten.

Programmierung in Boost

Um ein Programm in der LEGO-Boost-App zu schreiben, gehst du wie folgt vor:

Schritt 1: Öffne das Programm MARIO1, das du in Kapitel 2 erstellt hast (oder erstelle es jetzt, füge den Block **Steuerradlenkung der Antriebsbasis für eine Dauer** hinzu und setze seine Eingänge auf die Werte 20, 0 und 1). Tippe dann wie in der Abbildung gezeigt auf die Kopierschaltfläche. Das Symbol wird hellblau dargestellt und zeigt damit an, dass du jetzt Blöcke kopieren kannst.

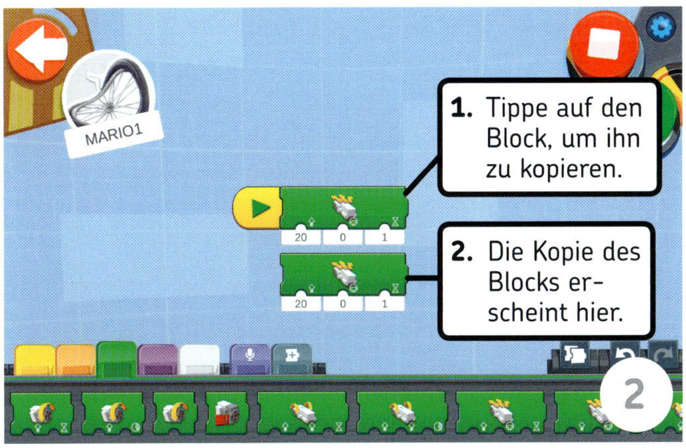

Schritt 2: Tippe auf den grünen Block **Steuerradlenkung der Antriebsbasis für eine Dauer**, um ihn zu kopieren. Der kopierte Block erscheint unter dem Original.

Schritt 3: Ziehe den neuen Block hinter den ersten und lasse ihn dort einrasten.

Schritt 4: Tippe jetzt auf den Eingang *Lenkrichtung* des zweiten Motorblocks und ändere seinen Wert von 0 auf 100 (siehe Abb. 3-2). Anschließend tippst du auf die Kopierschaltfläche.

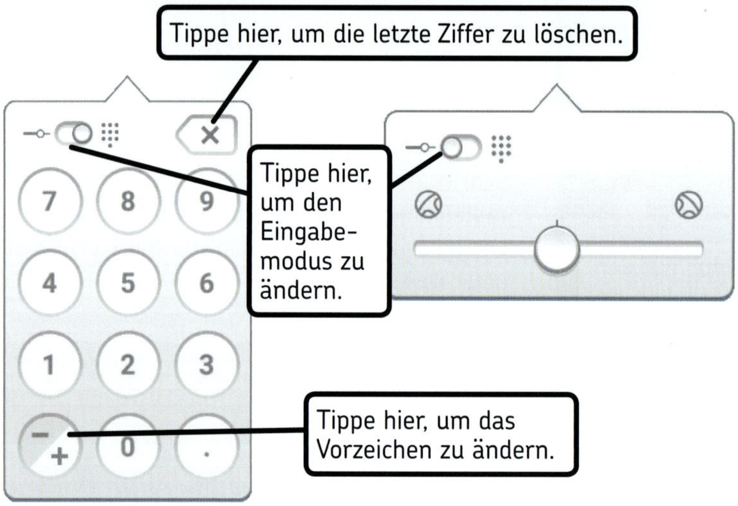

ABBILDUNG 3-2: Du kannst den Eingang für die Lenkrichtung mit dem Zahlenfeld und mit dem horizontalen Schieberegler ändern.

Schritt 5: Tippe auf den ersten Motorblock. Daraufhin werden sowohl dieser als auch der zweite Block kopiert. Die Kopierfunktion erfasst auch immer alle Blöcke rechts von demjenigen, auf den du getippt hast.

Schritt 6: Da du den zweiten kopierten Block (den mit der Lenkrichtung 100) nicht benötigst, löschst du ihn, indem du ihn von der Sequenz weg nach unten zur Palette ziehst. Wenn er durchsichtig dargestellt wird, kannst du ihn loslassen; daraufhin verschwindet er.

Schritt 7: Ziehe den unverbundenen Motorblock ans Ende der Sequenz und lasse ihn dort los. Das Programm besteht jetzt aus drei Blöcken vom Typ **Steuerradlenkung der Antriebsbasis für eine Dauer**.

Schritt 8: Führe den Code aus, indem du auf die große, grüne Startschaltfläche tippst. MARIO bewegt sich jetzt eine Sekunde lang vorwärts, nimmt dann etwa eine halbe Drehung auf der Stelle vor und kehrt danach an seinen Ausgangspunkt zurück.

Roboter mit Differenzialantrieb

Die beweglichen LEGO-Boost-Roboter – darunter die Einstiegsmodelle, Vernie und MARIO – nutzen jeweils zwei Motoren, von denen jeder ein Rad antreibt. Richtungsänderungen erfolgen auf die gleiche Weise wie bei Planierraupen und Panzern. Außerdem können sich diese Fahrzeuge auf der Stelle drehen. Da die Bewegung vom Unterschied, also der *Differenz* zwischen den Drehzahlen der Räder abhängt, spricht man hier von einem *Differenzialantrieb*.

Versuch 3-1

Probiere einige dieser Blöcke selbst aus, um besser zu verstehen, wie du deinen Roboter steuern kannst. Wie würdest du ihn nach links abschwenken lassen?
Die Lösung findest du im Anhang auf S. 239.

Der Unterschied zwischen Steuerrad- und Hebellenkung

Der Block **Steuerradlenkung der Antriebsbasis für eine Dauer** lässt sich intuitiv nutzen, da du den Roboter einfach so steuern kannst, als würdest du ein Lenkrad drehen. Der Move Hub berechnet die erforderlichen Motordrehzahlen, um den Roboter in die vorgegebene Richtung zu lenken. Willst du dagegen die Drehzahlen der einzelnen Motoren selbst steuern, kannst du das mit dem Block **Hebellenkung der Antriebsbasis für eine Dauer** tun. Abb. 3-3 zeigt die beiden Blöcke nebeneinander.

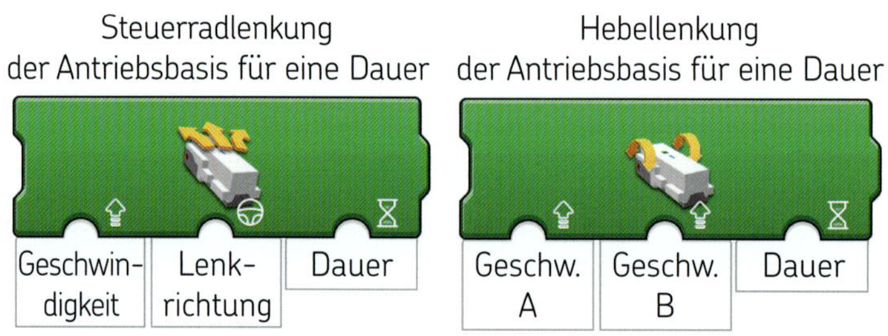

ABBILDUNG 3-3: Mit den Blöcken *Steuerradlenkung der Antriebsbasis für eine Dauer* und *Hebellenkung der Antriebsbasis für eine Dauer* hast du zwei Möglichkeiten, die Bewegung eines Roboters zu steuern.

Abb. 3-4 und Tabelle 3-1 geben einen Überblick darüber, wie diese beiden Blöcke funktionieren.

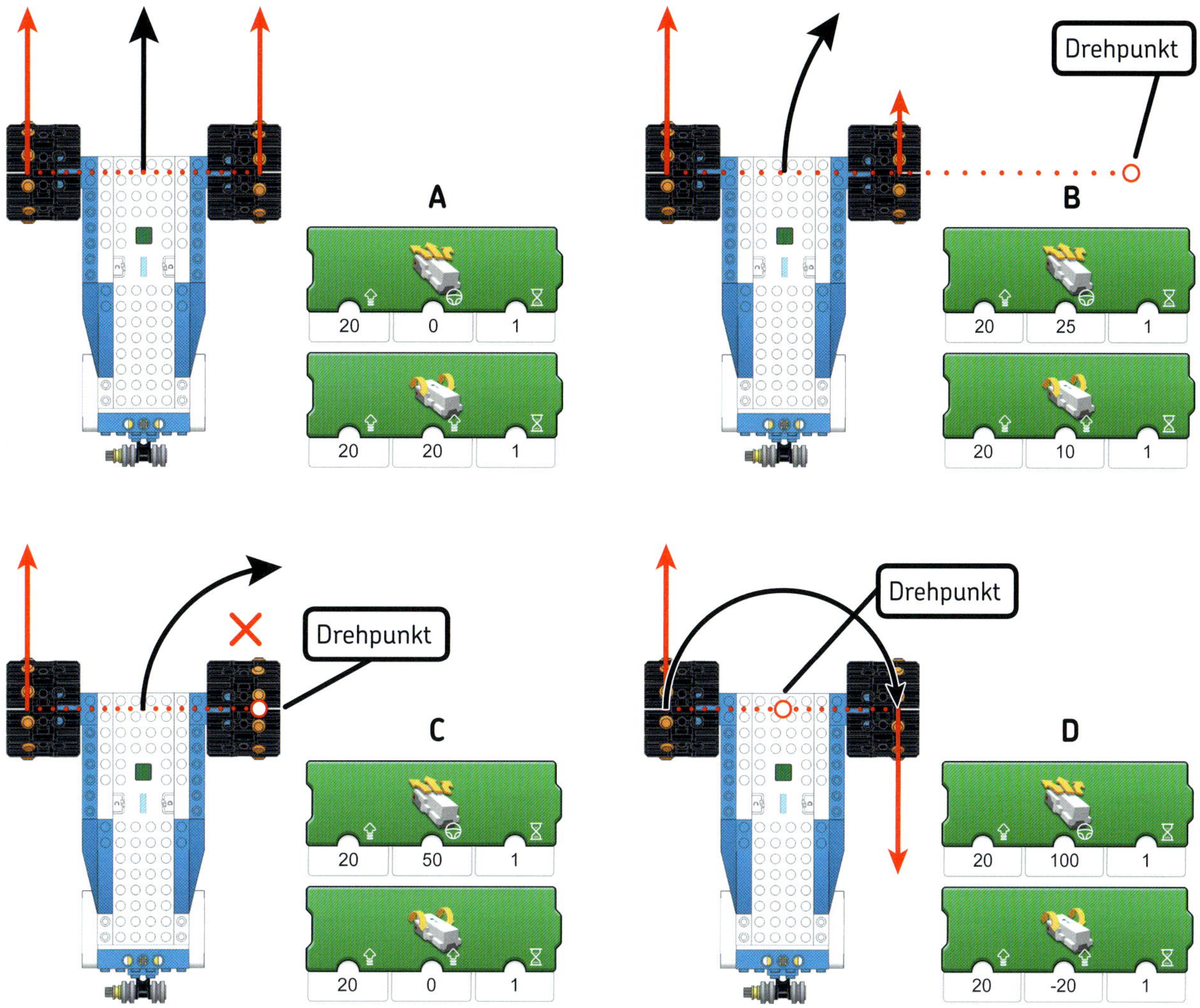

ABBILDUNG 3-4: Erforderliche Einstellungen der Parameter für die Blöcke *Steuerradlenkung der Antriebsbasis für eine Dauer* und *Hebellenkung der Antriebsbasis für eine Dauer*, um jeweils das gleiche Ergebnis zu erzielen. Die roten Pfeile geben die Drehzahl der Räder an und die schwarzen Pfeile die resultierende Bewegung des Roboters. Der weiße Kreis mit dem roten Rand markiert den Drehpunkt.

TABELLE 3-1: Funktionsweise der Steuerrad- und Hebellenkungsblöcke in Abb. 3-4

	STEUERRADLENKUNG DER ANTRIEBSBASIS FÜR EINE DAUER	HEBELLENKUNG DER ANTRIEBSBASIS FÜR EINE DAUER
A – Volle Kraft voraus	Lenkrichtung 0 %	Geschwindigkeit A und B sind gleich.
B – Sanfte Kurve	Lenkrichtung 25 %	Geschwindigkeit A ist doppelt so hoch wie Geschwindigkeit B.
C – Scharfe Kurve	Lenkrichtung 50 %	Geschwindigkeit A ist größer null, Geschwindigkeit B ist null.
D – Drehen auf der Stelle. Die Räder drehen sich mit der gleichen Drehzahl in entgegengesetzte Richtungen, sodass sich der Roboter im Uhrzeigersinn dreht.	Lenkrichtung 100 %	Geschwindigkeit A und B sind betragsmäßig gleich, aber Geschwindigkeit A ist positiv, während B negativ ist.

Abb. 3-5 zeigt, wie sich der Eingangswert für die Lenkrichtung im Block **Steuerradlenkung der Antriebsbasis für eine Dauer** auf die Bewegungsrichtung des Roboters auswirkt. Bei positivem Richtungswert dreht sich der Roboter nach rechts, bei negativem nach links. Ist die Geschwindigkeit positiv, fährt der Roboter in die mit den roten Pfeilen angegebenen Richtungen, bei negativer Geschwindigkeit folgt er den blauen Pfeilen.

ABBILDUNG 3-5: Erforderliche Einstellungen für die Eingänge *Lenkrichtung* und *Geschwindigkeit* des Blocks **Steuerradlenkung der Antriebsbasis für eine Dauer**, um den Roboter in verschiedene Richtungen fahren zu lassen. Die positiven und negativen Zahlen geben Lenkrichtungswerte an, während die roten und blauen Pfeile für positive bzw. negative Geschwindigkeitswerte stehen.

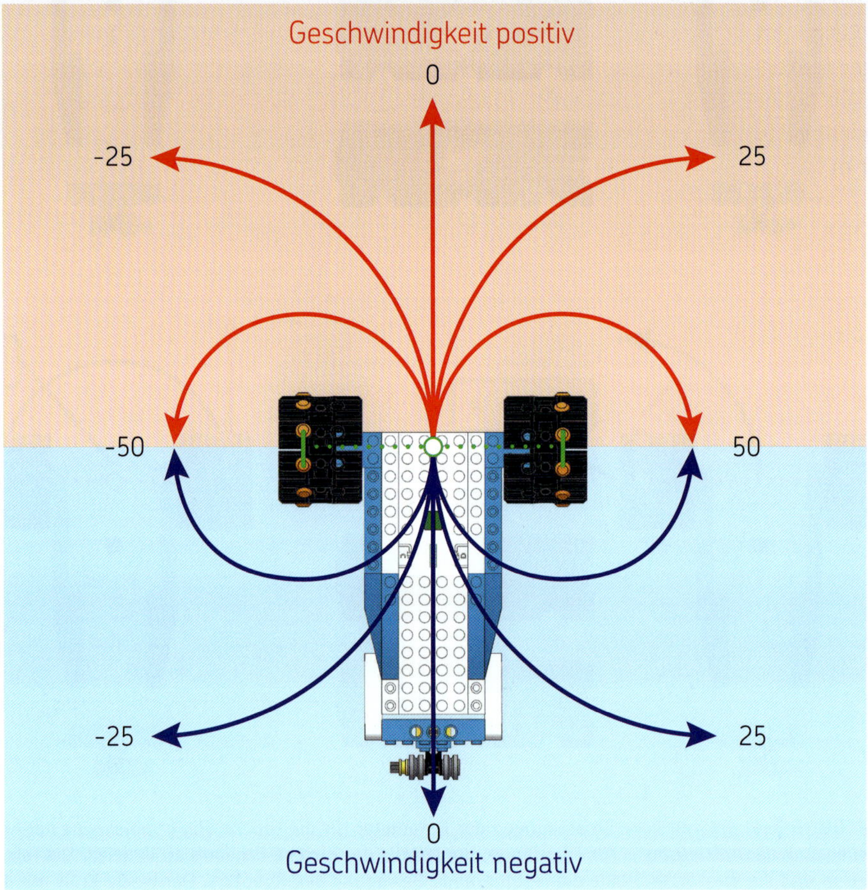

Versuch 3-2

In dem Programm aus Schritt 6 auf S. 25 sorgen die Eingangswerte Geschwindigkeit = 20, Lenkrichtung = 100 und Dauer = 1 dafür, dass sich der Roboter halb um sich selbst dreht. Wie müsstest du den Dauer-Parameter im zweiten Block ändern, um das gleiche Ergebnis zu erzielen, wenn du die Lenkrichtung auf 50 setzt?

Drei weitere Motorblöcke

Wir wollen uns nun etwas genauer ansehen, wie die Blöcke **Steuerradlenkung der Antriebsbasis für eine Dauer** und **Hebellenkung der Antriebsbasis für eine Dauer** funktionieren. Im Grunde genommen handelt es sich bei ihnen um Abkürzungen. Sie können jeweils durch eine Folge aus den Blöcken **Steuerradlenkung der Antriebsbasis** (bzw. **Hebellenkung der Antriebsbasis**), **Auf Zeit warten** und **Stopp Antriebsbasis** ersetzt werden.

Der Block **Auf Zeit warten** hält das Programm für die angegebene Anzahl von Sekunden an. Du findest ihn ebenso wie den Block **Sequenz starten** in der Programmablaufpalette (gelbes Register). Der Block **Stopp Antriebsbasis** hält die Motoren des Move Hubs ab. Er ist ebenso wie die anderen Motorblöcke in der Palette mit dem grünen Register zu finden.

Wenn du ein Programm nur mit dem Block **Steuerradlenkung der Antriebsbasis** bzw. **Hebellenkung der Antriebsbasis** ausführst, beginnt der Roboter, sich zu bewegen, und hört erst auf, wenn du auf die rote **Stopp**-Schaltfläche tippst, das Tablet ausschaltest oder die Batterien aus dem Hub herausnimmt. Probiere die Programme aus Abb. 3-6 aus, um dich zu vergewissern, dass sie den Roboter auf die gleiche Weise bewegen wie zuvor.

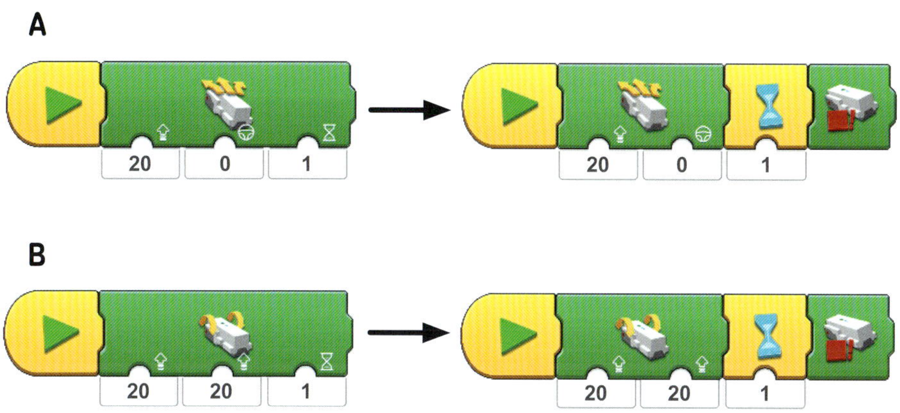

ABBILDUNG 3-6: Die Blöcke **Steuerradlenkung der Antriebsbasis für eine Dauer** (A) und **Hebellenkung der Antriebsbasis für eine Dauer** (B) sind Abkürzungen für den Block **Steuerradlenkung der Antriebsbasis** bzw. **Hebellenkung der Antriebsbasis** gefolgt von den Blöcken **Auf Zeit warten** und **Stopp Antriebsbasis**.

Der Block **Auf Zeit warten** in Abb. 3-7 hält die Programmausführung 1,5 Sekunden lang an. Seinen Parameter kannst du mit dem Zahlenfeld eingeben. Der geringste mögliche Wert beträgt 0,01, also eine Hundertstelsekunde. Der höchste Wert ist 9999,99, also fast drei Stunden (länger, als die Batterien des Move Hubs durchhalten).

ABBILDUNG 3-7: Der Block **Auf Zeit warten**

Was du gelernt hast

In diesem Kapitel hast du gelernt, wie du einen Roboter mit zwei Antriebsrädern mithilfe des Blocks **Steuerradlenkung der Antriebsbasis für eine Dauer** oder **Hebellenkung der Antriebsbasis für eine Dauer** steuern kannst. Außerdem hast du die Blöcke **Steuerradlenkung der Antriebsbasis**, **Hebellenkung der Antriebsbasis**, **Auf Zeit warten** und **Stopp Antriebsbasis** kennengelernt. In Kapitel 4 erfährst du, wie du einen Roboter genau anweisen kannst, eine bestimmte Strecke zurückzulegen, sich um einen bestimmten Winkel zu drehen und Handlungen zu wiederholen.

Versuch 3-3

Wie musst du die Parameter *Lenkrichtung* und *Dauer* ändern, damit sich der Roboter gegen den Uhrzeigersinn um 90° dreht (Vierteldrehung)?

4

Präzise Steuerung

In diesem Kapitel wirst du Motorblöcke so einsetzen, dass die Motoren nicht eine bestimmte Zeit lang gedreht werden, sondern um einen bestimmten Winkel. Du erfährst hier, was ein Winkel ist, wie er gemessen wird, wie du mit Winkelangaben dafür sorgst, dass sich der Roboter über eine bestimmte Strecke bewegt, und wie du ihn lenkst. Wenn du dieses Kapitel durchgearbeitet hast, kannst du die Bewegungen des Roboters viel genauer steuern.

Drehsensoren

Sensoren ermöglichen Robotern, ihre Umwelt zu erkennen, ebenso wie deine Sinne dir sagen, was um dich herum vor sich geht. Sie vermitteln ihre Messwerte an den Prozessor des Roboters (der sich bei Boost innerhalb des Move Hubs befindet), ebenso wie deine Sinneseindrücke von deinem Gehirn verarbeitet werden.

Der Move Hub verfügt über zwei eingebaute Motoren, die jeweils über einen *Drehsensor* verfügen, um zu bestimmen, wie weit sich die Motoren jeweils gedreht haben. Auch der externe Motor hat einen Drehsensor. Dieser Sensor misst den Drehwinkel, sodass der Move Hub die Position und Drehzahl der Motoren genau steuern kann. Sehen wir uns nun an, was das für unseren Roboter bedeutet.

Steuerradlenkung der Antriebsbasis für eine Entfernung

Abb. 4-1 zeigt den Block **Steuerradlenkung der Antriebsbasis für eine Entfernung**, mit dem du festlegen kannst, um wie viel Grad sich der Motor drehen soll.

ABBILDUNG 4-1: Der Block **Steuerradlenkung der Antriebsbasis für eine Entfernung**

Steuerradlenkung der Antriebsbasis für eine Entfernung

Um den Eingang *Winkel* (in der Beschreibung des Blocks als *Entfernung* bezeichnet) in diesem Block zu ändern, tippst du auf die zugehörige weiße Lasche und gibst ein, um wie viel Grad sich der Motor drehen soll. Dazu kannst du das Zahlenfeld oder den Drehregler verwenden, wie du in Abb. 4-2 siehst.

Die Beispiele in Abb. 4-2 zeigen drei verschiedene Drehwinkel. Links ist ein Winkel von 360° dargestellt, also ein Vollkreis oder eine volle Umdrehung. Der Zähler in der Mitte des Drehreglers steht auf 1, da eine komplette Drehung erfolgt. Im mittleren Beispiel beträgt der Winkel 354°, also 6° weniger als ein Vollkreis. Der Winkel im dritten Beispiel beläuft sich auf 918°, was etwas mehr als zweieinhalb Umdrehungen entspricht.

ABBILDUNG 4-2: Winkel kannst du auf zwei Weisen eingeben, entweder über ein Zahlenfeld oder über diesen Drehregler.

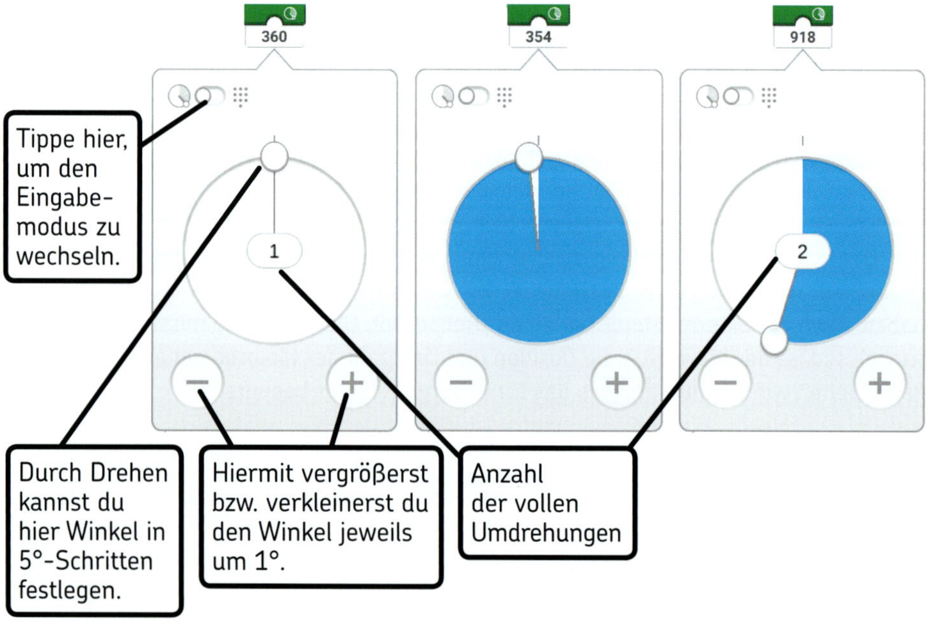

Drehwinkel sichtbar machen

Wir wollen uns nun anhand von MARIO ansehen, wie wir durch die Winkeleingabe die Drehbewegung der Räder steuern können. Stecke dazu zunächst einen Stift in eines der Räder von MARIO, um genau erkennen zu können, wie weit sich das Rad jeweils dreht (siehe Abb. 4-3). Bevor du mit der Programmierung anfängst, drehst du das Rad mit der Hand, sodass der Pin ganz oben steht (Ausgangsposition). Halte den Roboter hoch, damit er sich nicht fortbewegt.

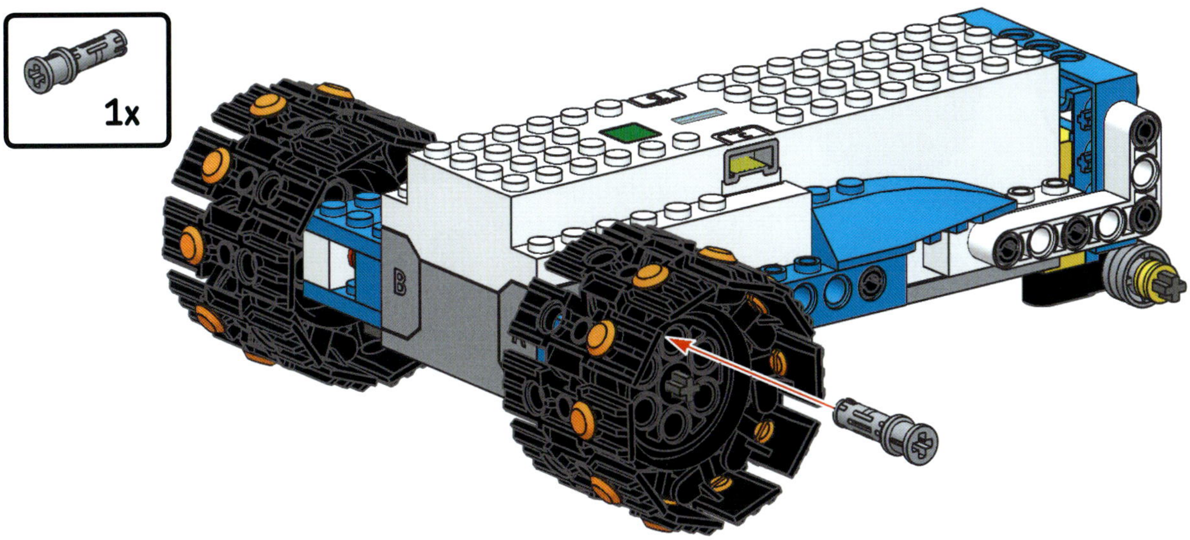

ABBILDUNG 4-3: Stecke einen Pin in eines der Räder von MARIO, um zu beobachten, wie sich die Räder drehen.

Gib nun verschiedene Werte für den Winkel in den dritten Eingang des Blocks **Steuerradlenkung der Antriebsbasis für eine Entfernung** ein und beobachte dabei den Pin, um zu erkennen, wie weit sich das Rad dabei jeweils dreht (siehe Abb. 4-4). Bei einem Wert von 360° sollte der Motor eine volle Umdrehung durchführen, bei 180° eine halbe und bei 90° eine Vierteldrehung.

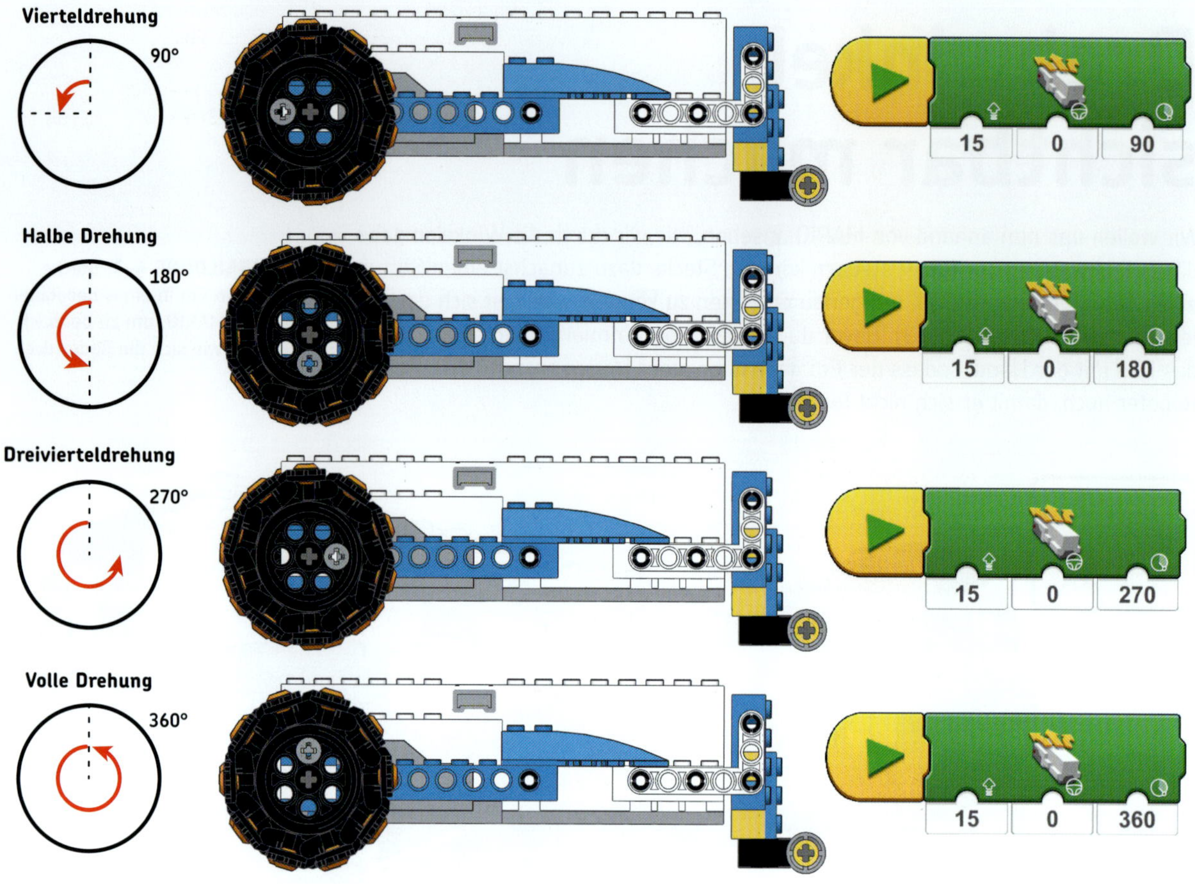

ABBILDUNG 4-4: Die Umdrehungen des Motors über den Winkeleingang steuern

Bewegung um eine bestimmte Strecke

Du weißt jetzt, wie du den Motor über die Gradeingabe dazu anweisen kannst, sich um einen bestimmten Winkel zu drehen, aber das sagt dir noch nicht, welche Strecke der Roboter dabei zurücklegen wird. Nehmen wir an, wir wollen MARIO genau eine Zelle der Spielmatte weit fahren lassen, also 157 mm. Um wie viel Grad muss sich der Motor drehen, um das zu erreichen?

Um diese Frage zu beantworten, müssen wir ein bisschen rechnen. Abb. 4-5 zeigt, wie du den Raddurchmesser bestimmst, für den wir hier den Buchstaben *D* verwenden. Bei diesem Modell beträgt er 51 mm. Die Strecke, die wir den Roboter zurücklegen lassen wollen, nennen wir *X*.

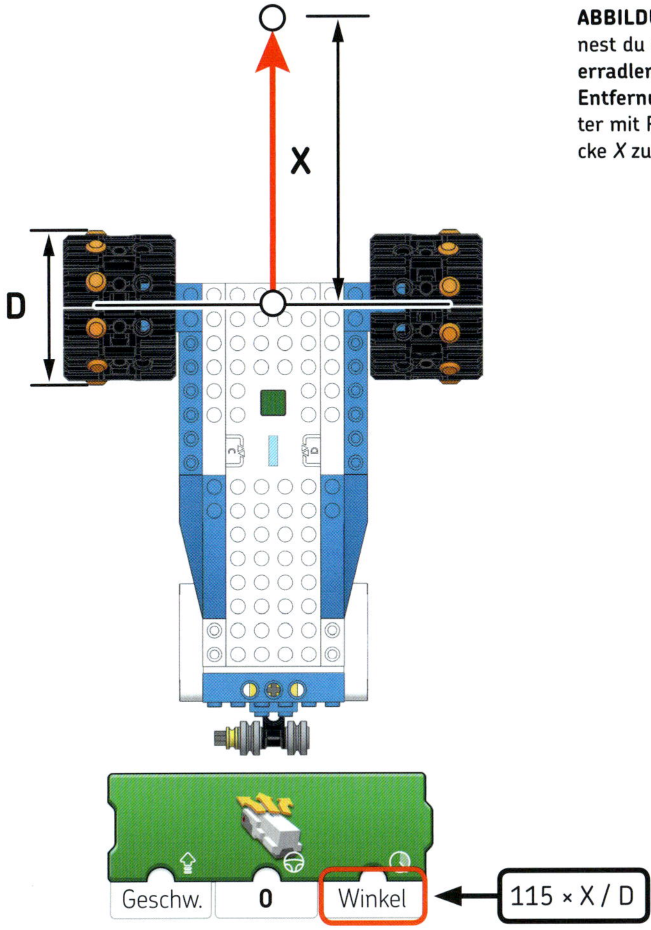

ABBILDUNG 4-5: Mit dieser Formel berechnest du den Winkel, den du in den Block **Steuerradlenkung der Antriebsbasis für eine Entfernung** eingeben musst, damit ein Roboter mit Rädern vom Durchmesser *D* die Strecke *X* zurücklegt.

Den erforderlichen Winkel für die gewünschte Strecke berechnen

Mit der folgenden Formel berechnest du den Winkel, um den sich der Motor drehen muss:

❶ Winkeleingang = 115 x Strecke / Raddurchmesser

Um den Wert für den Winkeleingang zu bestimmen, der erforderlich ist, damit sich MARIO um die Strecke *X* vorwärts bewegt, führen wir die Berechnung aus Abb. 4-6 aus:

Schritt 1: Wir multiplizieren die Strecke *X* (157 mm) mit der Konstante 115. Gib auf dem Taschenrechner 115 x 157 ein.

Schritt 2: Teile das Ergebnis jetzt durch den Raddurchmesser. Fahre auf dem Taschenrechner mit : 51 fort und drücke =. Als Ergebnis erhältst du 354 (ohne die Nachkommastellen).

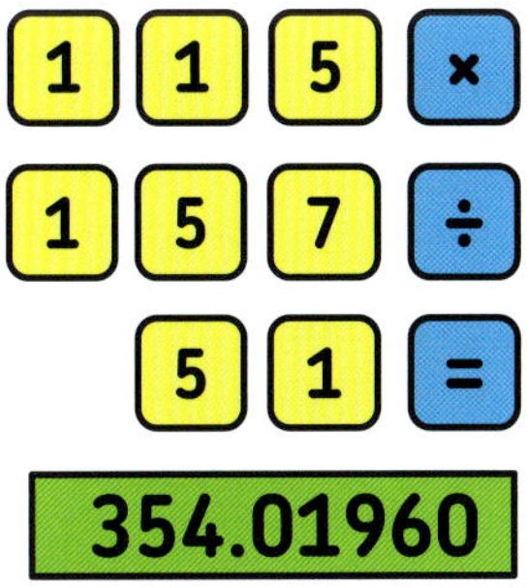

ABBILDUNG 4-6: Berechnung des einzugebenden Winkels

HINWEIS:

Die Formel funktioniert unabhängig davon, ob du den Durchmesser D *und die Strecke* X *in Millimetern oder Zentimetern angibst, allerdings musst du für beide Werte die gleiche Einheit verwenden!*

Um MARIO 157 mm weit zu bewegen, müssen sich die Motoren also um 354° drehen. Probiere das Programm auf der LEGO-Boost-Spielmatte aus und nutze das Raster als Bezugspunkt. Wenn MARIO nicht genau eine Zelle weit fährt, musst du die Winkeleingabe noch etwas anpassen. Ein unebener oder rutschiger Untergrund oder andere Umstände können dazu führen, dass sich MARIO nicht wie erwartet bewegt.

Probiere diese Berechnung auch für andere Strecken aus, die du MARIO fahren lassen willst. Wenn du einen Roboter mit größeren oder kleineren Rädern verwendest, musst du in der Formel den entsprechenden Raddurchmesser verwenden, aber die Art der Berechnung bleibt genau gleich.

Gehirn-Booster

Wie kommt Formel ❶ auf S. 35 zustande? Die folgende Abbildung zeigt, wie wir den *Durchmesser* von MARIOs Rädern messen und damit ihren *Umfang* berechnen.

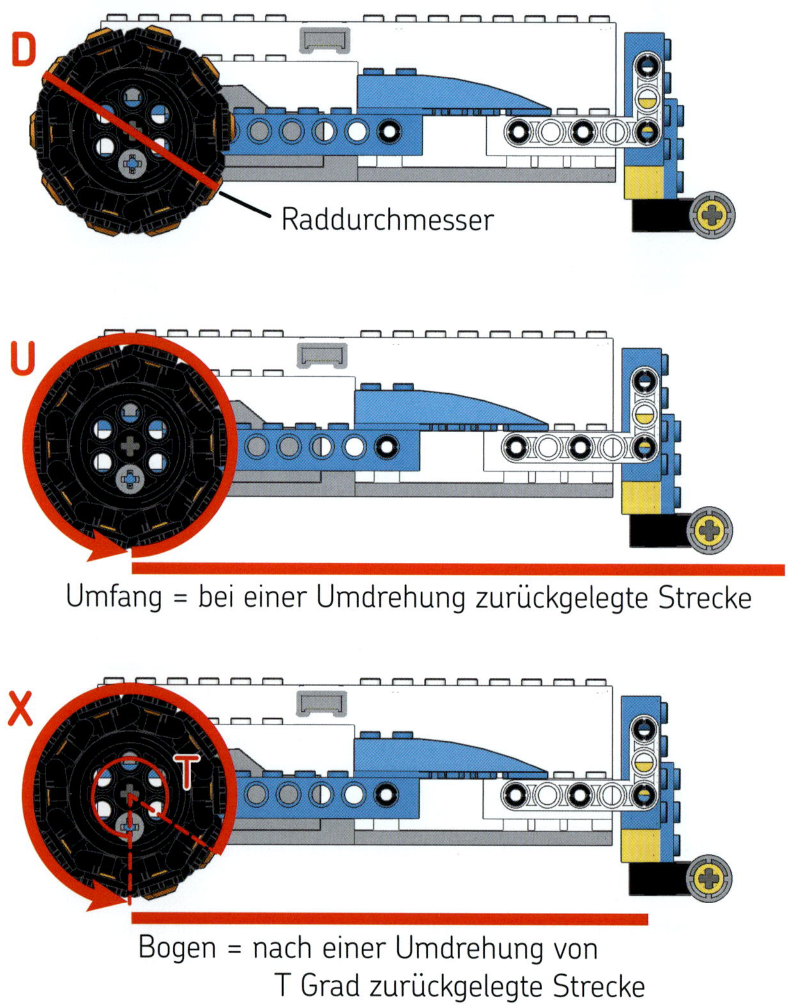

→

Zwischen dem Umfang *U* eines Kreises und seinem Durchmesser *D* besteht immer die folgende Beziehung, wobei π (»Pi«) eine Konstante mit dem ungefähren Wert 3,14 ist:

$$U = \pi \times D$$

Den Durchmesser haben wir mit 51 mm bestimmt. Wenn wir das als *D* in die Gleichung eingeben, erhalten wir einen Umfang von 160 mm. Jedes Mal, wenn sich die Räder um 360° drehen, legt MARIO also eine Strecke von 160 mm zurück.

Um auch die erforderlichen Drehwinkel für beliebige Fahrtstrecken berechnen zu können, müssen wir die Formel etwas allgemeiner fassen. Wir nennen die Entfernung, die MARIO zurücklegen soll, *X* und den Winkel, um den sich der Motor drehen soll, *T*.

Wir können nur das *Verhältnis* zwischen dem Drehwinkel der Motoren *T* und der von MARIO zurückgelegten Strecke *X* aufstellen, also *T/X*. Wenn wir 360° eingeben, bewegt sich MARIO um eine Strecke, die dem Radumfang entspricht (π x D). Dieses Verhältnis können wir mit *T/X* gleichsetzen:

$$\frac{T}{X} = \frac{360}{\pi \times D}$$

Um *T* zu erhalten, multiplizieren wir beide Seiten mit *X*:

$$T = X \times \frac{360}{\pi \times D}$$

Durch Umstellen der Terme ergibt sich die endgültige Formel:

$$T = \frac{360}{\pi} \times \frac{X}{D}$$

Die Zahl 115 in der Formel ❶ ist die Konstante 360/π.

Drehung um einen festen Winkel

Mit dem Block **Steuerradlenkung der Antriebsbasis für eine Entfernung** können wir auch dafür sorgen, dass sich MARIO um einen bestimmten Winkel dreht. Als Erstes programmieren wir den Roboter so, dass er sich auf der Stelle um einen rechten Winkel dreht (siehe Abb. 4-7). Wenn *D* der Raddurchmesser ist und *L* der Abstand zwischen den Punkten, an denen die beiden Räder den Boden berühren, dann müssen wir den Winkel bestimmen, den wir eingeben müssen, damit sich der Roboter um den Winkel *A* dreht.

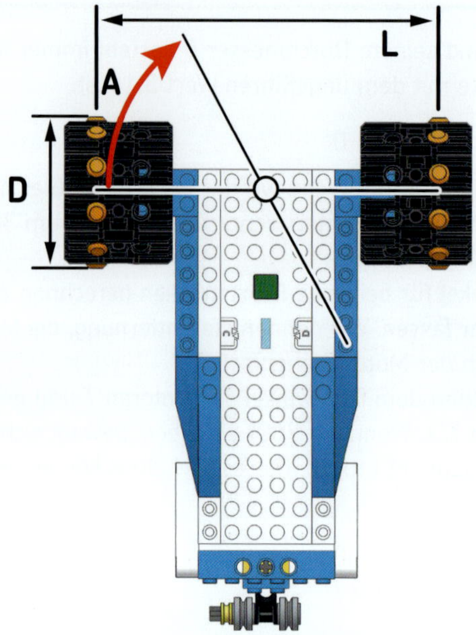

ABBILDUNG 4-7: MARIO von oben gesehen mit dem Raddurchmesser *D*, dem Radabstand *L* und dem gewünschten Drehwinkel *A*

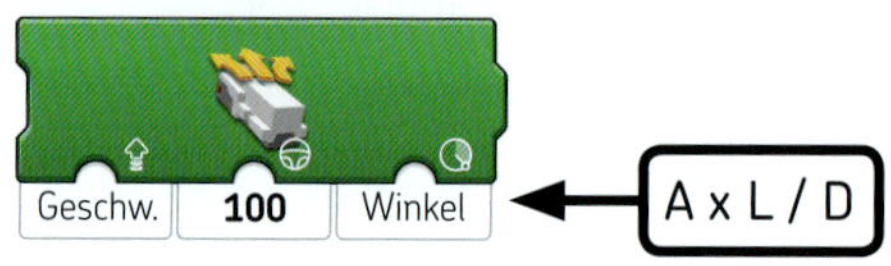

Um *L* zu bestimmen, misst du den Abstand zwischen den Punkten, an denen die Räder den Boden berühren (in unserem Fall den Abstand zwischen den Gumminoppen der entgegengesetzten Räder). Bei MARIO ist *L* gleich 120 mm. Der Raddurchmesser (einschließlich der Gumminoppen) beträgt 51 mm.

WARNUNG:

Formel ❷ funktioniert nur, wenn die Eingaben für die Lenkrichtung 100 oder 50 betragen. Es kommt nicht darauf an, ob du den Raddurchmesser D und den Abstand L in Milli- oder Zentimetern misst, allerdings musst du für beide Werte dieselbe Einheit nehmen.

Die Winkeleingabe für eine exakte Drehung berechnen

Als Beispiel wollen wir die Winkeleingabe berechnen, die erforderlich ist, damit MARIO eine Vierteldrehung durchführt, also eine Drehung um 90°. Die Formel dazu lautet:

❷ Winkeleingang = Drehwinkel x Radabstand / Raddurchmesser

Um den einzugebenden Winkelwert zu ermitteln, gehst du wie folgt vor:

Schritt 1: Multipliziere den gewünschten Drehwinkel *A* mit dem Abstand zwischen den Rädern. Gib dazu auf dem Taschenrechner 90 x 120 ein.

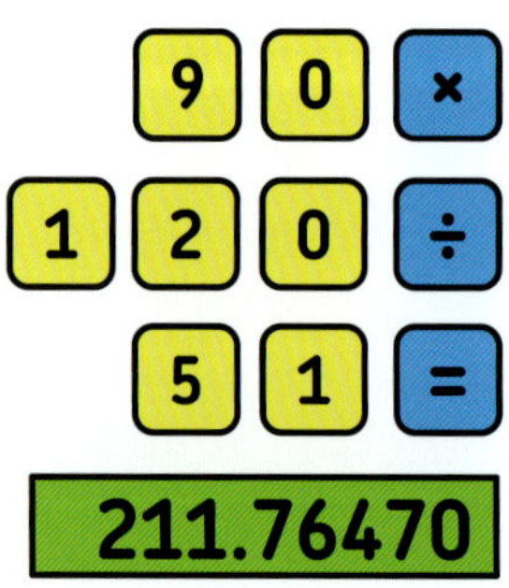

Schritt 2: Teile das Ergebnis durch den Raddurchmesser *D*. Auf dem Taschenrechner fährst du dazu mit der Eingabe : 51 fort und drückst =. Das Ergebnis, auf die nächste ganze Zahl gerundet, lautet 212.

Probiere diese Berechnungen auch für andere Winkel aus, um die sich MARIO drehen soll. Soll sich der Roboter um eines seiner Räder drehen, gibst du als Lenkrichtung 50 ein. Für eine Drehung auf der Stelle muss der Wert 100 lauten. Damit sich der Roboter gegen den Uhrzeigersinn dreht, musst du das Vorzeichen entweder der Lenkrichtung oder des Winkeleingangs umkehren.

Gehirn-Booster

Wie bestimmt Formel ❷ auf S. 38 den einzugebenden Motorwinkel für eine Drehung des Roboters um einen bestimmten Winkel? Die folgende Abbildung zeigt, wie sie MARIO auf dem rechten Rad um den Winkel *A* dreht. Eine solche Bewegung erreichst du, wenn du als Lenkrichtung 50 eingibst. Das Gleiche ergibt sich, wenn sich der Roboter auf der Stelle dreht, wobei sich die Räder jeweils halb so weit in entgegengesetzte Richtungen drehen (wie in Abb. 4-7 gezeigt).

In den folgenden Gleichungen steht *D* für den Durchmesser von MARIOs Rädern und *L* für den Abstand zwischen den Punkten, an denen die Räder jeweils den Boden berühren.

Mit der folgenden Formel kannst du die Strecke *Y* berechnen, die das Rad zurücklegt, wenn es sich um den Winkel *T* dreht:

$$Y = \frac{\pi}{360} \times D \times T$$

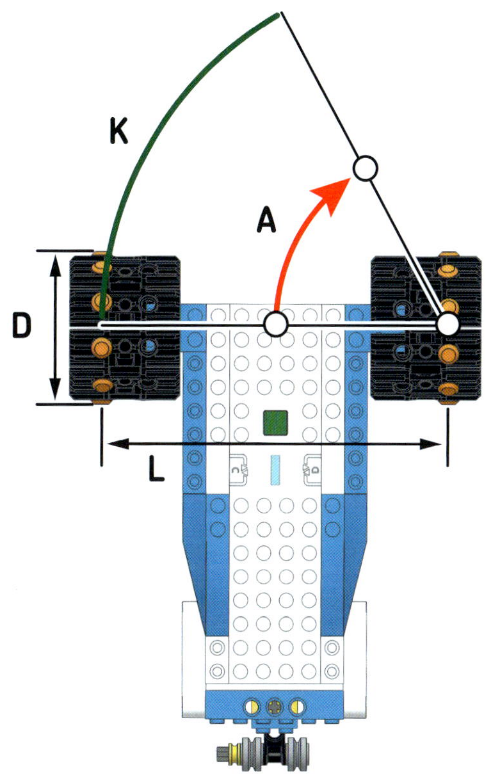

Anhand dieser Formel kannst du bei gegebenem Drehwinkel *A* und Kreisradius *L* die Bogenlänge *K* bestimmen:

$$K = \frac{\pi}{360} \times A \times L$$

Wie die Abbildung zeigt, muss die Bogenlänge *K* gleich dem Weg *Y* sein, den das linke Rad zurücklegt. Durch Gleichsetzung dieser Werte erhalten wir:

$$\frac{\pi}{360} \times D \times T = \frac{\pi}{360} \times A \times L$$

Anschließend dividieren wir beide Seiten durch $\pi/360$ und bekommen damit:

$$D \times T = A \times L$$

Da wir *T* berechnen wollen, also den Winkel, um den der Motor das Rad drehen soll, teilen wir beide Seiten durch *D*. Dadurch ergibt sich die endgültige Formel, die identisch mit Formel ❷ ist:

$$T = \frac{A \times L}{D}$$

Warum bewegen sich Roboter mit Rädern nicht immer genau wie erwartet?

Wenn du mit MARIO herumspielst und die Programme ausprobierst, wirst du wahrscheinlich feststellen, dass der Roboter nicht immer *genau* die Strecke zurücklegt, die du ausgerechnet hast, oder sich exakt um den vorgesehenen Winkel dreht. Das liegt an folgenden Umständen, in denen sich die Wirklichkeit von der Theorie unterscheidet:

- *Reibung* ist der Widerstand, der entsteht, wenn zwei Objekte gegeneinander reiben. Sie ist durchaus nützlich, kann aber auch ein Problem darstellen. Einerseits ermöglicht uns die Reibung überhaupt erst, Dinge festzuhalten. Sie ist es auch, was LEGO-Steine zusammenhält. Roboterräder haben gewöhnlich Gummireifen oder andere Gummielemente, die die Bodenhaftung (also die Reibung) erhöhen, sodass sich der Roboter vom Boden abstoßen und dadurch vorwärts bewegen kann. Andererseits wirkt die Reibung den Bewegungen des Roboters entgegen und führt zu einem Energieverlust. Selbst wenn glatte Objekte gegeneinander reiben – etwa LEGO-Achsen in den Löchern von Technic-Steinen –, tritt ein wenig Reibung auf. Bei echten Robotern werden Schmierfette und Kugellager verwendet, um die Reibung in ihren Antriebsmechanismen zu verringern.
- *Radschlupf* tritt auf, wenn ein Rad den Kontakt mit dem Boden verliert. Es dreht sich weiter, aber der Roboter bewegt sich nicht. Selbst wenn dies nur einen Augenblick lang passiert, wirkt sich das auf den Weg aus, den der Roboter zurücklegt. Wenn nur eines der Räder durchdreht, fährt der Roboter nicht mehr geradeaus. Drehen beide Räder durch, fährt er nicht so weit wie erwartet.
- *Unebenheiten* beeinträchtigen ebenfalls die Bewegungen des Roboters. Beim Überqueren eines Buckels muss ein Rad eine etwas weitere Strecke zurücklegen als auf einer glatten Oberfläche.

HINWEIS:

Diese Werte gelten nur für MARIO! Für Roboter mit Rädern anderer Größen oder einem anderen Radabstand als bei MARIO musst du die Werte nach der Formel ❷ auf S. 38 berechnen.

Tabelle 4-1 gibt die Werte für den Winkeleingang für übliche Wendemanöver von MARIO an. Beispielsweise musst du den Winkeleingang des Blocks **Steuerradlenkung der Antriebsbasis für eine Entfernung** auf 424 einstellen, damit MARIO umdreht (180°).

TABELLE 4-1: Winkeleingaben für übliche Richtungsänderungen von MARIO

DREHUNG	RICHTUNGSÄNDERUNG IN GRAD	EINZUGEBENDER WINKEL IN GRAD
$\frac{1}{8}$-Drehung	45	106
$\frac{1}{4}$-Drehung	90	212
$\frac{1}{2}$-Drehung	180	424
$\frac{3}{4}$-Drehung	270	636
Vollständige Umdrehung	360	848

Was du gelernt hast

In diesem Kapitel hast du die mathematischen Hintergründe der Winkel kennengelernt, um die sich die Räder drehen müssen, damit sich der Roboter eine bestimmte Strecke bewegt. Mit den Gleichungen in diesem Kapitel kannst du die Werte für die Winkeleingabe im Block **Steuerradlenkung der Antriebsbasis für eine Entfernung** berechnen, damit der Roboter eine bestimmte Entfernung zurücklegt oder sich um einen bestimmten Winkel dreht.

5

Aktionen mithilfe von Schleifen wiederholen

In diesem Kapitel geht es um Schleifen. Damit kannst du eine Folge von Aktionen in einem Programm wiederholen, um Zeit zu sparen, das Programm knapper zu gestalten oder besondere Effekte zu erzielen. Die Schleifenblöcke befinden sich ebenso wie die Startblöcke in der gelben Palette der Kreativen Leinwand.

Bewegung entlang eines quadratischen Wegs

Wir wollen MARIO wie in Abb. 5-1 gezeigt auf dem quadratischen Raster der LEGO-Boost-Spielmatte entlangfahren lassen. Damit er ein Quadrat abfährt und zu seinem Ausgangspunkt zurückkehrt, muss er viermal jeweils 157 mm geradeaus fahren und um 90° nach rechts abbiegen. Das heißt, dass wir die entsprechende Sequenz aus zwei Blöcken viermal hintereinander brauchen.

ABBILDUNG 5-1: MARIO bewegt sich auf einem quadratischen Weg um eine Zelle der Spielmatte herum.

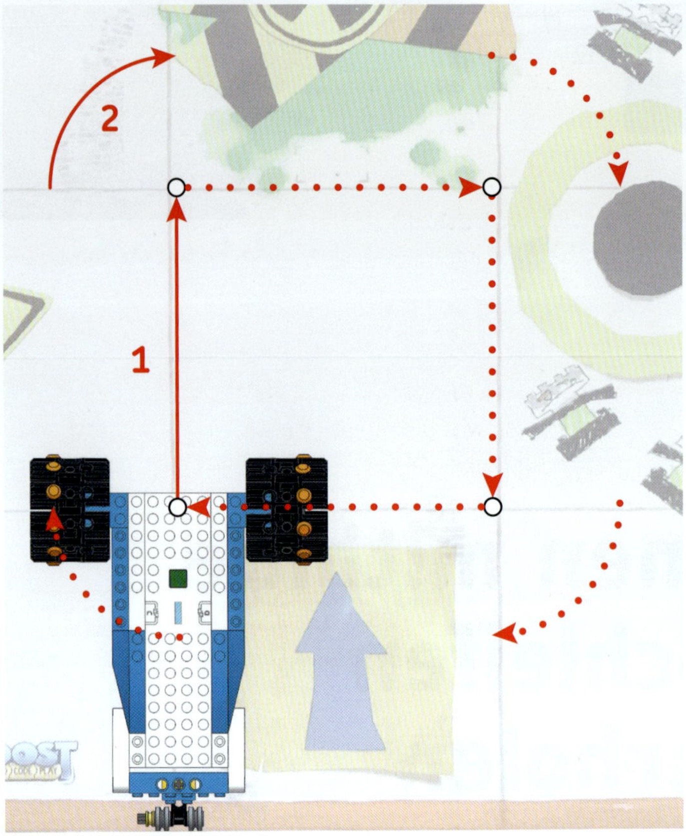

Damit der Roboter 157 mm geradeaus fährt, brauchst du den Block **Steuerradlenkung der Antriebsbasis für eine Entfernung** mit dem Richtungsparameter 0 und dem Winkelparameter 354. Für die Vierteldrehung (90°) im Uhrzeigersinn verwendest du einen weiteren Block vom Typ **Steuerradlenkung der Antriebsbasis für eine Entfernung** mit dem Richtungsparameter 100 und der Winkelangabe 212.

Stelle nun das Programm zusammen, mit dem MARIO den Umriss einer Zelle der Spielmatte abfährt. Die Lösung findest du in Abb. 5-2 – aber nicht spicken!

Wie du in der Abbildung siehst, ist das fertige Programm ziemlich lang. Stell dir vor, du müsstest eine Sequenz sogar zehnmal wiederholen! Das wäre ziemlich nervtötend, oder? Zum Glück gibt es aber eine bessere Möglichkeit, nämlich Schleifenblöcke.

ABBILDUNG 5-2: Dieses Programm lässt MARIO auf einem quadratischen Pfad entlangfahren.

Schleifenblöcke

Es gibt drei Arten von Schleifenblöcken:

- Der Block **Schleife für Anzahl Wiederholungen** führt die innere Blocksequenz so oft wie angegeben aus.

- Der Block **While-true-Schleife** führt die innere Sequenz wiederholt aus, solange die angegebene Bedingung *wahr* ist (*true*).

- Der Block **Endlosschleife** führt die innere Sequenz aus, bis die Batterien zur Neige gehen oder das Programm abgebrochen wird.

Wenn du Sequenzen in einen Schleifenblock ziehst, wird dessen Größe automatisch angepasst.

Abb. 5-3 zeigt den Schleifenblock für unser vorheriges Programm. Der Block **Schleife für Anzahl Wiederholungen** führt die Sequenz der beiden Motorblöcke viermal aus. Dieses Programm sieht doch viel aufgeräumter aus als das in Abb. 5-2, nicht wahr?

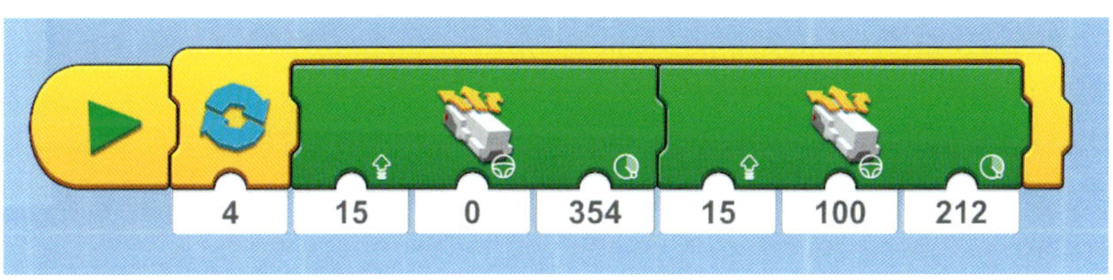

ABBILDUNG 5-3: Auch dieses Programm lässt MARIO auf einem quadratischen Pfad entlangfahren, nutzt dafür aber einen Schleifenblock.

Versuch 5-1

Sorge dafür, dass MARIO ohne Unterlass vorwärts und rückwärts patrouilliert. Tipp: Passe das Programm aus Abb. 5-2 mithilfe eines Blocks für eine Endlosschleife an.

Was du gelernt hast

In diesem Kapitel hast du gelernt, wie du in deinen Programmen mithilfe von Schleifenblöcken dafür sorgst, dass dein Roboter Aktionen wiederholt. In Kapitel 6 verleihst du MARIO die Fähigkeit, seine Umgebung wahrzunehmen, indem du den LEGO-Boost-Sensor an den Move Hub anschließt.

Versuch 5-2

Lasse MARIO im Dreieck fahren. Kopiere dazu das Programm aus Abb. 5-3 und passe es an. Behalte den Wert von 157 mm als Seitenlänge des Dreiecks bei. Welchen Winkel für die Motordrehung musst du eingeben, damit sich der Roboter richtig dreht, und wie oft muss die Schleife ausgeführt werden? Hinweis: Schlage in Kapitel 4 nach, wie du dafür sorgen kannst, dass sich der Roboter um einen bestimmten Winkel dreht.

Versuch 5-3

Lasse MARIO im Sechseck fahren. Kopiere dazu das Programm aus Abb. 5-3 und passe es an. Behalte den Wert von 157 mm als Seitenlänge des Sechsecks bei. Welchen Winkel für die Motordrehung musst du eingeben, damit sich der Roboter richtig dreht, und wie oft muss die Schleife ausgeführt werden?

6

MARIO erkundet die Welt

In diesem Kapitel schließen wir den LEGO-Boost-Sensor an den Roboter an, und zwar an einem beweglichen Kopf, sodass wir den Sensor je nach vorliegender Aufgabe nach vorn, seitlich und nach unten ausrichten können. Außerdem lernst du, wie du den Roboter auf die Dinge reagieren lässt, die er wahrnimmt, und wie du ihn Töne aus der Klangbibliothek und selbst aufgenommene Töne abspielen lässt.

Der LEGO-Boost-Sensor

Der LEGO-Boost-Sensor (siehe Abb. 6-1) erkennt Abstände und Farben und hat folgende Eigenschaften:

- Er kann den relativen Abstand eines Objekts zum Sensor mit Werten von 0 (am nächsten) bis 10 (am weitesten) bestimmen. Diese Angaben haben keine Maßeinheit wie Meter oder Zentimeter.
- Er kann erkennen, ob ein Objekt vorhanden ist, und die Farben Schwarz, Blau, Grün, Gelb, Rot und Weiß unterscheiden.
- Er kann messen, wie viel Licht von einem Objekt reflektiert wird, und gibt entsprechende Werte von 0 (am dunkelsten) bis 10 (am hellsten) zurück.
- Er kann rotes, grünes, blaues oder weißes Licht ausstrahlen.

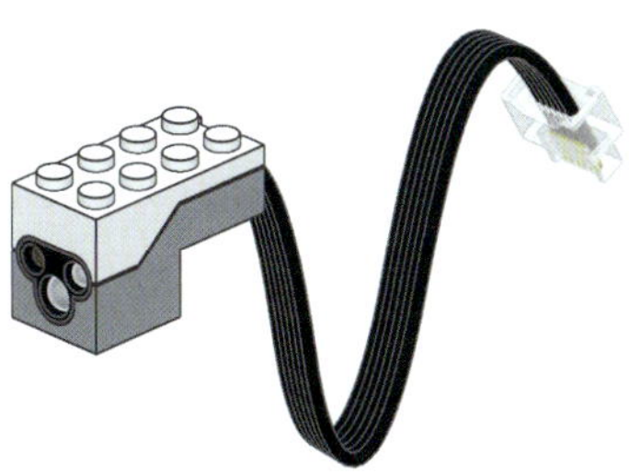

ABBILDUNG 6-1: Der LEGO-Boost-Sensor

Den Sensorkopf bauen

Bilde den Sensorkopf für MARIO nach der folgenden Anleitung und verbinde den Sensor mit Anschluss C am Move Hub.

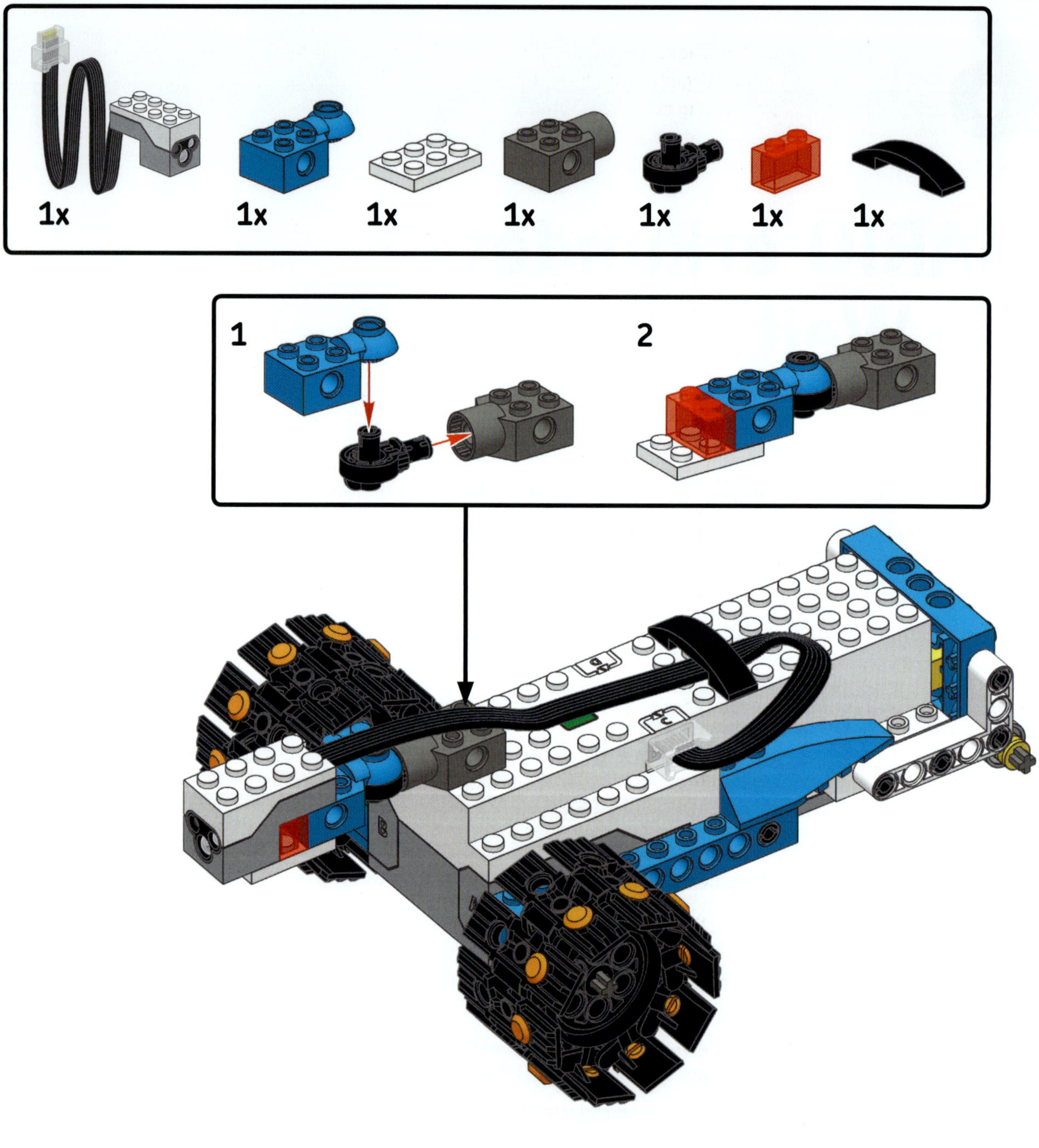

Abstände mit Sensorblöcken messen

Mit den Sensorblöcken kannst du die Entfernung zu einem Objekt messen:

- Eine Sequenz, die mit dem Block **Bei Entfernung aktivieren** beginnt, wird ausgeführt, wenn der Sensor eine Entfernung zu einem Objekt misst, die kleiner oder gleich dem von dir angegebenen Wert (von 0 bis 10) ist.

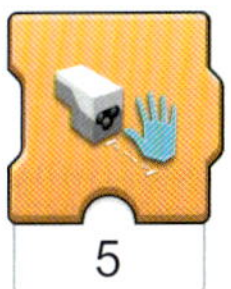

- Der Block **Auf Entfernung warten** hält das Programm an, bis der Sensor eine Entfernung zu einem Objekt misst, die kleiner oder gleich dem von dir angegebenen Wert (von 0 bis 10) ist.

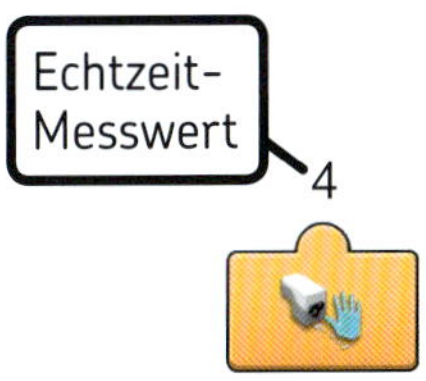

- Der Block **Berichterstattung Entfernungssensor** gibt den Abstand zu einem Objekt in Echtzeit als eine Zahl von 0 bis 10 zurück. Diesen Block kannst du an eine beliebige Stelle auf der Leinwand setzen, um die Entfernung zu einem Objekt zu überwachen. Er lässt sich jedoch nicht selbstständig in eine Programmsequenz einfügen, sondern muss an der Unterkante eines anderen Blocks angeschlossen werden.

Hindernissen ausweichen

In Kapitel 3 hast du den Block **Steuerradlenkung der Antriebsbasis für eine Dauer** verwendet, sodass MARIO eine bestimmte Zeit lang geradeaus fährt. Was aber machst du, wenn MARIO ein Zimmer erkunden soll? Eine Möglichkeit besteht darin, dafür zu sorgen, dass er geradeaus fährt, bis er ein Hindernis erkennt, diesem ausweicht und diese Aktionen dann wiederholt. Auf diese Weise kann sich MARIO durch ein Zimmer bewegen und dabei Hindernisse umgehen, anstatt einfach eine zuvor festgelegte Zeitspanne stur geradeaus zu fahren.

Der Pseudocode für dieses Programm sieht wie folgt aus:

```
Endlosschleife beginnt
  Bewege dich langsam vorwärts
  Warte darauf, dass der Sensor einen Abstand kleiner oder gleich 5 misst
  Fahr zurück und drehe dich um einen festgelegten Winkel
Zurück zum Anfang der Endlosschleife
```

Versuchen wir nun, dieses Programm auf der Kreativen Leinwand der LEGO-Boost-App zu schreiben. Lege dazu ein neues Programm an und nennen es explore. Stelle dann die Programmsequenz aus Abb. 6-2 zusammen.

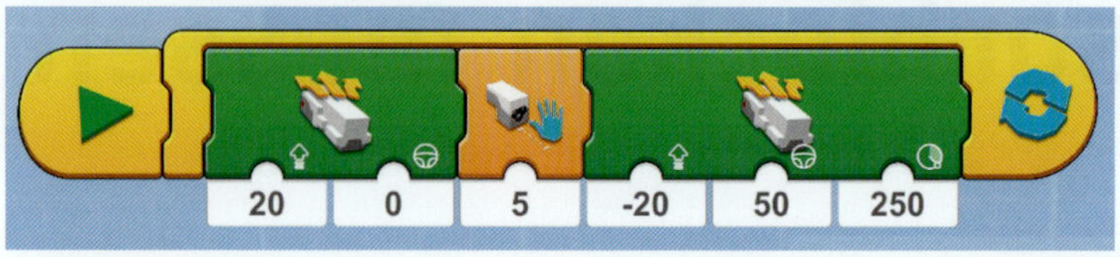

ABBILDUNG 6-2: Das Hindernisumgehungsprogramm im Projekt *explore*

Dieses Programm beginnt mit dem Block **Steuerradlenkung der Antriebseinheit**, der den Roboter mit der Geschwindigkeit 20 vorwärtsfahren lässt (Richtung 0). Darauf folgt der Block **Auf Entfernung warten** aus der Sensorblockpalette (orangefarbenes Register). Dieser Block hält die Sequenz an und fragt: »Misst der Sensor einen Abstand kleiner oder gleich 5?« Lautet die Antwort ja, wird das Programm fortgesetzt. Im Grunde genommen steuert der Sensorblock den Ablauf des Programms, indem er es anhält, bis die Bedingung wahr wird. Wenn der Block das Programm fortsetzt, sorgt der Block **Steuerradlenkung der Antriebsbasis für eine Entfernung** dafür, dass sich der Roboter dreht, um dem Hindernis auszuweichen. Da diese Sequenz in eine Endlosschleife eingebettet ist, wird sie immer wieder ausgeführt.

Tippe auf den Block **Sequenz starten**, um das fertige Programm zu starten. Jetzt beginnt MARIO, das Zimmer zu erkunden und dabei Hindernissen auszuweichen. Du kannst nun den Parameter des Blocks **Auf Entfernung warten** ändern und beobachten, wie sich der Roboter dabei verhält. Wenn du die Entfernung auf 9 setzt, ändert MARIO schon den Kurs, wenn das Hindernis noch weit weg ist. Ein Entfernungswert von 1 dagegen könnte gefährlich sein, da MARIO dann möglicherweise zu spät reagiert und gegen das Hindernis stößt. In Kapitel 8 erfährst du, wie du Bedingungen nutzen kannst, um eine genauere Kontrolle zu bekommen.

Aktionen auslösen

Mit dem Block **Bei Entfernung aktivieren** kannst du dafür sorgen, dass MARIO auf einen bestimmten Sensormesswert reagiert. Der Block sieht wie ein Startblock aus und startet auch tatsächlich die nachfolgende Sequenz, wenn der Sensor einen Abstand misst, der kleiner oder gleich dem angegebenen Wert ist. Probieren wir das aus!

Lege das Projekt trigDist an und stelle die Sequenz aus Abb. 6-3 zusammen. Wenn du jetzt auf **Bei Entfernung aktivieren** tippst, beginnt der Block zu blinken. Der Roboter macht jedoch zunächst noch nichts, sondern tritt erst in Aktion, wenn der Sensor einen Abstand kleiner oder gleich 5 misst.

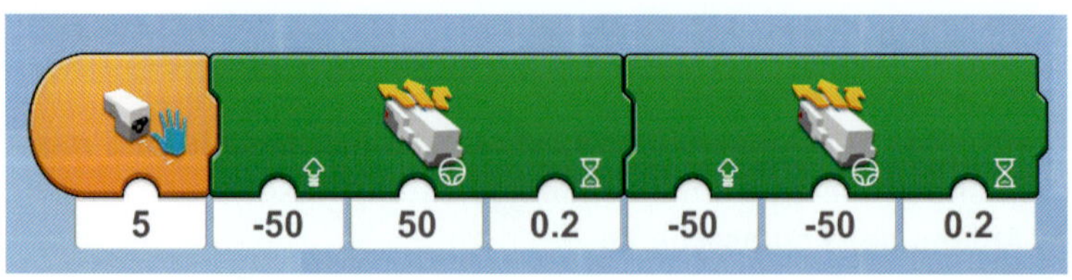

ABBILDUNG 6-3: Die Sequenz im Projekt trigDist beginnt mit dem Block **Bei Entfernung aktivieren.**

Halte nun deine Hand vor den Sensor. Der Block **Bei Entfernung aktivieren** blinkt und MARIO bewegt sich zwei Schritte zurück. Wenn du deine Hand in der Nähe des Sensors lässt, wird die Sequenz erneut ausgelöst. Hältst du die Hand still, fährt MARIO zurück, bis er erkennt, dass der Abstand zu deiner Hand auf einen Wert größer als 5 gewachsen ist.

Um das Programm anzuhalten, tippst du auf die rote **Stopp**-Schaltfläche oben rechts auf dem Bildschirm.

Konflikte

Wenn zwei Blöcke oder Sequenzen versuchen, die Motoren auf widersprüchliche Weise zu steuern, tritt ein Konflikt auf. Machen wir dazu ein kleines Experiment: Füge der Leinwand eine weitere Sequenz hinzu, die wiederum mit dem Block **Bei Entfernung aktivieren** beginnt, setze den Schwellenwert aber diesmal auf 2 (siehe Sequenz 2 in Abb. 6-4). Außerdem lässt diese Sequenz MARIO nicht zurücksetzen, sondern zwei Sekunden lang vorwärtsfahren.

Starte das Programm, indem du auf die grüne Startschaltfläche tippst. Wenn der Sensor einen Wert größer als 5 liest, beginnen beide Blöcke vom Typ **Bei Entfernung aktivieren** zu blinken (siehe Abb. 6-4 oben). Versuche jetzt, deine Hand so vor den Sensor zu halten, dass er einen Abstand kleiner 5, aber größer 3 liest. In diesem Fall wird nur Sequenz 1 ausgeführt, sodass MARIO zurücksetzt.

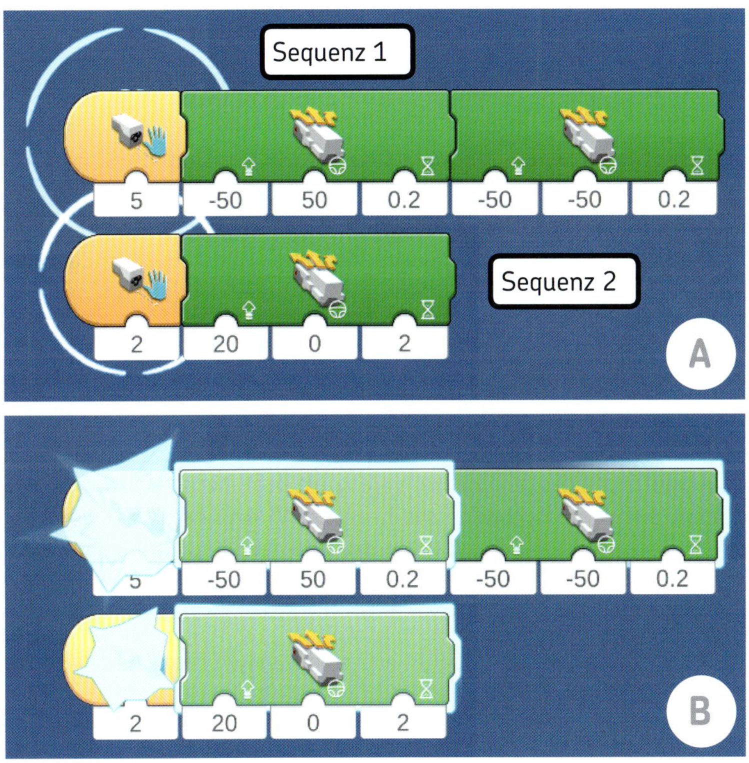

ABBILDUNG 6-4: Sequenz 1 und Sequenz 2 versuchen, die Motoren zur gleichen Zeit vorwärts und rückwärts zu bewegen, was zu einem Konflikt führt.

Wenn du deine Hand dem Roboter näherst, liest der Sensor schließlich einen Wert von 2 oder weniger, sodass beide Blöcke gleichzeitig ausgelöst werden (siehe Abb. 6-4 unten). Das geschieht, da der Sensormesswert beide Bedingungen erfüllt: Er ist sowohl kleiner oder gleich 2 als auch kleiner als 5.

Das führt dazu, dass sich MARIO eigenartig verhält: Er versucht, ein bisschen zurückzusetzen (Sequenz 1) und dann wieder vorwärtszufahren (Sequenz 2). Um solche Konflikte zu vermeiden, solltest du niemals zwei Blöcke vom Typ **Bei Entfernung aktivieren** auf derselben Leinwand platzieren.

Töne abspielen

Es ist ganz einfach, mit LEGO Boost Klänge abzuspielen. Da der Move Hub keine Lautsprecher hat, kommen die Töne dabei jedoch aus dem Gerät, auf dem du die Boost-App ausführst. Mit den Soundblöcken kannst du über 500 zuvor aufgenommene Töne aus der Boost-Klangbibliothek abspielen, aber auch eigene Aufnahmen importieren und wiedergeben. Die Klangblöcke findest du in der Palette mit dem lila Register .

❶

❷

❸

❹

❺

❻

- Der Block **Klang abspielen** ❶ spielt Töne aus der Boost-Bibliothek ab. Um den Ton zu ändern, tippst du auf das Symbol mit dem weißen Hintergrund unter dem Block.
- Der Block **Klang abspielen mit Filter** ❷ spielt einen Klang aus der Boost-Bibliothek ab und wendet darauf Filter an.
- Der Block **Klangfilter Tonhöhe** ❸ ändert die Tonhöhe anhand des Eingabewerts, der von –100 bis 100 reichen kann. Beim Wert 0 wird der ungefilterte Klang ohne Änderung der Tonhöhe abgespielt. Bei –100 wird der Ton abgesenkt, sodass er sich wie das Grollen eines Monsters anhört. Bei 100 dagegen wird der Ton so hoch abgespielt, dass er wie eine Mickey-Mouse-Stimme klingt.
- Der Block **Klangfilter Verzerrung** ❹ regelt, wie stark der Klang beim Abspielen verzerrt wird. Beim Wert 0 gibt es keine Verzerrung, bei 100 hört sich der Klang rau und kratzig wie eine E-Gitarre in voller Lautstärke an.
- Der Block **Klangfilter Echo** ❺ fügt dem Klang ein Echo hinzu, wobei die Lautstärke wie bei einem richtigen Echo bei jeder Wiederholung geringer wird. Um den zeitlichen Abstand zwischen den Wiederholungen und die Länge der Zeit einzustellen, bis der Ton verklingt, gibst du eine Zahl zwischen 0 und 100 ein.
- Der Block **Reset Klangfilter** ❻ schaltet alle angewandten Filter aus.

Klangeffekte ausprobieren

In diesem Abschnitt spielst du mit dem Tonhöhen-, Verzerrungs- und Echofilter herum, um ein Gefühl für ihre Wirkung zu bekommen. Lege ein Projekt namens filters an und stelle darin die Sequenzen aus Abb. 6-5 zusammen. Ziehe dann einen **Klang-abspielen**-Block auf jede Sequenz. Ändere den Klang, indem du auf den Eingang des Blocks tippst, um die Bibliothek zu öffnen, und dann einen Ton auswählst.

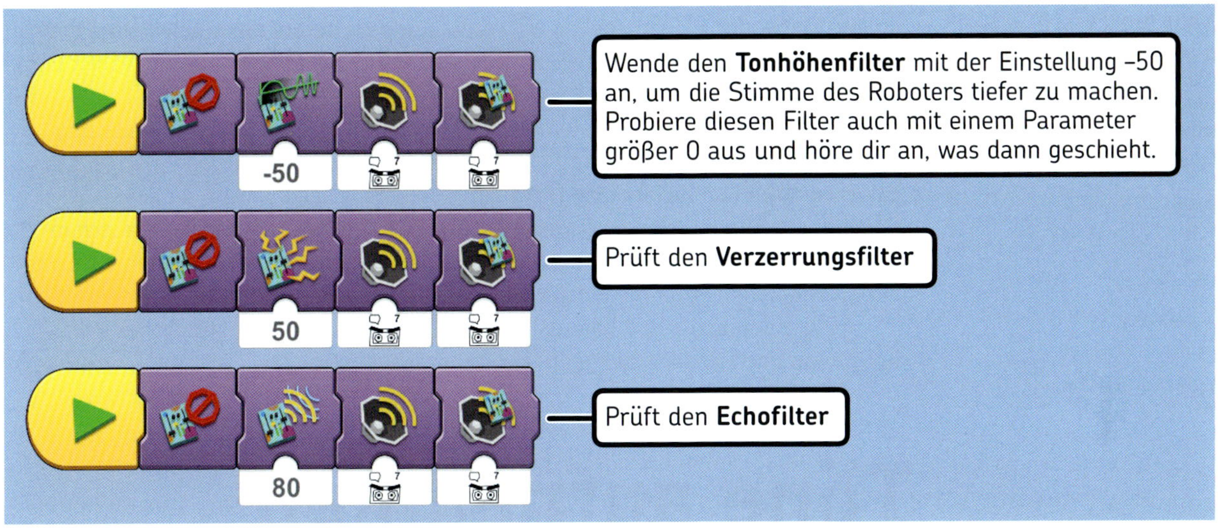

ABBILDUNG 6-5: Mit diesem Programm kannst du alle Effektfilter ausprobieren

Tippe jeweils auf den Block **Sequenz starten** jeder Reihe, um dir anzuhören, welche Klangeffekte die einzelnen Filter hervorrufen. Damit immer nur ein Filter auf einmal angewendet wird, steht am Anfang jeder Sequenz der Block **Reset Klangfilter**.

Der Block **Klang abspielen** in jeder Sequenz spielt den Klang aus der Bibliothek ohne Filter ab, der darauf folgende Block **Klang abspielen mit Filter** gibt ihn mit dem jeweiligen Filter wieder.

Versuch 6-1

Schalte in einer Sequenz mehrere Filter ein, um die Stimme des Roboters zu ändern. Kannst du dafür sorgen, dass der Roboter Klänge mit großer Tonhöhe, stärkstmöglichem Echo und mittlerer Verzerrung von sich gibt?

Klänge auslösen

ABBILDUNG 6-6: Diese Sequenz spielt ein Motorengeräusch ab, wenn der Sensor eine Entfernung von kleiner oder gleich 5 misst.

Wir wollen nun dafür sorgen, dass MARIO auf Änderungen, die ihm der Entfernungsmesser meldet, mit dem Abspielen eines Klangs reagiert. Lege ein Projekt namens sounds an und stelle darin die einfache Sequenz aus Abb. 6-6 zusammen. Der Block **Bei Entfernung aktivieren** führt den Block **Klang abspielen** aus, wenn der Sensor eine Entfernung von kleiner oder gleich 5 erkennt.

Nachdem du den Block **Klang abgespielt** in die Sequenz eingebaut hast, änderst du den Klang, der wiedergegeben werden soll, indem du auf das weiße Schild tippst, um die Klangbibliothek zu öffnen, dort die Kategorie **Motorengeräusche** wählst und darin Klang Nr. **13** ( ).

Um dein Programm zu testen und dich zu vergewissern, dass eine Änderung des Abstands von Objekten zum Sensor tatsächlich den Klang auslöst, startest du das Programm und hältst deine Hand vor den Sensor. Jetzt solltest du ein Motorengeräusch hören. Solange du deine Hand nicht wegziehst, wird das Geräusch in einer Schleife wiedergegeben. Beachte, dass das Programm darauf wartet, dass der **Klang-abspielen**-Block die Wiedergabe beendet, bevor es fortfährt.

Ändere den Klang und höre dir an, was die reichhaltige Klangbibliothek in der Boost-App noch so alles zu bieten hat!

Töne aufnehmen

Du kannst nicht nur die Klänge aus der Boost-Bibliothek abspielen, sondern auch deine eigene Stimme aufnehmen und dein Modell damit sprechen lassen! Um MARIO dazu zu bringen, sich selbst vorzustellen, wenn sich ihm jemand nähert, gehst du wie folgt vor:

Schritt 1: Tippe auf das blaue Register mit dem Mikrofonsymbol in der Blockpalette (siehe Abb. 6-7). Dadurch öffnest du die Palette **Eigene Klänge**.

ABBILDUNG 6-7: Die Palette Eigene Klänge

Schritt 2: Tippe auf das Symbol mit dem Pluszeichen und auf das mit dem Mikrofon, um die Aufnahmeoberfläche aus Abb. 6-8 zu öffnen.

Schritt 3: Tippe auf die Schaltfläche **Aufnahme** und sage: »Hallo, ich bin Mario!« Du kannst Aufnahmen bis zu einer Länge von sechs Sekunden machen. Wenn du mit der Aufnahme fertig bist, tippst du auf **Stopp**.

Schritt 4: Spiele den Klang mithilfe der Schaltflächen **Wiedergabe** und **Stopp** ab. Wenn du nicht zufrieden bist, tippe auf **Aufnahme**, um es noch einmal zu versuchen.

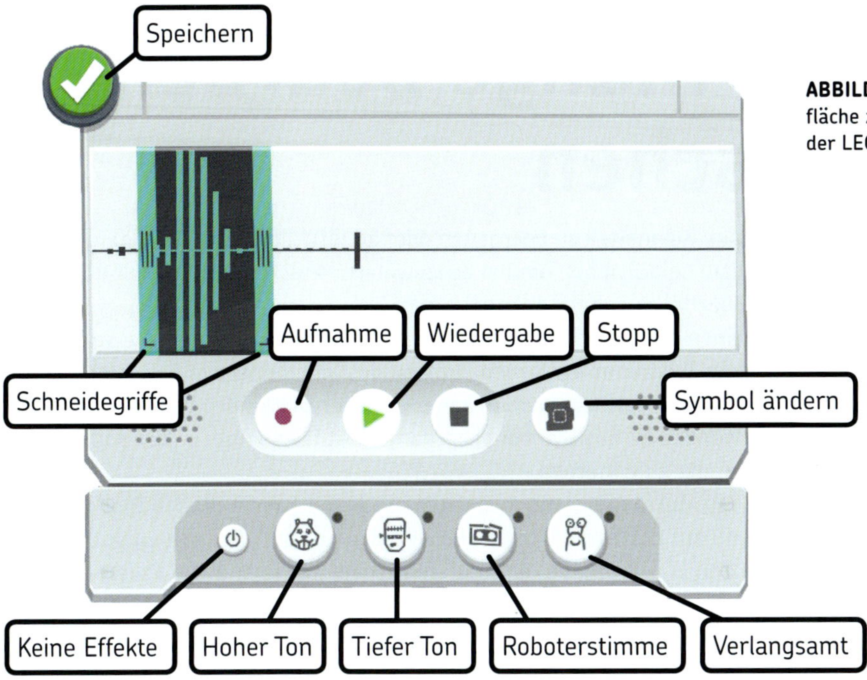

ABBILDUNG 6-8: Die Oberfläche zur Tonaufnahme in der LEGO-Boost-App

Schritt 5: Wenn dir die Aufnahme gefällt, kannst du die **Schneidegriffe** verschieben, um einen unerwünschten Vorlauf oder Nachlauf zu entfernen.

Schritt 6: Mit den Schaltflächen unten in der Oberfläche kannst du Effekte auf die Aufnahme anwenden, allerdings immer nur einen auf einmal. Dabei hast du folgende Möglichkeiten:

- Kein Effekt: Die Aufnahme wird im Originalzustand ohne Effekte abgespielt.
- Die Schaltflächen für die Tonhöhe machen den Klang höher oder tiefer, sodass sich eine Mickey-Mouse- oder Monsterstimme ergibt.
- Die Roboterschaltfläche sorgt für einen metallischen Klang, wie man sich früher Roboterstimmen vorstellte.
- Mit der Schaltfläche *Verlangsamt* wird der Klang sehr langsam wiedergegeben, wodurch sich auch eine tiefere Tonlage ergibt.

Schritt 7: Tippe auf **Hoher Ton**, um den entsprechenden Effekt anzuwenden.

Schritt 8: Tippe auf das **Symbol ändern**, um ein anderes Symbol für deinen eigenen Klangblock auszuwählen. Wenn du die Schaltfläche betätigst, öffnet sich die Symbolbibliothek. Wähle das Lautsprechersymbol aus, sodass der Block so aussieht wie in Abb. 6-9.

Schritt 9: Tippe auf **Speichern**, um den Klang zu speichern und zur Programmierleinwand zurückzukehren. Vervollständige das Programm, indem du den erstellten Klangblock wie in Abb. 6-9 gezeigt an den Block **Bei Entfernung aktivieren** anschließt. Wenn sich noch ein alter Klangblock auf der Leinwand befindet, lösche ihn, indem du ihn nach unten zur Blockpalette ziehst.

ABBILDUNG 6-9: Dieses Programm sorgt dafür, dass MARIO sich vorstellt, wenn du dich ihm näherst.

Schritt 10: Um das Programm fertigzustellen, tippe auf den Block **Bei Entfernung aktivieren**, um die Prüfung auf Messergebnisse vom Entfernungssensor einzuschalten. Wenn du deine Hand vor den Sensor hältst, sagt MARIO jetzt das, was du vorher aufgenommen hast.

Eigene Klänge bearbeiten und löschen

Um einen eigenen Klangblock zu bearbeiten oder zu löschen, tippst du in der Palette **Eigene Blöcke** auf sein Symbol, um ihn auszuwählen. Anschließend kannst du ihn in der Aufnahmeoberfläche ändern oder entfernen.

Bevor du einen eigenen Klangblock löschen kannst, musst du erst alle seine Vorkommen aus dem Programm entfernen. Anhand des Mülltonnensymbols kannst du erkennen, ob ein Block gelöscht werden kann: Wird der Block noch irgendwo in dem Programm verwendet, ist das Symbol blass dargestellt (siehe Abb. 6-10), sodass es nicht möglich ist, ihn zu entfernen.

WARNUNG!

Das Löschen eines Blocks kannst du nicht rückgängig machen. Sei also vorsichtig!

Erscheint das Mülltonnensymbol dagegen in Hellrot, kannst du den Block entfernen, indem du auf das Symbol tippst. Es wird dann grün. Tippe erneut auf die Mülltonne, um den Löschvorgang durchzuführen, oder auf irgendeine andere Stelle, um ihn abzubrechen.

ABBILDUNG 6-10: Über das Mülltonnensymbol kannst du einen Klangblock löschen. Ist das Symbol blass dargestellt, so heißt das, dass der Block in dem Programm verwendet wird und daher nicht entfernt werden kann. Rot bedeutet, dass du den Block löschen kannst. Wenn du einmal auf das Symbol tippst, wird es grün. Tippe erneut, um den Block zu entfernen.

Was du gelernt hast

In diesem Kapitel hast du gelernt, wie du Sensorblöcke einsetzt, um Objekte in der Nähe zu erkennen und darauf zu reagieren oder eine Sequenz von Aktionen auszulösen. Außerdem hast du erfahren, wie du Klänge aus der Bibliothek abspielst, Effekte darauf anwendest und eigene Klänge aufnimmst und wiedergibst. In Kapitel 7 geht es darum, Farben zu erkennen.

Versuch 6-2

Wie wäre es, MARIO etwas mehr Persönlichkeit zu verleihen? Kannst du dafür sorgen, dass er beleidigt wirkt, indem er dir den Rücken zukehrt, wenn du dich ihm näherst? Schreibe ein Programm für dieses Verhalten. Tipp: Verwende den Block **Bei Entfernung aktivieren** sowie Motorblöcke.

7

Farben erkennen

In diesem Kapitel lernst du, wie du MARIO Befehle geben kannst, indem du Fliesen unterschiedlicher Farbe vor den Boost-Sensor hältst.

Tipps zur Farberkennung

Der LEGO-Boost-Sensor kann sechs Farben unterscheiden (Schwarz, Blau, Grün, Gelb, Rot, Weiß und *keine Farbe*, was bedeutet, dass kein Objekt erkannt wird). Das Objekt muss sich dazu aber sehr nah am Sensor befinden. Wie nah? Wie Abb. 7-1 zeigt, muss der Abstand zwischen 0,3 cm und 2 cm betragen. Außerdem muss die Oberfläche des Objekts im rechten Winkel zur Sensorachse ausgerichtet sein.

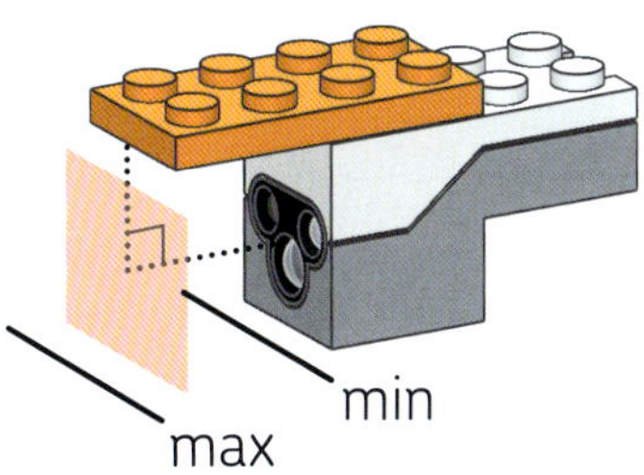

ABBILDUNG 7-1: Der Boost-Sensor kann die Farben von Objekten erkennen, die sich sehr nah vor ihm befinden und im rechten Winkel zur Sensorachse ausgerichtet sind. Der Abstand muss 0,5 bis 2,5 LEGO-Einheiten betragen, wie du anhand der orangefarbenen Platte als Vergleichsmaßstab ablesen kannst.

Die Farben von Objekten außerhalb des Sensorbereichs werden unter Umständen nicht richtig erkannt. So kann ein weißes Objekt beispielsweise als gelb angesehen werden.

Farbsensorblöcke

Es gibt drei Arten von Farbsensorblöcken (orange):

- Eine Sequenz, die mit dem Block **Bei Farbe aktivieren** beginnt, wird ausgeführt, wenn der Sensor die angegebene Farbe erkennt.

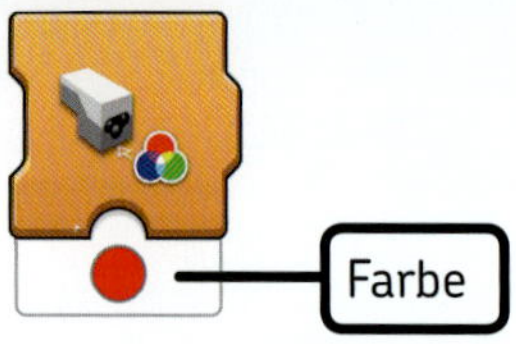

- Der Block **Auf Farbe warten** hält das Programm an, bis der Sensor die angegebene Farbe erkennt.

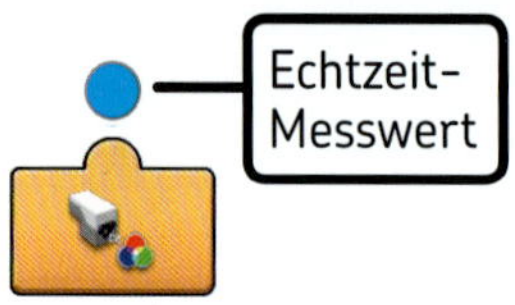

- Der Block **Berichterstattung Farbsensor** gibt die vom Sensor erkannte Farbe zurück. Diesen Block kannst du an einer beliebigen Stelle auf der Leinwand und in einer Programmsequenz platzieren, um die gemessenen Farben in Echtzeit zu überwachen, allerdings musst du ihn an der Unterkante eines anderen Blocks anschließen.

Um in einem Farbblock eine andere Farbe auszuwählen, tippst du auf den Farbschild.

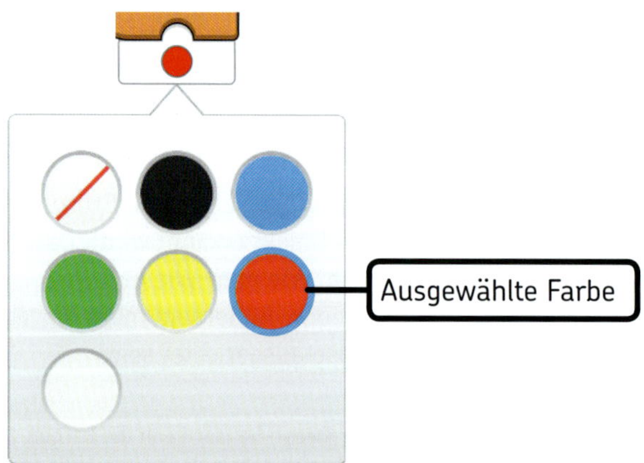

Den Farbcontroller bauen

Die folgende Anleitung zeigt, wie du den Farbcontroller baust, der es dir ermöglicht, MARIO mithilfe farbiger Fliesen zu steuern.

1

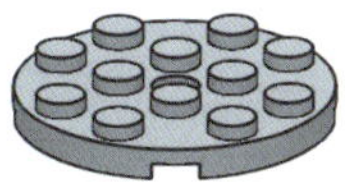

1x

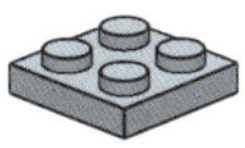

1x

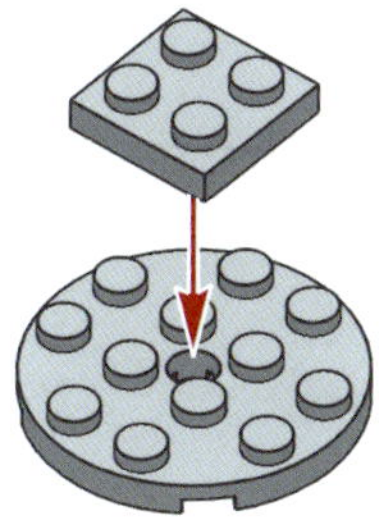

2

1x

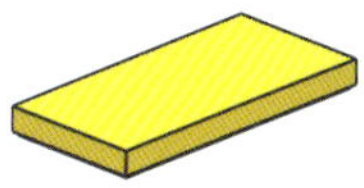

1x

1x

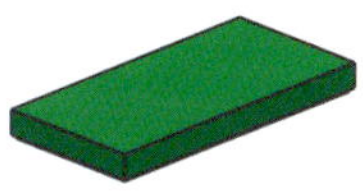

1x

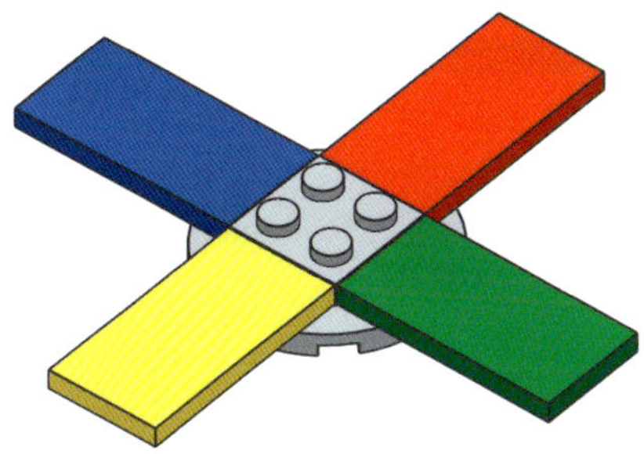

3

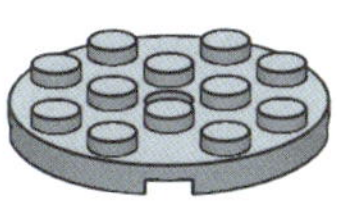

1x

1x

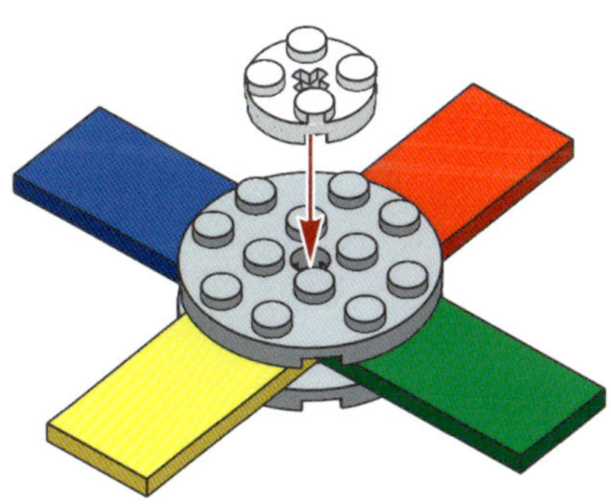

4

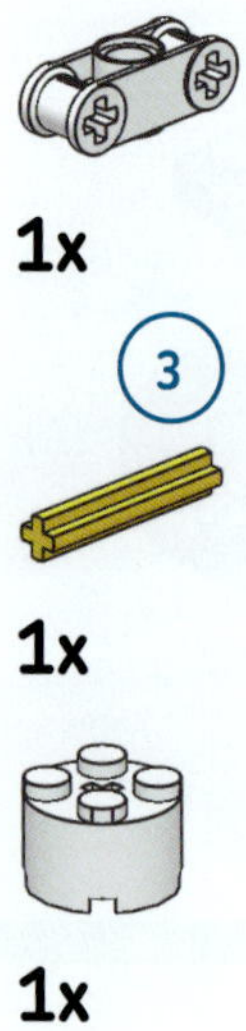

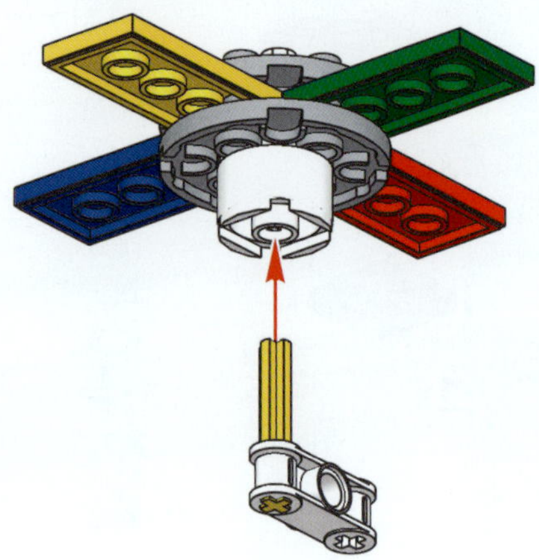

Dreh den beweglichen Sensorkopf, den du in Kapitel 6 gebaut hast, nach oben, damit du dem Roboter die Farben zeigen kannst.

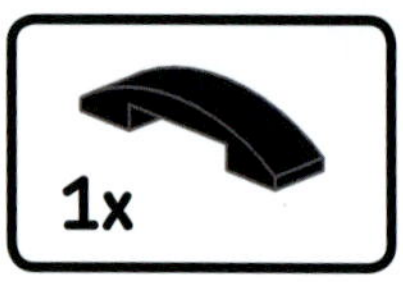

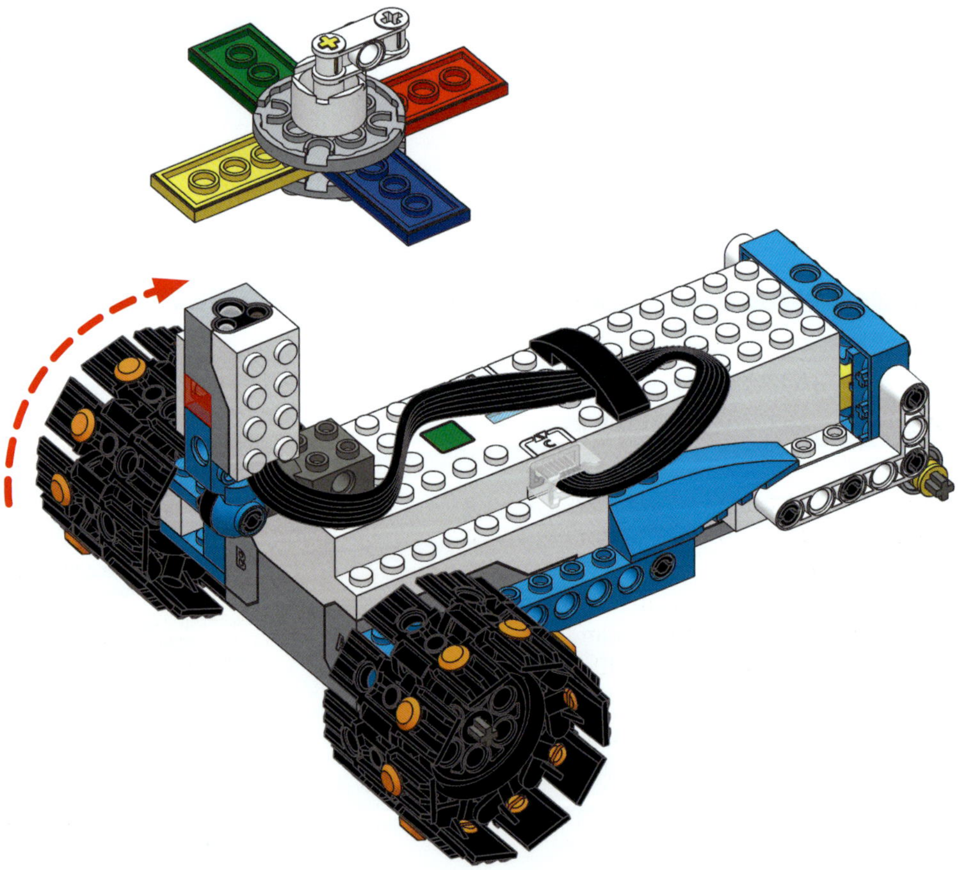

Versuch 7-1

Platziere den Block **Berichterstattung Farbsensor** auf der Leinwand, um dir in Echtzeit anzusehen, welche Farben der Sensor erkennt. Baue dazu die Versuchsanordnung aus der folgenden Abbildung, bringe eine farbige 2×4-Fliese an und prüfe, ob und wann der Sensor die Farbe richtig erkennt, indem du die Fliese in unterschiedlichem Abstand anordnest. Beantworte die beiden folgenden Fragen:

- Welche Farben werden schon in relativ weitem Abstand richtig erkannt?
- Welche Farben werden nur im Abstand zwischen 0,3 cm und 2 cm richtig erkannt?

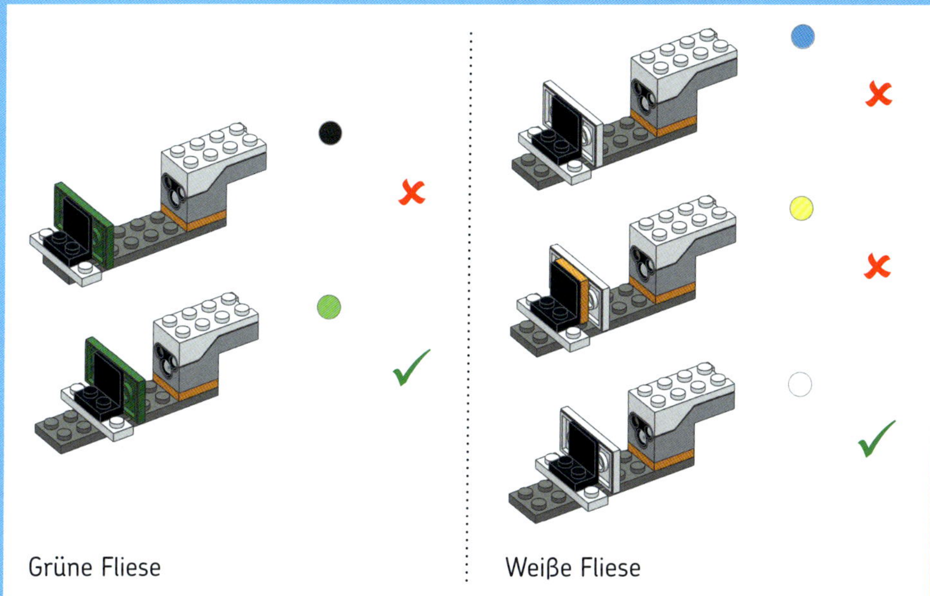

Farbbefehle

In diesem Abschnitt schreibst du ein Programm, das es dir ermöglicht, MARIO mit dem Farbcontroller Befehle zu erteilen, um ihn über die Spielmatte fahren zu lassen. Tabelle 7-1 zeigt die verfügbaren Farben und die Befehle, die du damit verknüpfst. Um beispielsweise dafür zu sorgen, dass sich MARIO eine Zelle weiter vorwärts bewegt, hältst du die gelbe Fliese des Farbcontrollers vor den Sensor. Damit er eine Vierteldrehung nach rechts macht, zeigst du ihm die grüne Fliese usw.

TABELLE 7-1: Farbbefehle

FARBE	BEFEHL
Gelb	Eine Zelle vorwärts
Rot	Eine Zelle rückwärts
Grün	Vierteldrehung nach rechts
Blau	Vierteldrehung nach links

Das Programm

Lege ein Projekt namens colorCmd an und stelle darin das Programm aus Abb. 7-2 zusammen. Dazu brauchst du Blöcke der folgenden Art:

- Die Blöcke **Bei Farbe aktivieren** und **Auf Farbe warten** gehören zur Palette der Sensorblöcke (orange).
- Der Block **Auf Zeit warten** gehört zur Palette der Programmablaufblöcke (gelb).
- Der Block **Steuerradlenkung der Antriebsbasis für eine Entfernung** gehört zur Palette der Motorblöcke (grün).

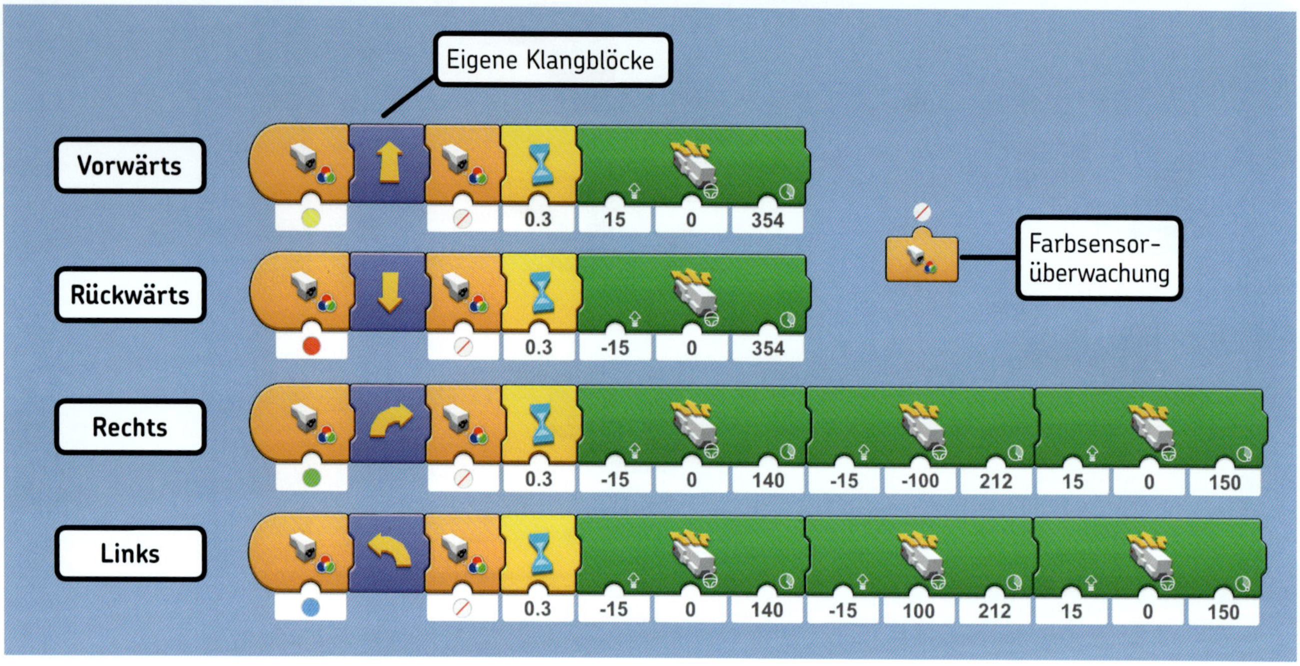

ABBILDUNG 7-2: Das Programm colorCmd mit den vier Sequenzen, die jeweils durch die Farben Gelb, Rot, Grün und Blau ausgelöst werden

Dieser Code enthält keinen gelben **Start**-Block. Alle Sequenzen beginnen mit dem Block **Bei Farbe aktivieren**, der allerdings in jeder Sequenz auf eine andere Farbe eingestellt ist. Die violetten eigenen Klangblöcke sorgen dafür, dass MARIO jeweils die Aktion ankündigt, die er durchführen wird, wenn er eine bestimmte Farbe erkannt hat. Dadurch teilt MARIO dir mit, wenn er eine Farbe erkennt. Wenn du den Klang hörst, kannst du den Farbcontroller vom Sensor wegziehen, was wiederum von dem **Auf-Farbe-warten**-Block erkannt wird, der auf *keine Farbe* wartet.

Der Block **Auf Zeit warten** (eingestellt auf 0,3 s) verhindert, dass MARIO eine falsche Farbe wahrnimmt, während du den Farbcontroller vom Sensor wegbewegst. Anschließend wird der Block **Steuerradlenkung der Antriebsbasis für eine Entfernung** ausgeführt.

Eigene Klänge aufnehmen

Jede Sequenz beginnt mit einem eigenen Klangblock. Nimm vier eigene Klänge auf, wobei du »vorwärts«, »zurück«, »nach links« und »nach rechts« sagst (siehe S. 54 in Kapitel 6). Wähle entsprechende Richtungssymbole aus der Kategorie **Bewegungen** in der Symbolbibliothek aus (siehe Abb. 7-3). Damit MARIOs Stimme sich etwas lustiger anhört, kannst du den Effekt mit der großen Tonhöhe anwenden.

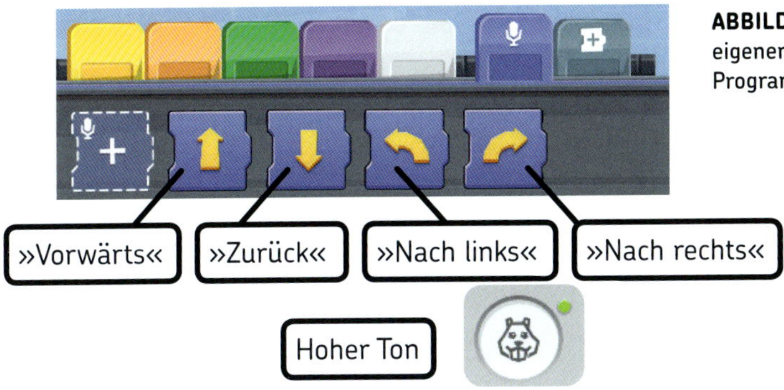

ABBILDUNG 7-3: Die eigenen Klangblöcke für das Programm colorCmd

Das Programm testen

Nachdem du das Programm fertiggestellt hast, tippe auf die grüne Schaltfläche **Start**, um es auszuführen. Nun beginnen alle Blöcke vom Typ **Bei Farbe aktivieren** zu blinken. Wenn du jetzt die farbigen Fliesen des Farbcontrollers vor den Sensor hältst, beginnt der entsprechende Aktivierungsblock zu blinken und führt die zugehörige Sequenz aus.

Wenn das Programm läuft, kannst du versuchen, MARIO mithilfe der Farbsteuerung zu den Objekten zu lenken, die auf die Spielmatte gemalt sind. Um beispielsweise vom Startfeld aus die Banane zu erreichen (siehe Abb. 7-4), muss Mario die folgenden Aktionen ausführen:

vorwärts, vorwärts, vorwärts, vorwärts, nach links, vorwärts

Diese Bewegungen entsprechen der folgenden Farbfolge:

gelb, gelb, gelb, gelb, blau, gelb

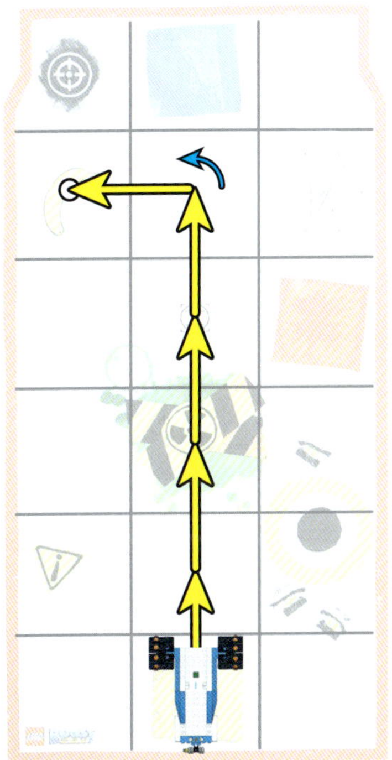

ABBILDUNG 7-4: Eine Mission auf der Boost-Spielmatte: Versuche, die Banane zu erreichen!

Versuch 7-2

Welche Farbfolge bringt MARIO dazu, vom Startfeld aus zu dem radioaktiven Bereich auf der Spielmatte zu fahren?

Versuch 7-3

Welche Farbfolge bringt MARIO dazu, zu dem Feuer auf der Spielmatte zu fahren? Mit welcher Farbfolge lenkst du ihn zum blauen Bereich?

Was du gelernt hast

In diesem Kapitel hast du gelernt, wie du den Boost-Farbsensor und Farben nutzt, um MARIO über die Spielmatte zu manövrieren. In Kapitel 8 erfährst du, wie du dafür sorgen kannst, dass dein Roboter je nach dem gemessenen Sensorwert unterschiedliche Aktionen ausführt.

Versuch 7-4

Schreibe ein neues Programm, sodass der Roboter den Namen der Farbe sagt, die er erkennt. Hinweis: Nimm die Farbnamen als eigene Klangblöcke auf und spiele sie in dem Programm aus Abb. 7-3 ab.

TEIL II

Techniken für Fortgeschrittene

8

Ein Spurfolgeroboter

In diesem Kapitel nutzt du den LEGO-Boost-Sensor, sodass MARIO einer dunklen Linie auf einem hellen Untergrund folgen kann. Diese Spurfolgefunktion ist ein echter Klassiker der Roboterprogrammierung!

Eine einfache Vorgehensweise zur Roboternavigation

Die einfachste Möglichkeit, um einen Roboter von einem Punkt zu einem anderen fahren zu lassen, besteht darin, ihn einer Linie am Boden folgen zu lassen. Spurfolgeroboter orientieren sich an aufgemalten Linien auf dem Boden, die sie mithilfe von Kameras erkennen, oder an Metalldrähten, die im Untergrund eingebettet sind und die sie mithilfe von Magnetsensoren wahrnehmen. Das Unternehmen LEGO verwendet in seinen Fabriken selbst solche Roboter!

Mit nach unten gerichtetem Sensor kann auch MARIO einer Linie auf dem Boden folgen. Der Sensor strahlt Licht aus und misst das Licht, das von der Oberfläche zurückgeworfen wird. Dadurch kann er eine dunkle Linie auf hellem Hintergrund oder eine helle Linie auf dunklem Hintergrund erkennen; auf jeden Fall muss ein ausreichender Kontrast bestehen. Eine einfache Möglichkeit, um eine Spur für den Roboter zu legen, besteht darin, schwarzes Klebeband auf einen hellen Boden zu kleben oder dicke schwarze Linien auf weißes Papier zu malen.

Der Schalterblock

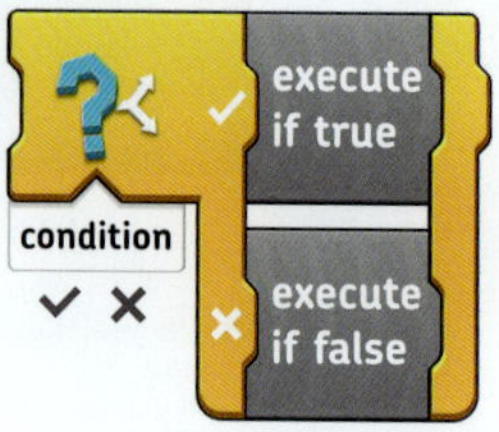

ABBILDUNG 8-1: Der Schalterblock

Einige kluge Leute haben bewiesen, dass die drei Strukturen *Sequenzen, Schleifen* und *Entscheidungen* ausreichen, um jedes Programm zu schreiben. Wie du Sequenzen (Folgen) von Aktionen zusammenstellst und wie du sie in einer Schleife wiederholt ausführen lässt, weißt du bereits. Jetzt ist es an der Zeit, zu lernen, wie du dafür sorgst, dass dein Roboter aufgrund der Bedingungen in seiner Umgebung eine Entscheidung trifft. Eine *Bedingung* ist eine Frage, die mit Ja oder Nein beantwortet werden kann (»Ist der vom Sensor gemessene Abstand kleiner als 5?«). Du kannst deinen Roboter so programmieren, dass er je nachdem, wie die Antwort auf diese Frage lautet, unterschiedlich handelt.

Der Block **Schalter** (siehe Abb. 8-1) in der Programmablaufpalette (die mit dem gelben Register) führt die obere Blocksequenz aus, wenn die Bedingung wahr ist, und die untere, wenn sie falsch ist. Dadurch kann der Roboter entscheiden, was er jeweils tun soll, wenn eine Bedingung erfüllt ist oder nicht.

Um besser zu verstehen, wie der Schalterblock funktioniert, müssen wir uns zunächst mit *logischen Werten* beschäftigen (die auch als *boolesche Werte* bezeichnet werden).

Datentypen

In der LEGO-Boost-App verwendest du zwei Arten von Daten, *numerische* (also Zahlen) und *logische Werte*. Mit Zahlenwerten hast du schon bei den Motor- und Sensorblöcken gearbeitet. Logische Werte sind entweder *wahr* (✓) oder *falsch* (✗). Nimm als Beispiel die Frage: »Misst der Sensor einen Abstand kleiner als 4?« Wenn der Sensor den Wert 3 misst, lautet die Antwort Ja (✓), anderenfalls lautet sie Nein (✗).

Die numerischen Eingänge haben eine runde Form (), aber wie du in Abb. 8-1 siehst, ist der logische Eingang des Schalterblocks spitz ().

Vergleichsblöcke

Die *Vergleichsblöcke* vergleichen zwei Zahlen und geben den logischen Wert *wahr* oder *falsch* zurück. Du findest sie in der Palette der Matheblöcke (weißes Register). Beispielsweise vergleicht der Block **Operator kleiner als** zwei Zahlen und beantwortet die folgende Frage mit Ja (✓) oder Nein (✗):

Ist die erste Zahl kleiner als die zweite?

Die Eingänge von Vergleichsblöcken können Konstanten sein (also Zahlen, die ihren Wert nicht ändern), aber auch die Ausgaben von orangefarbenen Sensorblöcken. Beispielsweise kannst du ein Programm schreiben, bei dem du den Ausgang eines Sensorblocks als Eingang für einen Vergleichsblock nimmst, sodass der Roboter eine Entscheidung aufgrund des Messwerts treffen kann. Es gibt folgende Arten von Vergleichsblöcken:

- Der Block **Operator gleich** gibt *wahr* (✔) zurück, wenn die Eingänge gleich sind, anderenfalls *falsch* (✖).
- Der Block **Operator kleiner als** gibt *wahr* (✔) zurück, wenn der erste Eingang kleiner ist als der zweite. Beispielsweise ergibt 3 < 3 den Wert *falsch* (✖), da 3 gleich 3 und nicht kleiner als 3 ist.
- Der Block **Operator größer als** gibt *wahr* (✔) zurück, wenn der erste Eingang größer ist als der zweite. Beispielsweise ergibt 3 > 3 den Wert *falsch* (✖), da 3 gleich 3 und nicht größer als 3 ist.
- Der Block **Operator ungleich** gibt *wahr* (✔) zurück, wenn die Eingänge verschieden sind, anderenfalls *falsch* (✖).

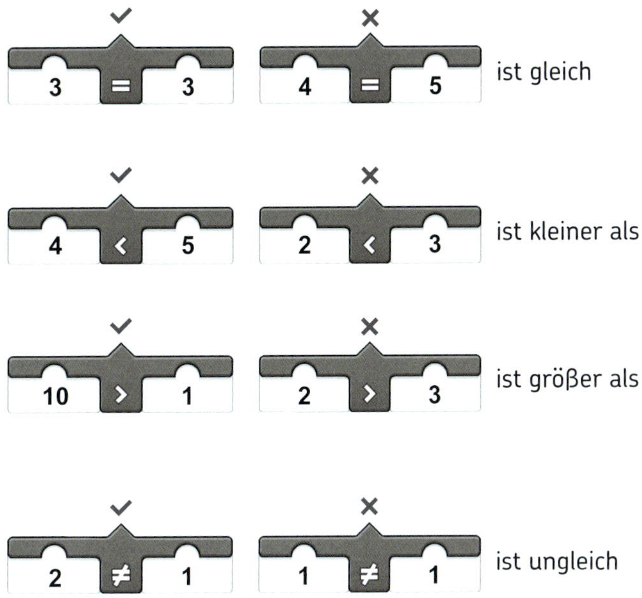

MARIO als Spurfolgeroboter

MARIO ist in der Lage, Linien auf dem Boden zu folgen. Dazu musst du nur den Sensor so drehen, dass er nach unten zeigt (siehe Abb. 8-2).

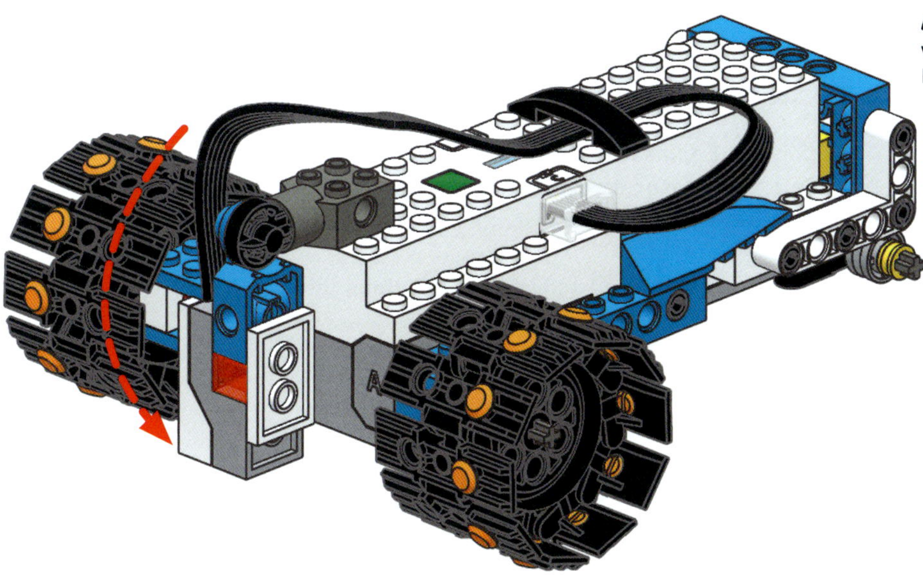

ABBILDUNG 8-2: MARIO ist so vorbereitet, dass er Linien am Boden folgt

Spurenfolgeprogramm mit einem Schalterblock

Stell dir vor, dass der Roboter der Grenze zwischen Helligkeit und Dunkelheit folgt (siehe Ab. 8-3). Während sich der Roboter vorwärts bewegt, wendet er sich der dunklen Linie zu, wenn der Sensor eine helle Farbe wahrnimmt (**A**), bzw. dem hellen Hintergrund, wenn der Sensor eine dunkle Farbe erkennt (**B**). Daraus ergibt sich eine Zickzackbewegung entlang der Kante der Linie (**C**).

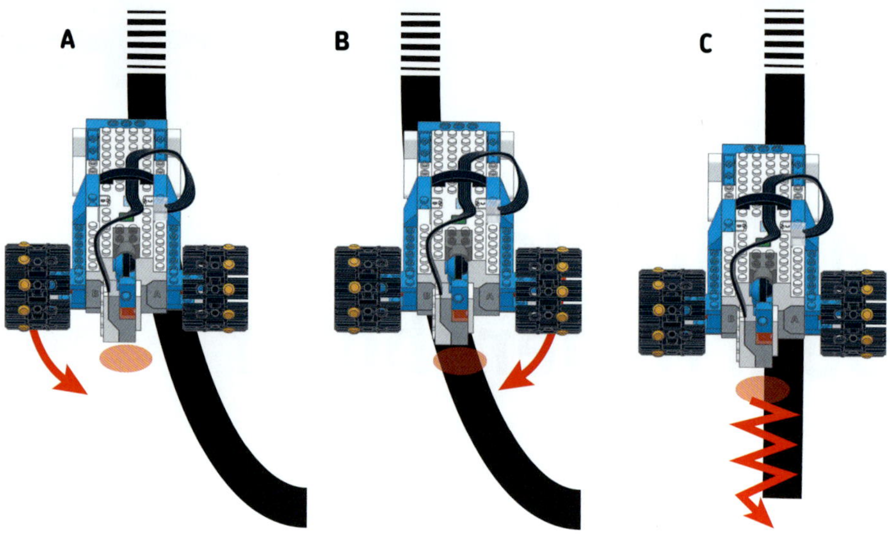

ABBILDUNG 8-3: MARIO bewegt sich auf einem Zickzackkurs, wenn er einer dunklen Linie auf einem hellen Untergrund folgt und dabei eine Folge von Entscheidungen trifft.

Der Pseudocode für das Spurfolgeprogramm sieht wie folgt aus:

```
Beginn der Endlosschleife
  Wenn der Sensor etwas Dunkles erkennt, dann
    fahre vorwärts und schwenke nach rechts (weg von der Linie)
  Sonst
    fahre vorwärts und schwenke nach links (hin zur Linie)
Zurück zum Anfang der Endlosschleife
```

Abb. 8-4 zeigt, wie du diesen Pseudocode in der LEGO-Boost-App in ein Spurfolgeprogramm übersetzt.

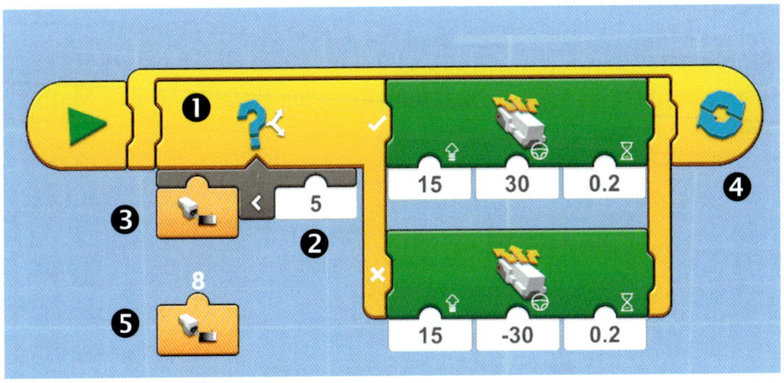

ABBILDUNG 8-4: Ein einfaches Spurfolgeprogramm

Wie du siehst, nutzt dieses Programm einen Schalterblock ❶, um zu entscheiden, ob sich der Roboter nach links oder rechts wenden soll. Der Vergleichsblock **Operator kleiner als** ❷ stellt die Bedingung für den Schalterblock bereit. Er vergleicht den Ausgang des Blocks **Berichterstattung Umgebungslichtsensor** ❸ mit der Zahl 5. Diese Zahl wird als *Schwellenwert* bezeichnet, denn ebenso, wie du eine Türschwelle überschreiten musst, um in den angrenzenden Raum zu gelangen, muss dieser Wert über- oder unterschritten werden, damit die Bedingung erfüllt ist.

Der Schalterblock befindet sich in einem Block für eine Endlosschleife ❹, die die Sequenz ausführt, bis du das Programm anhältst. Unterhalb der Sequenz zeigt eine Kopie des Blocks **Berichterstattung Umgebungslichtsensor** ❺ den Wert, den der Sensor misst, in Echtzeit an. Das hilft dir dabei, den Roboter zu testen.

Der Boost-Sensor misst, wie viel Licht von Objekten zurückgeworfen wird, und gibt einen Wert von 0 (am dunkelsten) bis 10 (am hellsten) zurück. Platziere den Sensor auf der Kante der Linie und setze den Wert im zweiten Eingang des Vergleichsblocks (also den Schwellenwert) auf den Wert, den der Sensor meldet. Mit 5 sollte es funktionieren, aber wenn nicht, probiere einfach einen anderen Wert aus.

Versuch 8-1

Ändere den Geschwindigkeits-, Lenkrichtungs- und Dauereingang der Motorblöcke, um zu sehen, wie sich das Verhalten des Roboters beim Folgen der Spur ändert. Pass aber auf, dass du den Geschwindigkeitswert nicht zu hoch einstellst, damit MARIO nicht vom Weg abkommt.

Probleme durch verzögerte Übermittlung

Wenn du dieses Programm testest, wirst du feststellen, dass MARIO eher ruckartig fährt, da der Block **Steuerradlenkung der Antriebsbasis für eine Dauer** die Motoren nach jeder Bewegung abbremst. Um ein ruhigeres Verhalten zu erzielen, kannst du stattdessen Blöcke vom Typ **Steuerradlenkung der Antriebsbasis** verwenden und dafür sorgen, dass die Motorbewegungen alle 100 ms stattfinden (siehe Abb. 8-5).

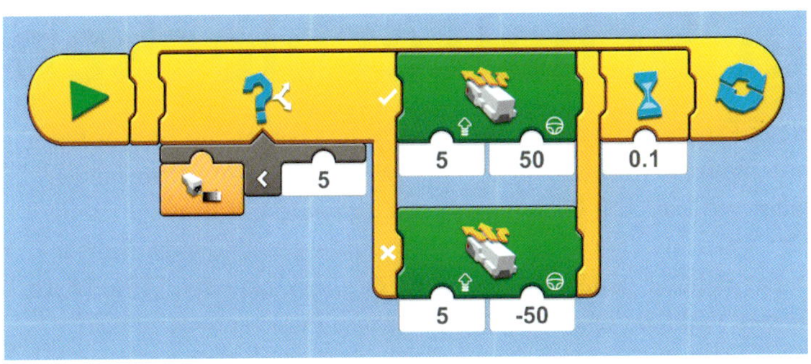

ABBILDUNG 8-5: Aufgrund der langsamen Bluetooth-Kommunikation zwischen der App und dem Move Hub funktioniert dieses Spurfolgeprogramm nicht wie beabsichtigt.

Theoretisch funktioniert dieses Programm, aber in der Praxis ist die Verzögerung bei der Bluetooth-Kommunikation zwischen der App und dem Move Hub zu stark. Die Sensormessergebnisse kommen zu spät an, weshalb auch die Befehle an den Motor zu spät gesendet werden, wie Abb. 8-6 zeigt.

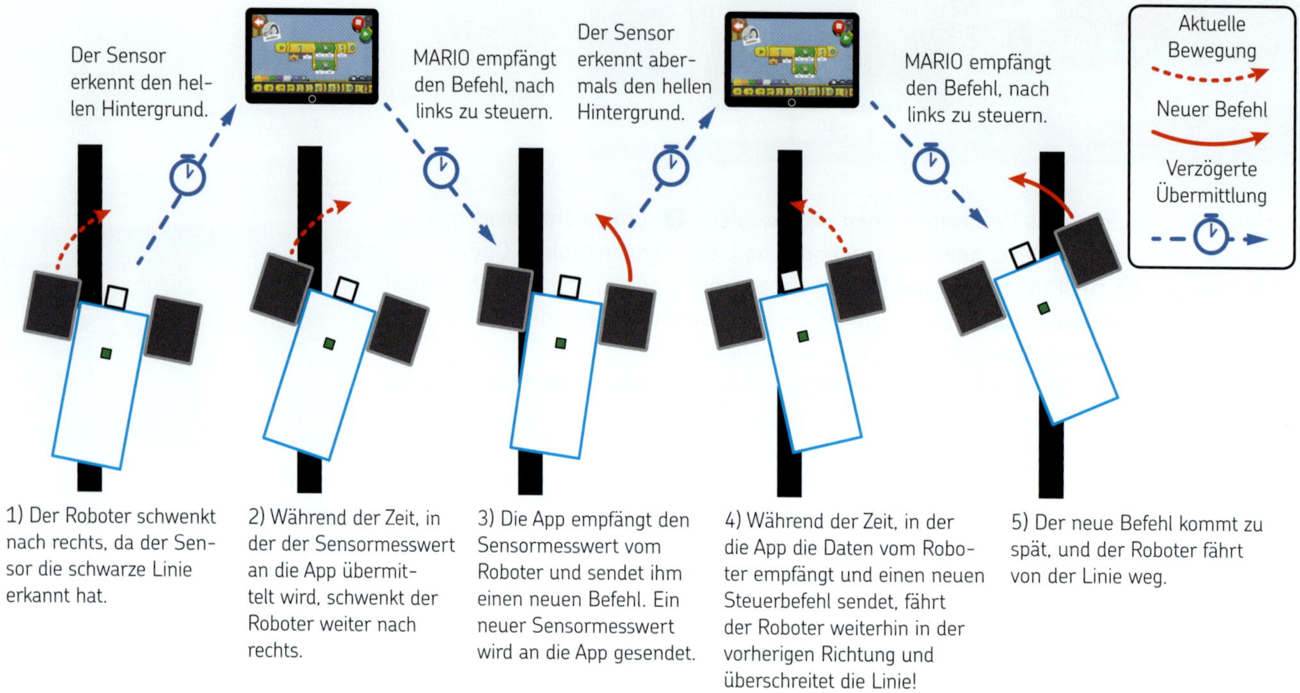

ABBILDUNG 8-6: Die verzögerte Übermittlung zwischen Roboter und App kann dazu führen, dass der Roboter die Linie verlässt.

Wie du in Abb. 8-6 siehst, können diese Verzögerungen dazu führen, dass der Roboter die Linie verlässt, da er schon von ihr abgeschwenkt ist, wenn er die neuen Befehle erhält. Dieses Problem lässt sich nicht einmal mit der geringsten Geschwindigkeitseinstellung beheben.

Verbessertes Spurfolgeprogramm mit zwei Schalterblöcken

In unserem bisherigen Programm aus Abb. 8-4 bestimmen wir, ob der Sensor die dunkle Linie erkennt, indem wir prüfen, ob der Messwert unter dem Schwellenwert 5 liegt. Jetzt aber wollen wir weiteren Code hinzufügen, um auch auf Grau zu reagieren, also die Kombination aus schwarzer Linie und hellem Hintergrund, die der Sensor erkennt, wenn sich der Roboter genau auf der Kante der Linie befindet. Diese Mischfarbe nimmt der Sensor wahr, da er nicht einen einzelnen Punkt erfasst, sondern einen kleinen Bereich. Sieht der Roboter Grau, so befindet er sich also am Rand der

Linie, weshalb wir ihn auch einfach geradeaus fahren lassen können, anstatt die Richtung zu korrigieren. Dadurch bewegt er sich auch insgesamt schneller fort.

Um diese drei Fälle handhaben zu können (hell, dunkel und grau), muss unser verbessertes Programm zwei Bedingungen verarbeiten. Der Pseudocode dafür sieht wie folgt aus:

```
Beginn der Endlosschleife
  Wenn der Sensor etwas Dunkles erkennt, dann
    fahre vorwärts und schwenke nach rechts (weg von der Linie)
  Sonst
    Wenn der Sensor etwas sehr Helles erkennt, dann
      fahre vorwärts und schwenke nach links (hin zur Linie)
    Sonst
      Fahre geradeaus
    Ende der Wenn-Bedingung
  Ende der Wenn-Bedingung
Zurück zum Anfang der Endlosschleife
```

Abb. 8-7 zeigt, wie wir diese drei Bedingungen mit zwei Schalterblöcken handhaben können.

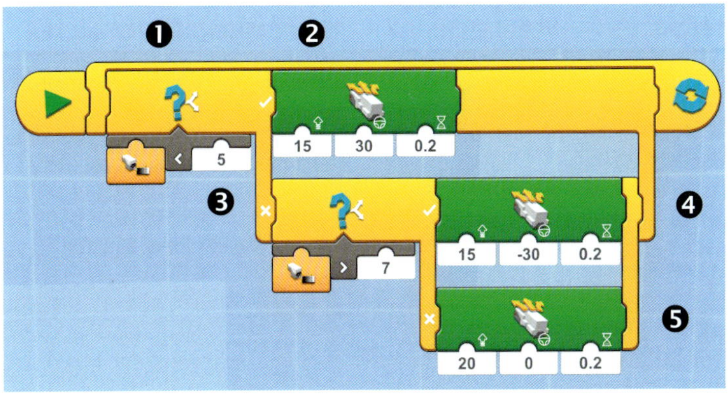

ABBILDUNG 8-7: Spurfolgeprogramm mit drei Schalterblöcken

Der erste Schalterblock ❶ prüft, ob der Sensor die schwarze Linie erkennt. Wenn ja, steuert der obere Motorblock ❷ den Roboter von der Linie weg. Ist die erste Bedingung falsch, prüft der zweite Schalterblock ❸, ob der Sensor den hellen Hintergrund sieht. Wenn ja, steuert der Motorblock ❹ den Roboter zur Linie. Ist auch diese Bedingung falsch, hat der Sensor offensichtlich einen Wert zwischen 5 und 7 gemessen. Er sieht also die graue Kante der Linie, weshalb der Motorblock ❺ ihn geradeaus fahren lässt.

Sensorwerte überwachen

Die Blöcke vom Typ **Berichterstattung Umgebungslichtsensor** sind als Eingänge an die Vergleichsblöcke angeschlossen (siehe Abb. 8-8). Um den Sensorwert in Echtzeit beobachten zu können, platzierst du einen weiteren Block dieser Art irgendwo unverbunden auf der Leinwand.

Versuch 8-2

Stell dir vor, MARIO hätte Angst vor nahe gelegenen Objekten, weshalb er rückwärtsfährt, sobald er sie erkennt. Wenn er weit genug von dem Objekt entfernt ist, hält er wieder an. Schreibe ein Programm, damit sich MARIO so verhält.

Tipp: Verwende einen Schalterblock, den Vergleichsblock **Operator kleiner als** und den Block **Berichterstattung Entfernungssensor**. Richte den Sensor nach vorn aus.

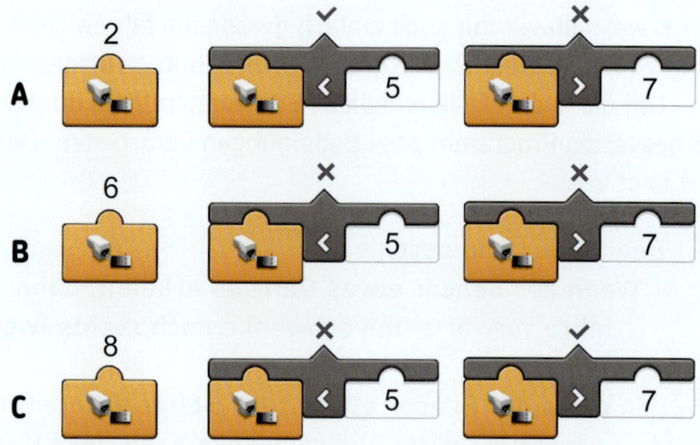

ABBILDUNG 8-8: Beobachten der Sensormesswerte in Echtzeit

TABELLE 8-1: Ablesen des Umgebungslichtsensors und Vergleich des Werts mit zwei Schwellenwerten

KENNBUCHSTABE IN ABB. 8-8	SENSORPOSITION	MESSWERT DES SENSORS	ERGEBNIS DES VERGLEICHS < 5	ERGEBNIS DES VERGLEICHS > 7	RESULTIERENDES VERHALTEN
A	Auf der dunklen Linie	2	✓	✗	Schwenkt nach rechts, weg von der Linie
B	Am Rand der Linie	6	✗	✗	Fährt geradeaus, bleibt auf der Kante
C	Auf dem hellen Untergrund	8	✗	✓	Schwenkt nach links, hin zur Linie

Platziere den Sensor auf eine weiße Oberfläche oder die Linie, während der Move Hub mit deinem Gerät verbunden ist. Versuche dann, die Ergebnisse aus Tabelle 8-1 nachzuvollziehen. Sie entsprechen den drei Fällen aus Abb. 8-8 für das Spurfolgeprogramm mit zwei Schalterblöcken.

Auf Bedingungen warten

ABBILDUNG 8-9: Der Block **Auf wahr warten** hält das Programm an, bis die angegebene Bedingung erfüllt ist.

Der Block **Warten auf Entfernung** lässt den Roboter warten, bis der Sensor einen Abstand misst, der kleiner als der angegebene Wert ist. Was aber machst du, wenn du den Roboter auf einen Sensorwert warten lassen willst, der *größer* als eine bestimmte Zahl ist? Es kann ja beispielsweise sein, dass MARIO warten soll, bis sich ein Objekt weit genug von ihm entfernt hat.

Um MARIO so zu programmieren, dass er wartet, bis eine bestimmte Bedingung erfüllt ist, kannst du den Block **Auf wahr warten** verwenden (siehe Abb. 8-9). Er hält die Programmausführung an, bis die angegebene Bedingung wahr ist. Beispielsweise kannst du den Roboter damit auf einen Sensorwert warten lassen, der größer als eine bestimmte Zahl ist.

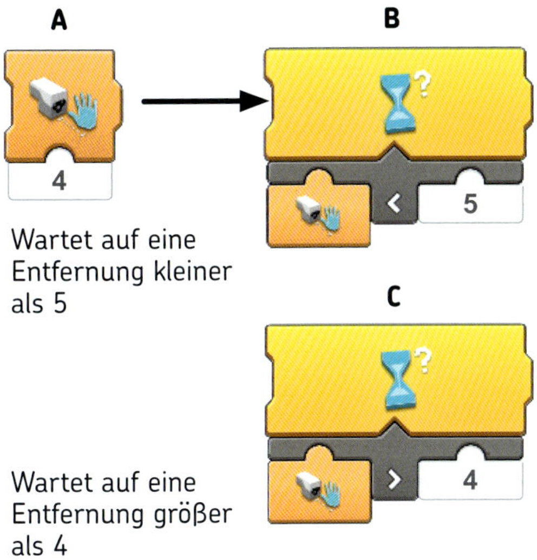

ABBILDUNG 8-10: Der Block **Auf Entfernung warten (A)** kann durch den Block **Auf wahr warten** mit einem Vergleichsblock als Eingabe (**B**, **C**) ersetzt werden. Bei diesem Block kannst du die Bedingung nach Bedarf anpassen.

Der Block **Auf Entfernung warten** (siehe **A** in Abb. 8-10) wartet darauf, dass eine ganz bestimmte Bedingung wahr wird. Der hier gezeigte Block hält die Sequenz an und fragt ständig: »Ist die vom Sensor gemessene Entfernung *kleiner oder gleich* 4?« Da der Sensor nur Werte in ganzen Zahlen zurückgibt, ist das genauso, als würde der Block fragen, ob die Entfernung *kleiner als* 5 sei. Lautet die Antwort auf diese Frage ja, wird das Programm fortgesetzt. Im Grunde genommen steuert dieser Sensorblock damit den Ablauf des Programms.

Du kannst den Block **Auf Entfernung warten** durch den Block **Auf wahr warten** ersetzen, bei dem du den Vergleichsblock **Operator kleiner als** als logische Bedingung verwendest (siehe **B** in Abb. 8-10).

Der erste Eingang des Blocks **Operator kleiner als** im Teil **B** von Abb. 8-10 stammt aus dem Block **Berichterstattung Entfernungssensor**, der ständig den Sensormesswert zurückgibt. Der Pseudocode für den Block **Operator kleiner als** sieht in diesem Fall also wie folgt aus:

```
Ist der aktuelle Messwert des Entfernungssensors kleiner als 5?
```

Wenn der Ausgang des Vergleichsblocks mit dem Eingang des Blocks **Auf wahr warten** verbunden wird, ergibt sich insgesamt der folgende Pseudocode:

```
Warte, bis der Messwert des Entfernungssensors kleiner als 5 ist
```

Je nachdem, welche Vergleichsblöcke wir mit dem Eingang des Blocks **Auf wahr warten** verbinden, können wir verschiedene logische Bedingungen aufstellen, auf die der Roboter warten soll. Beispielsweise können wir den Roboter auf einen Entfernungswert größer als 4 warten lassen, indem wir den Vergleichsblock **Operator größer als** verwenden, wie du in Teil **C** von Abb. 8-10 siehst.

Versuch 8-3

Stelle MARIO auf eine helle Oberfläche und markiere mit schwarzem Klebeband einen »Zaun« um ihn herum. Schreibe jetzt ein Programm, das MARIO innerhalb des eingezäunten Gebiets hält. Hinweis: Der Sensor muss nach unten gerichtet sein!

Versuch 8-4

Schreibe ein Programm, das MARIO geradeaus fahren lässt, bis er ein Hindernis wahrnimmt. In diesem Fall soll er anhalten, bis das Hindernis beseitigt ist. Anschließend soll MARIO wieder vorwärtsfahren.

Tipp: Verwende den Block **Auf wahr warten** mit dem Vergleichsblock **Operator größer als**, damit der Roboter darauf wartet, dass das Hindernis entfernt wird.

Sequenzen aufgrund von Bedingungen auslösen

ABBILDUNG 8-11: Der Block **Start bei wahr** startet die zugehörige Sequenz, wenn der logische Eingang wahr ist.

Mit dem Block **Start bei wahr** (siehe Abb. 8-11) kannst du eine Blocksequenz auslösen, wenn eine von dir festgelegte logische Bedingung wahr wird.

Du hast schon gesehen, wie du mit dem Block **Bei Entfernung aktivieren** eine Sequenz starten kannst, wenn der Sensor einen Abstand kleiner oder gleich dem als Eingang festgelegten Wert misst (siehe **A** in Abb. 8-12). Die Bedingung »kleiner oder gleich« kannst du dabei aber nicht ändern.

Nun kann es aber sein, dass du eine Sequenz starten möchtest, wenn der Sensor einen Abstand größer als 4 misst. Um auch solche Bedingungen handhaben zu können, kannst du den Block **Start bei wahr** (**C** in Abb. 8-12) zusammen mit dem Vergleichsblock **Operator größer als** als Eingang verwenden.

Der **Start-bei-wahr**-Block in Teil **B** von Abb. 81-2 verhält sich dagegen genau wie der Block **Bei Entfernung aktivieren** (**A**) und löst die Sequenz aus, wenn der Abstand eines Objekts zum Roboter 4 oder weniger beträgt.

ABBILDUNG 8-12: Den Block **Bei Entfernung aktivieren** kannst du durch den Block **Start bei wahr** mit dem Vergleichsblock **Operator kleiner als** als Eingabe ersetzen (**B**). Allerdings hast du auch die Möglichkeit, die Bedingung nach deinen Bedürfnissen anzupassen (**C**).

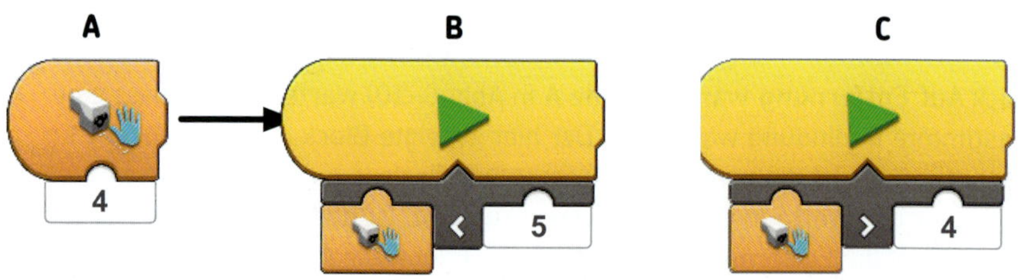

Startet die Sequenz bei einem Abstand kleiner als **5**

Startet die Sequenz bei einem Abstand größer als **4**

Versuch 8-5

Verbessere das Programm aus Kapitel 6, mit dem MARIO Hindernissen auszuweichen kann. Richte den Sensor gerade nach vorn aus und wandele das Programm aus Abb. 6-2 so ab, dass MARIO langsam vorwärtsfährt, bis er ein Hindernis in einer Entfernung von 7 wahrnimmt. Sobald das der Fall ist, soll er zurückfahren und sich auf seinem rechen Rad drehen, bis der Abstand zwischen ihm und dem Hindernis größer als 5 ist.

Farben vergleichen

Die Blöcke **Auf Farbe warten** und **Bei Farbe aktivieren** werden aktiv, wenn die vom Sensor erkannte Farbe *gleich* derjenigen ist, die du als Eingang festgelegt hast. Wenn du dagegen eine andere Art von Reaktion auf Farben benötigst, etwa damit der Roboter auf eine beliebige Farbe außer Rot wartet, kannst du dazu die Blöcke **Auf wahr warten** und **Start bei wahr** zusammen mit Vergleichsblöcken verwenden, wie du in Abb. 8-13 siehst.

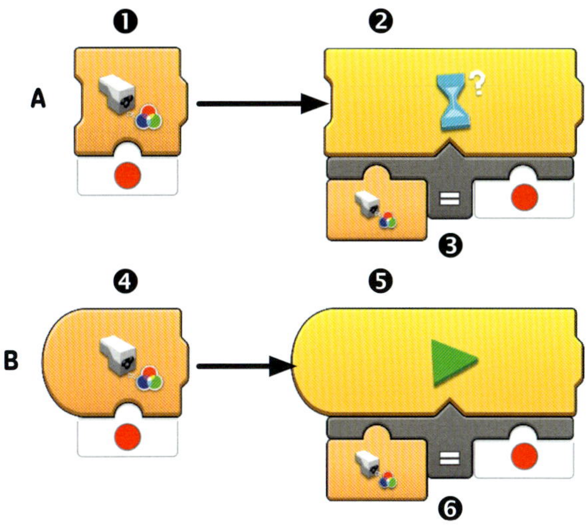

ABBILDUNG 8-13: Der Block **Auf Farbe warten** entspricht dem Block **Auf wahr warten** mit einem **Operator-gleich**-Block als Eingang **(A)**. Ebenso funktioniert auch der Block **Bei Farbe aktivieren** wie der Block **Start bei wahr** mit dem Block **Operator gleich** als Eingang **(B)**. Die Blockkombinationen auf der rechten Seite ermöglichen es uns aber, eigene Bedingungen zur Farberkennung in unser Programm aufzunehmen.

Der Block **Auf Farbe warten** ❶ entspricht dem Block **Auf wahr warten** ❷ mit einem **Operator-gleich**-Block ❸ als Eingang (**A**). Ebenso funktioniert auch der Block **Bei Farbe aktivieren** ❹ wie der Block **Start bei wahr** ❺ mit dem Block **Operator gleich** ❻ als Eingang (**B**).

Wenn du den Block **Berichterstattung Farbsensor** an einen Vergleichsblock anschließt, musst du anstelle einer Zahl eine Farbe als Eingang auswählen. Allerdings gibt es auch Zahlencodes für die Farben (0 = keine Farbe, 1 = Schwarz, 3 = Blau, 5 = Grün, 7 = Gelb, 9 = Rot, 10 = Weiß).

Du kannst die Vergleichsblöcke **Operator gleich** und **Operator ungleich** verwenden, je nachdem, ob die vom Sensor wahrgenommene Farbe gleich oder ungleich der gewählten Farbe sein soll. Dagegen ergibt es keinen Sinn, deinen Roboter auf eine Farbe warten zu lassen, die »kleiner als« etwa Blau wäre.

Ab. 8-14 zeigt, wie du den Block **Operator ungleich** verwenden kannst, um darauf zu warten, dass der Sensor eine beliebige Farbe erkannt (also nicht *keine Farbe*).

Versuch 8-8

Schreibe ein Programm, das MARIO einen Klang abspielen lässt, wenn du ein Objekt beliebiger Farbe vor seinen Sensor hältst. (Tipp: Verwende den Block **Start bei wahr**.)

Versuch 8-6

Schreibe ein Programm, damit MARIO nahe an deine Hand heranfährt, wenn er das Gefühl bekommt, dass du zu weit weg bist, und er Streicheleinheiten braucht. (Tipp: Verwende den Block **Start bei wahr**!)

Versuch 8-7

Stelle MARIO auf den blauen Pfeil auf der Boost-Spielmatte und lass ihn geradeaus fahren, bis er irgendeines der auf die Matte gezeichneten Symbole wahrnimmt. Lass MARIO dann anhalten und einen Warnton abspielen. (Tipp: Drehe den Sensor nach unten und verwende den Block **Auf wahr warten**.)

ABBILDUNG 8-14: Dieser **Auf-wahr-warten**-Block wartet darauf, dass der Sensor irgendeine Farbe sieht.

Versuch 8-9

Erweitere das Programm aus Versuch 8-5, sodass MARIO in einer Schleife zwei Töne abspielt, während er nach Objekten auf der Spielmatte sucht.

Aktionen wiederholen, während eine Bedingung wahr ist

Der Block **While-true-Schleife** aus Abb. 8-15 wiederholt die eingeschlossene Sequenz, während (*while*) die Bedingung im Eingang wahr (*true*) ist.

Ein Warteblock wartet einfach darauf, dass irgendetwas geschieht (z. B. darauf, dass eine bestimmte Zeit vergeht oder dass der Sensor einen bestimmten Wert misst). Mit dem Block **While-true-Schleife** dagegen kannst du dafür sorgen, dass dein Roboter irgendetwas Sinnvolles tut, während er darauf wartet, dass etwas anderes passiert. Der Pseudocode dafür sieht wie folgt aus (mit der Bedingung in Klammern):

```
... vorheriger Code
Während (diese Bedingung wahr ist)
  .... mache irgendetwas
Ende Während
... nachfolgender Code
```

ABBILDUNG 8-15: Der Block **While-true-Schleife** wiederholt die eingeschlossene Sequenz, während die Eingangsbedingung wahr ist.

Was du gelernt hast

In diesem Kapitel hast du gelernt, wie du erreichst, dass dein Roboter Linien auf dem Boden folgt. Dazu hast du mithilfe des Schalterblocks dafür gesorgt, dass der Roboter eine Entscheidung auf der Grundlage des Messwerts vom Umgebungslichtsensor trifft. Du hast außerdem erfahren, wie du mit den Vergleichsblöcken zwei Zahlen vergleichst und wie du logische Werten wie *wahr* und *falsch* handhabst. Außerdem hast du verschiedene Blöcke zur Ablaufsteuerung kennengelernt, die logische Bedingungen als Eingabe annehmen, darunter **Auf wahr warten**, **Start bei wahr** und **While-true-Schleife**. Damit kann dein Roboter auf sich verändernde Bedingungen reagieren.

Versuch 8-10

Schreibe ein Programm, sodass MARIO einer Person in seiner Nähe eine Gitarrenserenade spielt. Wenn niemand in Sicht ist, soll er sich drehen, bis er einen potenziellen Zuhörer findet, und dann mit seiner Serenade loslegen. (Tipp: Verwende den Block **While-true-Schleife**, um die Klangblöcke zu wiederholen, bis die Bedingung erfüllt ist.)

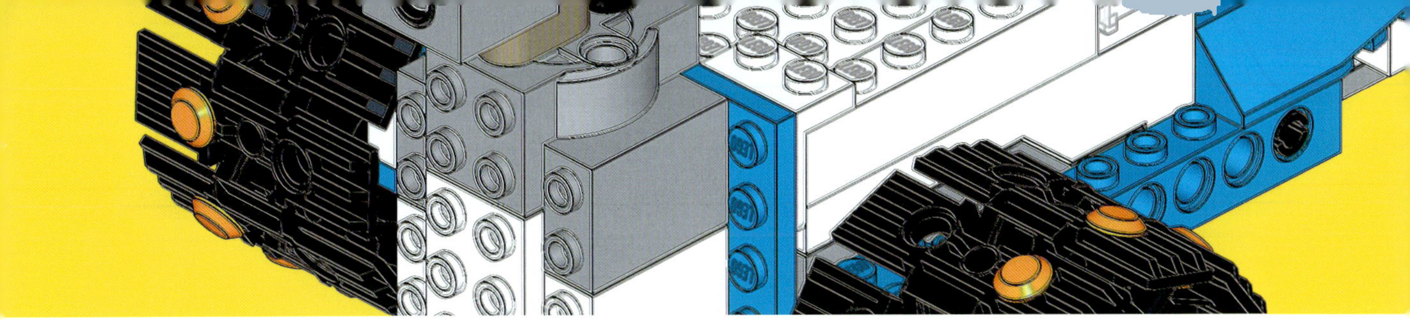

9

Immer an der Wand lang

In diesem Kapitel bringst du MARIO bei, die Räume deiner Wohnung zu erkunden und dann wieder zu seinem Ausgangspunkt zurückzukehren. Dazu schreibst du am Ende dieses Kapitels ein elegantes Wandfolgeprogramm, mit dem MARIO an den einzelnen Wänden entlangfahren und die Ecken umrunden kann.

Die Wandfolgeprogramme in diesem Kapitel sind Beispiele für einen *Feedback*- oder *Rückkopplungscontroller*. Bei einem *Controller* handelt es sich um eine Software (manchmal auch ein Gerät), die das Verhalten eines Systems (hier des Roboters) überwacht und ändert. Damit der Roboter einen konstanten Abstand von der Wand einhält, nutzen wir den Entfernungssensor als Eingangskanal, der dem Controller Rückmeldung (Rückkopplung, Feedback) gibt. Die Motoren des Move Hubs, die den Roboter antreiben, bilden den *Ausgang*.

Bei den ersten beiden Wandfolgeprogrammen in diesem Kapitel handelt es sich um Ein/Aus-Controller, da bei ihnen der Steuerbefehl (der Lenkwinkel) abrupt zwischen zwei Werten wechselt. Für das letzte Wandfolgeprogramm verwenden wir dagegen einen proportionalen Rückkopplungs-Controller, der die Lenkung in Abhängigkeit von MARIOs Abstand von der Wand anpasst.

Als Erstes müssen wir MARIOs Sensorkopf wie in Abb. 9-1 ausrichten.

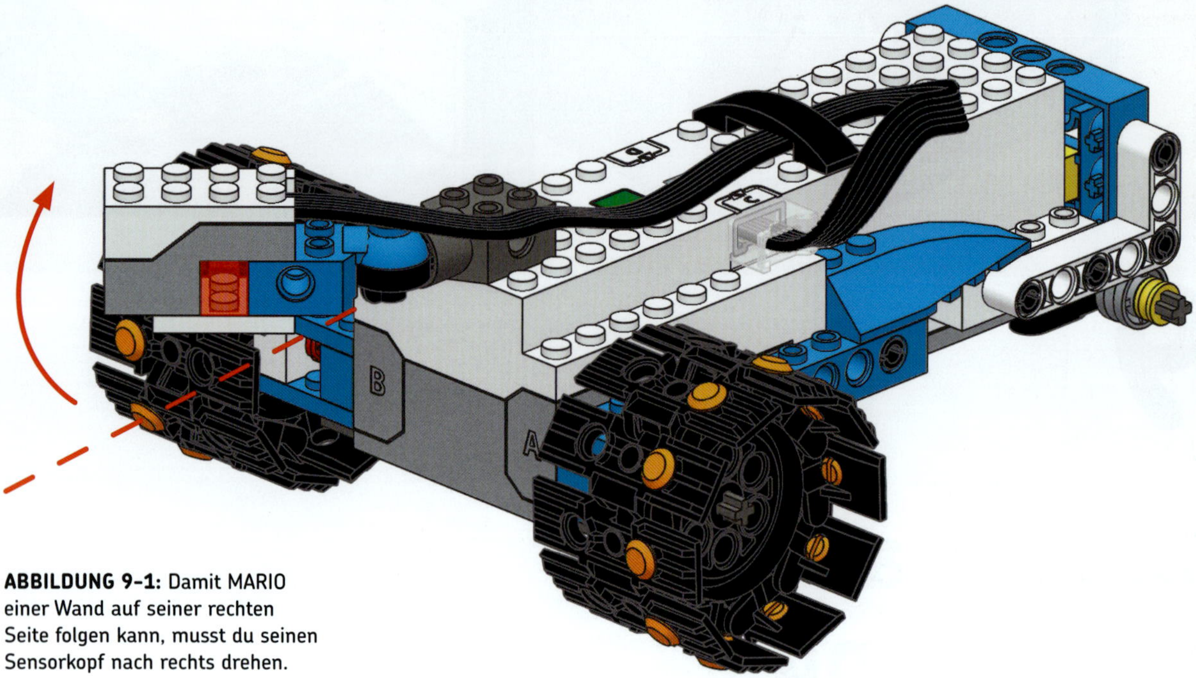

ABBILDUNG 9-1: Damit MARIO einer Wand auf seiner rechten Seite folgen kann, musst du seinen Sensorkopf nach rechts drehen.

Drehe den Sensorkopf um drei Raststellungen im Uhrzeigersinn, sodass er im 45°-Winkel nach vorn rechts zeigt (siehe Abb. 9-1). Dadurch kann MARIO Dinge erkennen, die leicht rechts von ihm liegen.

ABBILDUNG 9-2: Drehe den Sensor drei Schritte nach rechts, damit MARIO der Wand folgen kann.

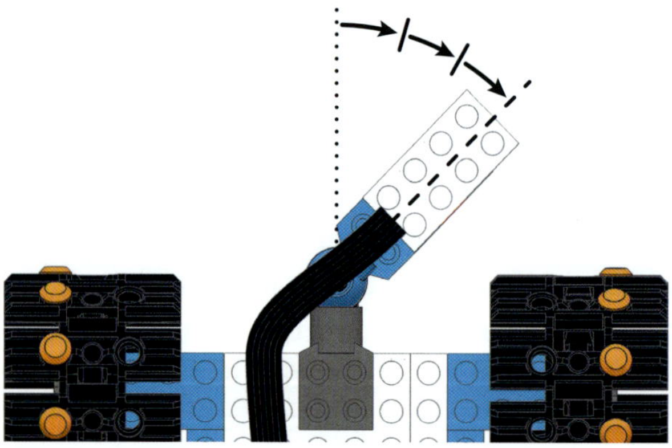

MARIO wird den Sensor nutzen, um einen konstanten Abstand von der Wand und von anderen Hindernissen einzuhalten, während er seine Umgebung erkundet (siehe Abb. 9-3).

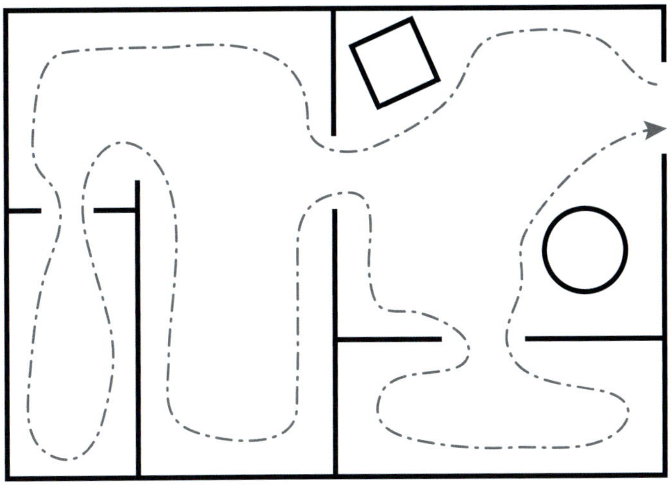

ABBILDUNG 9-3: MARIO kann dein ganzes Zuhause erkunden.

Abb. 9-4 zeigt, wie MARIO seinen Sensor nutzt, um ebenso den Wänden zu folgen wie einer Linie. Wenn sich MARIO einer Wand nähert, fällt der Abstand zwischen ihm und der Wand schließlich unter den festgelegten Schwellenwert, woraufhin sich MARIO von der Wand wegdreht, bis der Abstand einen weiteren Schwellenwert überschreitet. Dadurch bewegt sich MARIO zwar in Schlangenlinien fort, aber der durchschnittliche Abstand des Roboters von der Wand bleibt konstant. So kann MARIO an der Wand entlangfahren und auch um einwärts und auswärts springende Ecken herumkommen.

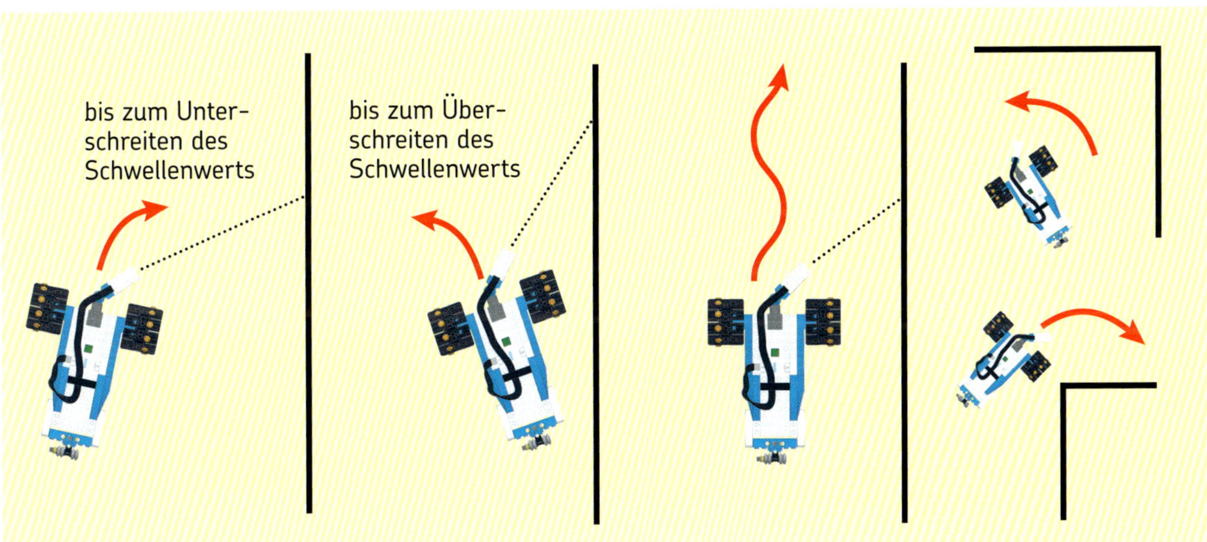

ABBILDUNG 9-4: Wie MARIO den Wänden folgt und Ecken umrundet

Eine Lösung für das Wandfolgeproblem

Wie du bereits gesehen hast, gibt es in der Robotik oft mehr als eine Möglichkeit, um ein Problem zu lösen oder ein bestimmtes Verhalten zu erzielen. In den folgenden Abschnitten zeige ich dir verschiedene Vorgehensweisen, um das Wandfolgeprogramm mithilfe von Programmablaufblöcken zu verbessern.

Der Pseudocode

Bevor wir uns eingehender mit dem Problem beschäftigen, wollen wir zunächst den Pseudocode für das Verhalten aus Abb. 9-4 schreiben:

```
Endlosschleife beginnt
  Fahre vorwärts und nach rechts gerichtet (auf die Wand zu)
  Warte auf einen Abstand kleiner als 8
  Fahre vorwärts und nach links gerichtet (von der Wand weg)
  Warte auf einen Abstand größer als 8
Zurück zum Anfang der Endlosschleife
```

Der Block »Auf wahr warten«

In Kapitel 8 hast du den Block **Auf wahr warten** verwendet, um Aktionen auszulösen, wenn bestimmte Bedingungen eintreffen. Damit MARIO Wänden folgen kann, setzt du ebenfalls Blöcke dieser Art ein, sodass der Roboter darauf wartet, dass sein Abstand zur Wand über einen Schwellenwert steigt oder unter einen fällt, bevor er eine Maßnahme ergreift.

Um die Verwendung des Blocks **Auf wahr warten** auszuprobieren, erstellst du ein neues Projekt namens wallFollow und stellst darin das Programm aus Abb. 9-5 zusammen. Damit kann MARIO einer Wand folgen.

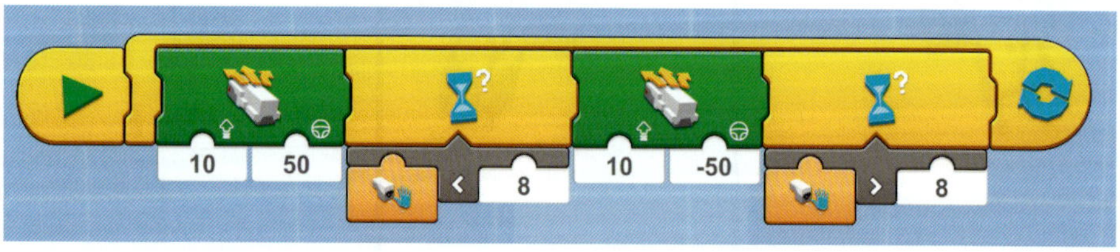

ABBILDUNG 9-5: Ein Wandfolgeprogramm mit **Auf-wahr-warten**-Blöcken, die MARIO veranlassen, auf Änderungen des Abstands zur Wand zu warten

Platziere MARIO links neben einer Wand und starte das Programm. Was geschieht?

Versuch 9-1

Wie gut kommt MARIO um einwärts und auswärts springende Ecken, wenn du das Programm aus Abb. 9-5 ausführst? Senke den Schwellenwert von 8 ab und beobachte, wie sich die Bewegungen verändern. Werden sie besser oder schlechter?

Wandfolgeprogramm mit Schalterblock

Ein Wandfolgeprogramm kannst du jedoch auch wie in Abb. 9-6 gezeigt mit einem Schalter- statt einem Warteblock schreiben. Dabei entscheidet der Roboter aufgrund der vom Sensor gemessenen Entfernung, in welche Richtung er sich wendet.

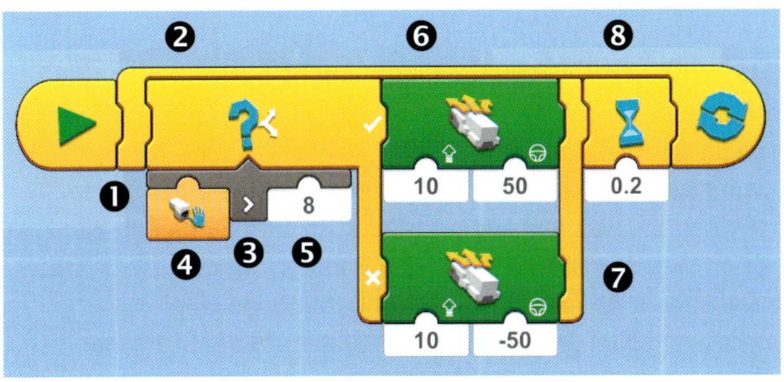

ABBILDUNG 9-6: In diesem Wandfolgeprogramm wird ein Schalterblock verwendet, um aufgrund der Sensormesswerte zu entscheiden, was zu tun ist.

Innerhalb des Blocks **Endlosschleife** ❶ steht ein Schalterblock ❷, in dem der Roboter entscheidet, wie er sich bewegen soll, und zwar anhand des Ergebnisses des Blocks **Operator größer als** ❸, der den vom Block **Berichterstattung Entfernungssensor** ❹ gemeldeten Wert mit dem Schwellenwert ❺ vergleicht. Lautet das Ergebnis *wahr*, so fährt MARIO nach rechts ❻, anderenfalls nach links ❼. Um diese Bewegungen auszuführen, wird jeweils der Block **Steuerradlenkung der Antriebsbasis** verwendet.

Beachte auch den Block **Auf Zeit warten** ❽, der die Ausführung 0,2 Sekunden lang anhält, um die Schleife zu verlangsamen. Das sorgt dafür, dass der Roboter 0,2 Sekunden lang fährt, bevor er im nächsten Schleifendurchlauf seine Richtung ändert. Ohne diese Pause würde die Schleife mit Höchstgeschwindigkeit ausgeführt. Die App würde dann so oft Befehle an den Move Hub senden, dass dieser überfordert wird und sich der Roboter auf unvorhersehbare Weise verhält.

Beachte auch, dass wir hier nicht den Block **Steuerradlenkung der Antriebsbasis für eine Dauer** verwenden, da die Motoren sonst nach Ablauf der angegebenen Dauer gebremst würden, was zu einer Unterbrechung der Bewegung führen würde. Durch die Nutzung des Blocks **Steuerradlenkung der Antriebsbasis** gefolgt von **Auf Zeit warten** sorgen wir dafür, dass sich die Motoren fortgesetzt drehen, bis ein neuer Motorblock den alten Befehl mit neuen Richtungs- oder Geschwindigkeitswerten außer Kraft setzt.

HINWEIS:

Wenn sich zwei Sequenzen auf der Leinwand befinden, du aber nur eine davon ausführen möchtest, tippe nicht auf die grüne Startschaltfläche, sondern auf den Block **Sequenz starten** *am Anfang der gewünschten Sequenz.*

Lösung mit dem Block »Start bei wahr«

Wie Abb. 9-7 zeigt, kannst du ein Wandfolgeprogramm auch mit dem Block **Start bei wahr** schreiben.

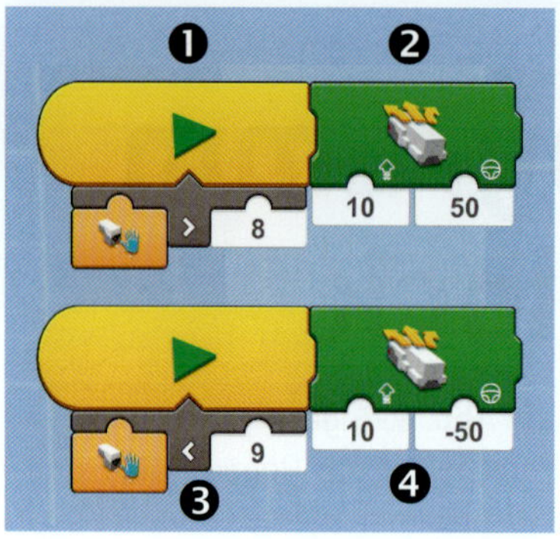

ABBILDUNG 9-7: Dieses Wandfolgeprogramm verwendet den Block **Start bei wahr**, um die Richtung des Roboters aufgrund der Messwerte des Entfernungssensors zu ändern.

HINWEIS:

Dieses Wandfolgeprogramm sieht so aus, als würden zwei Sequenzen gleichzeitig ausgeführt. Tatsächlich läuft aber immer nur eine auf einmal. Wenn die erste Bedingung wahr ist (wenn der Abstand also größer als 8 ist), dann ist die zweite falsch (Abstand kleiner als 9) und umgekehrt. Dadurch können die beiden Sequenzen niemals gleichzeitig ausgeführt werden.

Der Block **Start bei wahr** ❶ wartet darauf, dass der Sensor einen Abstand größer als 8 misst, was bedeutet, dass sich der Roboter zu weit von der Wand entfernt hat. Sobald dieser Messwert eingeht, lassen wir den Roboter mit dem Block **Steuerradlenkung der Antriebsbasis** ❷ Richtung Wand fahren.

Der zweite Block **Start bei wahr** ❸ dagegen wartet darauf, dass der Sensor einen Abstand kleiner als 9 misst, was bedeutet, dass der Roboter zu nah an die Wand herangefahren ist. In diesem Fall lenken wir den Roboter mit dem Block **Steuerradlenkung der Antriebsbasis** ❹ nach links, also von der Wand weg.

Um dieses Programm zu starten, tippst du nacheinander auf die **Start-bei-wahr**-Blöcke ❶ und ❸.

Gleichmäßigere Bewegungen mit Matheblöcken

Bei allen bisherigen Wandfolgeprogrammen haben wir auf der Grundlage des vom Sensor gemessenen Abstands zwischen zwei Lenkrichtungen umgeschaltet, was zu ruckartigen Bewegungen führte. Um für gleichmäßigere Bewegungen zu sorgen, wollen wir mithilfe von Matheblöcken den Betrag des Lenkausschlags an die vom Sensor gemessene Entfernung anpassen.

Abb. 9-8 zeigt die Matheblöcke, die du zusammen mit den Vergleichsblöcken unter dem weißen Register findest. Mit diesen Blöcken kannst du zwei Zahlen zusammenzählen, voneinander abziehen, multiplizieren und durcheinander teilen. Wir verwenden diese Matheblöcke, um aus dem vom Sensor gemessenen Abstand einen passenden Wert für die Lenkrichtungseingabe des Motorblocks zu berechnen.

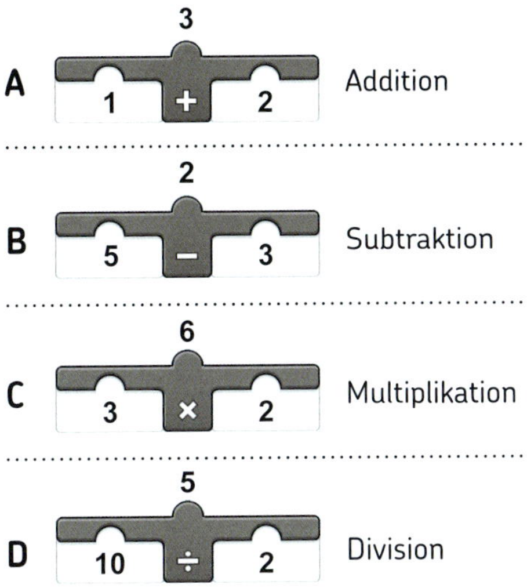

ABBILDUNG 9-8: Die Matheblöcke

Proportionale Lenkung

Die Wandfolgesequenz aus Abb. 9-9 nutzt die Messwerte des Sensors, um den Lenkausschlag des Roboters auf der Grundlage seines Abstands von der Wand graduell zu ändern. Befindet sich der Roboter etwa in gewünschtem Abstand von der Wand, dann nimmt der Wandfolgeteil der Sequenz aus Abb. 9-9 nur kleine Richtungskorrekturen vor. Entfernt er sich zu weit von der Wand oder nähert er sich ihr zu stark, fallen die Lenkwinkel stärker aus.

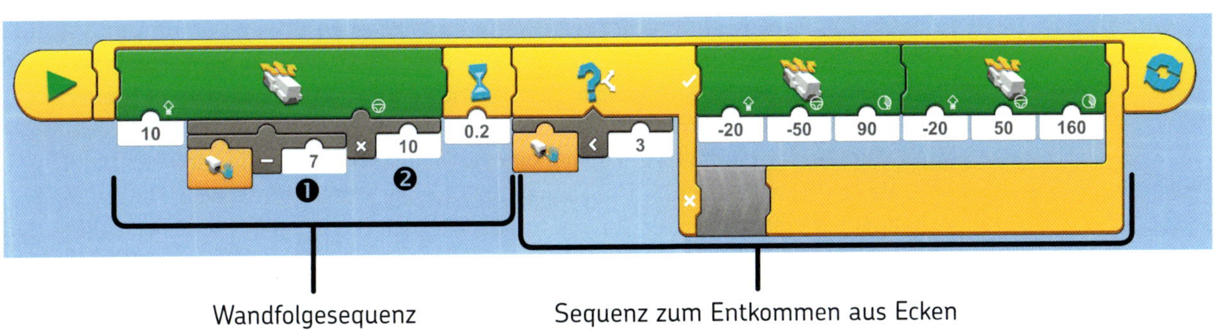

ABBILDUNG 9-9: Dieses Programm ändert den Lenkausschlag in Abhängigkeit von der vom Sensor gemessenen Entfernung, sodass der Roboter der Wand gleichmäßiger folgt.

Ingenieure nennen Code dieser Art *Proportionalcontroller*, da er dem Roboter Befehle gibt, die proportional zum Messwert eines Sensors sind. »Proportional« bedeutet, dass der Lenkwinkel groß ist, wenn sich der Roboter weit von dem gewünschten Bezugsabstand zur Wand befindet ❶, und klein (oder null), wenn der Roboter fast diesen gewünschten Abstand hat. Um den Betrag des Lenkausschlags zu regulieren, verwenden wir die Zahl 10 ❷. (Das Programm führt übrigens auch ein Notmanöver aus, wenn sich der Roboter der Wand zu stark nähert.)

Um den Proportionalcontroller zu schreiben, befolgst du die Schritte aus Abb. 9-10.

ABBILDUNG 9-10: Schritte zum Schreiben des Proportionalcontrollers

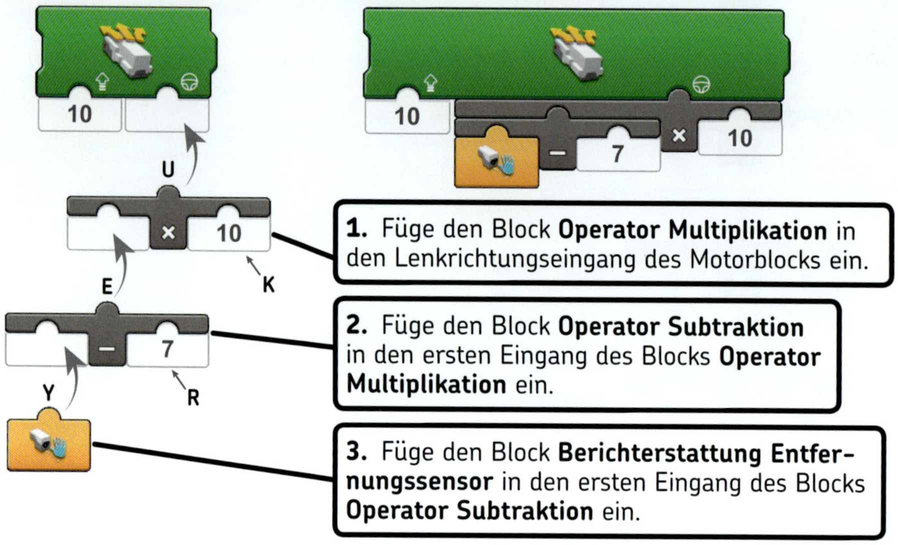

Die Matheblöcke sind der Schlüssel für das korrekte Funktionieren. Als Erstes berechnen wir mit dem Block **Operator Subtraktion** den Fehler E (*error*). Dabei handelt es sich um die Differenz zwischen der gemessenen Entfernung Y und dem gewünschten Abstand R von der Wand (dem Bezugs- oder Referenzabstand).

E = Y - R

Fehler = Messwert - Bezugswert

Die vom Sensor zurückgegebenen Werte für Y bewegen sich im Bereich von 0 bis 10. Da R den Wert 7 haben soll, kann die Differenz E Werte von –7 bis 3 annehmen.

Es gibt jedoch ein Problem: Der Lenkrichtungsparameter des Blocks **Steuerradlenkung der Antriebsbasis** kann Werte von –100 bis 100 annehmen. Kleine Werte wie –7 oder 3 haben daher kaum eine Auswirkung auf die Lenkung. Um E als Lenkparameter nutzen zu können, müssen wir den Wert mit einer Konstanten K multiplizieren, die wir als *Verstärkung* bezeichnen. Das Ergebnis ist der endgültige Lenkbefehl U, den wir in den Lenkrichtungseingang des Blocks **Steuerradlenkung der Antriebsbasis** einspeisen:

HINWEIS:

Der vom Sensor gemessene Abstand Y darf nie 0 werden, denn das würde bedeuten, dass der Roboter gegen die Wand gekracht ist! Daher nimmt U niemals den Wert -70 an.

U = K x E

Lenkbefehl = Verstärkung x Fehler

Durch die Multiplikation von E mit dem Faktor 10 erhalten wir einen Lenkbefehl U im Bereich von –70 bis 30.

Je größer der Unterschied zwischen dem gemessenen und dem gewünschten Abstand, umso stärker ist der Lenkausschlag. Befindet sich der Roboter also fast im richtigen Abstand von der Wand, dann haben die Lenkbefehle nur betragsmäßig kleine Werte, sodass sich der Roboter fast genau geradeaus bewegt und nur kleine Richtungskorrekturen vornimmt. Ist er dagegen sehr nahe an der Wand, wird E größer, weshalb auch der Lenkbefehl größer wird, um ihn von der Wand wegzubewegen.

Hinter dem Block **Steuerradlenkung der Antriebsbasis** befindet sich noch der Block **Auf Zeit warten**. Wie zuvor nutzen wir ihn, um die Schleife für einen Sekundenbruchteil anzuhalten, damit nicht schneller neue Motorbefehle eingehen, als der Move Hub sie verarbeiten kann.

Die Werte R und K anpassen

Um den gewünschten Abstand von der Wand anzupassen, kannst du den Bezugswert R ❶ in Abb. 9-9 anpassen. Mit der Verstärkung K ❷ legen wir fest, wie stark die Reaktion des Roboters ausfällt.

Wie Abb. 9-10 zeigt, reagiert der Roboter umso empfindlicher, je höher wir die Verstärkung einstellen, was zu ruckartigen Bewegungen führt. Je kleiner dieser Wert, umso schwächer fallen die Lenkbewegungen aus, was uns eine weniger starke Kontrolle über den Roboter gibt (vor allem bei Ecken).

Beim Anpassen dieses Werts musst du einen Kompromiss zwischen Gleichmäßigkeit der Bewegung und Reaktionsfähigkeit finden.

Dieses Wandfolgeprogramm hat einige Schwächen. Erstens kann der Roboter nur Wänden auf seiner rechten Seite folgen. Allerdings kannst du die Ausrichtung des Sensors und das Programm so anpassen, dass er stattdessen den Wänden auf seiner linken Seite folgt. Ein weiteres Problem ist, dass das Programm nicht mehr richtig funktioniert, wenn der Roboter zu weit von der Wand weggekommen ist: Er dreht sich dann auf der Stelle und hat keine Chance mehr, die Wand wiederzufinden.

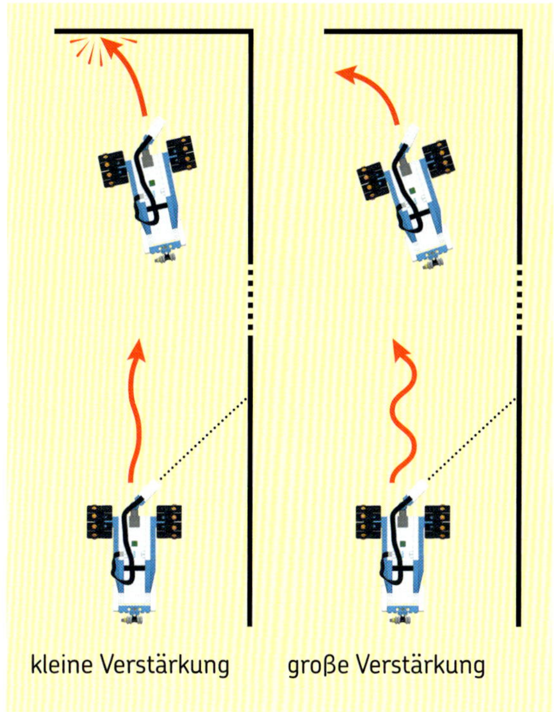

ABBILDUNG 9-11: Auswirkungen des Verstärkungswerts auf das Verhalten

Aus Ecken entkommen

Mit den gezeigten Werten für K und R sollte MARIO in der Lage sein, sich zu drehen, ohne mit dem rechten Rad an einer Ecke hängen zu bleiben. Allerdings kann es sein, dass der Proportionalcontroller in einwärts springenden Ecken nicht ausreicht, sodass der Roboter gegen die vor ihm liegende Wand stößt, bevor der Lenkbefehl stark genug wird, um ihn davon wegzudrehen.

Um dieses Problem zu lösen, verwenden wir einen Schalterblock, um ein Fluchtmanöver auszuführen, wenn der vom Sensor gemessene Abstand unter 3 fällt (siehe Abb. 9-12).

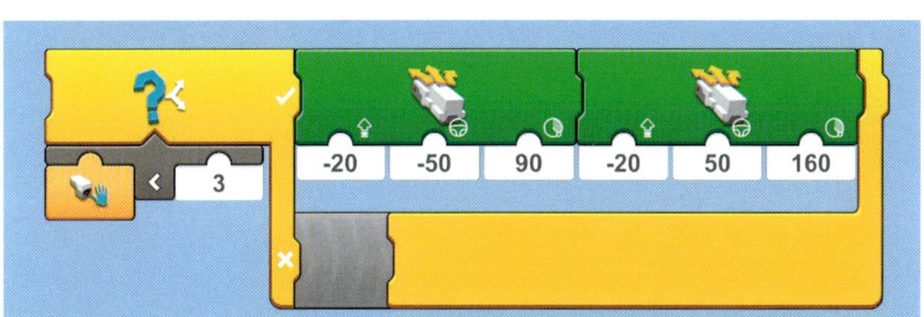

ABBILDUNG 9-12: Die Sequenz zum Entkommen aus einspringenden Ecken

Versuch 9-2

Drehe den Sensor, sodass er nach links weist, und ändere das Programm auf Abb. 9-9, damit der Roboter der Wand zu seiner Linken folgt.

In dieser Sequenz wird zweimal der Block **Steuerradlenkung der Antriebsbasis für eine Entfernung** verwendet, um den Roboter durch eine Linksdrehung aus einer Ecke freikommen zu lassen. Dadurch steigt der Abstand von der Wand so weit an, dass der Proportionalcontroller nach Verlasen der Ecke in einem sicheren Bereich von Abstandswerten weiterarbeiten kann.

Was du gelernt hast

In diesem Kapitel hast du gelernt, wie du einen Roboter baust, der Räume erkunden kann, indem er der Wand in einem sicheren Abstand folgt. Das hast du auf vier verschiedene Weisen getan, nämlich mit dem Block **Auf wahr warten**, dem Schalterblock, dem Block **Start bei wahr** und einem proportionalen Rückkopplungs-Controller. Dabei hast du auch gelernt, wie du mit Matheblöcken Rechenoperationen durchführst. Hier hast du das getan, um den Lenkausschlag an den jeweiligen Abstand von der Wand anzupassen.

In Kapitel 10 erfährst du, wie du einen Roboter durch Händeklatschen und gesprochene Befehle steuerst.

Versuch 9-3

Baue ein Gerüst, um eine nach vorn gerichtete Videokamera oder ein Smartphone auf MARIO zu befestigen. Schalte die Aufnahme ein und lasse MARIO der Wand folgen, um den Raum zu erkunden. Wenn er zurückkehrt, hast du einen Film seines Ausflugs! Mit Videochatsoftware wie Skype oder Hangouts kannst du sogar das Live-Video von MARIOs Erkundungsfahrt streamen!

Versuch 9-4

Schreibe ein Programm, um MARIO zu steuern, ohne ihn zu berühren, beispielsweise indem du deine Hand vor den Sensor hältst und ihn anweist, stets einen Abstand von 5 cm von deiner Hand zu halten. (Tipp: Verwende einen Proportionalcontroller, der einen Wert für den Geschwindigkeitseingang eines Motorblocks ausgibt.)

10

Ein klanggesteuerter Roboter

In diesem Kapitel lernst du, wie du die Lautstärkeblöcke verwendest, um MARIO mit deiner Stimme oder durch Händeklatschen zu steuern. Außerdem erfährst du, wie du Neigungssensorblöcke einsetzt, damit MARIO reagiert, wenn er gestoßen oder herumgetragen wird. Zum guten Schluss programmierst du MARIO so, dass er Witze erzählt!

Lautstärkeblöcke

Da der Move Hub kein Mikrofon hat, misst die LEGO-Boost-App die Lautstärke, die am Mikrofon des zur Programmierung verwendeten Geräts eingeht, also deines Tablets oder Desktopcomputers.

Mit den folgenden Lautstärkeblöcken kannst du dafür sorgen, dass dein Roboter auf Änderungen der wahrgenommenen Lautstärke reagiert:

- Der Block **Bei Lautstärke aktivieren** (**A**) startet die zugehörige Sequenz, wenn die Lautstärke größer ist als der Wert des Eingangs.
- Der Block **Auf Lautstärke warten** (**B**) hält die Sequenz an, bis die Lautstärke den Wert des Eingangs überschreitet.
- Der Bock **Berichterstattung Lautstärke** (**C**) zeigt die gerade gemessene Lautstärke als einen Wert von 0 (Stille) bis 10 (lautes Geräusch) an.

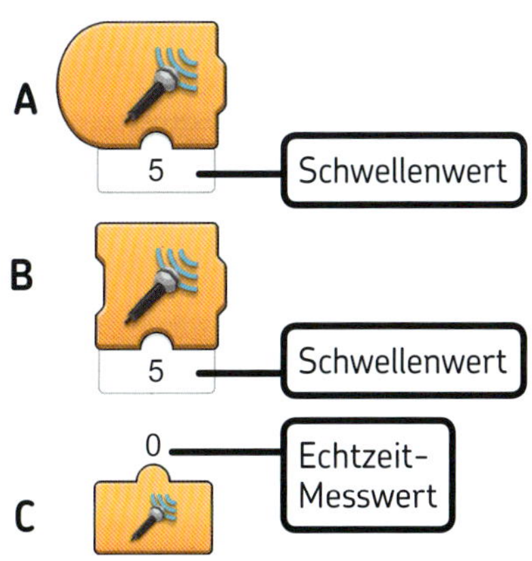

Wir wollen nun ein Programm schreiben, damit der Roboter auf Geräusche reagieren kann.

Klatschschalter

Lege das Projekt clapper an und stelle darin die Sequenz aus Abb. 10-1 zusammen.

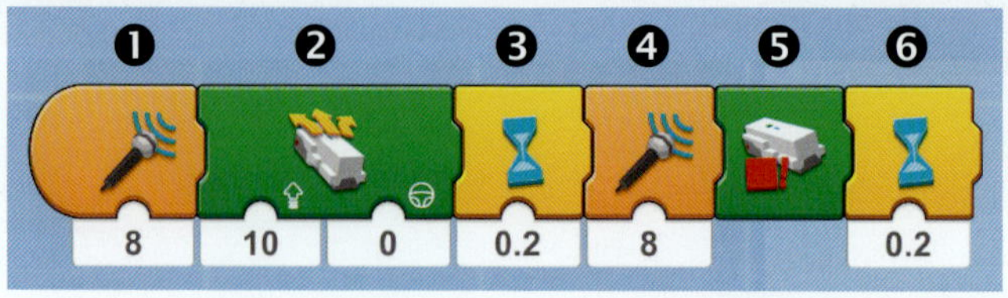

ABBILDUNG 10-1: Mit diesem Programm kannst du MARIO durch Zuruf und durch Händeklatschen losfahren und anhalten lassen.

Diese Sequenz ermöglicht es dir, den Roboter durch Händeklatschen losfahren und anhalten zu lassen oder dadurch, dass du irgendetwas laut sagst, etwa »Start« oder »Stopp«. Jedes Geräusch in ausreichender Lautstärke ist geeignet.

Im Gegensatz zu Google Assistant, Siri und Alexa kann die Boost-App jedoch keine Sprache erkennen. Das Programm funktioniert genauso gut, wenn du »Stopp« sagst, um MARIO losfahren zu lassen.

Schauen wir uns diese Programmsequenz im Einzelnen an. Ein ausreichend lautes Geräusch löst den ersten Block aus – **Bei Lautstärke aktivieren** ❶ –, woraufhin die an ihn angeschlossenen Blöcke ausgeführt werden. Der Block **Steuerradlenkung der Antriebsbasis** ❷ startet die Motoren, sodass MARIO vorwärtsfährt. Danach lässt der Block **Auf Zeit warten** ❸ die Sequenz 0,2 Sekunden lang anhalten, damit der nachfolgende Block **Auf Lautstärke warten** ❹ nicht ebenfalls auf das erste Geräusch reagiert und MARIO sofort anhalten lässt. Erkennt dieser Block ein zweites Geräusch, hält der Block **Stopp Antriebsbasis** ❺ die Motoren des Move Hubs an, sodass MARIO stehen bleibt. Der zweite **Auf-Zeit-warten**-Block ❻ am Ende der Sequenz verhindert, dass das zweite Geräusch – das den Roboter zum Anhalten brachte – wieder den ersten Block ❶ auslöst. Das Problem, dass aufeinanderfolgende Blöcke vom Typ **Auf Lautstärke warten** auf Geräusche reagieren, die nicht für sie gedacht sind, stellt sich vor allem bei langgezogenen Tönen, etwa wenn du »Maaa-ri-ooooo« singst.

Versuch 10-1

Ändere das Klatschschalterprogramm aus Abb. 10-1, indem du etwas anderes als den Block **Auf Zeit warten** verwendest, um die Doppelerkennung von Geräuschen zu verhindern. Welche Blöcke sind dafür geeignet? Auf welche Bedingung musst du dabei warten?

Tipp: Ersetze die **Auf-Zeit-warten**-Blöcke jeweils durch den Block **Auf wahr warten** mit dem Block **Operator kleiner als**, der die aktuelle (vom Block **Berichterstattung Lautstärke**) gemeldete Lautstärke mit dem Wert 2 vergleicht.

Klatschnavigation

Als Nächstes wollen wir dafür sorgen, dass MARIO abwechselnd geradeaus fährt und sich dreht, wenn er ein Geräusch wahrnimmt. Der Pseudocode dafür sieht wie folgt aus:

```
Endlosschleife beginnt
  Fahre vorwärts
  Warte auf eine Lautstärke größer als 8
  Drehe dich auf dem rechten Rad rückwärts
  Warte auf eine Lautstärke größer als 8
Zurück zum Anfang der Endlosschleife
```

Abb. 10-2 zeigt das LEGO-Boost-Programm, das diesen Pseudocode umsetzt.

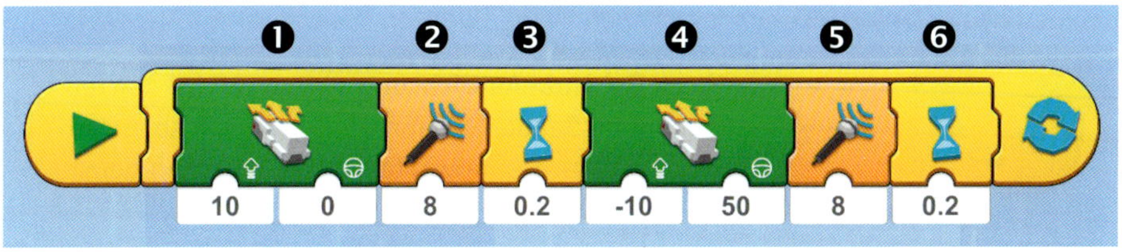

ABBILDUNG 10-2: Mit diesem Geräusch sorgst du dafür, dass MARIO abwechselnd geradeaus fährt und sich dreht, wenn er deine Stimme hört oder du in die Hände klatschst.

Die Blocksequenz in diesem Programm wird endlos wiederholt. Der Block **Steuerradlenkung der Antriebsbasis** ❶ sorgt dafür, dass der Roboter geradeaus fährt. Der Block **Auf Lautstärke warten** ❷ ermöglicht es, dass er weiterfährt, bis das Mikrofon deines Geräts eine Lautstärke größer als 8 aufnimmt. Der Block **Auf Zeit warten** ❸ hält das Programm 0,2 Sekunden lang an, damit der zweite **Auf-Lautstärke-warten**-Block ❺ das erste Geräusch nicht ebenfalls wahrnimmt, sodass er sich weiterdrehen kann.

Der zweite Block vom Typ **Steuerradlenkung der Antriebsbasis** ❹ lässt den Roboter zurücksetzen und wenden. Dank des zweiten **Auf-Lautstärke-warten**-Blocks ❺ dreht sich der Roboter, bis er ein weiteres Geräusch hört. Auch hier wieder verhindert ein Block vom Typ **Auf Zeit warten** ❻, dass der Block **Auf Lautstärke warten** ❷, der beim nächsten Schleifendurchlauf ausgeführt wird, auf das Geräusch reagiert, das die Drehbewegung angehalten hat. Ohne diesen Block ❻ würde der Roboter sofort aufhören, weiterzufahren, und sich endlos weiterdrehen.

Versuch 10-2

Ändere das Klatschnavigationsprogramm aus Abb. 10-2, um eine Doppelerkennung auch dann zu verhindern, wenn Töne länger als 0,2 s sind (etwa wenn du wiederholt klatschst). Tipp: Die Lösung ähnelt derjenigen für Versuch 10-1!

Neigungssensorblöcke

Eine besonders coole Sache beim Move Hub von LEGO Boost ist der eingebaute Neigungssensor, der erkennen kann, wie der Stein ausgerichtet ist, und die Neigung um die x- und y-Achse meldet (siehe Abb. 10-3).

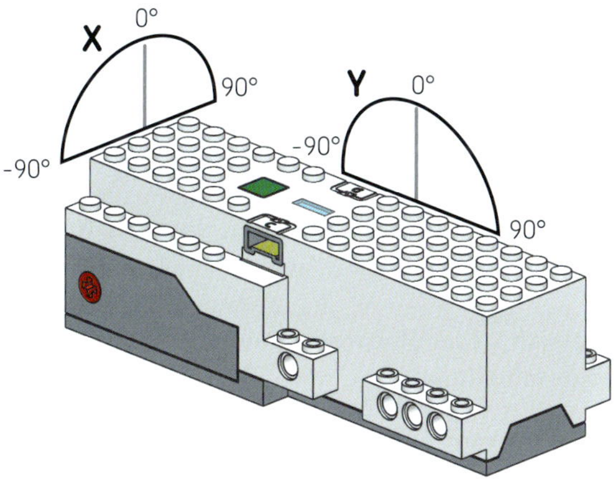

ABBILDUNG 10-3: Der eingebaute Neigungssensor kann den Winkel messen, den der Stein um die x- und y-Achse einnimmt.

Mit den Neigungssensorblöcken aus Abb. 10-4 kannst du dafür sorgen, dass dein Roboter auf Änderungen seiner Ausrichtung reagiert. Die Eingänge dieser Blöcke nehmen keine Zahlen auf, sondern haben kleine Bildchen (Symbole) zur Auswahl.

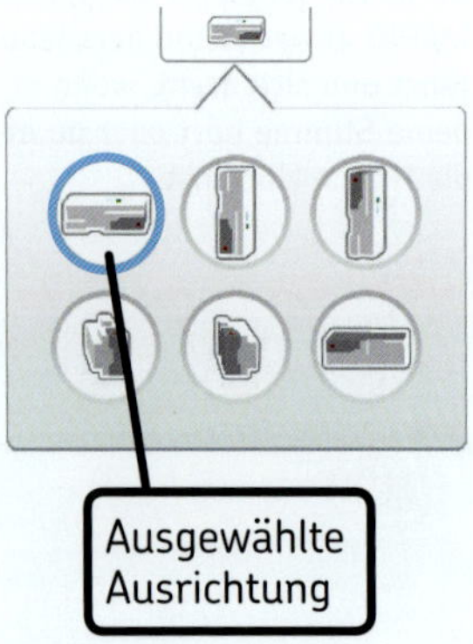

ABBILDUNG 10-4: Die sechs möglichen Hub-Ausrichtungen für Neigungssensorblöcke

A 

B 

C 

D 

E 

- Der Block **Bei Hub-Ausrichtung aktivieren (A)** startet die zugehörige Sequenz, wenn der Move Hub so ausgerichtet ist, wie es das gewählte Symbol unten an dem Block zeigt (siehe Abb. 10-4).
- Der Block **Auf Hub-Ausrichtung warten (B)** hält die Sequenz solange an, bis der Move Hub wie in dem Symbol angegeben ausgerichtet ist.
- Der Block **Berichterstattung Hub-Ausrichtung (C)** zeigt die aktuelle Ausrichtung des Move Hubs an.
- Der Block **Berichterstattung Hub-Neigung X (D)** zeigt den aktuellen Winkel des Move Hubs um die x-Achse an, also wie weit er sich nach rechts oder links lehnt.
- Der Block **Berichterstattung Hub-Neigung Y (E)** zeigt den aktuellen Winkel des Move Hubs um die y-Achse an, also wie weit er sich nach vorn oder hinten lehnt.

»He, lass mich runter!«

Wir wollen nun ein Programm schreiben, das die Motoren von MARIO anhält, wenn der Neigungssensor feststellt, dass der Roboter vom Boden angehoben wurde, und sie wieder startet, wenn er wieder abgesetzt wird. Der Pseudocode dafür sieht wie folgt aus:

```
Endlosschleife beginnt
  Fahre vorwärts
  Warte auf einen y-Winkel größer als 10 (was bedeutet, dass der Roboter
    angehoben wird)
  Halte die Motoren an
  Warte auf einen y-Winkel gleich 0 (der Roboter ist auf dem Boden)
Zurück zum Anfang der Endlosschleife
```

Verwandle diesen Pseudocode nun in ein Programm. Lege das neue Projekt tiltsensor an und stelle darin die Sequenz aus Abb. 10-5 zusammen:

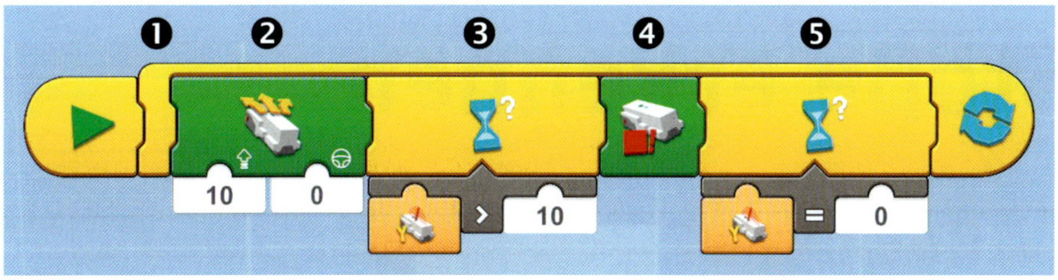

ABBILDUNG 10-5: Dieses Programm hält MARIOs Motoren an, wenn der Roboter vom Boden aufgehoben wird, und lässt ihn weiterfahren, wenn er wieder parallel zum Boden abgesetzt wird.

Innerhalb der **Endlosschleife** ❶ haben wir als Erstes den Block **Steuerradlenkung der Antriebsbasis** ❷, der den Roboter vorwärtsfahren lässt. Während er sich bewegt, wartet der Block **Auf wahr warten** ❸ darauf, dass der y-Winkel größer als 10 wird. Das geschieht, wenn der Roboter vom Boden aufgehoben wird und sich dabei leicht nach hinten lehnt. In diesem Fall weist der Block **Stopp Antriebsbasis** ❹ den Move Hub an, die Motoren anzuhalten.

Wenn du den Roboter wieder absetzt, misst der Neigungssensor den y-Winkel 0. Der letzte **Auf-wahr-warten**-Block ❺ in der Schleife setzt das Programm dann mit dem nächsten Schleifendurchlauf fort.

Gehirn-Booster

Bei dem Neigungssensor im Move Hub handelt es sich um einen Zwei-Achsen-Beschleunigungsmesser. Wie der Name schon sagt, misst dieses Gerät die *Beschleunigung* eines Objekts, also die Änderung seiner Geschwindigkeit, und zwar in zwei Richtungen. Wenn das Objekt stillsteht, nimmt das Gerät die Schwerebeschleunigung wahr, also die Intensität der Schwerkraft (Gravitation). Aus diesen Werten kann es die Orientierung des Objekts, also in unserem Falle des Move Hubs bestimmen. Auch Tablets und Smartphones verwenden Sensoren dieser Art, um die Ausrichtung des Bildschirms anzupassen.

In Autos werden Beschleunigungsmesser eingesetzt, um den Airbag auszulösen, und in Flugzeugen sind sie wichtige Bestandteile des Autopiloten. Auch Menschen haben eingebaute Beschleunigungsmesser: Besondere Organe im Ohr messen die Beschleunigung, sodass wir die Balance halten können, während wir uns bewegen.

Versuch 10-3

Schreibe ein Programm, das die Gitarrenakkorde 42 bis 45 aus der Klangbibliothek abspielt, wenn der Move Hub die verschiedenen Ausrichtungen annimmt. Versuche auch, das Gitarren-Riff aus dem Anfang von »Smoke on the Water« von Deep Purple abzuspielen!

Stöße erkennen

Wenn der Move Hub gegen ein Hindernis fährt oder gestoßen wird, ändern sich die gemessenen x- und y-Winkel stark wegen der plötzlichen Änderung der Geschwindigkeit. Diese Eigenschaft können wir nutzen, um den Roboter auf Stöße reagieren zu lassen. Abb. 10-6 zeigt, was mit dem y-Neigungswinkel geschieht, wenn du gegen den Move Hub stößt.

ABBILDUNG 10-6: In diesen Diagrammen ist jeweils der Wert des y-Winkels gegen die Zeit aufgetragen, wenn der Roboter von vorn (A) bzw. hinten (B) gestoßen wird.

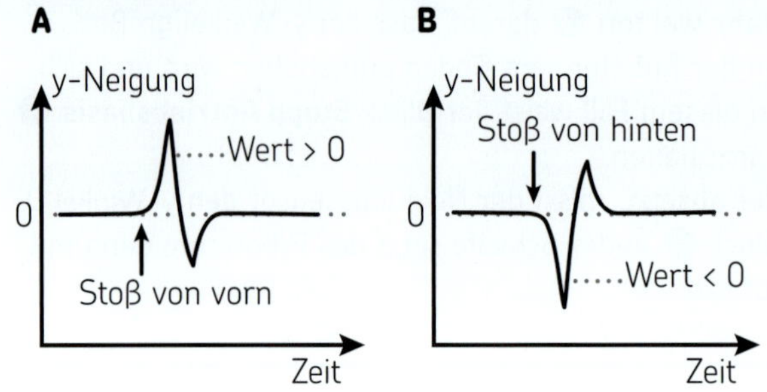

Damit die Stoßerkennung funktioniert, muss der Move Hub stillstehen und *absolut horizontal* ausgerichtet sein. Wenn du vorn gegen den Move Hub stößt, erhältst du den Zacken nach oben, wenn du hinten gegen ihn stößt, den Zacken nach unten.

Damit können wir das Programm aus Abb. 10-7 schreiben, das erkennt, wenn MARIO gestoßen wird.

ABBILDUNG 10-7: Mit diesem Programm kann MARIO erkennen, ob er von vorn oder hinten gestoßen wird, und entsprechend reagieren.

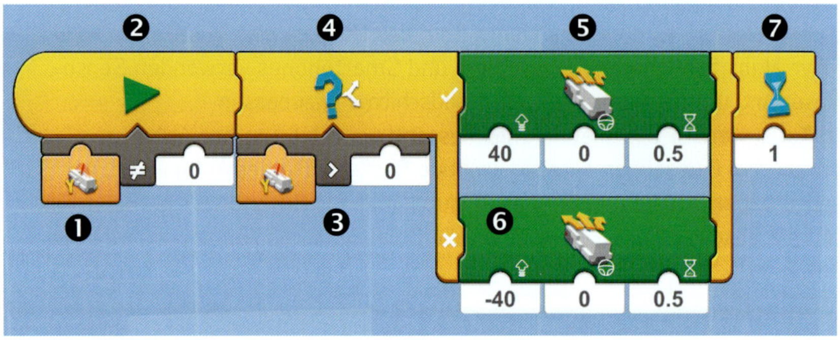

Stelle MARIO genau horizontal ab, sodass der Block **Berichterstattung Hub-Neigung Y** ❶ den Wert 0 zurückgibt. Dazu kannst du auch ein weiteres Exemplar dieses Blocks auf der Leinwand ablegen, ohne ihn an irgendeinen anderen Block anzuschließen, damit er den y-Winkel in Echtzeit anzeigt. Der Block **Start bei wahr** ❷ wird ausgelöst, wenn der y-Winkel ungleich 0 ist, was geschieht, wenn du den Roboter stößt.

Ist der Wert des y-Winkels größer 0, wurde der Roboter von vorn gestoßen, anderenfalls von hinten. Mit dem Block **Operator größer als** ❸ kann der Schalterblock ❹ unterscheiden, wo MARIO gestoßen wurde.

Bei einem Stoß von hinten lässt der Block **Steuerradlenkung der Antriebsbasis für eine Dauer** ❺ MARIO 0,5 Sekunden lang vorwärtsfahren. Erfolgte der Stoß dagegen von vorn, sorgt der Block **Steuerradlenkung der Antriebsbasis für eine Dauer** ❻ dafür, dass MARIO 0,5 Sekunden lang rückwärtsfährt. Mit dem Block **Auf Zeit warten** ❼ am Ende der Sequenz verhindern wir, dass der Block **Start bei wahr** ❶ die ganze Sequenz erneut startet, wenn er die plötzliche Geschwindigkeitsänderung beim Bremsvorgang des Roboters am Ende der Bewegung erkennt.

LED-Blöcke

LEGO Boost kann die Farbe der RGB-LED (der rot-grün-blauen Leuchtdiode) sowie die Farbe des Sensorlichts ändern.

Die lilafarbenen LED-Blöcke befinden sich in derselben Palette wie die Klangblöcke.

- Der Block **LED-Farbe Hub** (**A**) legt die Farbe der RGB-LED auf dem Move Hub fest. Du kannst eine der am unteren Rand des Blocks aufgeführten Farben auswählen.
- Der Block **Farbe Sensor-LED** (**B**) legt die Farbe des Sensorlichts fest. Auch hier kannst du aus den aufgeführten Farben auswählen.

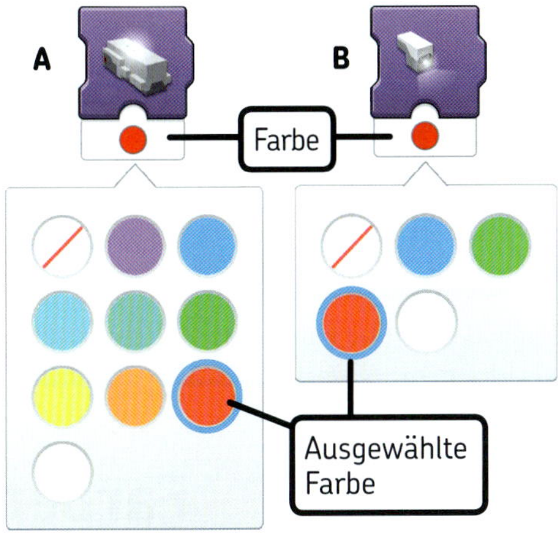

Zufällige Aktionen

Um das Verhalten deiner LEGO-Boost-Roboter abwechslungsreicher zu gestalten, kannst du dafür sorgen, dass sie zufällige Aktionen ausführen. Dazu musst du Zufallszahlen erzeugen und dann je nach Wert unterschiedliche Sequenzen ausführen.

Zufallszahlen

Mit dem Block **Operator Zufall** (siehe Abb. 10-8) kannst du Zufallszahlen aus einem vorgegebenen Bereich erzeugen. Du findest ihn unter den Matheblöcken in der Palette mit dem weißen Register. Die resultierende Zufallszahl liegt in dem Bereich, der durch die untere und obere Grenze festgelegt wird, wobei die Grenzwerte eingeschlossen sind. Wenn du beispielsweise die untere Grenze auf 1 und die obere auf 10 setzt, kannst du als Zufallszahlen die 1, die 10 und alle Zahlen dazwischen erhalten.

Die Eingaben für die Grenzen müssen ganze Zahlen sein. Solltest du eine Dezimalzahl eingeben, rundet der Block **Operator Zufall** sie auf die nächste ganze Zahl. Wenn du beispielsweise die Grenzen 1,5 und 4,4 angibst, behandelt der Block **Operator Zufall** sie wie die Grenzen 2 und 4, d. h., als Zufallswerte können 2, 3 und 4 erzeugt werden.

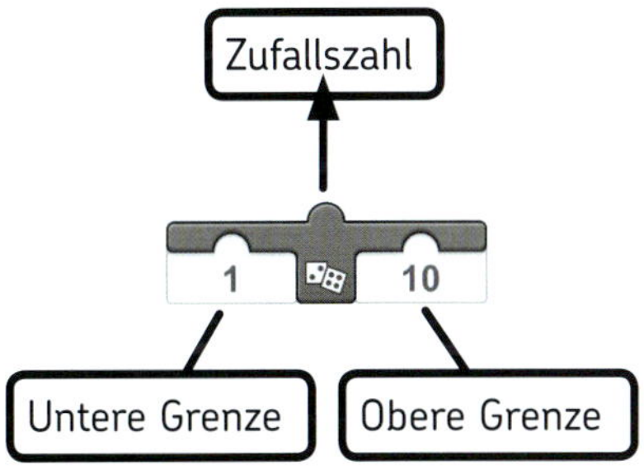

ABBILDUNG 10-8: Der Matheblock **Operator Zufall** erzeugt ganze Zahlen als Zufallszahlen in dem angegebenen Bereich.

HINWEIS:

*Ist der Wert für die untere Grenze kleiner als der für die obere, geht der Block **Operator Zufall** davon aus, dass die größere Zahl die obere Grenze und die kleinere die untere sein soll.*

Gehirn-Booster: Zufällige logische Werte

Damit sich dein Roboter willkürlich für eine von zwei möglichen Aktionen entscheidet, übergibst du einen zufälligen logischen Wert an einen Schalterblock. Um solche zufälligen Logikwerte zu erzeugen, kombinierst du wie hier gezeigt den Block **Operator Zufall** mit Vergleichsblöcken.

Der Block **Operator Zufall** im ersten Beispiel erzeugt mit gleicher Wahrscheinlichkeit eine 0 oder eine 1. Wenn du den Ausgabewert mit 1 vergleichst, erhältst du einen Logikwert. Wahrscheinlich lautet der Wert in der Hälfte der Fälle *wahr*, gerade so, als ob du eine Münze wirfst.

Im zweiten Beispiel erzeugt der Block **Opertor Zufall** Zufallszahlen aus dem Bereich von 1 bis 100. Anschließend prüfen wir, ob die Zahl *kleiner als* eine bestimmte Zahl zwischen 0 und 100 ist. Damit kannst du die *Wahrscheinlichkeit* dafür festlegen, dass die Ausgabe *wahr* ist. Wenn du als Vergleichszahl 51 verwendest, erhältst du das gleiche Ergebnis wie zuvor (da es 50 Werte kleiner als 51 gibt und 50 die Hälfte von 100 ist), aber wenn du als Eingang 21 festlegst, erhältst du nur in 20 von 100 Fällen den Wert *wahr*, da nur 20 von 100 Zahlen kleiner als 21 sind. Beim Vergleichswert 0 ist das Ergebnis immer *falsch*, da Zahlen von 1 bis 100 stets größer als 0 sind, und beim Wert 101 erhältst du immer *wahr*.

Farben und Klänge zufällig auswählen

Den Block **Operator Zufall** kannst du auch an LED- und Klangblöcke anschließen. Dabei werden in den Eingängen statt der Zahlen Symbole angezeigt. Es gibt zwar für jede Farbe, jeden Klang und jede Ausrichtung einen Zahlencode, den das Programm versteht, aber du bekommst ihn nicht zu sehen.

Wir wollen nun den Block **Operator Zufall** verwenden, damit der Roboter zufällige Klänge abspielt und eine zufällige LED-Farbe zeigt, wenn er eine Bewegung des Move Hubs erkennt. Lege das neue Projekt random an, stelle das Programm aus Abb. 10-9 zusammen und führe es aus.

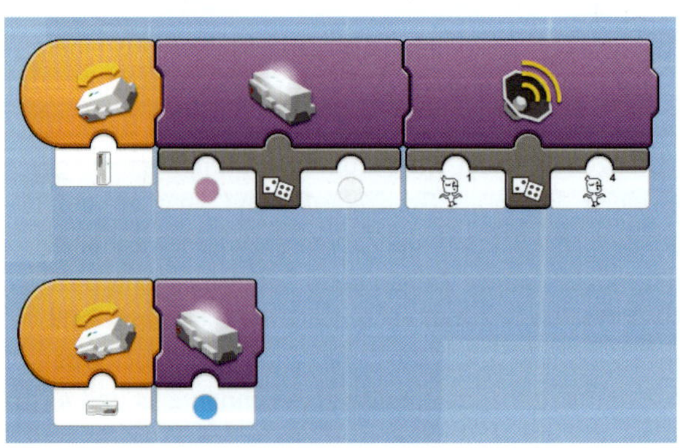

ABBILDUNG 10-9: Wird der Move Hub aufrecht gestellt, so spielt er einen zufällig ausgewählten Klang ab und zeigt mit seiner LED eine zufällige Farbe an.

Beim Kippen des Move Hubs sorgt der Block **Operator Zufall** dafür, dass seine LED zu einer willkürlichen Farbe wechselt. Außerdem geben wir mit dem Block **Klang abspielen** einen Klang aus einem durch die Symbole festgelegten Bereich wieder (in Abb. 10-9 verwenden wir die Tiergeräusche 1 bis 4). Wenn du den Move Hub wieder absetzt, wechselt seine LED zur üblichen blauen Farbe.

Versuch 10-4

Schreibe ein Programm, das MARIO seine Umgebung erkunden und Hindernissen ausweichen lässt. Verwende diesmal aber Zufallswerte für die Lenkrichtung und Dauer der Bewegungen.

Hinweis: Verwende den Block **Operator Zufall**, um einen logischen Wert als Eingang für einen Schalterblock zu erzeugen, der die Richtung auswählt, und einen zweiten Block dieser Art für den Dauer-Eingang des Blocks **Steuerradlenkung der Antriebsbasis für eine Dauer**.

Versuch 10-5

Ändere das Programm aus Abb. 10-9, sodass MARIO zufällige Klänge abspielt, wenn er nicht flach auf dem Boden liegt. Hinweis: Probiere ruhig auch einige der lustigeren Töne aus!

Sequenzen gleichzeitig ausführen

Bis jetzt haben wir in unseren Programmen immer nur eine Sequenz auf einmal ausgeführt. Jede Hauptsequenz begann mit dem üblichen Block **Sequenz starten**, und es wurde ein Block nach dem andern ausgeführt. Wir hatten zwar auch mehrere Aktivierungsblöcke auf derselben Leinwand, doch die verschiedenen Sequenzen liefen nie gleichzeitig, da sie von Bedingungen abhängig waren, die sich gegenseitig ausschlossen (siehe Abb. 7-2, 9-7 und 10-9), d. h., wenn eine Bedingung wahr war, dann waren alle anderen falsch. In der LEGO-Boost-App ist es jedoch auch möglich, mehrere Sequenzen zur gleichen Zeit auszuführen. Dies wird auch als *Multitasking* bezeichnet.

Eine Möglichkeit, um mehrere Sequenzen parallel auszuführen, besteht darin, mehrere Startblöcke auf der Leinwand zu platzieren und sie dann alle auszulösen, indem du auf die grüne Startschaltfläche tippst. Das Programm stoppt dann gewöhnlich, sobald der letzte Block einer Sequenz ausgeführt wurde.

Tippst du dagegen auf einen Aktivierungsblock, beginnt er zu blinken. Er wartet dann auf einen Sensormesswert oder auf das Eintreffen einer Bedingung. Das Programm wird fortgesetzt, bis du auf die rote Stoppschaltfläche tippst.

Sehen wir uns nun aber die *Programmablaufblöcke* an, die es uns ermöglichen, mehrere Sequenzen parallel auszuführen und Sequenzen anzuhalten:

A

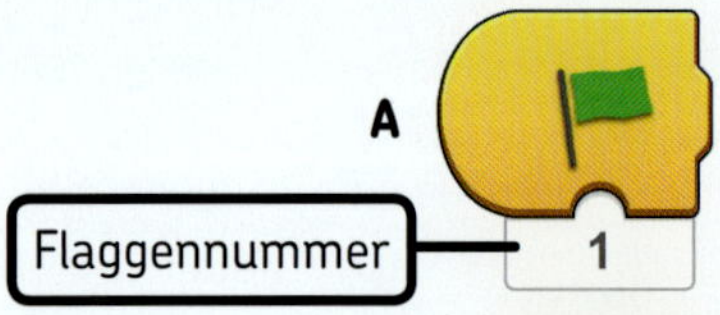

B

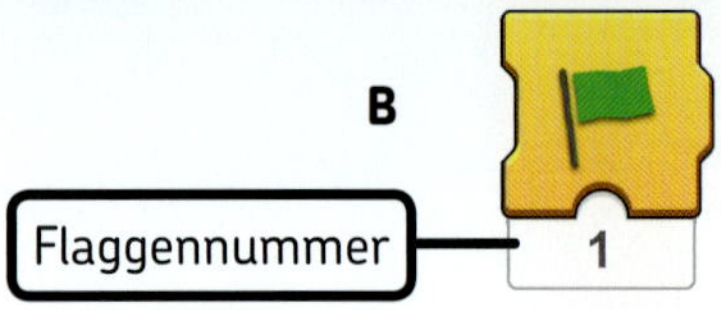

- Der Block **Start bei Flagge** (**A**) startet eine Sequenz, wenn der zugehörige Block **Aktivierung Flagge** (**B**) in einer anderen Sequenz ausgeführt wird. Du kannst auch mehrere Blöcke vom Typ **Start bei Flagge** mit derselben Flaggennummer verwenden. Wenn der Block **Aktivierung Flagge** mit dieser Nummer ausgeführt wird, werden alle diese Blöcke mit ihren Sequenzen gleichzeitig ausgelöst.
- Der Block **Aktivierung Flagge** (**B**) startet eine Sequenz, die mit dem Block **Start bei Flagge** derselben Nummer beginnt.

C

- Der Block **Alle anderen Sequenzen stoppen** (**C**) hält alle Sequenzen außer derjenigen an, in der sich der Block selbst befindet. Die Blöcke, die in derselben Sequenz hinter diesem Block liegen, werden also weiterhin ausgeführt.

D

- Der Block **Alle Sequenzen stoppen** (**D**) hält das ganze Programm einschließlich aller Aktivierungsblöcke an, sodass sie nicht mehr auf neue Sensorereignisse warten. Hinter diesen Block kannst du keine weiteren Blöcke mehr anhängen. Er hat die gleiche Wirkung wie die Berührung der roten, runden Stoppschaltfläche in der App.

Der Witz mit dem Unterbrecherroboter

Wir wollen das Gelernte jetzt anwenden, sodass MARIO seine Version eines der im englischen Sprachraum weit verbreiteten »Klopf, klopf!«-Witze erzählt. Dieser Witz, den wir später in ein LEGO-Boost-Programm überführen wollen, geht so:

Du: »MARIO, erzähl mir einen Witz.«

MARIO: »Klopf, klopf!«

Du: »Wer ist da?«

MARIO: »Ein Unterbrecherroboter namens MARIO.«

Du: »Ein Unterbrecher …«

MARIO: »Abababababababababababa!« (Dreht sich wie verrückt im Kreis.)

Genervt hebst du MARIO auf, um ihn zum Schweigen zu bringen. Daraufhin hört MARIO auf, sich zu bewegen, und pupst.

Das Programm schreiben

Lege das neue Projekt joke an und stelle das Programm aus Abb. 10-10 zusammen.

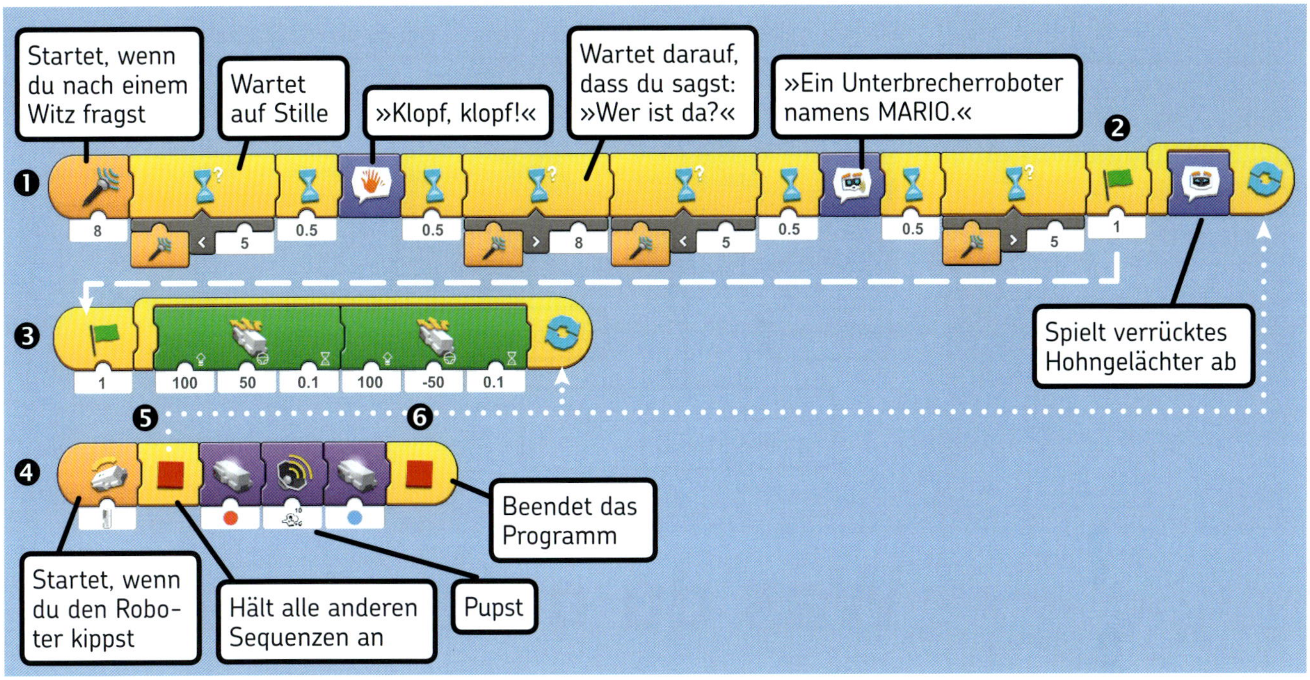

ABBILDUNG 10-10: Das Programm mit dem Witz für den Unterbrecherroboter

Die Hauptsequenz oben im Bild beginnt mit dem Block **Bei Lautstärke aktivieren** ❶, der darauf wartet, dass du MARIO bittest, einen Witz zu erzählen. Da der Roboter dich nicht schon jetzt unterbrechen soll, wartet das Programm darauf, dass du den Satz beendest. Danach wird der aufgezeichnete Klang »Klopf, klopf!« abgespielt. Nun wartet das Programm darauf, dass du »Wer ist da?« sagst und spielt daraufhin einen weiteren aufgezeichneten Klang ab, nämlich: »Ein Unterbrecherroboter namens MARIO.« Wiederum wartet das Programm auf deine Erwiderung, lässt dich diesmal aber nicht zu Ende reden. Deshalb fehlt an dieser Stelle der Block, der darauf wartet, dass die Lautstärke unter einen Schwellenwert fehlt.

Um das Programm in der Schleife zu starten und gleichzeitig den nervenden »Ababa...«-Klang abzuspielen, verwenden wir den Block **Aktivierung Flagge** ❷, der den Block **Start bei Flagge** ❸ auslöst (beide haben die gleiche Flaggennummer, nämlich 1). Die Hauptsequenz endet damit, dass der verrückte Klang in einer Endlosschleife abgespielt wird, während die parallele Sequenz dafür sorgt, dass sich der Roboter in kleinen Schritten vorwärts bewegt.

Abgesehen davon, auf die Stoppschaltfläche zu tippen, besteht die einzige Möglichkeit, MARIOs irren Auftritt zu beenden, darin, ihn in die Senkrechte zu kippen. Dadurch wird die Sequenz ausgelöst, die mit dem Block **Bei Hub-Ausrichtung aktivieren** ❹ beginnt (die Sequenz unten in Abb. 10-10). Der Block **Alle anderen Sequenzen stoppen** ❺ beendet alle anderen Sequenzen, während die Sequenz, zu der er selbst gehört, weiter ausgeführt wird und die Farbe der Hub-LED ändert, ein fieses Geräusch abspielt (einen Pups, einen Rülpser oder irgendeinen anderen Ton, der dich amüsiert), die LED wieder zu Blau wechseln lässt und das Programm schließlich mit **Alle Sequenzen stoppen** ❻ beendet.

Versuch 10-6

Verwende den Block **Auf Lautstärke warten** und eigene Klangblöcke, um den Roboter beliebige andere Witze erzählen zu lassen, z. B. die Folgenden:

»Was für Musik hören Roboter am liebsten?«
»Heavy Metal!«

»Was sagt man zu einem toten Roboter?«
»Roste in Frieden!«

Um den kompletten Witz zu spielen, darfst du den Roboter erst dann aufheben, wenn er sich bewegt und dich verhöhnt. Du kannst ihn allerdings auch zu jedem anderen Zeitpunkt hochheben, um das Programm zu beenden.

Für dieses Programm musst du drei eigene Klänge aufnehmen (siehe Abb. 10-11). Damit es noch verrückter klingt, kannst du in der Aufnahmeoberfläche jeweils einen Effekt für eine größere Tonhöhe anwenden. (Wie du eigene Töne aufnimmst und bearbeitest, kannst du in Kapitel 6 nachschlagen.)

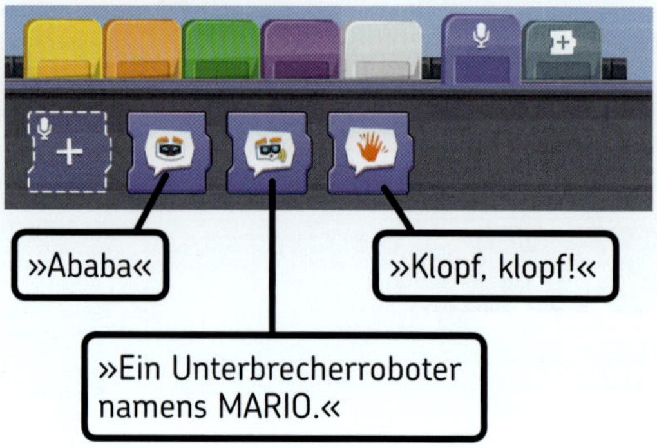

ABBILDUNG 10-11: Die drei Klänge, die du für das Witzprogramm benötigst

Was du gelernt hast

In diesem Kapitel haben wir wirklich eine Menge geschafft! Du hast gelernt, wie du den eingebauten Neigungssensor des Move Hubs verwendest und das Mikrofon deines Geräts als Lautstärkesensor einsetzt. Außerdem hast du erfahren, wie du Zufallszahlen erzeugen kannst, damit sich dein Roboter auf abwechslungsreiche und unvorhersehbare Weise verhält. Du hast gesehen, wie du die Farben der LEDs auf dem Move Hub und dem Sensor änderst. Vor allem aber hat du MARIOs verborgenes komisches Talent entdeckt! In Kapitel 11 baust du einen Scankopf, mit dem MARIO offene Räume erkunden und deiner Hand folgen kann.

11

MARIO schaut sich um

In diesem Kapitel baust du einen motorisierten Scankopf für MARIO. Damit kann der Roboter seine Umgebung abtasten, sein Umfeld erkennen, bewegliche Objekte verfolgen und noch viel mehr.

Außerdem lernst du, wie du Gruppen von Sequenzen zu *Aktionsblöcken* zusammenfasst und wie dein Roboter Daten speichern kann.

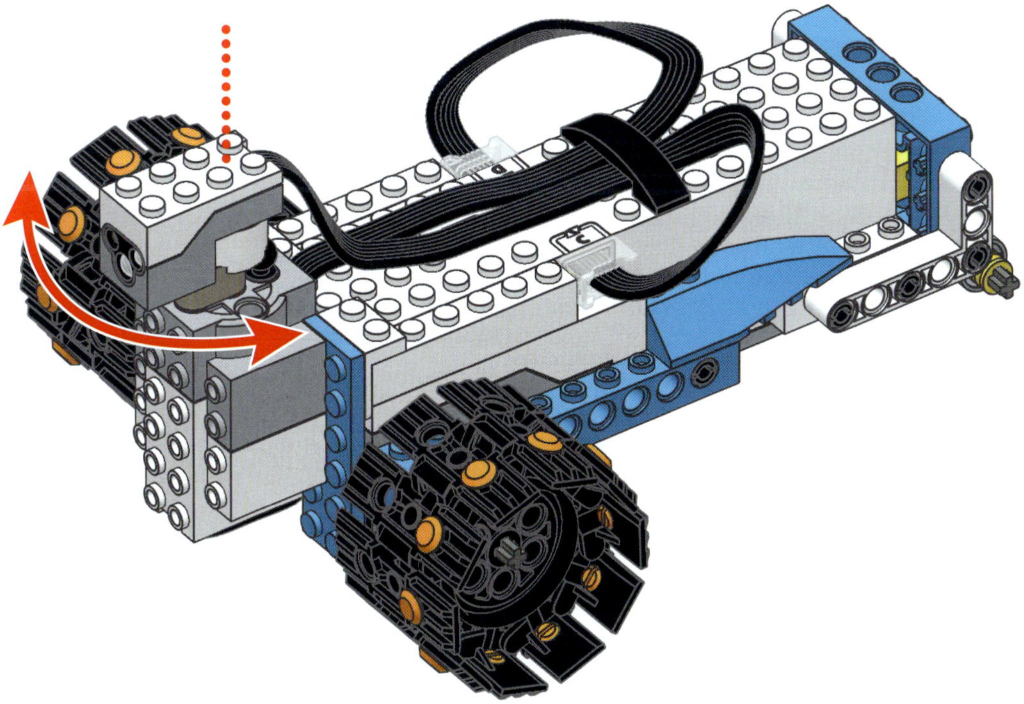

Den Scankopf bauen

Ausgehend von der Grundversion von MARIO von Seite 8 baust du den Scanner nach der hier gezeigten Anleitung. Als Erstes musst du dazu den zuvor montierten Sensoranbau wieder abnehmen.

1

1x

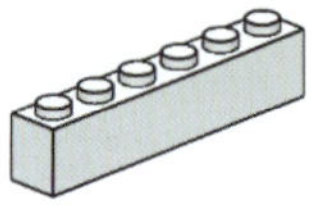

2x

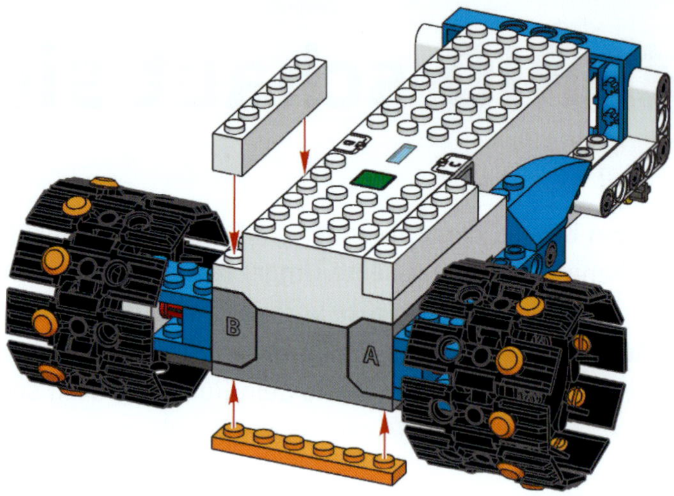

2

2x

2x

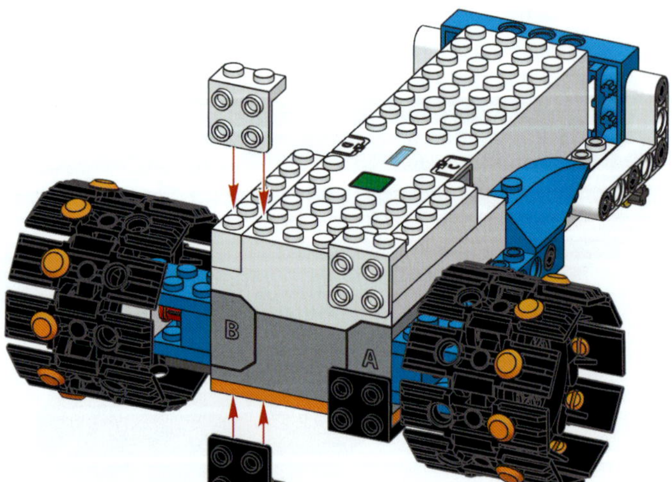

3

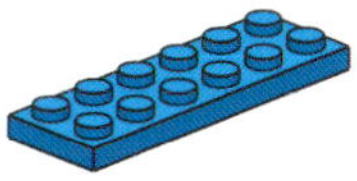

2x

Wir verwenden hier eine SNOT-Bautechnik. Die 2×6-Platten werden auf die Winkel oben und unten aufgesetzt, deren Noppen nach vorn zeigen, sodass wir den Motor mit der Welle nach oben befestigen können. Anschließend montieren wir den Sensor auf der Motorwelle, die dadurch zum »Hals« für den Scankopf unseres Roboters wird.

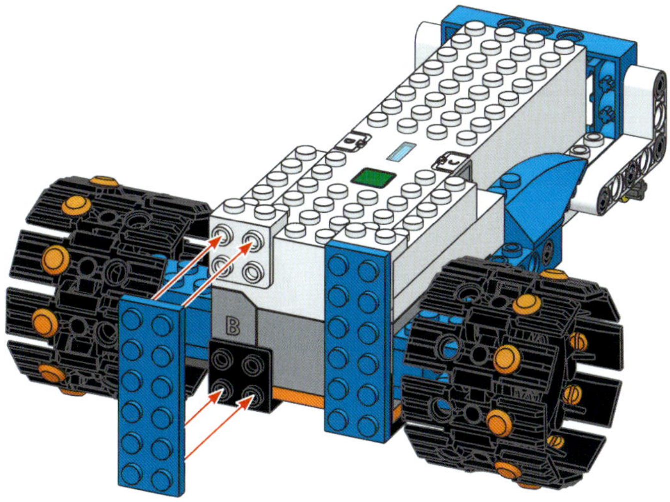

4

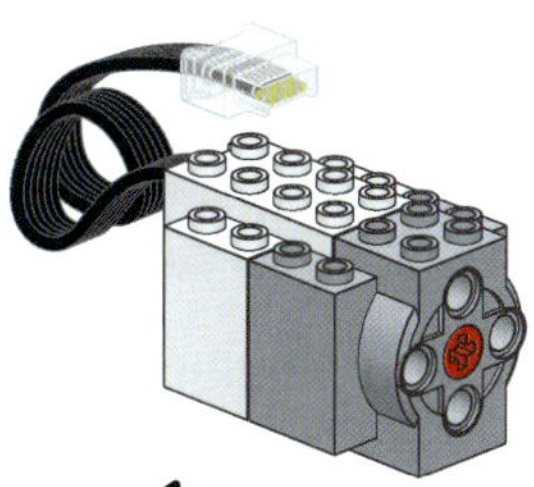

1x

1x

1x

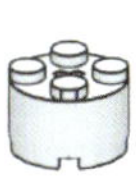

1x

1x

Führe das Motorkabel durch den Spalt zwischen den beiden blauen 2×6-Platten, der Unterseite des Motors und dem Move Hub.

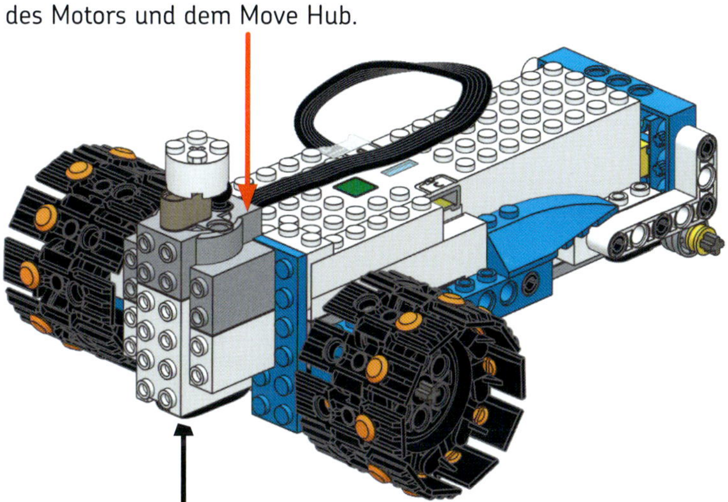

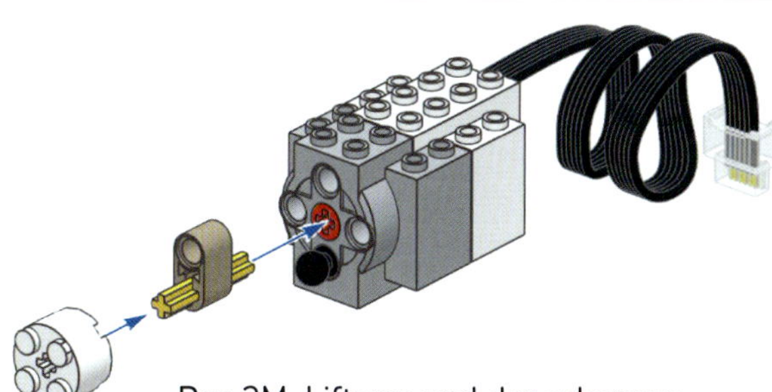

Der 2M-Liftarm und der schwarze Pin mit Kugelkopf schränken den Bewegungsbereich des Scankopfs ein.

Blöcke für einzelne Motoren

In diesem Abschnitt lernst du, wie du die drei Motoren mit den Blöcken aus Abb. 11-1 steuerst.

ABBILDUNG 11-1: Diese Motorblöcke weisen einen einzelnen Motor an, was er tun soll.

	Dauer	Winkel	Geschwindigkeit	Stopp
Motor A	Geschwindigkeit Motor A für eine Dauer Geschw. Dauer	Geschwindigkeit Motor A für eine Entfernung Geschw. Winkel	Geschwindigkeit Motor A Geschw.	Stopp Motor A
Motor B	Geschwindigkeit Motor B für eine Dauer Geschw. Dauer	Geschwindigkeit Motor B für eine Entfernung Geschw. Winkel	Geschwindigkeit Motor B Geschw.	Stopp Motor B
Externer Motor	Geschwindigkeit externer Motor für eine Dauer Geschw. Dauer	Geschwindigkeit externer Motor für eine Entfernung Geschw. Winkel	Geschwindigkeit externer Motor Geschw.	Stopp externer Motor

Jeder Motor kann sich eine bestimmte Zeit lang oder um einen bestimmten Winkel relativ zur aktuellen Position der Welle mit einer Geschwindigkeit von –100 bis 100 drehen. Es ist auch möglich, die Motoren mit einer bestimmten Geschwindigkeit ohne Zeit- und Winkelbegrenzung zu starten und sie ganz anzuhalten.

Die Drehsensoren

Mit den Sensorblöcken aus Abb. 11-2 kannst du die Geschwindigkeit der Drehbewegung (die sogenannte Winkelgeschwindigkeit) und den Winkel ablesen, den die Motorwelle gerade einnimmt (wobei 360° einer vollen Umdrehung entsprechen). Der Geschwindigkeitswert ist praktisch, um beispielsweise zu erkennen, ob die Motorwelle blockiert ist und sich nicht bewegen kann. Mit dem Winkelmesswert kannst du die Position der Motorwelle bestimmen.

Der Drehsensor misst, um wie viel Grad sich die Welle gedreht hat, seit du den Block für die Voreinstellung des Motorwinkels aus der rechten Spalte von Abb. 11-2 zum letzten Mal verwendet hast. Als Wert für diese Voreinstellung wählst du gewöhnlich 0. Der Berichterstattungsblock für den Winkel in der mittleren Spalte gibt den Winkel der Motorwelle relativ zu diesem voreingestellten Wert an.

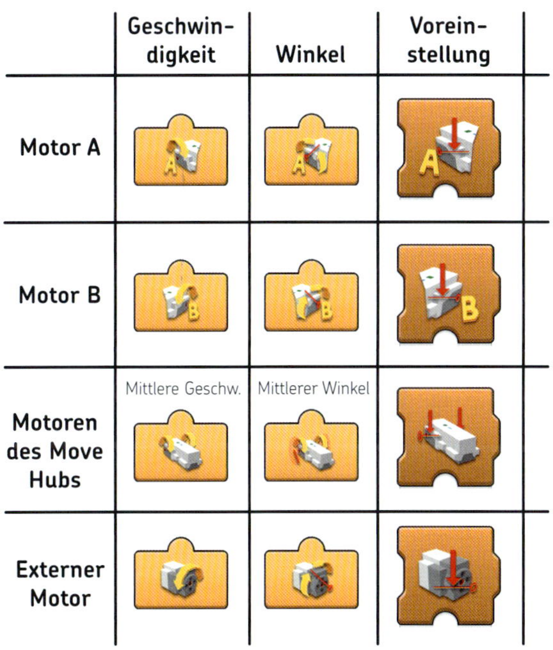

ABBILDUNG 11-2: Sensorblöcke für Geschwindigkeit und Position der Motoren

Der Scanvorgang

In diesem Abschnitt schreiben wir ein Programm, um den Scankopf von MARIO um 60° nach links und rechts zu drehen. Lege dazu das Projekt scanner an und füge die Sequenz mit den drei Blöcken vom Typ **Geschwindigkeit externer Motor für eine Entfernung** aus Abb. 11-3 hinzu. Vergewissere dich, dass der Scankopf genau nach vorn zeigt, bevor du dieses Programm ausführst!

ABBILDUNG 11-3: Diese Sequenz sorgt dafür, dass der Scankopf nach rechts und nach links und dann wieder geradeaus nach vorn schaut.

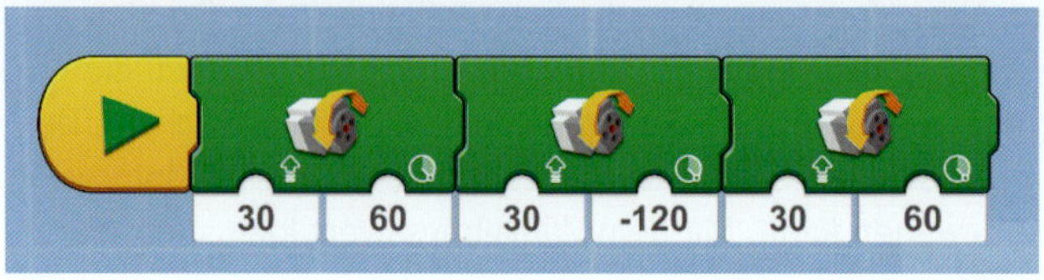

Abb. 11-4 zeigt, wie sich der Scankopf bei der Ausführung dieses Programms bewegt.

ABBILDUNG 11-4: Wenn der Scankopf beim Programmstart nicht gerade ausgerichtet ist, dreht er sich nicht in die richtigen Stellungen.

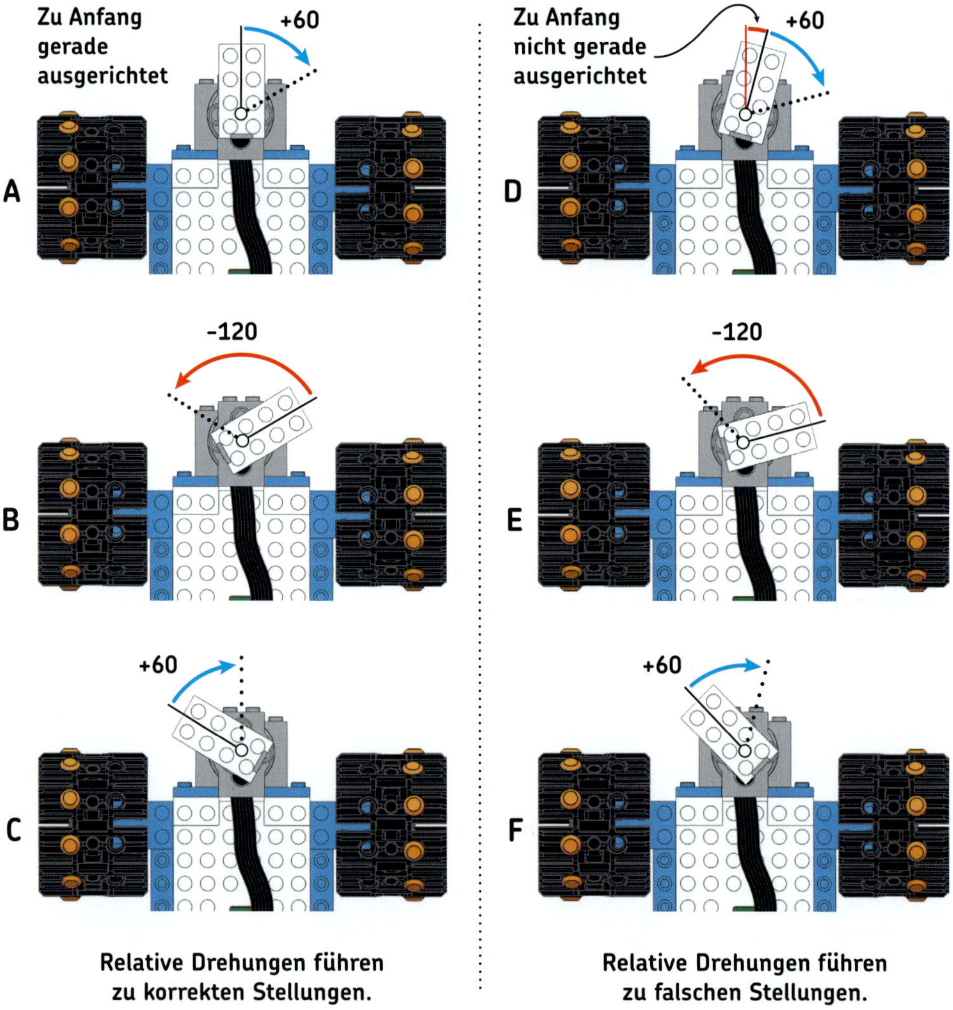

Bevor du das Programm startest, musst du den Scanner mit den Händen so ausrichten, dass er gerade nach vorn zeigt, da die Messungen des Drehsensors sonst verfälscht werden. Setze den Eingang des ersten Blocks vom Typ **Geschwindigkeit externer Motor für eine Entfernung** auf +60. Das ist der Winkel, um den sich der Kopf nach rechts drehen soll.

Um MARIO nach links schauen zu lassen, müssen wir ihn um 120° drehen, nämlich 60° zurück zur Mitte und dann weitere 60° nach links. Damit die Drehung in der umgekehrten Richtung erfolgt, geben wir den Wert 120 mit einem Minuszeichen ein, also: –120.

Schließlich soll der Scanner wieder zur mittleren Stellung zurückkehren. Dazu setzen wir den Winkeleingang des letzten Blocks auf +60.

Jedes Mal, wenn das Programm einen Block vom Typ **Geschwindigkeit externer Motor für eine Entfernung** ausführt, erfolgt die Drehung um den eingegebenen Winkel relativ zu der vorherigen Stellung der Motorwelle. Wenn du den Scankopf neu ausrichten willst, musst du dabei also stets die vorherige Position berücksichtigen.

Die Skizzen **D** bis **F** in Abb. 11-4 zeigen, was geschieht, wenn der Scankopf zu Beginn des Programms nicht gerade ausgerichtet ist. Da alle Bewegungen relativ zur vorherigen Position erfolgen, dreht sich der Kopf jeweils in eine andere Stellung als beabsichtigt.

Als Nächstes erfährst du, wie du eine gewünschte Winkelstellung der Motorwelle vorgibst, sodass das Programm den Rest selbst erledigt. Danach schauen wir uns an, wie du den Scankopf automatisch gerade ausrichten lässt, damit du es nicht per Hand tun musst.

Bewegung relativ zu einer Nullstellung

Es ist viel einfacher, einen Motor um einen Winkel relativ einer bekannten, vorab festgelegten Position seiner Welle zu drehen anstatt relativ zu ihrer aktuellen Stellung. Schauen wir uns an, wie du einen Motor anweisen kannst, sich in eine Stellung relativ zu der Position zu drehen, die er hatte, als der Winkel der Welle mit einem Voreinstellungsblock auf 0 gesetzt wurde. Da der Winkeleingang des Blocks **Geschwindigkeit externer Motor für eine Entfernung** dem Motor sagt, wie weit er sich von seiner aktuellen Stellung drehen soll, *subtrahieren* wir den jetzigen Winkel der Welle (wo ich stehe) vom gewünschten Winkel (wohin ich soll), um zu bestimmen, welchen Winkel er noch durchlaufen muss. Die Formel lautet:

Zu durchlaufender Winkel = wo ich stehe - wohin ich soll

Um zu bestimmen, wie weit sich der Sensorkopf drehen muss, verwenden wir den Block **Operator Subtraktion**, um die Differenz zwischen dem Zielwinkel und dem aktuellen Winkel zu berechnen:

Drehwinkel = Zielwinkel - aktueller Winkel

Mit dem Block **Berichterstattung Position externer Motor** kannst du den aktuellen Winkel der Welle abrufen und in einen der Eingänge des Subtraktionsblocks einspeisen.

ABBILDUNG 11-5: Mit diesem Block bestimmst du, wie weit sich der Scankopf relativ zur Nullstellung der Welle drehen soll.

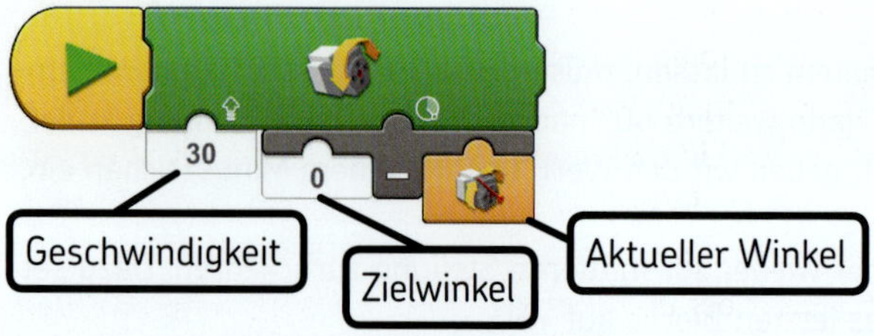

Abb. 11-6 zeigt anhand einiger Beispiele, wie das Programm aus Abb. 11-5 funktioniert. Wenn du es testest, musst du darauf achten, dass der Scankopf bei der Verbindung des Move Hubs mit der App gerade nach vorn gerichtet ist. Ist das nicht der Fall, trenne die Verbindung zum Hub, drehe den Scankopf mit der Hand nach vorn und stelle die Verbindung wieder her. Später werden wir einen Voreinstellungsblock verwenden, um dies automatisch zu tun.

ABBILDUNG 11-6: Beispiele für die Ausführung des Programms aus Abb. 11-5

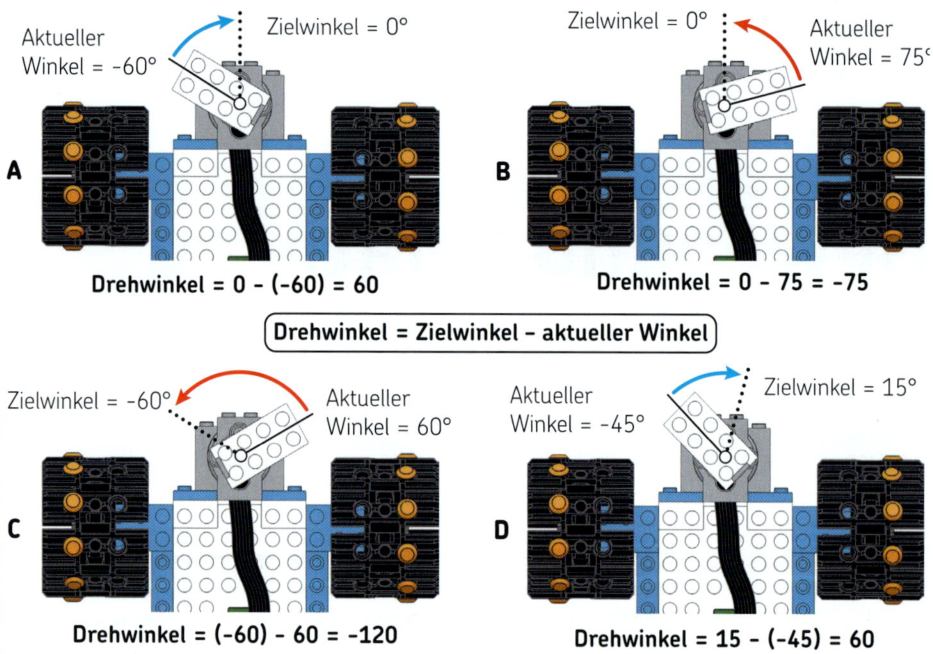

Versuch 11-1

Nimm das Programm aus Abb. 11-5 als Vorbild, um ein Programm zu schreiben, das ähnlich wie das aus Abb. 11-3 funktioniert, wobei MARIO diesmal aber 45° nach rechts, dann 90° nach links und schließlich wieder gerade nach vorn blicken soll. Welche Werte musst du dabei jeweils für den Zielwinkel eingeben?

Versuche, den Scankopf manuell in andere Stellungen zu bringen. Vergewissere dich, dass er in seine Ausgangslage zurückkehrt, wenn du das Programm ausführst, unabhängig davon, ob du ihn nach rechts oder links gedreht hast.

Wenn du andere Zielwinkel als 0° eingibst, kannst du den Scankopf in beliebige Stellungen relativ zu seiner Ausgangsposition bringen, ohne dir Gedanken über die aktuelle Stellung der Motorwelle machen zu müssen.

Den Scankopf zurücksetzen

Um den Scankopf nicht mehr mit der Hand in die Ausgangslage bringen zu müssen, schreiben wir eine Sequenz, die ihn automatisch gerade nach vorn ausrichtet und den Wert des Drehsensors in dieser Stellung auf 0 setzt. Der Scankopf hat nur einen eingeschränkten Drehbereich, da der 2M-Liftarm irgendwann gegen den schwarzen Pin stößt. Also schreiben wir eine Sequenz, die den Scanner bis zum Anschlag dreht und ihn dann in die Mittelstellung zurückbringt.

Um zu erkennen, wann der Scankopf den schwarzen Pin erreicht, lassen wir den Motor langsam laufen, warten einen Sekundenbruchteil, sodass er anlaufen kann, und halten ihn an, sobald die gemessene Geschwindigkeit 0 wird, was bedeutet, dass er von dem Pin blockiert wird.

Den Winkel zwischen der Mittelstellung bis zu der Position beim Anschlag am schwarzen Pin können wir messen. Dadurch wissen wir, um wie viel Grad wir ihn zurückdrehen müssen, um in die Mittelstellung zu gelangen.

Da der Drehsensor des Motors den Winkel relativ zu der Position misst, die er hatte, als er das letzte Mal zurückgesetzt wurde, stellen wir den Sensor auf 0 ein, wenn er die Mittelstellung erreicht hat, sodass wir uns danach auf diese Position als *Nullstellung* beziehen können.

Abb. 11-7 zeigt den gesamten Vorgang.

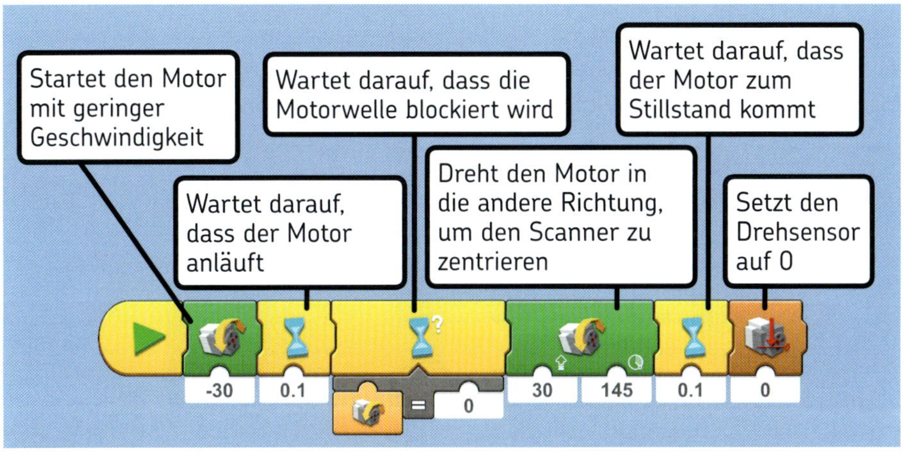

ABBILDUNG 11-7: Diese Sequenz richtet den Scankopf in der Mittelstellung aus und setzt den Drehsensor auf 0.

Als Erstes starten wir den Motor mit niedriger Geschwindigkeit. Wenn wir die Geschwindigkeit 0 messen, halten wir ihn jedoch nicht an, sondern verwenden den Block **Geschwindigkeit externer Motor für eine Entfernung**, um ihn in die entgegengesetzte Richtung zu drehen, sodass er in die Mittelstellung zurückkehrt. Den Wert für den Winkeleingang dieses Blocks musst du durch Ausprobieren herausfinden, da er von der Konstruktion des jeweiligen Roboters abhängt. Nach einer weiteren kurzen Pause setzen wir den Drehsensorwert des externen Motors auf 0.

Vergewissere dich, dass die Sequenz aus Abb. 11-7 den Scankopf richtig ausrichtet.

Aktionsblöcke erstellen

Wenn du eine bestimmte Sequenz von Blöcken wiederverwenden möchtest, um die betreffende Operation wiederholt auszuführen, kannst du sie in einen Aktionsblock umwandeln. Das ist eine hervorragende Möglichkeit, um deinen Code zu ordnen und ihn sauber und gut lesbar zu halten.

Bei der Programmierung der offiziellen Robotermodelle in der Boost-App hast du bereits solche Aktionsblöcke verwendet. Beispielsweise handelt es sich bei **Propeller drehen** in der ersten Boost-App-Aktivität für das Einstiegsmodell um einen solchen Block.

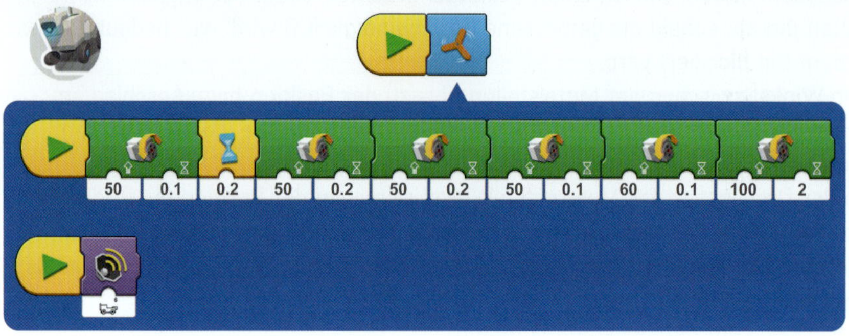

Um aus der Sequenz zum Zurücksetzen des Scankopfs einen Aktionsblock zu machen, gehst du wie folgt vor:

1. Wechsle in die Palette der Aktionsblöcke (graues Register) und tippe auf das Blocksymbol mit dem Pluszeichen und dem gestrichelten Umriss.

2. Ein hellblauer Block mit willkürlichem Symbol und ein Vorschaurahmen mit dunkelblauem Hintergrund erscheinen. Ziehe die Sequenz aus Abb. 11-7 dem gestrichelten Pfeil folgend in den Vorschaurahmen. Damit die ursprüngliche Sequenz auf der Leinwand verbleibt, musst du sie vorher kopieren.

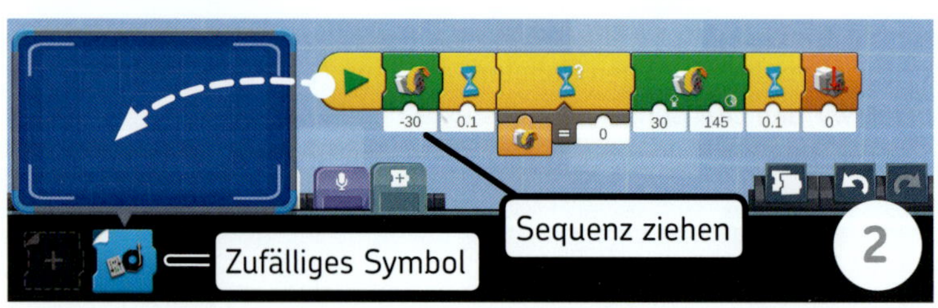

3. Ein winziges Bild innerhalb des Vorschaubereichs zeigt die Sequenz des neuen Aktionsblocks. Tippe auf den Vorschaurahmen, um den Block zu bearbeiten.

4. Beim Bearbeiten eines Aktionsblocks wechselt der Hintergrund von einer hellblauen zu einer dunkelblauen Leinwand. Tippe auf die Blockvorschau ❶, um das Symbol durch eines aus der Bibliothek zu ersetzen (⭳). Tippe auf den Schraubenschlüssel ❷, um die Hintergrundfarbe des Aktionsblocks zu ändern. (Nimm Hellblau, Weiß, Rot oder Lila, um deine Aktionsblöcke von den regulären orangefarbenen und grünen Blöcken zu unterscheiden.) Tippe auf den roten Pfeil oben links ❸, um zum Hauptprogramm zurückzukehren.

5. Ziehe einen gelben Startblock auf die Hauptleinwand und füge den neu erstellten Aktionsblock **Zurücksetzen** an die Sequenz an. Starte das Programm, um dich zu vergewissern, dass es immer noch funktioniert.

Abb. 11-8 zeigt die Sequenz für den Aktionsblock **Zurücksetzen**.

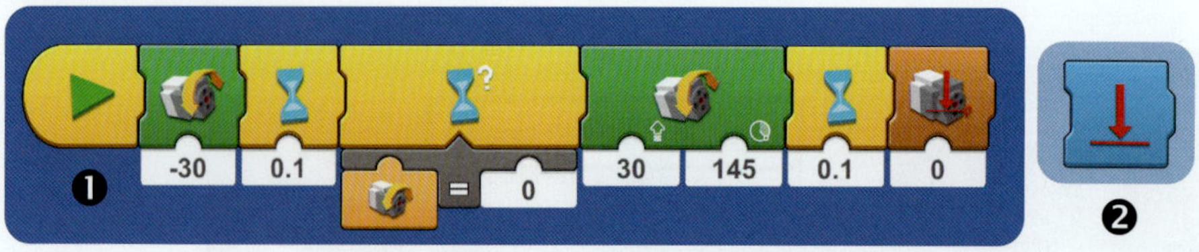

ABBILDUNG 11-8: Die vollständige Sequenz des Aktionsblocks Zurücksetzen ❶ und der Aktionsblock, wie er in einem Programm aussieht ❷

Aktionsblöcke mit Eingängen erstellen

Die Sequenz zur Steuerung des Scankopfs aus Abb. 11-5 funktioniert großartig, aber es wäre noch besser, sie in einen Aktionsblock zu packen, der Eingangswerte entgegennimmt, da ein Aktionsblock weniger Platz wegnimmt und das Programm leichter verständlich macht. Mit den folgenden Schritten kannst du den Aktionsblock **BewegungAbs** mit Eingängen erstellen, der den Scanner in die gewünschte Richtung dreht.

1. Erstelle die Sequenz aus Abb. 11-5, wechsle in die Palette der Aktionsblöcke und tippe auf das Symbol mit dem Pluszeichen, um einen neuen Aktionsblock anzulegen.

2. Zieh die Programmsequenz in den Vorschaurahmen des Aktionsblocks und tippe dann auf den Rahmen, um den neuen Aktionsblock zu bearbeiten.

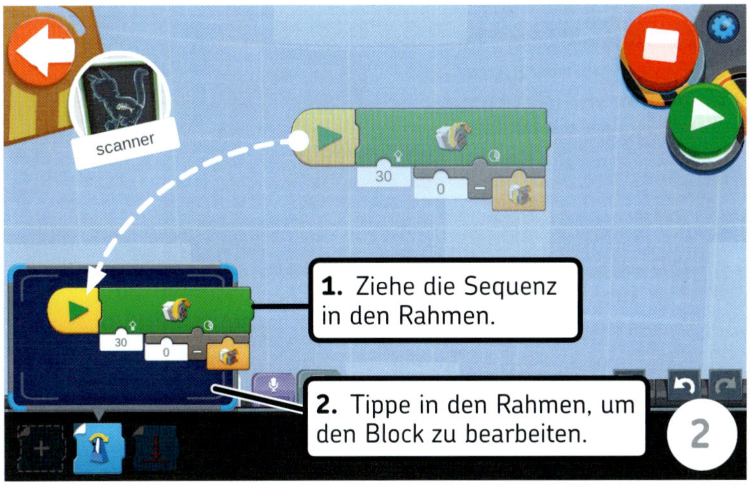

3. Ändere das Symbol des Blocks zu dem eines externen Motors mit gekrümmtem gelbem Pfeil ( ). Ziehe dann den Block **Numerischer Eingang 1** ( ) in den Geschwindigkeitseingang des Motorblocks. Daraufhin erscheinen in der Palette zwei weitere Eingangsblöcke, beide mit der Nummer 2.

4. Ziehe den Block **Numerischer Eingang 2** (②) in den ersten Eingang des Blocks **Operator Subtraktion**. Tippe abschließend auf den roten Pfeil, um zum Hauptprogramm zurückzukehren.

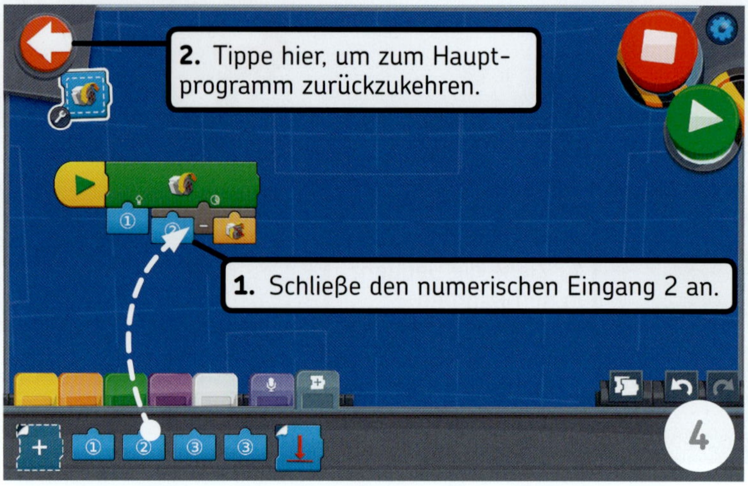

Abb. 11-9 zeigt den fertigen Aktionsblock zum Bewegen des Scankopfs. Wir werden ihn später im Handfolgeprogramm einsetzen.

ABBILDUNG 11-9: Sequenz und Erscheinungsbild des Aktionsblocks **BewegungAbs**

Versuch 11-2

Erstelle eine Sequenz mit drei **BewegungAbs**-Blöcken, um eine Sequenz zu erzeugen, die ähnlich wie die aus Abb. 11-3 funktioniert. Dieses Mal soll MARIO 60° nach rechts, dann 60° nach links und schließlich geradeaus blicken. Welche Werte musst du für die einzelnen Winkelparameter eingeben?

Aktionsblöcke von Grund auf erstellen

Du kannst einen Aktionsblock auch von Grund auf erstellen, wenn du die Sequenz dafür noch nicht geschrieben hast. Tippe auf das Plussymbol (Schritt 1), um einen neuen Aktionsblock anzulegen, und dann auf den leeren Vorschaurahmen (Schritt 2). Auf der Bearbeitungsleinwand für den Aktionsblock kannst du dann wie gewohnt eine Sequenz zusammenstellen. Wenn du auf den Zurück-Pfeil tippst, ohne irgendwelche Programmierblöcke hinzugefügt zu haben, wird der leere Aktionsblock automatisch wieder gelöscht.

Aktionsblöcke bearbeiten und entfernen

Nachdem du einen Aktionsblock erstellt hast, kannst du seinen Code ändern, Eingabeparameter hinzufügen und die vorhandenen ändern und entfernen (allerdings nur, wenn der Aktionsblock nirgendwo sonst in dem Projekt verwendet wird). Zur

Bearbeitung tippst du in der Palette der Aktionsblöcke auf den gewünschten Block und dann auf den blauen Vorschaurahmen.

Eingaben hinzufügen

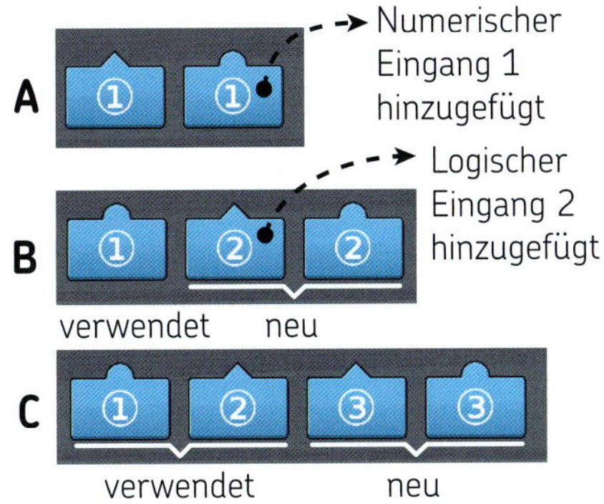

ABBILDUNG 11-10: Eingänge zu einem Aktionsblock hinzufügen

Um einem Aktionsblock neue Eingänge hinzuzufügen, ziehst du sie einfach von der Palette auf die Leinwand. Jedes Mal, wenn du einen Eingangsblock verwendest, erscheinen zwei neue (einer für jeden Datentyp, also ein numerischer und ein logischer), wie du in Abb. 11-10 siehst.

Solange du noch keinen Eingang in dem Aktionsblock verwendet hast, befinden sich in der Palette nur zwei Eingangsblöcke (ein numerischer und ein logischer), die beide die Bezeichnung 1 tragen, da derjenige, den du auf die Leinwand ziehst, zum ersten Eingang wird (**A**). Ziehst du also **Numerischer Eingang 1** auf die Leinwand, erscheinen zwei neue Eingangsblöcke mit der Nummer 2 in der Palette (**B**). Ziehst du nun **Logischer Eingang 2** auf die Leinwand, kommen zwei neue Eingangsblocke mit der Nummer 2 hinzu (**C**).

Da ein Eingang immer nur einen Datentyp haben kann, musst du entscheiden, welchen du verwendest, bevor du einen Eingangsblock auf die Leinwand ziehst. Beispielsweise ist in Teil **B** von Abb. 11-10 der logische Eingang Nr. 1 verschwunden, da du dich beim ersten Eingang für den numerischen Typ entschieden hast.

Eingänge löschen

Um einen Eingangsparameter zu entfernen, ziehst du alle seine Exemplare von der Sequenz weg. Du kannst den gleichen Eingangsblock auch an mehrere Blöcke in einer Sequenz anschließen, aber wenn ein Eingang nicht mehr verwendet wird, werden die höheren Nummern der Eingangsblöcke in der Palette um 1 verringert.

Aktionsblöcke löschen

Um einen Aktionsblock aus deinem Projekt zu löschen, musst du zunächst alle seine Vorkommen (Instanzen) aus allen Sequenzen in dem Projekt entfernen, auch diejenigen in anderen Aktionsblöcken. Wenn du versuchst, einen Aktionsblock zu löschen, wird dir eines der drei Symbole aus Abb. 11-11 angezeigt.

Das blasse Mülleimersymbol in **A** besagt, dass der Block noch irgendwo in dem Programm verwendet wird und daher nicht gelöscht werden kann. Bei dem Symbol in **B** wird der Block nicht mehr verwendet und lässt sich daher entfernen. Tippe auf das Mülleimersymbol, um den Block zu löschen. Daraufhin wird das Symbol grün dargestellt und du wirst um Bestätigung gebeten (**C**). Tippe dazu erneut auf das Mülleimersymbol. Um den Löschvorgang abzubrechen, tippe an eine andere Stelle.

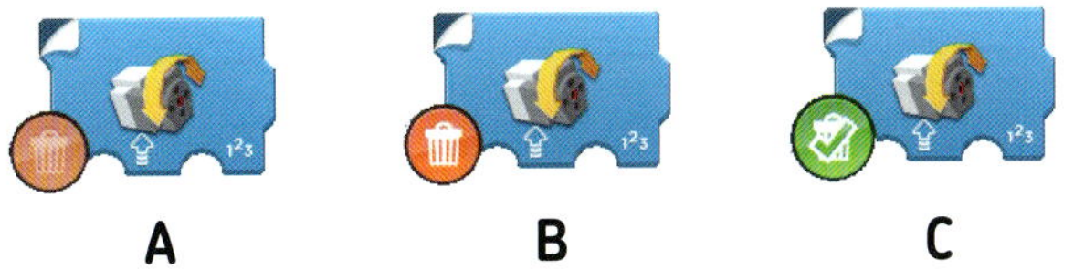

ABBILDUNG 11-11: Die drei möglichen Symbole beim Versuch, einen Aktionsblock zu löschen

Versuch 11-3

Schreibe ein Programm, mit dem MARIO seinen Kopf in zufällige Stellungen von -90° bis 90° in Schritten von 10° (-90, -80, -70, ..., 0, ..., 10, 20, ..., 90) dreht. Die Pausen zwischen den Bewegungen sollen ebenfalls eine zufällige Länge zwischen 0,1 und 1 Sekunde aufweisen und Vielfache von 0,1 Sekunden sein (0,1, 0,2, 0,3, ..., 1).

Tipp: Verwende die Aktionsblöcke **Zurücksetzen** und **BewegungAbs**.

Ein Handfolgeprogramm

In diesem Abschnitt erfährst du, wie du dafür sorgen kannst, dass MARIO deiner Hand folgt. Dazu lassen wir MARIO nach nahe gelegenen Objekten suchen und dann zu einem Objekt fahren, bis er bemerkt, dass es sich außerhalb der Reichweite befindet.

Damit kannst du MARIO geradeaus fahren lassen, indem du deine Hand vor den Sensor hältst, wenn dieser nach vorn blickt. Um MARIO eine Kurve fahren zu lasen, hältst du die Hand vor den Sensor, wenn der Sensor nach rechts oder links gerichtet ist.

In diesem Programm wird eine Sequenz, die Prozedur *Folgen*, viermal ausgeführt (jedes Mal mit anderen Eingangswerten), um die Scanrichtung und die Änderung der Lenkrichtung beim Erkennen eines Objekts festzulegen. Der Pseudocode für diese Prozedur sieht wie folgt aus:

```
Beginn der Prozedur Folgen
  Drehe den Kopf zum Ziel (Eingang 1 = Scannerwinkel)
  Wenn der vom Sensor gemessene Abstand kleiner als 1 ist, dann
    Fahre langsam mit der Lenkrichtung (Eingang 2 = Lenkrichtung)
    Warte, bis der vom Sensor gemessene Abstand größer als 7 ist
    Halte an
  Ende Wenn
  Warte 0,2 Sekunden
Ende der Prozedur
```

Das Handfolgeprogramm führt diese Prozedur in einer Schleife viermal aus:

```
Beginn der Endlosschleife
  Rufe Prozedur Folgen mit den Parametern auf: Blick rechts, Lenkung rechts
  Rufe Prozedur Folgen mit den Parametern auf: Blick geradeaus, Lenkung geradeaus
  Rufe Prozedur Folgen mit den Parametern auf: Blick links, Lenkung links
  Rufe Prozedur Folgen mit den Parametern auf: Blick geradeaus, Lenkung geradeaus
Zurück zum Beginn der Endlosschleife
```

Bild 11-12 zeigt, wie du die Prozedur *Folgen* als Aktionsblock mit zwei Eingängen schreibst.

ABBILDUNG 11-12: Der Aktionsblock für die Prozedur *Folgen*

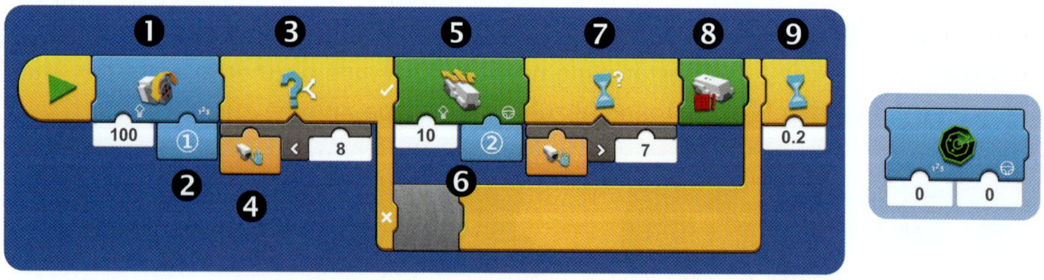

In dieser Sequenz dreht der Aktionsblock **BewegungAbs** ❶ zunächst den Scanner mit voller Geschwindigkeit um den im numerischen Eingang 1 ❷ festgelegten Winkel. Danach prüft ein Schalterblock ❸, ob der vom Block **Berichterstattung Entfernungssensor** ❹ gemessene Abstand kleiner als 8 ist (der Abstand, in dem deine Hand erkannt werden soll). Wird ein Objekt (deine Hand) wahrgenommen, so wird die obere Sequenz des Schalterblocks ausgeführt: Der Block **Steuerradlenkung der Antriebsbasis** ❺ bewegt den Roboter mit der Geschwindigkeit 10, wobei der Lenkrichtungswert auf den numerischen Eingang 2 ❻ gesetzt wird. Der Block **Auf wahr warten** ❼ wartet darauf, dass der Sensor einen Abstand größer als 7 wahrnimmt. Dadurch führt der Roboter die Bewegung fortgesetzt aus, bis der Sensor deine Hand nicht mehr sieht. An diesem Punkt hält der Block **Stopp Antriebsbasis** ❽ den Roboter an. Der Block **Auf Zeit warten** ❾ hinter dem Schalterblock legt eine Pause ein, bevor sich der Scanner von einer Stellung in die nächste dreht.

Ist der vom Sensor gemessene Abstand größer oder gleich 8, führt der Schalterblock die untere Sequenz aus, also gar nichts. Wenn deine Hand zu weit weg ist, reagiert der Roboter nicht.

Wie du in Abb. 11-13 siehst, enthält das Handfolgeprogramm vier Exemplare des Aktionsblocks **Folgen**. Am Anfang des Programms – vor Beginn der Endlosschleife – wird der Scankopf durch den Aktionsblock **Zurücksetzen** in die Ausgangsstellung gebracht. Die Sequenz der **Folgen**-Aktionsblöcke sorgt dafür, dass sich der Roboter wie beschrieben verhält.

ABBILDUNG 11-13: Das Handfolgeprogramm

Zahlen in Variablen speichern

Die Programme, die wir bisher geschrieben haben, nutzen die numerischen Daten von den Sensoren, wenn sie eingehen, können sich diese Werte aber nicht merken. Manchmal aber ist es praktisch, wenn ein Programm einen Wert zur späteren Benutzung festhalten kann. (Beachte, dass sich Boost nur Zahlen merken kann!)

Um Zahlen im Speicher des Roboters aufzubewahren, müssen wir ihnen zunächst einen Namen zuweisen, damit wir sie nicht verwechseln. Dazu speichern wir die Zahlen in Variablen, die du dir als eine Art zeitlich befristeten, beschrifteten Behälter im Speicher des Roboters vorstellen kannst. Du speicherst eine Zahl in einer Variablen und kannst sie später abrufen, indem du den Namen der Variablen angibst.

Abb. 11-14 veranschaulicht, wie Variablen funktionieren. Die Kisten stellen dabei die Variablen dar und die Bälle die Daten, die wir darin speichern.

Versuch 11-4

Ändere die Parameter im Aktionsblock **Folgen** und beobachte, wie sich dadurch das Verhalten im Handfolgeprogramm ändert. Beispielsweise kannst du den Winkel auf 60° und -60° und die Lenkrichtung auf 50° und -50° ändern.

ABBILDUNG 11-14:
Variablen sind mit beschrifteten Kisten vergleichbar.

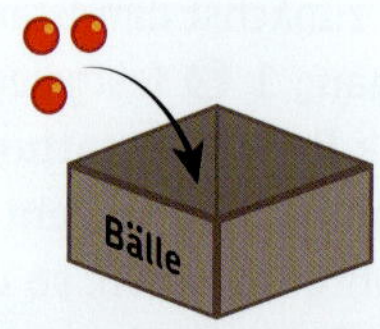

Wenn du eine Variable schreibst, ist das so, als würdest du Bälle in eine leere Kiste legen.

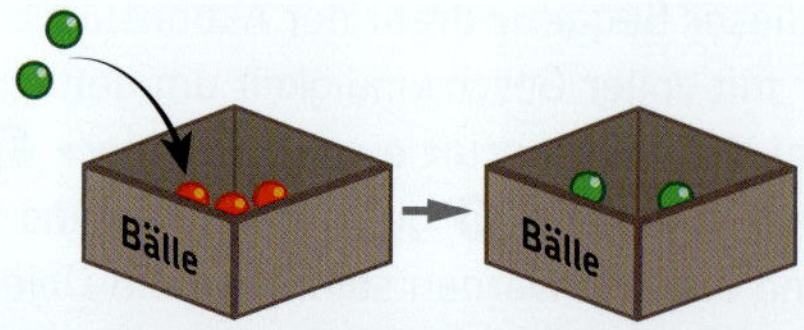

Wenn du eine neue Zahl in eine Variable schreibst, wird der alte Wert ersetzt; der neue Wert kommt nicht zu dem neuen hinzu.

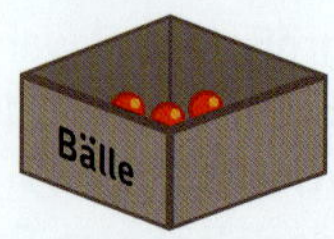

Das Lesen einer Variablen ist damit vergleichbar, dass du in die Kiste schaust und die Bälle zählst, ohne sie herauszunehmen.

Durch die Verwendung von Variablen mit verschiedenen Namen kannst du unterschiedliche Zahlen in getrennten Kisten unterbringen.

HINWEIS:

Um den Variablennamen festzulegen, tippst du auf das Eingangsschildchen.

In der Boost-App gibt es die Blöcke **Variable schreiben (A)** und **Variable anzeigen (B)** (siehe Abb. 11-15). Damit kannst du einen Wert in eine Variable schreiben bzw. daraus lesen. Die Beschriftungen in der Abbildung zeigen dir, so du den Namen und den Wert der Variablen findest.

ABBILDUNG 11-15:
Die Blöcke zum Schreiben (A) und Lesen (B) von Variablen

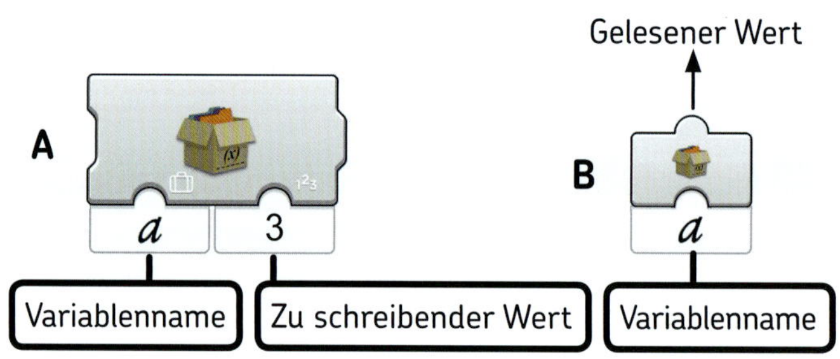

Hindernisse umgehen

Bisher hat sich MARIO einfach um einen festen oder zufälligen Winkel gedreht, sobald er ein Hindernis erkannt hat. Jetzt wollen wir dafür sorgen, dass er nach links und rechts schaut, die Abstände zu den nächstgelegenen Objekten in jeder Richtung misst und dann in die Richtung fährt, in der es weniger Hindernisse gibt. Dadurch kann er seine Umgebung viel besser erkunden. Der Pseudocode für ein solches Programm sieht wie folgt aus:

```
Setze den Scankopf zurück
Beginn der Endlosschleife
  Fahre geradeaus
  Warte darauf, dass der Sensor einen Abstand kleiner als 8 misst
  Halte an
```

```
    Drehe den Scankopf um 90° nach rechts
    Speichere den vom Sensor gemessenen Abstand in Variable A
    Drehe den Scankopf um 90° nach links
    Speichere den vom Sensor gemessenen Abstand in Variable B
    Drehe den Scanner nach vorn
    Bewege dich etwas zurück
    Wenn (der Abstand in A größer ist als der Abstand in B) dann
      drehe dich etwas nach links
    Sonst
      drehe dich etwas nach rechts
    Ende Wenn
  Zurück zum Beginn der Endlosschleife
```

MARIO soll also nach rechts schauen, den in dieser Richtung gemessenen Abstand in einer Variablen speichern, dann nach links schauen, den dort gemessenen Abstand in einer anderen Variablen festhalten, dann die beiden Messwerte vergleichen und sich schließlich in die Richtung drehen, in der der größte Abstand festgestellt wurde, die also wahrscheinlich die wenigsten Hindernisse aufweist.

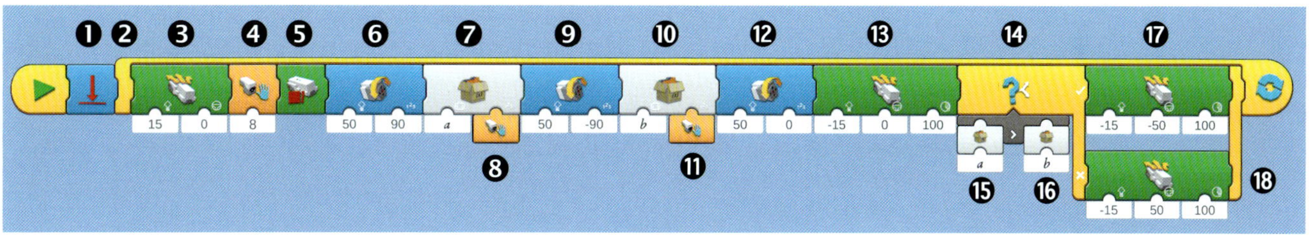

ABBILDUNG 11-16: Das Programm *Go to Free Area*

Abb. 11-16 zeigt den kompletten Boost-Code für diese Prozedur. Baue das Programm *Go to Free Area* nach und teste es.

Zu Beginn dieser Sequenz verwenden wir den Aktionsblock **Zurücksetzen** ❶, um den Scankopf in die Mittelstellung zu bringen. Der Rest der Sequenz wird in einer **Endlosschleife** ❷ ständig wiederholt. Der Block **Steuerradlenkung der Antriebsbasis** ❸ lässt MARIO langsam vorwärtsfahren. Wenn er ein Hindernis entdeckt, sorgt der Block **Auf Entfernung warten** ❹ dafür, dass die Sequenz fortgesetzt wird, wobei der Block **Stopp Antriebsbasis** ❺ MARIO anhält.

Der Aktionsblock **BewegungAbs** ❻ dreht den Scanner um 90° nach rechts. Nun verwenden wir den Bock **Variable schreiben** ❼, um den in **Berichterstattung Entfernungssensor** ❽ gemessenen Wert in die Variable *a* zu schreiben. Anschließend dreht der Aktionsblock **BewegungsAbs** ❾ den Scanner um 90° nach links. (Das Minuszeichen weist den Motor an, sich in die entgegengesetzte Richtung zu drehen!) Abermals speichern wir den von **Berichterstattung Entfernungssensor** ⓫ gemessenen Wert mit **Variable schreiben** ❿, diesmal aber in Variable *b*. Der Aktionsblock **BewegungAbs** ⓬ bringt den Scanner wieder in die Mittelstellung (der zweite Eingang ist 0).

Jetzt lässt der Block **Steuerradlenkung der Antriebsbasis für eine Entfernung** ⓭ MARIO ein wenig zurücksetzen. Der Vergleichsblock **Operator größer als** vergleicht die Werte in den Variablen *a* und *b*. Um diese Werte zurückzugeben, also die rechts und links vom Roboter gemessenen Entfernungen, wird jeweils der Block **Variable lesen** verwendet (⓯ und ⓰). Das Ergebnis des Vergleichsblocks dient als Eingabe für den Schalterblock ⓮. Ist der Wert in Variable *a* größer als der in Variable *b*, wird der Block **Steuerradlenkung der Antriebsbasis für eine Entfernung** ⓱ ausgeführt, sodass MARIO rückwärts nach links fährt (und sich damit der rechten Seite zuwendet). Anderenfalls wird der zweite Block **Steuerradlenkung der Antriebsbasis für eine Entfernung** ⓲ ausgeführt, wodurch MARIO rückwärts nach rechts fährt und sich der linken Seite zuwendet.

Was du gelernt hast

In diesem Kapitel hast du einen Scankopf für MARIO gebaut und gelernt, wie du die Blöcke zur Steuerung einzelner Motoren sowie die Sensorblöcke anwendest, die die Stellung und aktuelle Geschwindigkeit dieser Motoren messen. Außerdem weißt du jetzt, wie du komplizierte Sequenzen in Aktionsblöcke packst und Aktionsblöcken Eingaben hinzufügst, damit du sie vielseitiger einsetzen kannst. Des Weiteren hast du erfahren, wie du Zahlen in Variablen speicherst und daraus abrufst. In Kapitel 12 baust du einen Pfeilschussapparat und eine Zielscheibe, auf die MARIO Pfeile abfeuern kann.

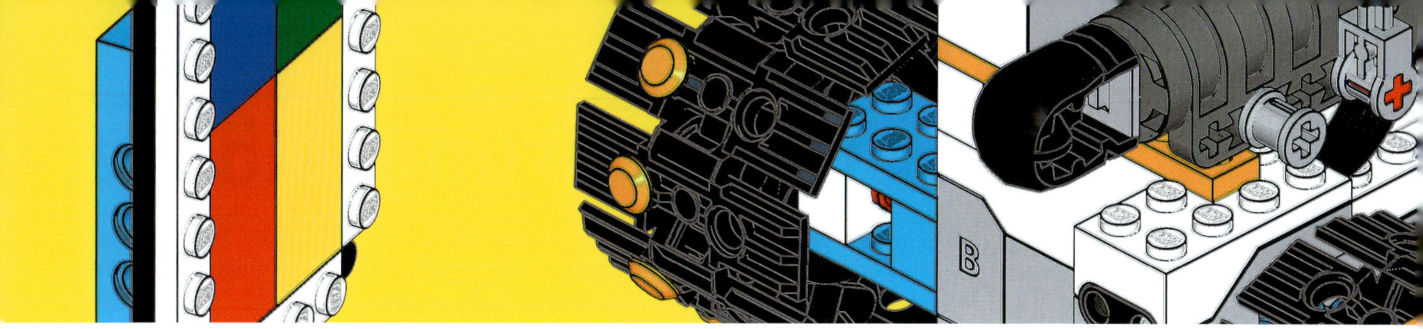

12

Pfeilspiel

In diesem Kapitel lernst du, wie du den Roboter über die LEGO-Boost-App fernsteuerst, und baust ein Geschütz sowie eine Zielscheibe, die MARIO als Ziel benutzt. Die Fernsteuerung verbesserst du nach und nach so weit, dass MARIO auf deinen Befehl schießt. Schließlich programmierst du MARIO darauf, dass er selbstständig Ziele sucht und darauf schießt.

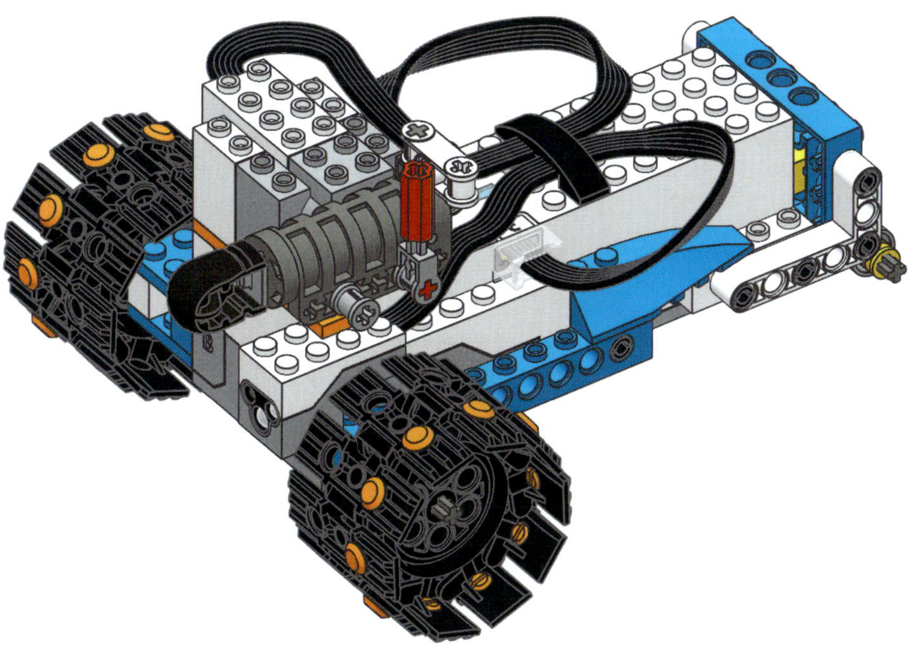

Fernsteuerungsblöcke

Die Sensorpalette enthält auch Programmierblöcke für Elemente zur Fernsteuerung deines Roboters, nämlich einen zweidimensionalen Joystick, einen Knopf (Taster), einen Schieberegler und eine numerische Anzeige (siehe Abb. 12-1). Damit kannst du nach Bedarf deinen Controller zusammenstellen.

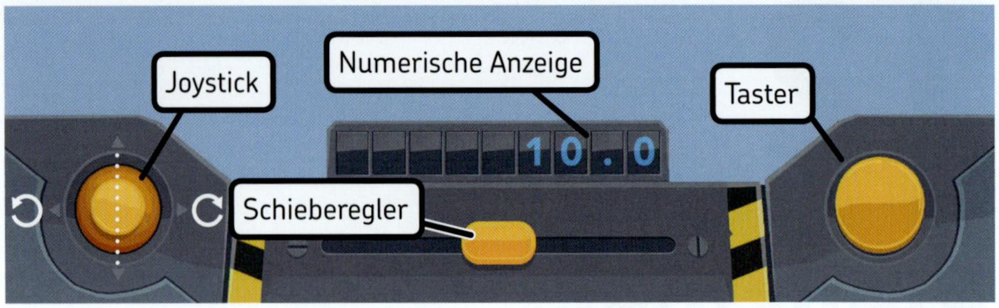

ABBILDUNG 12-1: Die Oberfläche der Fernsteuerung enthält einen Joystick, einen Schieberegler, einem Knopf (Taster) und eine numerische Anzeige.

Du kannst diese Elemente (Widgets) einzeln ein- und ausblenden. Beispielsweise ist es möglich, nur den Joystick anzuzeigen und alle anderen Widgets zu verbergen. Im Einzelnen kannst du diese Elemente wie folgt verwenden:

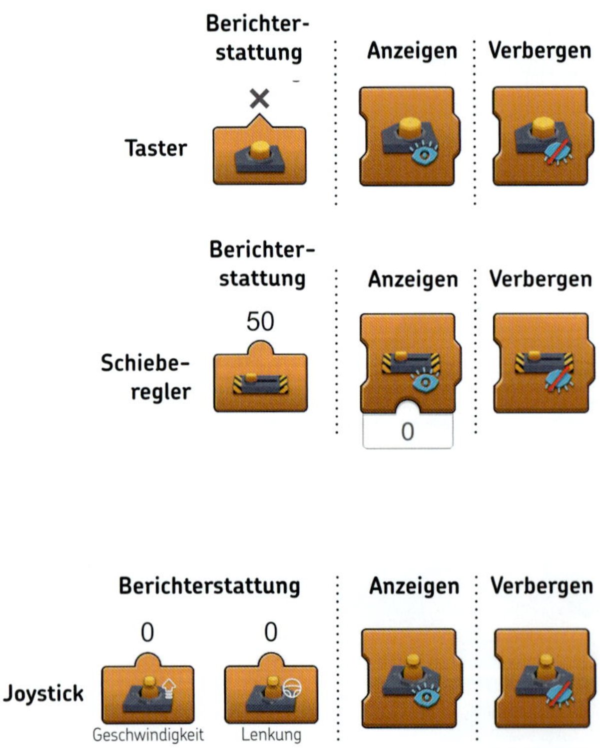

- Der Block **Berichterstattung Taster-Widget** gibt den Zustand des Knopfs zurück, also *wahr*, wenn er gedrückt ist, und anderenfalls *falsch*. Mit dem Knopf kannst du eine Aktion auslösen, etwa einen Pfeil abschießen. Um dieses Element ein- oder auszublenden, verwendest du die Blöcke **Taster-Widget anzeigen** bzw. **Taster-Widget verbergen**.
- Der Block **Schieberegler-Widget anzeigen** hat einen Eingang, über den du die Position des Stellknopfs festlegen kannst. Der Block **Berichterstattung Position Schieberegler-Widget** gibt die Stellung des Reglers als eine Zahl im Bereich von 0 bis 100 zurück, wobei 0 für den linken und 100 für den rechten Anschlag steht. Um dieses Element ein- oder auszublenden, verwendest du die Blöcke **Schieberegler-Widget anzeigen** bzw. **Schieberegler-Widget verbergen**.
- Die Boost-App berechnet aus der Joystick-Stellung Geschwindigkeits- und Lenkrichtungswerte, die du als Eingaben für den Block **Steuerradlenkung der Antriebsbasis** verwenden kannst. Der Block **Berichterstattung Geschwindigkeit Joystick-Widget** gibt den Geschwindigkeitswert im Bereich von –100 bis 100 zurück (–100, wenn der Joystick ganz nach unten gezogen ist, und 100, wenn er ganz oben steht). Der Block **Berichterstattung Lenkung Joystick-Widget** gibt den Lenkwinkel im Bereich

–100 bis 100 zurück. Negative Zahlen bedeuten, dass sich der Joystick in der linken Hälfte des Kreises befindet, wohingegen er bei positiven Zahlen in der rechten Hälfte steht. Die beiden Hälften sind durch die gestrichelte Linie getrennt, wie du in Abb. 12-1 siehst. Um dieses Element ein- oder auszublenden, verwendest du die Blöcke **Joystick-Widget anzeigen** bzw. **Joystick-Widget verbergen**.

- Der Block **Berichterstattung Anzeigen-Neigung** gibt die angezeigte Zahl zurück. Um das Element ein- oder auszublenden, verwendest du die Blöcke **Anzeigen-Neigung anzeigen** bzw. **Anzeigen-Neigung verbergen**. Über den Eingang des Blocks **Anzeigen-Neigung anzeigen** kannst du eine Anzeige zwischen 0 und 9999.9 festlegen.

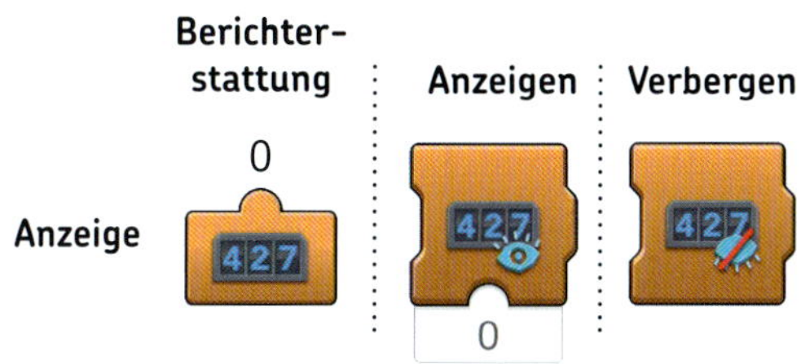

Fernsteuerung für MARIO

Wir wollen nun ein einfaches Fernsteuerungsprogramm schreiben, um MARIO mit dem Joystick zu dirigieren. Lege das Projekt simpleRC an und stelle das Programm aus Abb. 12-2 zusammen. Dieses Programm kannst du für beliebige Versionen von MARIO verwenden. Die Grundform aus Kapitel 2 ist völlig ausreichend. Den Scankopf kannst du abbauen.

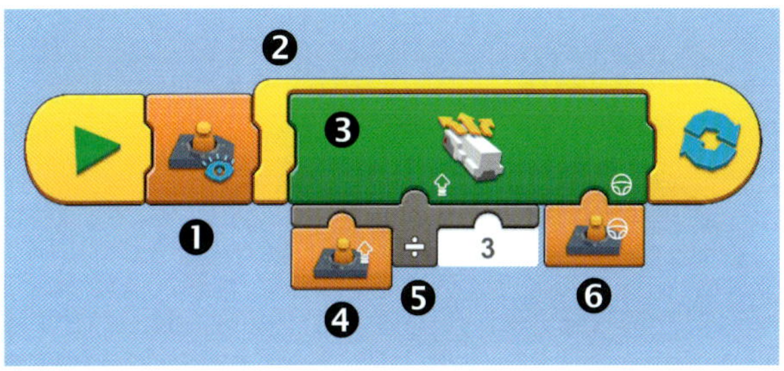

ABBILDUNG 12-2: Ein einfaches Fernsteuerungsprogramm

Die Sequenz beginnt mit dem Block **Joystick-Widget anzeigen** ❶. Er öffnet die Fernsteuerungsoberfläche, wobei nur der Joystick sichtbar ist. Danach führt die **Endlosschleife** ❷ den Block **Steuerradlenkung der Antriebsbasis** ❸ wiederholt aus. Dessen Eingänge stammen aus den Blöcken **Berichterstattung Geschwindigkeit Joystick-Widget** ❹ und **Berichterstattung Lenkung Joystick-Widget** ❻. Damit sich der Roboter steuern lässt, beschränken wir seine Höchstgeschwindigkeit, indem wir den von **Berichterstattung Geschwindigkeit Joystick-Widget** ❹ zurückgegebenen Wert durch 3 dividieren. Dadurch kann für den Roboter nur eine Höchstgeschwindigkeit von 100 durch 3 festgelegt werden, also etwa 33. Ohne den Block **Operation Division** ❺ zur Reduzierung der Geschwindigkeit ließe sich der Roboter schwerer steuern, da sich seine Räder sonst zu schnell bewegen und zum Durchdrehen neigen würden.

Kippen und fahren!

Es gibt noch eine andere coole Möglichkeit, um den Roboter fernzusteuern, nämlich dadurch, dass du das Gerät kippst (siehe Abb. 12-3). Es gibt zwei Sensorblöcke, mit denen du die Neigung des Geräts feststellen kannst:

- Wenn du das Gerät seitwärts neigst, gibt der Block **Berichterstattung Tablet-Neigung X** eine Zahl von -100 bis 100 zurück, wobei eine Neigung nach rechts einen positiven Wert ergibt und eine Neigung nach links einen negativen. Hältst du das Gerät entlang der langen Kante genau gerade (z. B., wenn du es flach auf den Tisch legst), meldet der Block den Wert 0.
- Wenn du das Gerät vor und zurückneigst, gibt der Block **Berichterstattung Tablet-Neigung Y** eine Zahl von -100 bis 100 zurück. Der Wert 0 ergibt sich, wenn der Bildschirm dir leicht zugewandt ist, also in einem Winkel steht, in dem er sich leicht ablesen lässt. Eine Neigung weiter weg von dir ergibt einen positiven Wert, eine Neigung zu dir hin einen negativen.

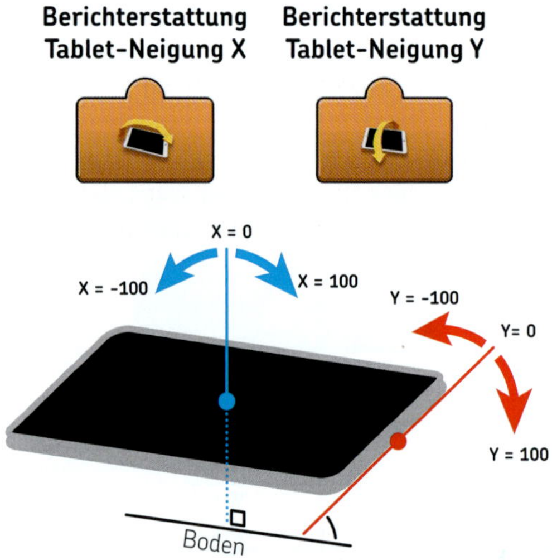

ABBILDUNG 12-3: Die Blöcke Berichterstattung Tablet-Neigung

Mit dem Programm aus Abb. 12-4 kannst du den Roboter steuern, indem du das Gerät neigst, auf dem die LEGO-Boost-App läuft. Wie du siehst, ähnelt dieses Programm sehr stark dem aus Abb. 12-2. Hier allerdings wird die Geschwindigkeit des Roboters mit dem Block **Berichterstattung Tablet-Neigung Y** und die Lenkung mit **Berichterstattung Tablet-Neigung X** festgelegt.

ABBILDUNG 12-4: Mit diesem Programm kannst du den Roboter fernsteuern, indem du das Gerät, auf dem die Boost-App läuft, kippst.

Das Taster-Widget zur Fernsteuerung hinzufügen

In diesem Abschnitt verbessern wir das Fernsteuerungsprogramm, indem wir der Oberfläche ein Taster-Widget hinzufügen. Wenn du auf diesen Knopf tippst, ändert sich die Farbe der LED auf dem Move Hub von Grün in Rot. Abb. 12-5 zeigt das neue Programm, wobei die neu hinzugefügten Blöcke mit Zahlen markiert sind.

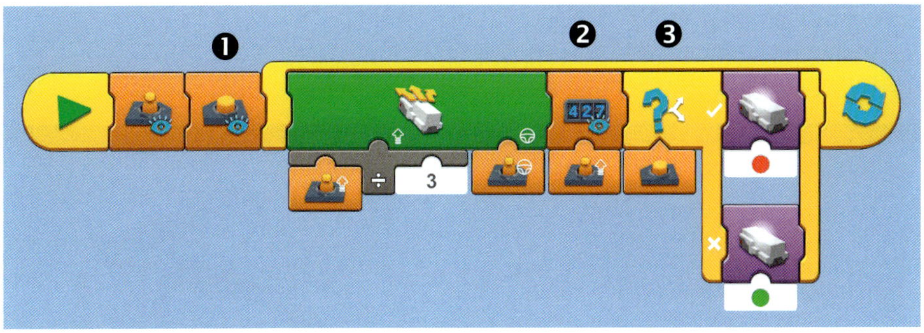

ABBILDUNG 12-5: Mit diesem Fernsteuerungsprogramm kannst du MARIO herumfahren lassen und die Farbe der Lampe auf dem Move Hub ändern.

Der Block **Taster-Widget anzeigen** ❶ blendet zusätzlich zum Joystick auch den Knopf auf der Fernsteuerungsoberfläche ein. Der Block **Anzeigen-Neigung anzeigen** ❷ sorgt dafür, dass die laufende, mit dem Joystick festgelegte Geschwindigkeit auf dem Anzeige-Widget dargestellt wird. Der Schalterblock ❸ prüft, ob der Knopf gedrückt wurde, und lässt die Move-Hub-LED dementsprechend rot oder grün leuchten.

Versuch 12-1

Schreibe ein Programm, dass den Knopf als Umschalter nutzt: Wenn du ihn drückst, wird das Licht rot und bleibt auch rot, wenn du ihn wieder loslässt. Drückst du die Taste erneut, wird das Licht grün und bleibt grün.

Tipp: Du musst zwei Sequenzen erstellen und darauf warten, dass der Knopf gedrückt und wieder losgelassen wird.

Versuch 12-2

Schreibe ein Programm für MARIO, das ein Schussgeräusch mit Echoeffekt abspielt, wenn du den Knopf drückst, wobei es möglich sein soll, die Stärke des Echoeffekts mit dem Schieberegler einzustellen.

Geschütz und Zielscheibe bauen

Baue auf der Grundlage der Grundversion von MARIO aus Kapitel 2 nach der folgenden Anleitung den Geschützaufsatz sowie die Zielscheibe. Sollte der Scankopf noch vorhanden sein, musst du ihn vorher abbauen.

1

1x

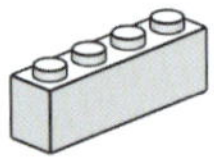

1x

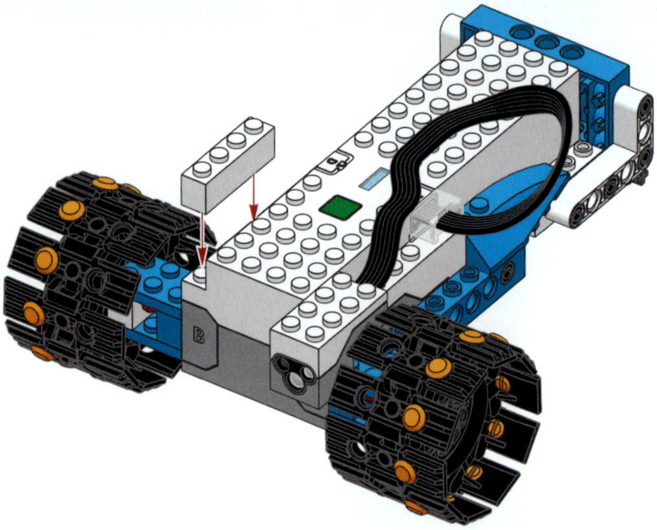

2

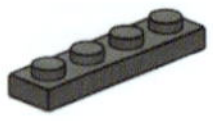

1x

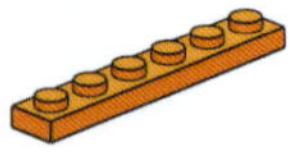

1x

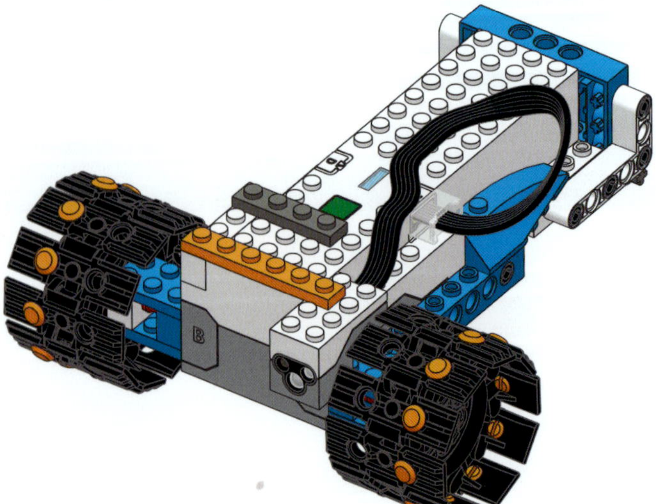

3

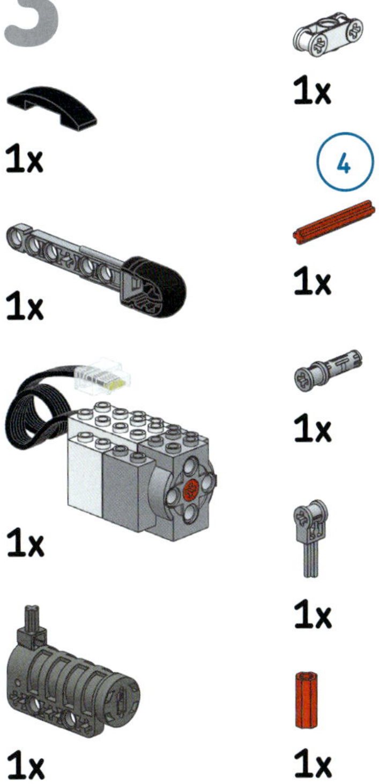

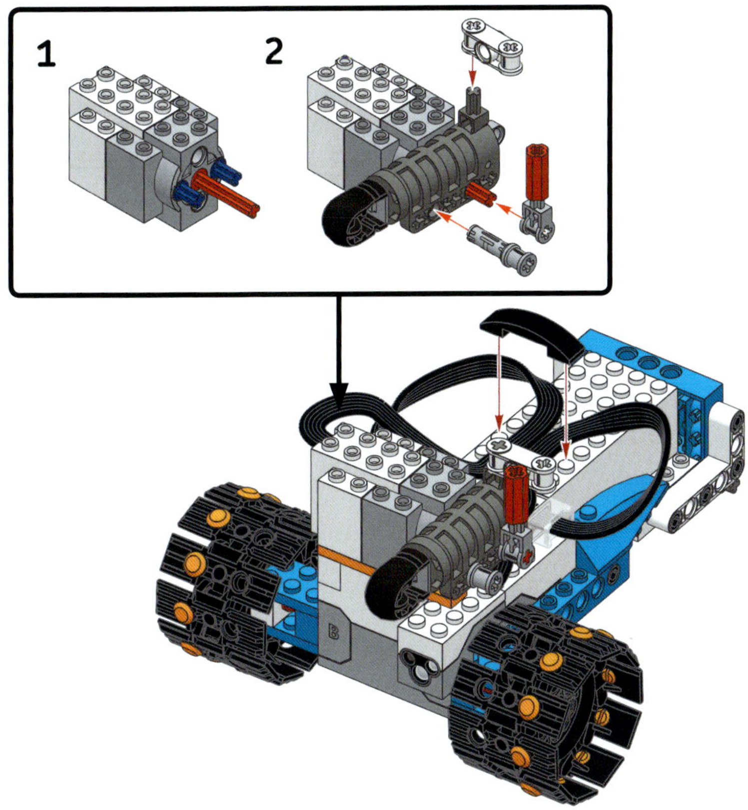

4

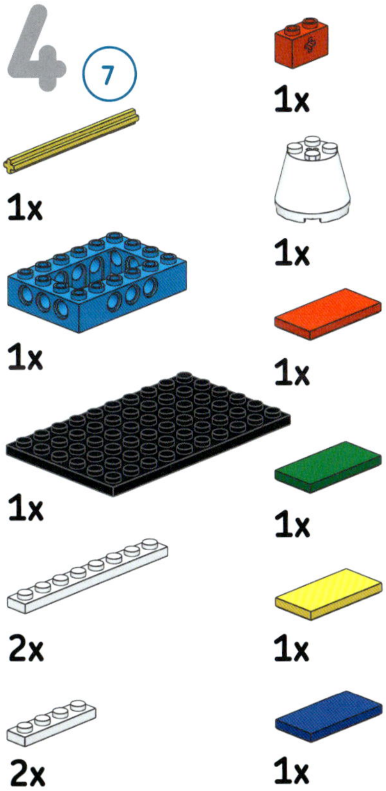

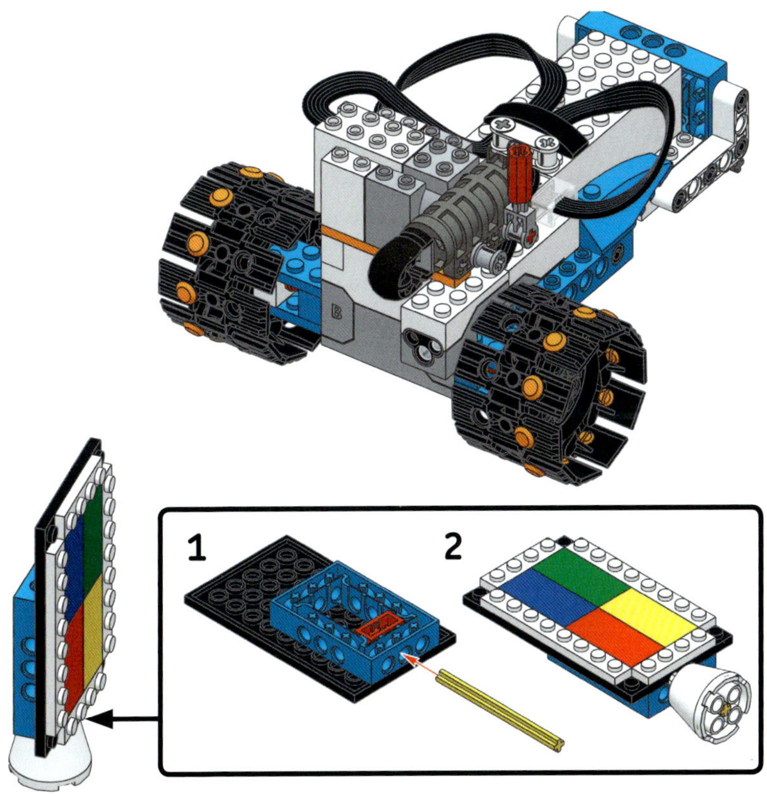

QuickDraw: Ein Schießspiel

In diesem Abschnitt programmieren wir ein Schießspiel namens QuickDraw, das gegen die Zeit gespielt wird. Die Grundaufstellung siehst du in Abb. 12-6. Du hast zehn Sekunden Zeit, um MARIO mit der Fernsteuerung zur Zielscheibe zu bewegen, sie anzuvisieren und darauf zu schießen. Solange du schießt, bevor die Zeit abgelaufen ist, geht das Programm davon aus, dass du gewonnen hast, auch wenn du das Ziel nicht triffst (da die App nicht erkennen kann, ob du die Scheibe getroffen hast oder nicht). Zur Abwechslung kannst du den Start- und Zielpunkt ändern oder Hindernisse auf der Spielmatte platzieren.

ABBILDUNG 12-6: Setze MARIO auf das Startfeld und versuche, die Zielscheibe zu treffen, während die Zeit läuft.

Programmbeschreibung

Der folgende Pseudocode zeigt die erforderlichen Schritte, um das Spiel zu programmieren. Die mit einem Sternchen gekennzeichneten Zeilen sind Prozeduren, die mehr als einen der Grundblöcke erfordern.

```
Hauptsequenz:
Setze den Geschützabzug zurück*
Starte die Countdownsequenz
Bewege MARIO mit dem Joystick über die Spielmatte, bis der Knopf
gedrückt wird*
Halte die Motoren an
Visiere die Zielscheibe mit dem Schieberegler an, bis der Knopf gedrückt
wird*
Beende die Countdownsequenz
Schieße*
Spiele den Siegesklang ab
```

Das Programm besteht aus einer Haupt- und einer Countdownsequenz (siehe Abb. 12-7).

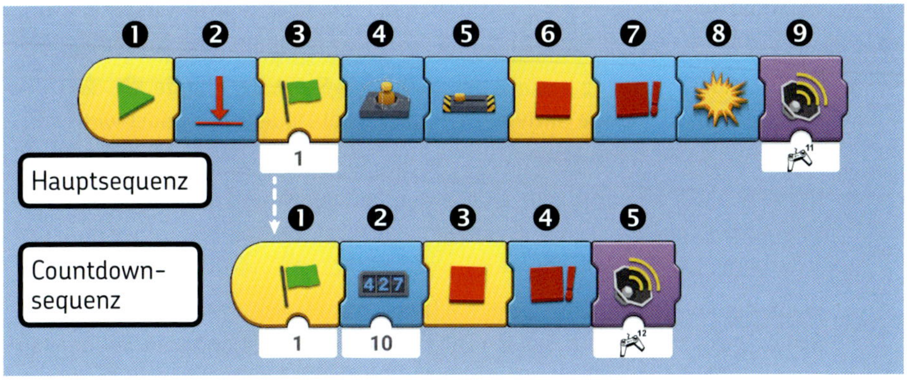

ABBILDUNG 12-7: Das Programm *QuickDraw*

Die Hauptsequenz

Die Hauptsequenz steuert die Aktionen des Roboters und startet ihrerseits die Countdownsequenz:

- Die Hauptsequenz beginnt mit dem Block **Sequenz starten** ❶. Wenn du auf die Startschaltfläche tippst, wird nur die Hauptsequenz ausgelöst.
- Der Aktionsblock **Zurücksetzen** ❷ setzt den Abzugshebel für das Geschütz zurück.
- Der Block **Aktivierung Flagge** ❸ startet die Countdownsequenz, die an den Block **Start bei Flagge** angeschlossen ist, wie der gestrichelte Pfeil zeigt. Die Eingänge beider Blöcke sind auf 1 gesetzt.
- Sobald die Uhr läuft, sorgt der Aktionsblock **Fahren** ❹ dafür, dass du MARIO mit dem Joystick steuern kannst. Wenn du den Knopf drückst, hält der **Fahren**-Block die Motoren an und endet.
- Der Aktionsblock **Zielen** ❺ erlaubt es dir, die Zielscheibe mit dem Schieberegler anzuvisieren. Wenn du abermals den Knopf drückst, endet dieser Block.
- Der Block **Alle anderen Sequenzen stoppen** ❻ hält die Countdownsequenz an, während die Hauptsequenz weiterläuft.
- Der Aktionsblock **Stopp** ❼ hält die Motoren des Move Hubs an und verbirgt alle Elemente der Fernsteuerung.
- Der Aktionsblock **Schießen** ❽ feuert einen Pfeil ab.
- Der Block **Klang abspielen** ❾ spielt einen Tusch (Spiele-Klang 11 ), um dir zu sagen, dass du das Spiel gewonnen hast. Daraufhin endet die Sequenz. Da dies die einzige Sequenz war, die zu diesem Zeitpunkt noch lief, endet damit auch das Programm. Die andere Sequenz wurde zuvor durch den Block **Alle anderen Sequenzen stoppen** ❻ angehalten.

Die Countdownsequenz

Die Countdownsequenz zählt von 10 bis 0 und zeigt die verbleibende Zeit im Anzeige-Widget an. Wenn der Countdown 0 erreicht, hält die Hauptsequenz den Roboter an, verbirgt die Elemente der Fernsteuerung und spielt den Klang für eine Niederlage ab.

- Die Countdownsequenz beginnt mit dem Block **Start bei Flagge** ❶, der durch den Block **Flagge aktivieren** in der Hauptsequenz ausgelöst wird, und läuft parallel zur Hauptsequenz.
- Der Aktionsblock **Countdown** ❷ gibt den Countdown auf der Anzeige aus. Er beginnt bei der Zahl, die du als Eingang festlegst, und zählt jede Sekunde um 1 herunter, bis er 0 erreicht.
- Wenn der Countdown 0 erreicht, heißt das, dass MARIO nicht rechtzeitig zum Schuss gekommen ist. In diesem Fall hält der Block **Alle anderen Sequenzen stoppen** ❸ die Hauptsequenz an, sodass du MARIO nicht mehr weiter bewegen kannst. Die Countdownsequenz läuft dagegen weiter.
- Der Aktionsblock **Stopp** ❹ hält die Motoren des Move Hubs an und verbirgt alle Elemente der Fernsteuerung.
- Der Block **Klang abspielen** ❺ spielt den klassischen gedämpften Posaunenton »wah wah waaah« (Spiele-Klang 12 🎮), der anzeigt, dass du verloren hast. Daraufhin endet die Sequenz. Da dies die einzige Sequenz war, die zu diesem Zeitpunkt noch lief, endet damit auch das Programm. Die Hauptsequenz wurde zuvor durch den Block **Alle anderen Sequenzen stoppen** ❸ angehalten.

Die Aktionsblöcke

Sehen wir uns nun die Aktionsblöcke **Zurücksetzen**, **Countdown**, **Fahren**, **Zielen**, **Stopp** und **Schießen** an, die in diesem Programm verwendet werden. Lege das Projekt QuickDraw an und erstelle daran anhand der Abbildungen in den folgenden Abschnitten die Aktionsblöcke.

Der Aktionsblock Zurücksetzen

Zu Beginn des Programms weiß der Roboter nicht, in welcher Stellung der Abzugshebel steht. Um die Anfangsstellung zu bestimmen, legen wir den Aktionsblock **Zurücksetzen** an. Er ähnelt demjenigen aus Kapitel 11, mit dem wir den Scankopf von MARIO zurückgesetzt haben.

Dieser Aktionsblock (siehe Abb. 12-8) schaltet den externen Motor ein, um den Abzugshebel eine halbe Sekunde lang nach unten zu bewegen, was dafür ausreicht, den grauen Pin mit Lagerbuchse zu berühren, und ihn dann wieder nach oben zu fahren, bis er fast den Auslöser des Geschützes berührt. Stelle diesen Aktionsblock nun zusammen.

ABBILDUNG 12-8: Der Aktionsblock **Zurücksetzen** bringt den Abzugshebel in die Nullstellung.

Der Aktionsblock Countdown

Den Aktionsblock **Countdown** siehst du in Abb. 12-9.

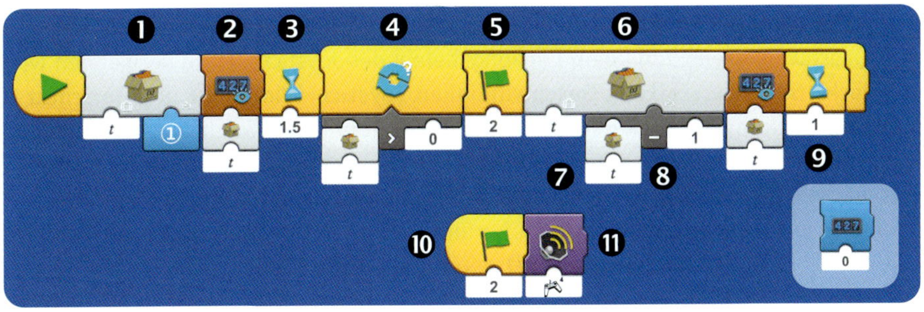

ABBILDUNG 12-9:
Der Aktionsblock **Countdown**

Wie viele Sekunden die Countdownsequenz herunterzählt (siehe die Beschreibung auf S. 130), wird über den numerischen Eingang 1 des Aktionsblocks festgelegt. Diese Zahl wird mit dem Block **Variable schreiben** ❶ in der Variablen *t* gespeichert und mit **Anzeigen-Widget anzeigen** im Anzeigeelement dargestellt ❷. Der Block **Auf Zeit warten** ❸ hält den Countdown l,5 Sekunden lang an, um dem Spieler die Gelegenheit zu geben, sich bereitzumachen.

Der Block **While-true-Schleife** ❹ führt die Hauptsequenz aus, solange *t* größer als 0 ist. Innerhalb der Schleife verringern wir den Wert von *t* jede Sekunde um 1. Dazu rufen wir den alten Wert von *t* mit dem Block **Variable anzeigen** ❼ ab, ziehen mit **Operator Subtraktion** ❽ 1 ab und geben das Ergebnis in **Variable schreiben** ❻ ein. Danach hält der Block **Auf Zeit warten** ❾ die Schleife 1 Sekunde lang an.

Der Block **Aktivierung Flagge** ❺ löst eine zweite Sequenz aus, die mit **Start bei Flagge** ❿ beginnt und mit **Klang abspielen** ⓫ einen Klang wie ein Uhrticken abspielt (Spiele-Klang 4 🎮). Den Block **Klang abspielen** können wir nicht unmittelbar in der Schleife unterbringen, da er sie verlangsamen würde, weil das Programm erst darauf wartet, dass dieser Block komplett abgearbeitet ist, bis es fortfährt. Dadurch, dass wir den Klang in einer anderen Sequenz abspielen, kann er den zeitlichen Ablauf des Countdowns nicht durcheinanderbringen. Die Schleife endet, wenn der Wert von *t* auf 0 fällt.

Der Aktionsblock Fahren

Der Aktionsblock **Fahren** aus Abb. 12-10 ermöglicht es dir, MARIO mit dem Joystick über die Spielmatte zu manövrieren.

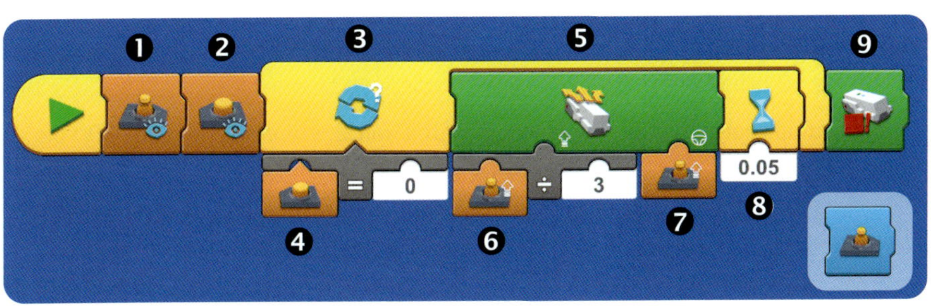

ABBILDUNG 12-10:
Die Sequenz des Aktionsblocks **Fahren**

Die ersten beiden Blöcke (❶ und ❷) zeigen das Taster- und das Joystick-Widget auf der Oberfläche der Fernsteuerung an. Der Block **While-true-Schleife** ❸ wird ausgeführt, solange der Knopf nicht gedrückt ist. Er endet, wenn du den Knopf drückst, dessen Zustand von dem Block ❹ gelesen wird. Innerhalb der Schleife gewinnt der Block **Steuerradlenkung der Antriebsbasis** ❺ die Werte für seine Eingaben aus dem Geschwindigkeits- und dem Lenkungsbefehl des Joysticks. Dazu verwenden wir die Blöcke **Berichterstattung Geschwindigkeit Joystick-Widget** ❻ und **Berichterstattung Lenkung Joystick-Widget** ❼, wobei wir den Geschwindigkeitswert um den Faktor 3 verringern, damit sich der Roboter nicht zu schnell bewegt. Der Block **Auf Zeit warten** ❽ dient dazu, die Schleife 0,05 Sekunden lang anzuhalten, damit der Roboter nicht mit zu vielen Befehlen überfordert wird. Nach Beendigung der Schleife hält der Block **Stopp Antriebsbasis** ❾ den Roboter an.

Der Aktionsblock Zielen

Der Aktionsblock **Zielen**, den du in Abb. 12-11 siehst, gibt den Spiele-Klang 9 (🎮) in einer eigenen Sequenz wieder, damit er nicht die Hauptsequenz unterbricht, und zeigt den Schieberegler an, wobei der Stellknopf in der Mitte steht (Eingang 50). Auch das Taster-Widget wird angezeigt, der Joystick aber nicht. Von jetzt an kannst du die Ausrichtung von MARIO über den Schieberegler bestimmen.

ABBILDUNG 12-11: Die Sequenz im Aktionsblock **Zielen**

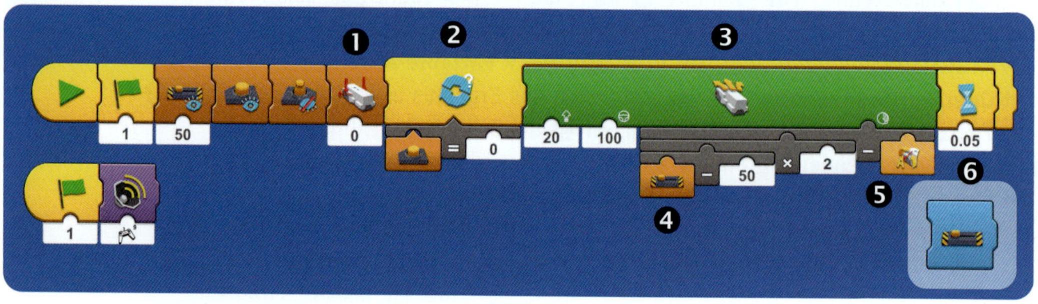

Der Block **Voreinstellung Antriebsbasisposition** ❶ setzt den Wert des Drehsensors auf 0 zurück, damit du MARIO exakt auf der Stelle drehen kannst. Der Block **While-true-Schleife** ❷ wird ausgeführt, bis der Knopf gedrückt wird. Innerhalb der Schleife sorgt der Block **Steuerradlenkung der Antriebsbasis für eine Entfernung** ❸ dafür, dass sich MARIO um einen bestimmten Winkel relativ zur Nullstellung (also derjenigen, die er beim Zurücksetzen des Drehsensors hatte) dreht. Den Wert des Winkels berechnen wir wie folgt:

1. Wir subtrahieren 50 von dem Wert, den der Block **Berichterstattung Position Schieberegler-Widget** ❹ zurückgibt (ein Wert von 0 bis 100), wodurch wir eine Zahl von –50 bis 50 erhalten.

2. Wir multiplizieren das Ergebnis von Schritt 1 mit 2, um eine Zahl von –100 bis 100 zu erhalten.

3. In dem Abschnitt »Bewegung relativ zu einer Nullstellung« auf S. 107 hast du gelernt, dass du den aktuellen Winkel vom gewünschten Winkel abziehen musst, um den Winkel zu berechnen, um den sich der Motor drehen muss. In diesem Fall subtrahieren wir den aktuellen Winkel von Motor A (den der Block ❺ zurückgibt) von dem Wert, den wir in Schritt 2 ermittelt haben, damit sich MARIO von ca. –45° (links) nach ca. 45° (rechts) dreht.

Abschließend wartet der Block **Auf Zeit warten** ❻ 0,05 Sekunden lang, damit wir den Roboter nicht mit zu vielen Befehlen überfordern.

Der Aktionsblock Stopp

Der Aktionsblock **Stopp**, den du in Abb. 12-12 siehst, ruft einfach den Block **Stopp Antriebsbasis** und danach die Blöcke auf, die die einzelnen Fernsteuerungswidgets ausblenden.

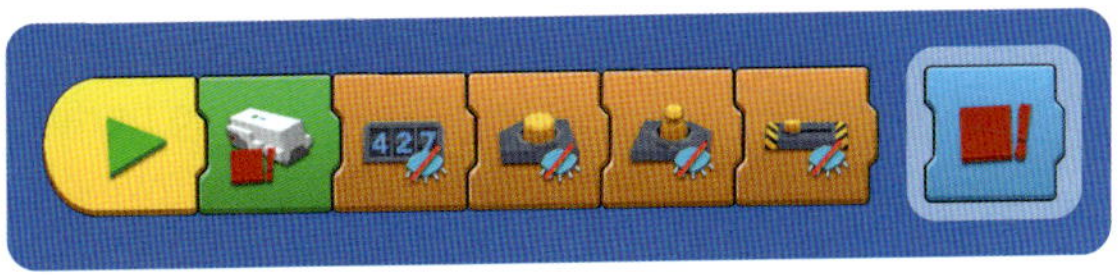

ABBILDUNG 12-12: Die Sequenz und das Symbol des Aktionsblocks **Stopp**

Der Aktionsblock Schießen

Als Nächstes stellen wir den Aktionsblock **Schießen** zusammen, der den Geschützmechanismus steuert. Wie du in Abb. 12-13 siehst, lässt er den externen Motor laufen, um das Geschütz auszulösen.

Um während des Vorgangs einen Klangeffekt mit einem Schussgeräusch abzuspielen, befindet sich in der Hauptsequenz der Block **Aktivierung Flagge**, der die parallele Sequenz mit dem Block **Start bei Flagge** auslöst. Diese Sequenz wiederum führt den Block **Klang abspielen** aus, der den Klang 7 aus der Schuss- und Treffer-Kategorie (7) wiedergibt. Mit dem Block **Auf Zeit warten** in der Hauptsequenz warten wir nach dem Start der Klangsequenz noch 0,1 Sekunden lang, damit der Schuss genau gleichzeitig mit dem Geräusch erfolgt.

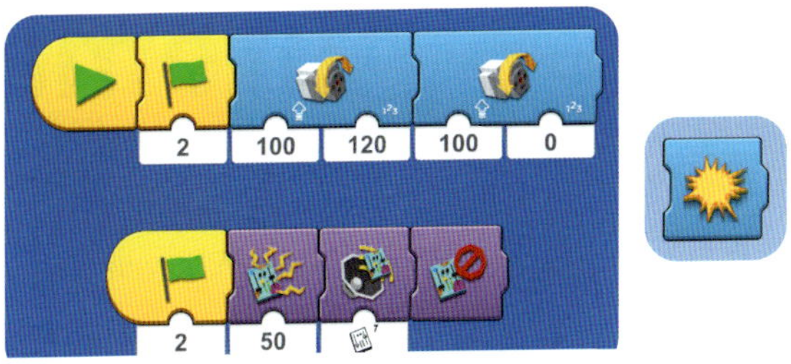

ABBILDUNG 12-13: Der Aktionsblock **Schießen** zielt und schießt einen Pfeil ab, während ein Klang abgespielt wird.

Das Hauptprogramm schreiben

Jetzt haben wir alles zusammen, um das Programm aus Abb. 12-14 zu schreiben. Schließe am Ende der Hauptsequenz den Block **Klang abspielen** an, um einen Tusch wiederzugeben (Spiele-Klang 11) und am Ende der Countdownsequenz den Block **Klang abspielen** mit dem klagenden Posaunenton (Spiele-Klang 12).

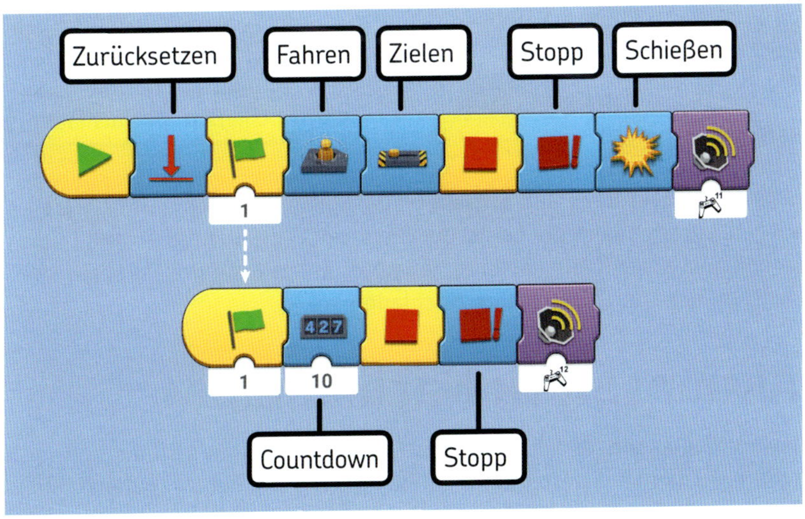

ABBILDUNG 12-14: Das Programm QuickDraw mit Angabe der Aktionsblöcke

Die Fernsteuerung verwenden

Auf der Oberfläche der Fernsteuerung siehst du jetzt die Anzeige mit dem Countdown, den Joystick und den Kopf. Fahre MARIO mithilfe des Joysticks zur Zielscheibe. Wenn du nahe genug heran bist, drücke den Knopf, um in den Visiermodus zu wechseln. Dadurch verschwindet der Joystick, und der Schieberegler erscheint. Verwende den Schieberegler zum Zielen und drücke auf den Knopf, um zu schießen. Um das Spiel zu gewinnen, musst du die Zielscheibe treffen, bevor der Countdown endet.

Automatisches Schießen

Wir wollen MARIO nun so programmieren, dass er innerhalb seines Sensorbereichs (ca. 20 cm) nach Zielen sucht und einen Pfeil abfeuert, sobald er eines entdeckt hat. Der Pseudocode dafür sieht wie folgt aus:

```
Setze den Geschützabzug zurück*
Beginn der Endlosschleife
  Warte, bis der Sensor eine Entfernung größer als 3 wahrnimmt
  Ändere die Farbe des Sensorlichts in Rot
  Starte die Motoren, um dich langsam im Uhrzeigersinn auf der Stelle
    zu drehen (auf der Suche nach einem Ziel)
  Warte, bis der Sensor eine Entfernung kleiner als 9 wahrnimmt
  Stelle die Richtung ein und schieße*
  Warte, bis der Benutzer den Pfeil nachgeladen hat*
Zurück zum Beginn der Endlosschleife
```

Die mit einem Sternchen gekennzeichneten Zeilen sind aufwendigere Operation, für die die Aktionsblöcke aus Abb. 12-15 erforderlich sind.

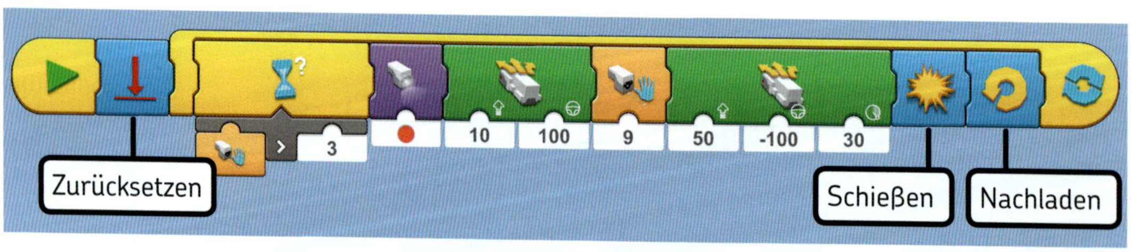

ABBILDUNG 12-15: Das Programm, mit dem MARIO nach einem Ziel sucht und einen Pfeil darauf abschießt

Die Aktionsblöcke **Zurücksetzen** und **Schießen** hast du bereits erstellt. Um sie wiederzuverwenden, kopierst du in der Lobby der Kreativen Leinwand das Projekt QuickDraw und nennst die Kopie darts. Jetzt kannst du das neue Projekt bearbeiten. Als Erstes legst du dazu den Aktionsblock **Nachladen** an.

Der Aktionsblock Nachladen

Der Aktionsblock **Nachladen**, den du in Abb. 12-16 siehst, lässt die LED auf dem Move Hub grün leuchten und wartet darauf, dass du dich dem Roboter näherst, um den Pfeil nachzuladen. Der Block **While-true-Schleife** führt wiederholt den Block **Klang abspielen** aus, der den Spiele-Klang 5 (🎮) wiedergibt, während du dich in der Nähe des Roboters befindest. Wenn du dich wieder entfernst, leuchtet die Hub-LED wieder blau. Außerdem wird Spiele-Klang 9 ( ) abgespielt. Nach einer Pause von einer halben Sekunde endet die Sequenz des Aktionsblocks.

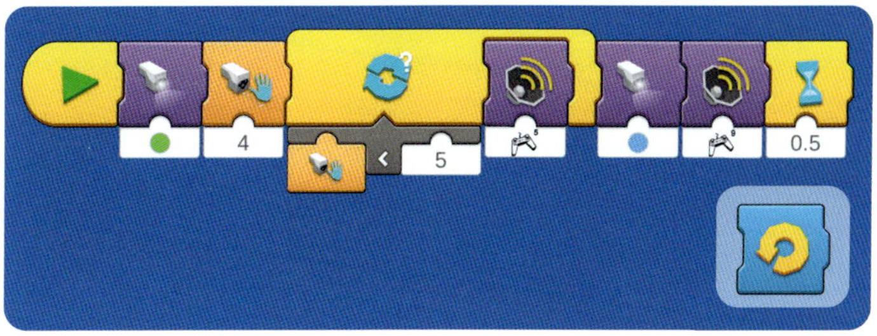

ABBILDUNG 12-16: Der Aktionsblock **Nachladen** wartet darauf, dass du das Geschütz wieder mit dem Pfeil lädst.

Funktionsweise des Programms

Nun hast du alle erforderlichen Aktionsblöcke zur Verfügung und kannst das Programm aus Abb. 12-17 zusammenstellen.

ABBILDUNG 12-17: Das Programm, mit dem MARIO ein Ziel suchen und darauf schießen kann

Sehen wir uns nun an, was in den einzelnen Blöcken des Programms aus Abb. 12-17 geschieht:

- Der Aktionsblock **Zurücksetzen** ❶ setzt den Geschützmechanismus zurück.
- Innerhalb einer **Endlosschleife** ❷ wird die Such- und Schieß-Sequenz ständig wiederholt.
- Der Block **Auf wahr warten** ❸ wartet darauf, dass die vom Sensor gemessene Entfernung größer als 3 wird, also darauf, dass du das Geschütz mit einem Pfeil lädst und weggehst.
- Der Block **Farbe Sensor-LED** ❹ ändert die Farbe in Rot, um anzuzeigen, dass der Roboter jetzt bewaffnet und aktionsbereit ist.
- Der Block **Steuerradlenkung der Antriebsbasis** ❺ sorgt dafür, dass sich der Roboter langsam auf der Stelle dreht.
- Der Block **Auf Entfernung warten** ❻ wartet darauf, dass der Sensor das Ziel erkennt.
- Sobald er Sensor das Ziel wahrnimmt, dreht der Block **Steuerradlenkung der Antriebsbasis für eine Entfernung** ❼ MARIO einige Grad zurück, um besser zu zielen.
- Der Aktionsblock **Schießen** ❽ feuert den Pfeil ab und gibt einen Klang wieder.
- Der Aktionsblock **Nachladen** ❾ ermöglicht es dir, dich dem Roboter zu nähern und den Pfeil wieder einzulegen.

Versuch 12-3

Schreibe ein Programm, mit dem du MARIO über die Fernsteuerung zur Zielscheibe manövrieren kannst. Wenn du den Knopf der Fernsteuerung drückst, soll MARIO automatisch die Scan- und Visierprozedur ausführen und auf das Ziel schießen, sobald er es entdeckt.

Tipp: Du kannst die Aktionsblöcke **Zurücksetzen**, **Fahren** und **Schießen** sowie Teile des Programms darts aus Abb. 12-17 wiederverwenden.

Versuch 12-4

Richte MARIO wie in Kapitel 8 für den Spurfolgemodus ein (siehe Abb. 8-4). Schreibe ein Programm für das folgende Spiel auf der Boost-Spielmatte: Manövriere MARIO mit der Fernsteuerung erst auf das blaue Feld (um Wasser zu holen) und dann auf das rote (um das Feuer zu löschen), und zwar, bevor der Countdown abgelaufen ist.

Der Roboter muss sich in dieser Reihenfolge bewegen, also von dem blauen zum roten Bereich. Wenn MARIO das Feuer erreicht, bevor er Wasser geholt hat, hast du verloren. Fährst du versehentlich über Flächen mit anderen Farben (z. B. die Banane oder den radioaktiven Bereich), hast du ebenfalls verloren. (Das zu programmieren, kann ziemlich knifflig sein. Schreibe daher erst den Pseudocode und habe Geduld!)

Tipp: Verwende die Hauptsequenz des Programms **QuickDraw** aus diesem Kapitel. Lege einen neuen Aktionsblock an, um MARIO mit dem Joystick zu steuern, bevor er die im numerischen Eingang 1 des Aktionsblocks festgelegte Farbe sieht. Nimmt in die Hauptsequenz zwei Exemplare dieses Blocks auf, die jeweils laufen, bis der Sensor blau bzw. rot sieht. Wenn du das Programm geschrieben hast, kannst du auf S. 246 vorblättern und es mit der dort angegebenen Lösung vergleichen.

Was du gelernt hast

In diesem Kapitel hast du MARIO mit einem Pfeilgeschütz ausgerüstet und eine Zielscheibe dafür gebaut. Du hast erfahren, wie du eine modulare Fernsteuerungsoberfläche zusammenstellen kannst, und mit diesem Wissen einige Fernsteuerungsanwendungen sowie ein Spiel programmiert, mit dem du MARIO im Wettlauf gegen die Zeit über die Boost-Spielmatte manövrierst. Außerdem hast du ein Programm geschrieben, mit dem der Roboter automatisch nach Zielen sucht und darauf schießt.

Mit diesem Kapitel ist der erste Teil des Buchs abgeschlossen, in dem du die Grundlagen der Programmierung sowie einige Techniken für Fortgeschrittene kennengelernt hast. Wir haben uns dabei die Programmierblöcke der LEGO-Boost-App angeschaut, die im Fortgeschrittenenmodus zur Verfügung stehen. In Kapitel 13 werfen wir einen Blick auf LEGO-Bautechniken, wobei wir mit der grundlegenden LEGO-Geometrie beginnen und uns dann anspruchsvolleren Techniken zuwenden, um robuste und gut aussehende Modelle zu bauen. Außerdem erfährst du, wie du Zahnräder einsetzt und wie du die Bewegungen der Motoren umsetzt, um Arme zum Schwingen und Beine zum Gehen zu bringen.

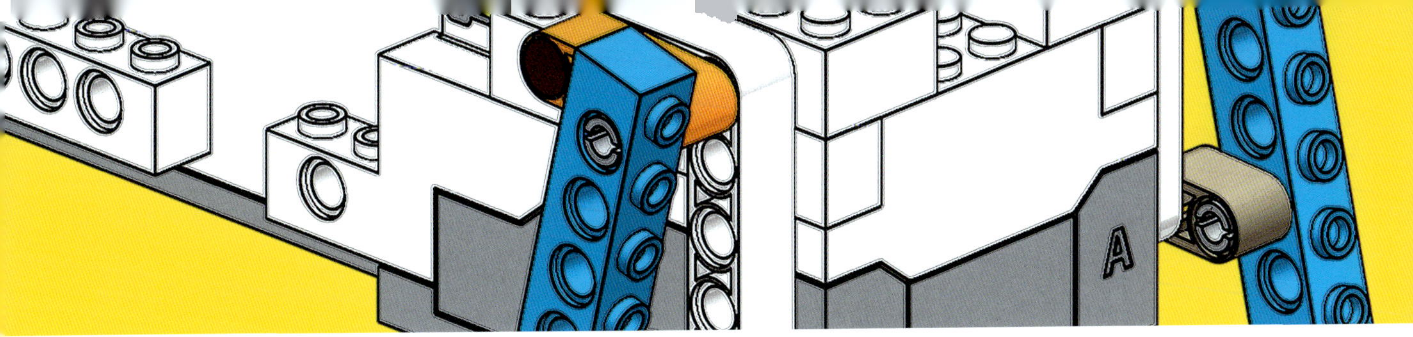

13

Bautechniken

Wir wollen uns nun einige Bautechniken anschauen, damit du dich als Baumeister betätigen und deine eigenen Roboter konstruieren kannst. Als Erstes sehen wir uns dazu die grundlegende LEGO-Geometrie an. Anschließend erfährst du, wie du robuste Strukturen sowie Mechanismen zur Übertragung und Umwandlung von Bewegungen baust.

LEGO-Geometrie

Das LEGO-System wurde äußerst sorgfältig konstruiert, weshalb seine Maße sehr strengen Regeln unterliegen. Abb. 13-1 zeigt die Beziehungen zwischen den Abmessungen typischer LEGO-Elemente. *M* steht dabei für *Modul*. Dies ist die Standardmaßeinheit von LEGO, die einer Noppenbreite entspricht.

- Die Höhe einer Platte beträgt ein Drittel der Höhe eines Steins. Drei aufeinander aufgesetzte Platten sind also so hoch wie ein Stein (**A**). Fünf Platten übereinander haben eine Höhe von 2M (**B**).
- Fünf gestapelte Steine sind 6M lang und 6M hoch (**C**). Ein LEGO-Stein hat also eine Höhe von 6/5 = 1,2 LEGO-Einheiten.
- Um zwei Technic-Steine mit einem vertikalen Liftarm (oder Technic-Balken) zu verstreben, musst du zwischen die Steine zwei Platten als Abstandshalter einschalten (**D**). Bei dieser Stapelung sind die Löcher genau 2M voneinander entfernt.

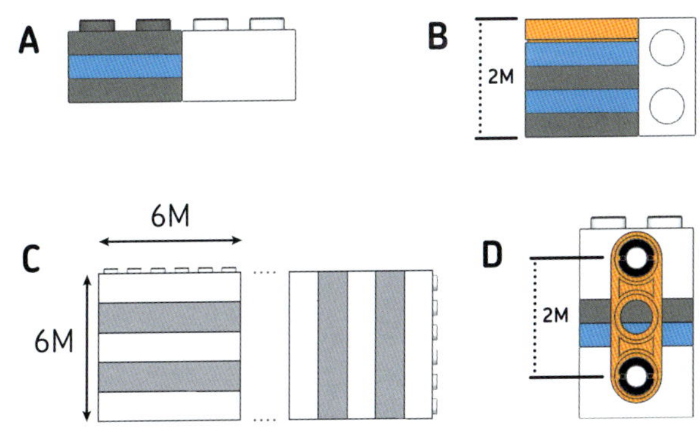

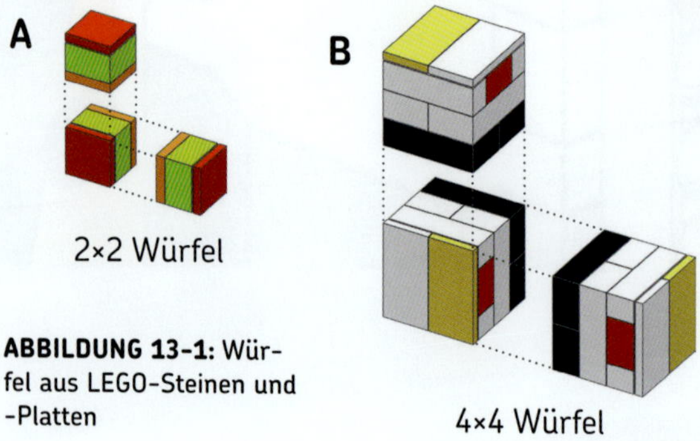

ABBILDUNG 13-1: Würfel aus LEGO-Steinen und -Platten

Abb. 13-1 zeigt einige Beziehungen im dreidimensionalen Raum:

- Ein Stein und zwei Platten haben eine Höhe von 2M (**A**).
- Drei Steine und eine Platte haben eine Höhe von 4M (**B**).

SNOT-Bautechniken

Die Abkürzung *SNOT* steht für »Studs Not On Top«, also »Noppen nicht oben«. Immer wenn du Elemente seitwärts oder auf dem Kopf verbaust, wendest du eine SNOT-Bautechnik an.

Abb. 13-2 zeigt einige Beispiele dafür, wie du die im LEGO-Boost-Kasten enthaltenen SNOT-Elemente zusammen mit den klassischen Elementen des LEGO-Systems einsetzen kannst:

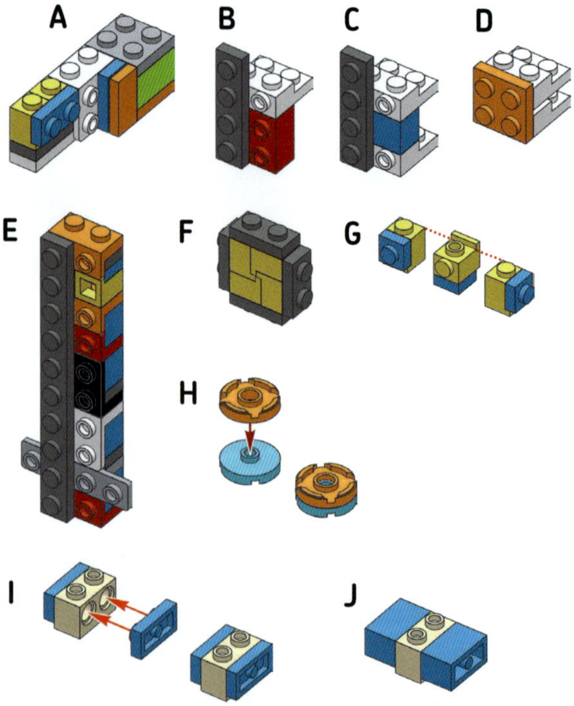

ABBILDUNG 13-2: Beispiele für verschiedene SNOT-Bautechniken

- Die beiden Platten, die in Beispiel **A** an den weißen Winkel angebaut sind, machen die ganze Baugruppe genau 2M breit. Die gelben Lampensteine werden durch die eine seitlich angebrachte Platte so breit wie der weiße Winkel.
- Die Beispiele **B** und **C** zeigen zwei Möglichkeiten, um SNOT-Elemente korrekt zu stapeln.
- Beispiel **D** ist falsch, da die beiden weißen SNOT-Platten nicht miteinander verbunden sind. In den Platz zwischen ihnen passt auch weder ein Stein noch eine Platte.
- Beispiel **E** zeigt, wie du die blauen Steine durch Winkel miteinander verbinden und mit der grauen Platte sichern kannst. Wie du siehst, passt auch der gelbe Lampenstein in diese Anordnung.
- **F** zeigt eine raffinierte SNOT-Bautechnik mit spiralig angeordneten Lampensteinen.
- **G** zeigt die Größenverhältnisse von Lampensteinen.
- In den Beispielen **H** bis **J** siehst du, wie du die Ausrichtung von Noppen um 180° drehen kannst, um auch über Kopf zu bauen. Beachte in **I** und **J**, wie die hohlen Seiten der blauen Teile ausgerichtet sind.

Stabile und robuste Roboter bauen

Wenn ein klassisches LEGO-Modell aus Steinen und Platten herunterfällt, zerbricht es in seine Einzelteile. LEGO-Technic-Bautechniken sind jedoch robuster, da die Modelle die Belastung durch Motoren, Zahnräder und Hebel aushalten müssen.

Technic-Verbindungen

Sehen wir uns etwas genauer an, wie wir Roboter mithilfe von Technic-Verbindungen robuster gestalten können. Nehmen wir an, du möchtest einen Balken verlängern. Dazu könntest du so vorgehen wie in Teil **A** von Abb. 13-3. Wenn er herunterfällt oder wenn er einen Schlag bekommt, würde er sich jedoch wahrscheinlich in Einzelteile auflösen. Du könntest die Technic-Balken auch wie in **B** gezeigt mithilfe von Pins verbinden. Diese Konstruktion hält Biegebeanspruchungen schon besser stand als die aus **A**, aber wird immer noch auseinanderbrechen, wenn du die Steine seitwärts ziehst.

Um die Baugruppe (so gut wie) unzerstörbar zu machen, kannst du die Steine wie in **C** mit zusätzlichen Platten *aussteifen*. Diese Kombination aus Pins und Platten vereint die Vorteile von **A** und **B**.

Da Liftarme keine Noppen haben, kannst du sie wie in **D** gezeigt nur mithilfe von Pins erweitern. Um solche Konstruktionen gegen Querspannungen und Biegebeanspruchung zu sichern, kannst du sie wie in **E** gezeigt mit zwei Achs- und Pinverbindern sowie einem 5M-Liftarm (blau) aussteifen.

Wie du das Beispiel aus **E** baust, zeigt die ausführliche Anleitung in Abb. 13-4.

ABBILDUNG 13-3: Möglichkeiten zur Verlängerung von Balken und Liftarmen

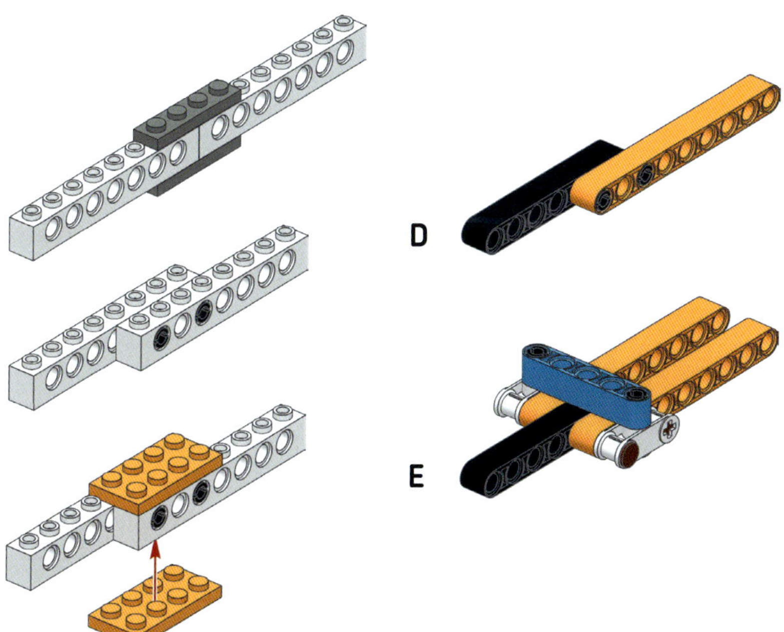

A

B

C

D

E

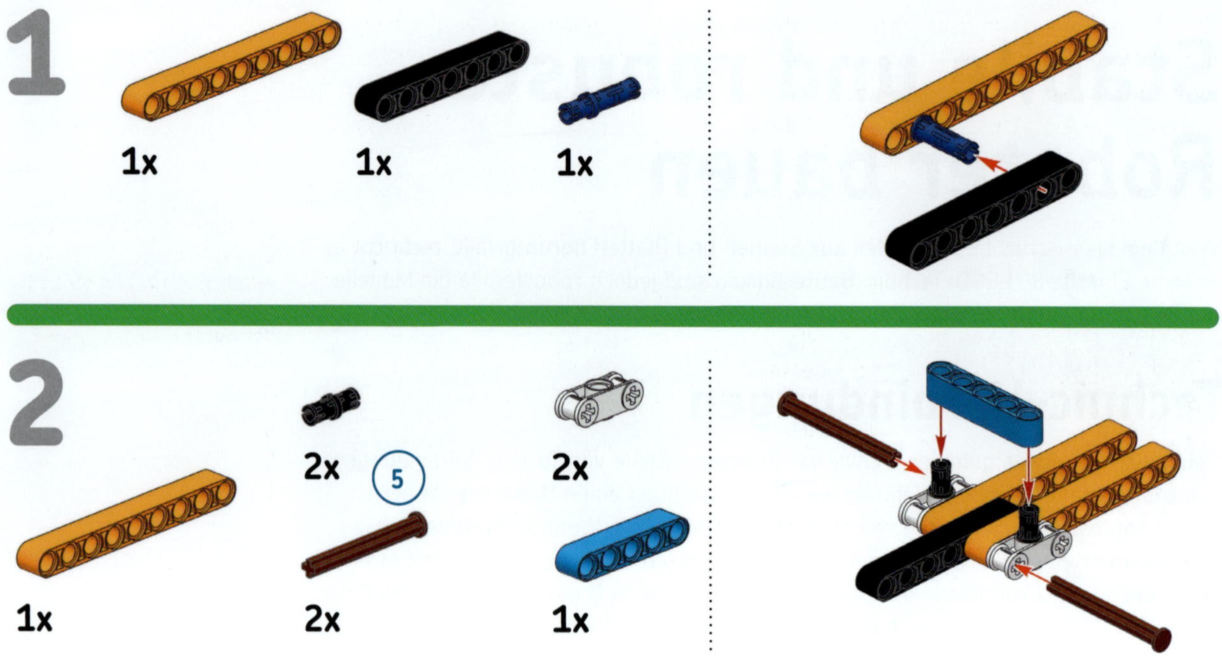

ABBILDUNG 13-4: Bauanleitung für Beispiel **E** in Abb. 13-3

Aussteifungstechniken

Abb. 13-5 zeigt vier Möglichkeiten, um Steine mit vertikalen Balken und Liftarmen auszusteifen.

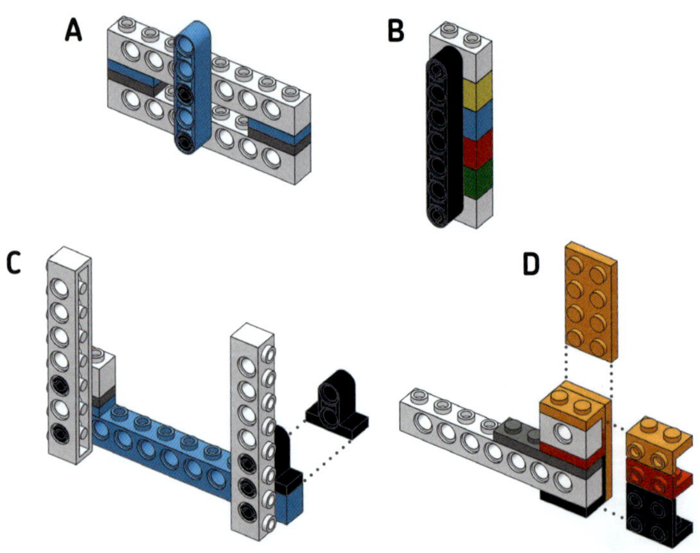

ABBILDUNG 13-5: Aussteifen von Steinen mit vertikal im rechten Winkel angebrachten Technic-Steinen und Liftarmen

- In Beispiel **A** sind zwei Platten als Abstandshalter zwischen die beiden Technic-Steine eingeschaltet, um das in Teil **C** der Abbildung auf S. 137 gezeigte Abmessungsverhältnis von Technic-Elementen zu berücksichtigen. Bei der Anwendung dieser Bautechnik kannst du die weißen Steine erst dann voneinander abbauen, wenn du den verbindenden Liftarm entfernt hast.
- In Beispiel **B** steift der 7M-Liftarm zwei Steine aus, die vier Steine voneinander entfernt sind.
- Auch Technic-Steine im rechten Winkel kannst du zur Aussteifung verwenden, wie Beispiel **C** zeigt. Anstelle von zwei Platten und einem Stein kannst du auch die Platte mit zwei Pinlöchern verwenden (das schwarze Element).
- In Beispiel **D** siehst du, wie du Steine mithilfe von Winkeln und Platten aussteifen kannst.

Eine Aussteifung ist unverzichtbar, um robuste Modelle zu bauen. Um weitere Möglichkeiten zur Aussteifung kennenzulernen, kannst du die offiziellen LEGO-Modelle untersuchen, die dir sehr viele Anregungen geben können. In Abb. 13-6 siehst du beispielsweise die Aussteifungstechnik, mit der der Motor bei Frankie, der Katze, fest mit dem Move Hub verbunden wird.

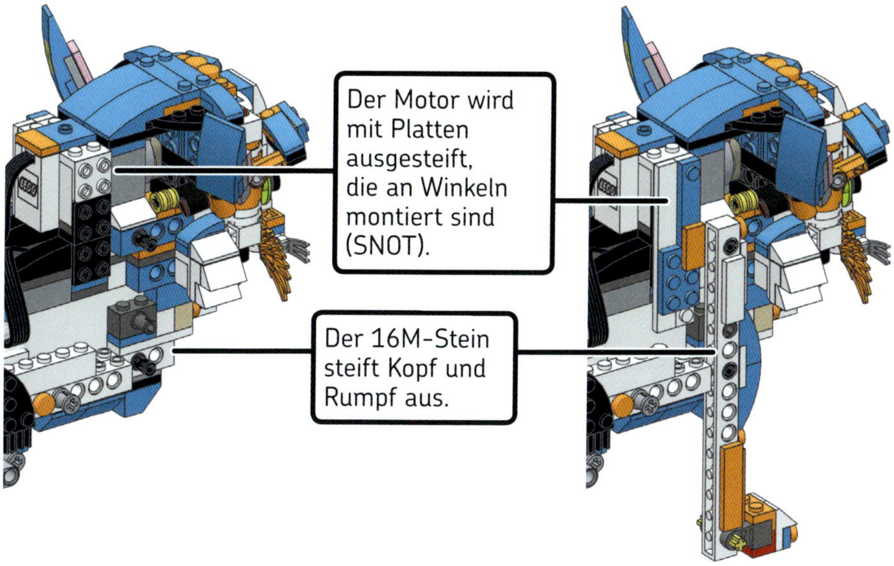

ABBILDUNG 13-6: Du kannst dir die Aussteifungstechniken ansehen, die in den offiziellen LEGO-Boost-Modellen verwendet werden, etwa hier bei Frankie, der Katze.

Gebogene Liftarme

Jedes LEGO-Element ist so gestaltet, dass es perfekt in ein Raster von Löchern in gleichem Abstand passt. Die gebogenen Liftarme bilden dabei keine Ausnahme, allerdings ist ihre Geometrie nicht unmittelbar einsichtig. Bei den Liftarmen in L- und T-Form sind die Verhältnisse offensichtlich, da sie über rechte Winkel (90°) verfügen. Wie aber sieht es bei den gebogenen 4×4-Liftarmen aus, die einen Knick in einem komischen Winkel aufweisen?

Abb. 13-7 zeigt eine Baugruppe, die einen solchen Liftarm enthält. Das gedachte Dreieck, das dieser gebogene Liftarm mit den anderen Elementen bildet, hat unten einen rechten Winkel, ist also ein sogenanntes *rechtwinkliges Dreieck*. Seine Seiten haben die Abmessungen 3M, 4M und 5M. Die längste Seite weist zwar sechs Löcher auf, doch die Länge beträgt nur 5M, da wir von Lochmittelpunkt zu Lochmittelpunkt messen und daher an beiden Enden je eine halbe Einheit abziehen müssen.

Der spitze Winkel unten an diesem Dreieck resultiert aus der Geometrie des LEGO-Technic-Systems.

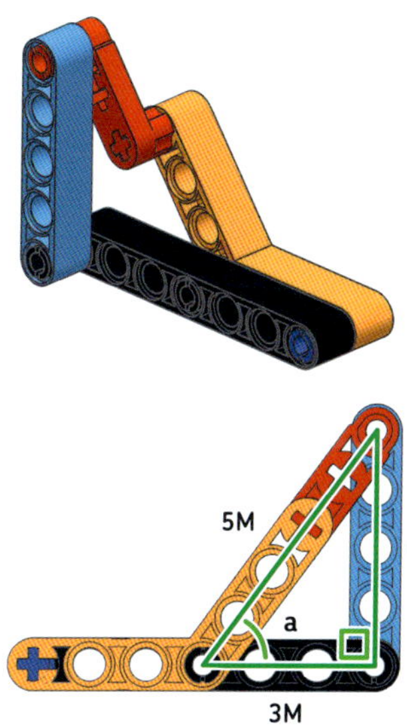

ABBILDUNG 13-7: Geometrie der gebogenen Liftarme

Wie du in Abb. 13-8 siehst, kannst du auch ein rechtwinkliges Dreieck mit den *doppelten* Abmessungen bauen, also mit den Seitenlängen 6M (3M x 2), 8M (4M x 2) und 10M (5M x 2).

ABBILDUNG 13-8: Ein größeres rechtwinkliges Dreieck aus LEGO-Technic-Steinen und den Seitenlängen 6M, 8M und 10M

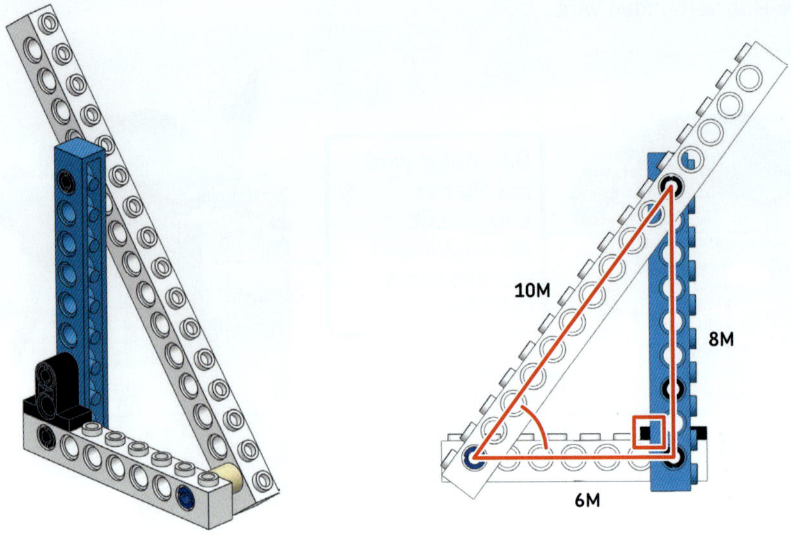

HINWEIS:

Die gebogenen Liftarme der Größen 2×7 und 4×7 (nicht im Boost-Set enthalten) weisen den gleichen Winkel auf wie der gebogene 4×4-Liftarm.

Zahnräder

Zahnräder können ineinandergreifen, um Bewegungen zu übertragen, z. B. von einem Motor zu einem Antriebsrad.

Um uns genauer anzusehen, wie wir mithilfe von Zahnrädern die Geschwindigkeit der Bewegungen unseres Roboters steuern können, bauen wir ein Getriebe (Schritt 1 und 4). Dabei handelt es sich um ein System aus Zahnrädern, das Bewegung von einer Achse zu einer anderen überträgt. Das Getriebe, das du hier baust, besteht aus zwei Doppelkegelrädern mit 12 bzw. 36 Zähnen.

Wenn du das kleinere Zahnrad in dem Getriebe dreimal komplett drehst, dreht sich das größere nur einmal um sich selbst. Das kleinere Zahnrad ist das *Eingangsrad* (das Antriebsrad). Sowohl die Anzahl der Umdrehungen als auch die Drehgeschwindigkeit des *Ausgangsrads* (des angetriebenen Zahnrads) sind kleiner als die des Eingangsrads.

Die Beziehung zwischen Eingangs- und Ausgangsrad wird als Verhältnis zwischen der Anzahl ihrer Zähne ausgedrückt. Sie bildet das *Übersetzungsverhältnis*:

Übersetzungsverhältnis = Anzahl der Zähne des Ausgangsrads / Anzahl der Zähne des Eingangsrads

Zahnräder im rechten Winkel

Abb. 13-12 zeigt einige Beispiele für die Montage von Zahnrädern im rechten Winkel zueinander. Bei einigen dieser Getriebe wurden dünne Stopper oder ein 1×2-Technic-Stein mit zwei Löchern eingebaut, um für einen zusätzlichen Abstand von einer halben Noppenbreite zu sorgen, sodass die Zahnräder ineinandergreifen können.

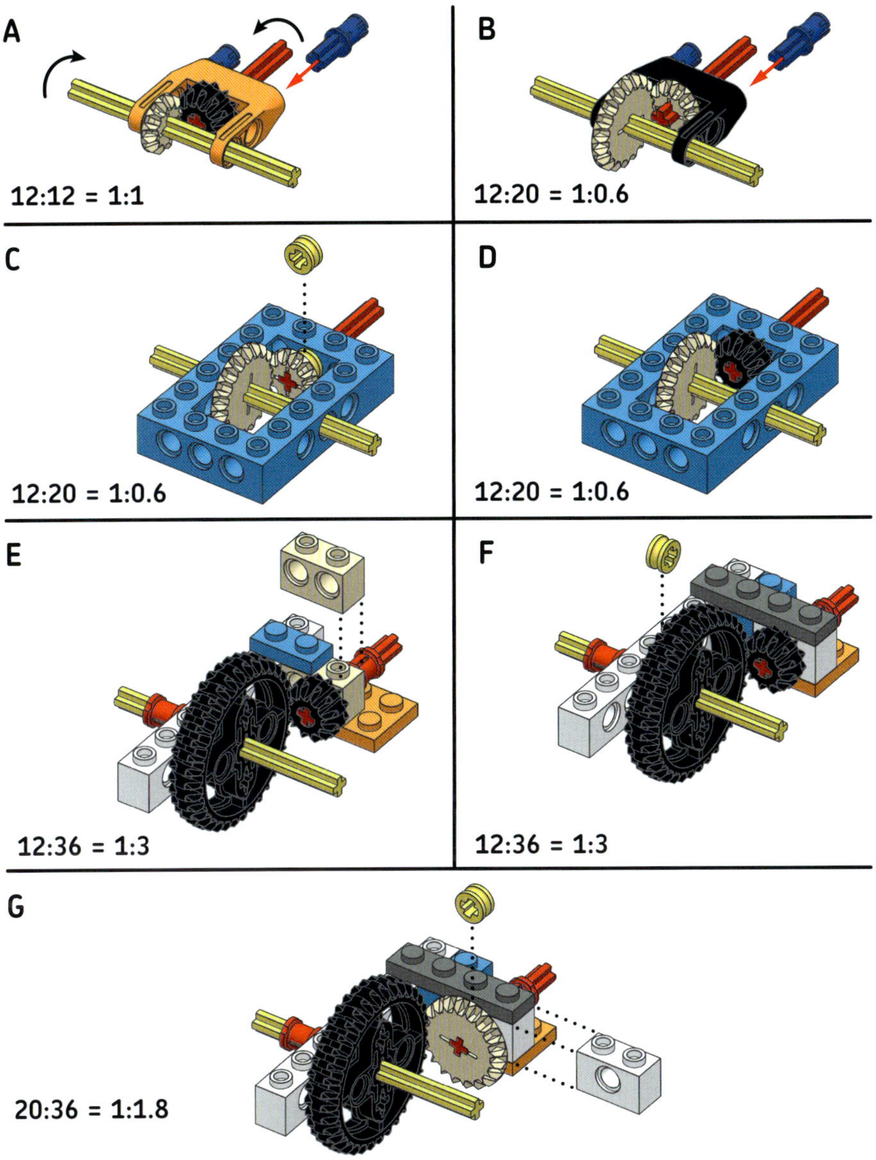

ABBILDUNG 13-12: Im rechten Winkel gekoppelte Zahnräder

Antrieb der Drehscheibe

Abb. 13-13 zeigt, wie du die im Boost-Set enthaltene 28z-Drehscheibe mit einem 12z-Doppelkegelrad bzw. einem 8z-Stirnrad antreiben kannst. Das 12z-Rad musst du dabei im rechten Winkel zur Achse der Drehscheibe anordnen, das 8z-Rad dagegen parallel.

Das Getriebe aus Teil **A** von Abb. 13-13 kannst du anhand der folgenden Anleitung bauen, das Getriebe aus Teil **B** anhand der Anleitung auf S. 149.

ABBILDUNG 13-13: Antrieb der 28z-Drehscheibe

A

$12{:}28 = 3{:}7$

B

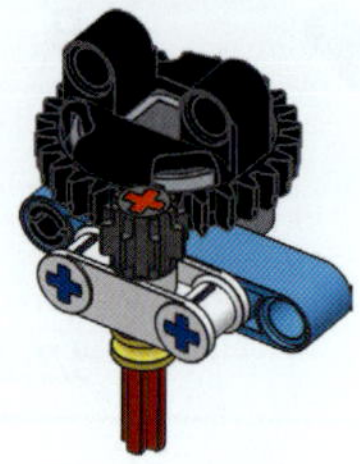

$8{:}28 = 1{:}3.5$

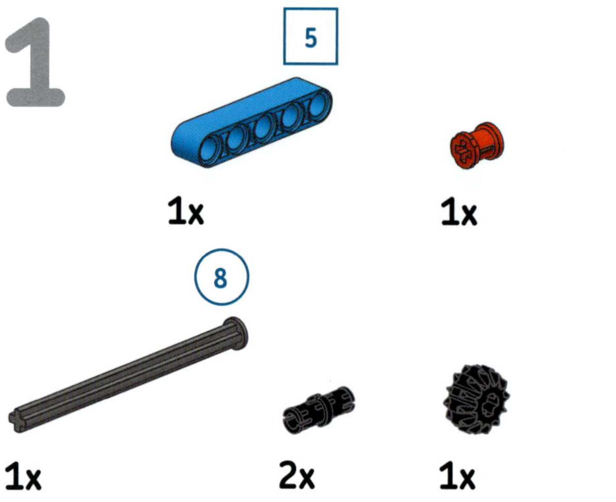

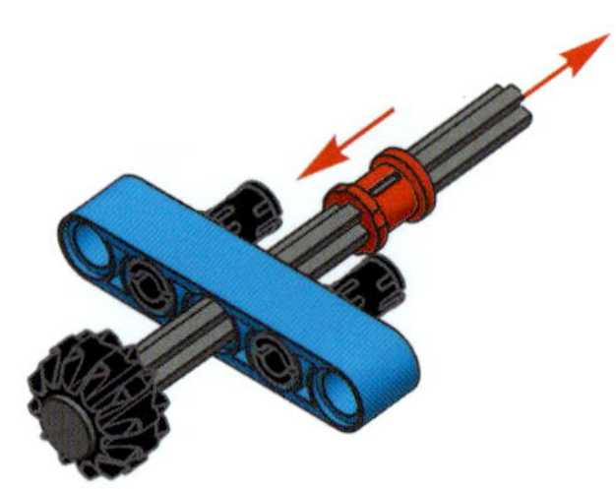

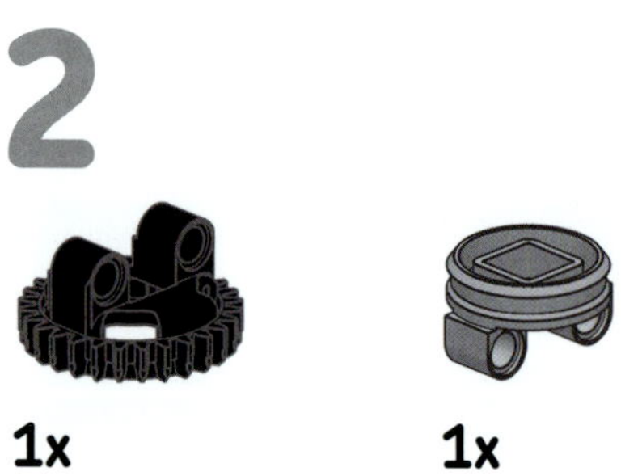

1

1x

2x

2x

2

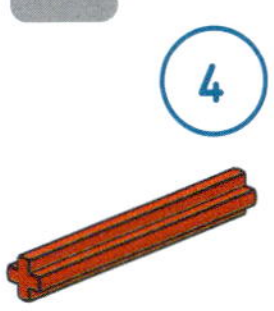

1x

1x

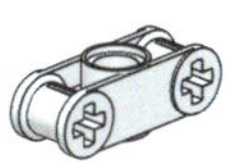

1x

1x

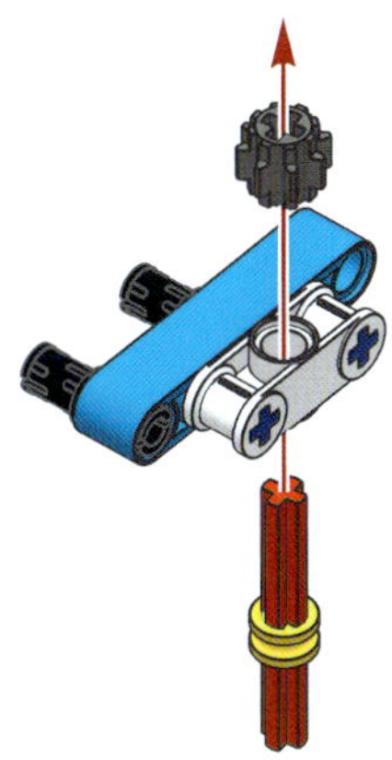

3

1x

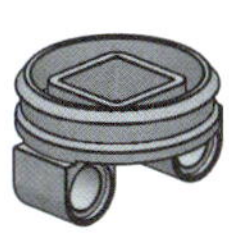

1x

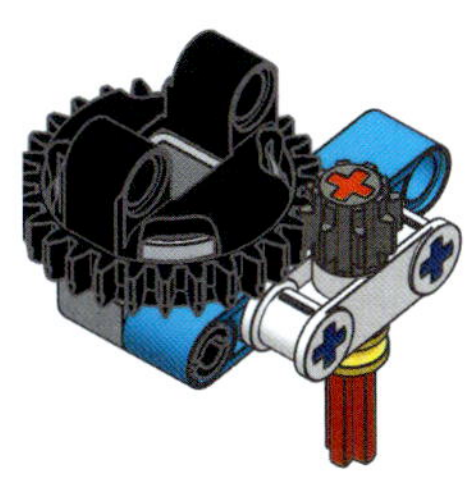

Zahnstangen

Bild **A** zeigt ein Getriebe mit einer Zahnstange, also einer Art »abgerolltem Zahnrad«, mit dem du eine Drehbewegung in eine geradlinige Bewegung umwandeln kannst. Du kannst durch Drehen einer Achse einen Stein oder eine Platte seitwärts verschieben, indem du eine Zahnstange daran anbringst.

A

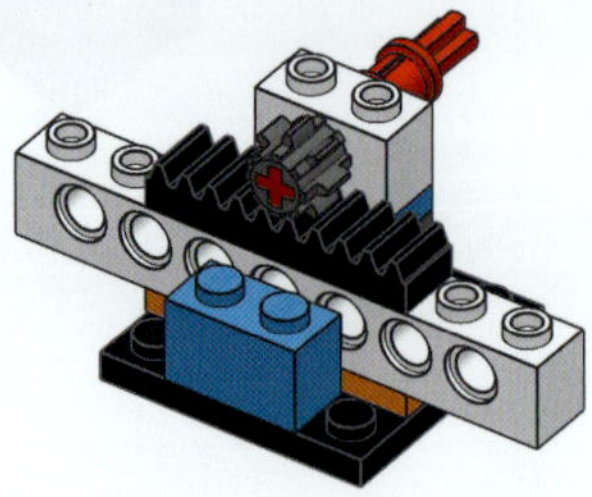

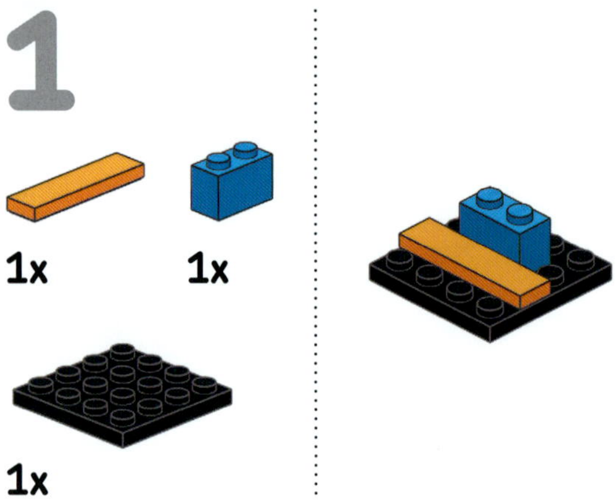

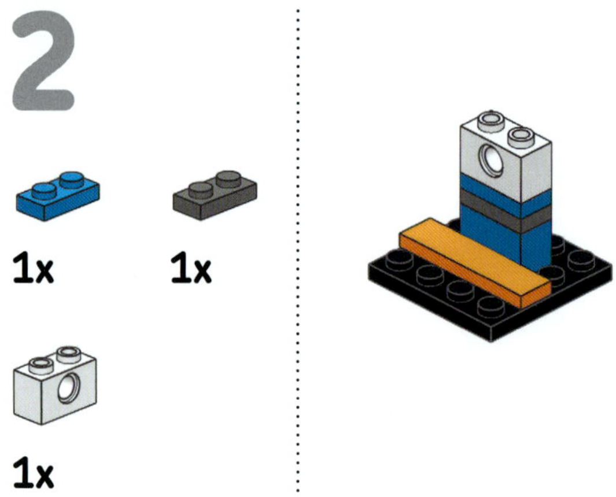

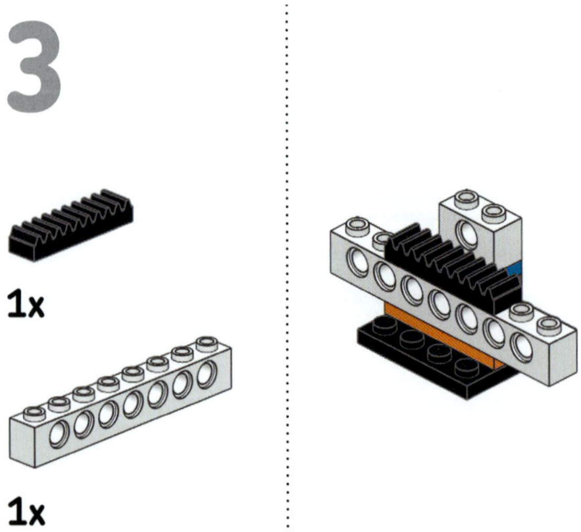

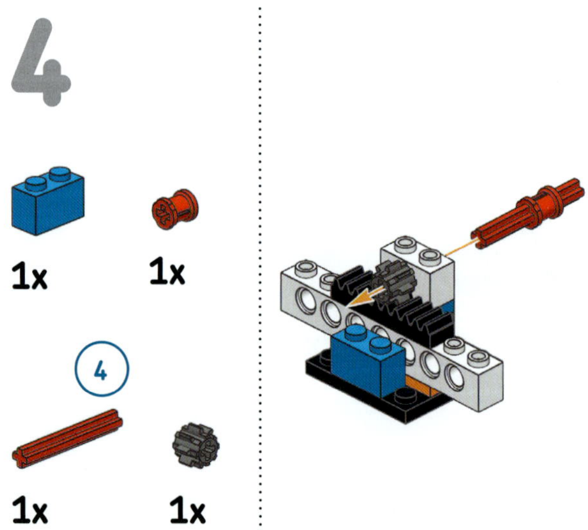

Anhand der nachfolgenden Anleitung kannst du das Zahnstangengetriebe aus **B** bauen. Es nimmt weniger Platz weg als das aus **A** und fällt unter Last nicht auseinander.

B

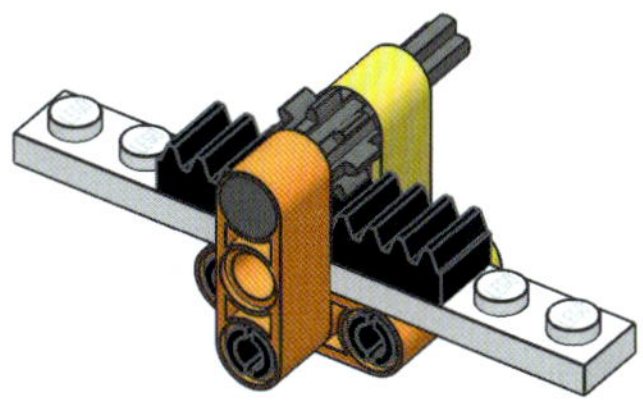

1

2

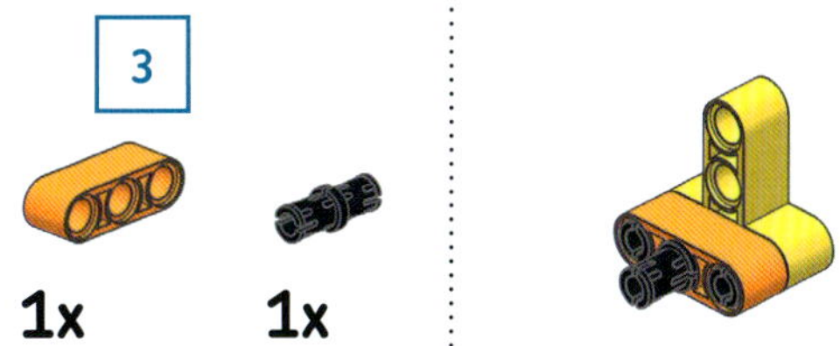

3

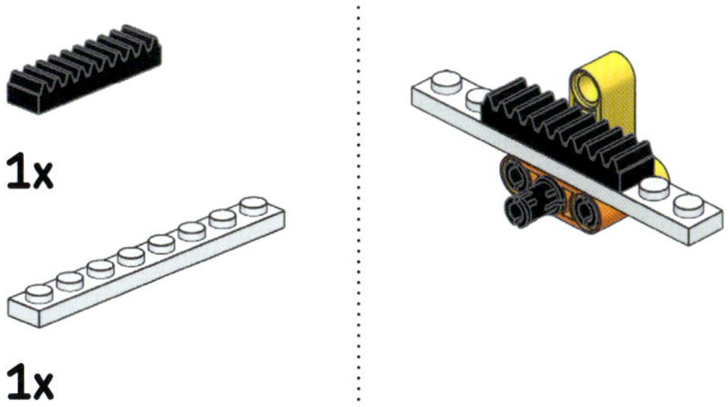

4

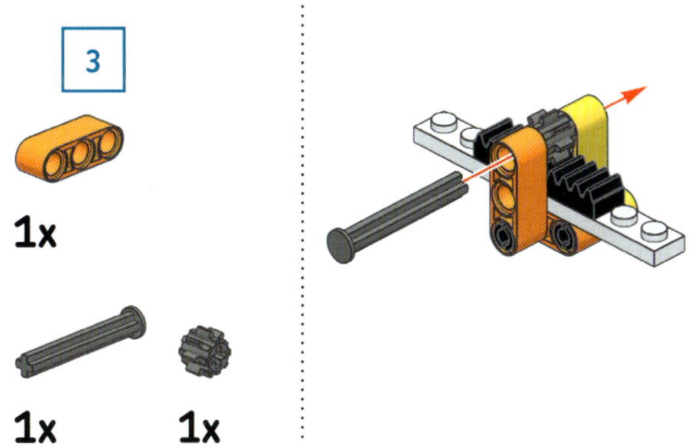

C

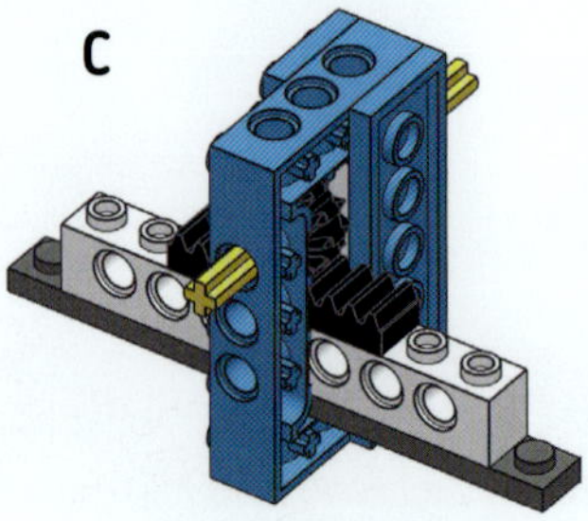

Die nächste Anleitung ist für das Getriebe in **C** da. Es handelt sich dabei um einen Teil des LEGO-Boost-Modells »Automatische Fertigungslinie«. Der bewegliche Teil ist hier von einem Technic-Rahmen umschlossen.

1

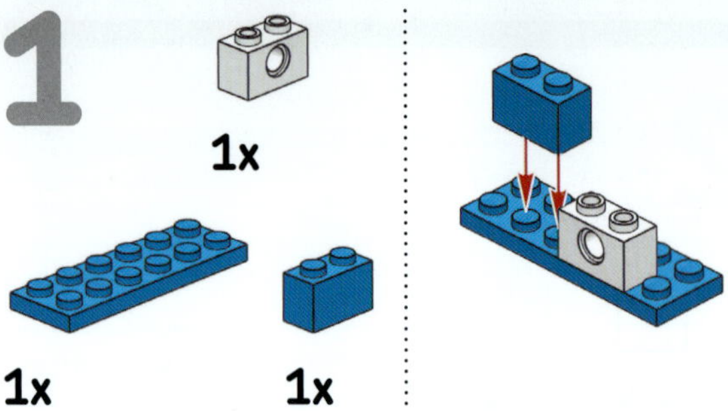

2

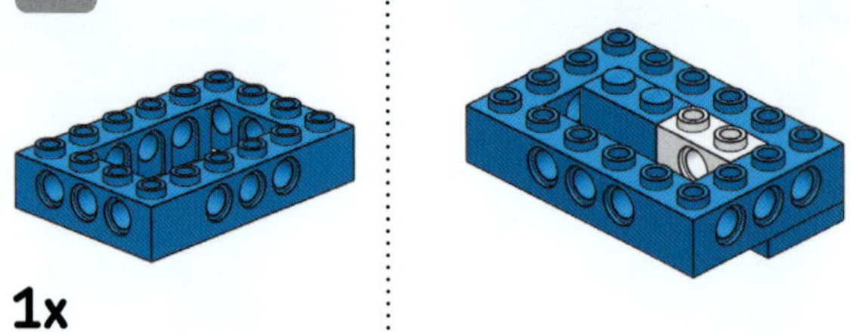

3

4

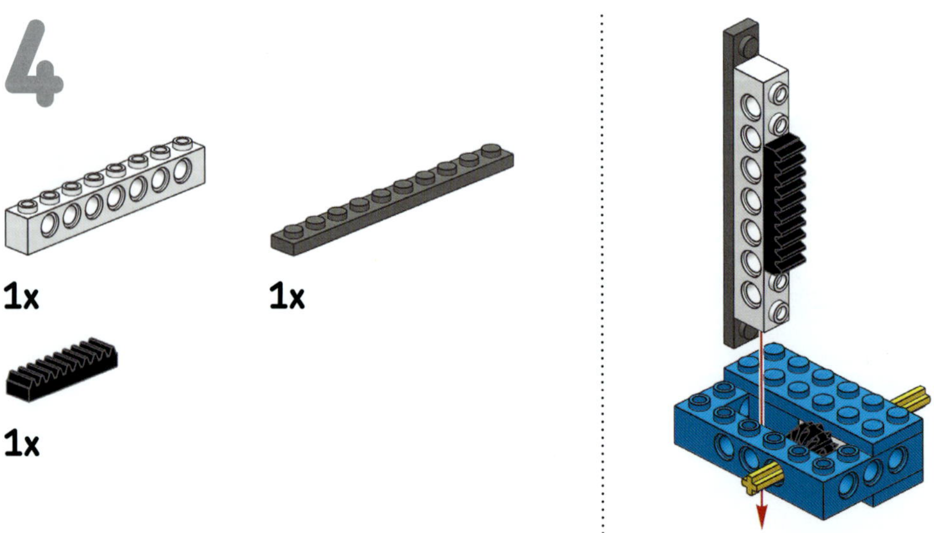

Längere Getriebe

Du kannst Zahnräder auch zu längeren Getriebezügen kombinieren. Beispielsweise siehst du in Abb. 13-14 ein Getriebe aus drei Zahnrädern. Das 8z-Rad in der Mitte ist ein *Zwischenrad*: Es ändert die Drehrichtung, ohne das Übersetzungsverhältnis zu ändern. Bei der Verwendung eines Zwischenrads dreht sich das Ausgangsrad in dieselbe Richtung wie das Eingangsrad.

Um größere Übersetzungsverhältnisse zu erzielen, kannst du mehrere Zahnräder kombinieren, wie die Beispiele in Abb. 13-15 zeigen. In Teil **A** steckt das orangefarbene 24z-Rad auf derselben Achse wie das zweite 8z-Rad. Da diese Räder das Übersetzungsverhältnis beeinflussen, handelt es sich bei ihnen nicht um Zwischenräder.

Um das Übersetzungsverhältnis eines solchen zusammengesetzten Getriebes zu berechnen, musst du die Übersetzungsverhältnisse der einzelnen Zahnradpaare multiplizieren. So beträgt das Übersetzungsverhältnis der einzelnen Paare in **A** jeweils 1 : 3 (8 : 24 so weit wie möglich gekürzt). Wenn wir 1 : 3 mit 1 : 3 multiplizieren, erhalten wir 1 : 9. Um die gelbe Achse also einmal um sich selbst zu drehen, muss die rote Achse neun volle Umdrehungen ausführen.

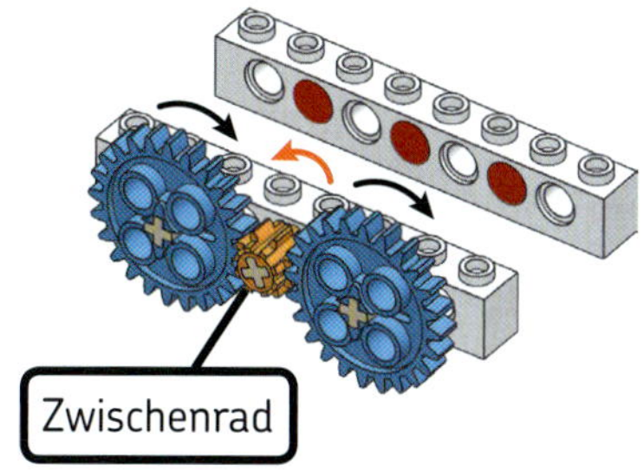

(24:8) x (8:24) = 1:1

ABBILDUNG 13-14: Getriebe mit Zwischenrad

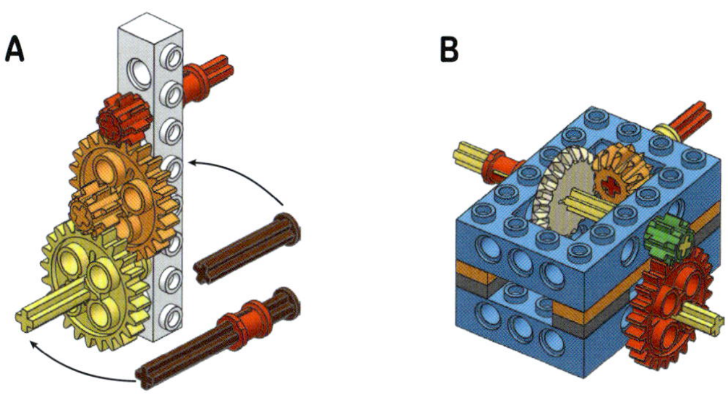

(8:24) x (8:24) = 1:9 **(12:20) x (8:24) = 1:5**

ABBILDUNG 13-15: Getriebezüge mit höheren Übersetzungsverhältnissen

Die folgende Anleitung zeigt, wie du das Getriebe aus **B** baust. Das Übersetzungsverhältnis beträgt hier 1 : 5, also das Ergebnis der Multiplikation von 3 : 5 mit 1 : 3. Das bedeutet, dass wir die rote Achse, die das 12z-Rad antreibt, fünfmal um sich drehen müssen, damit das rote 24z-Rad eine komplette Umdrehung ausführt. Beachte, dass zwischen den blauen Technic-Rahmen zwei Lagen Platten als Abstandshalter eingebaut sind.

1

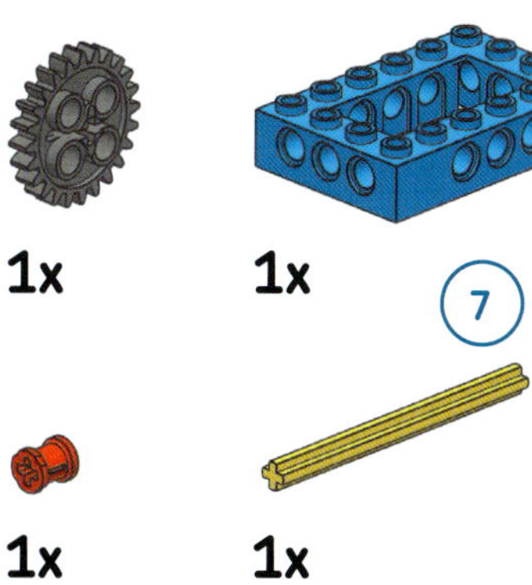

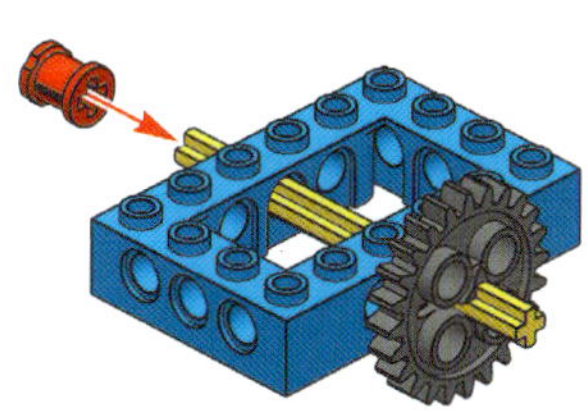

2

4x

3

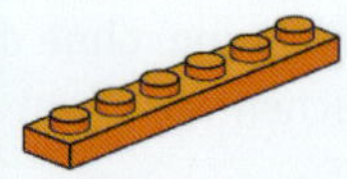

2x

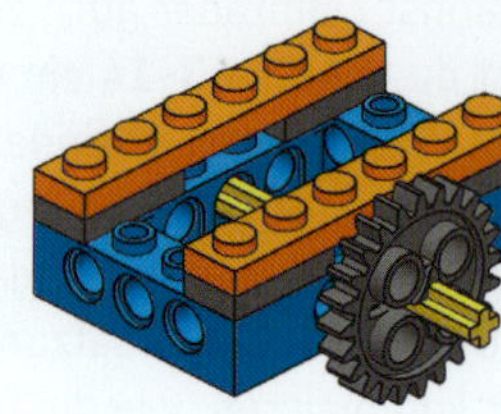

4

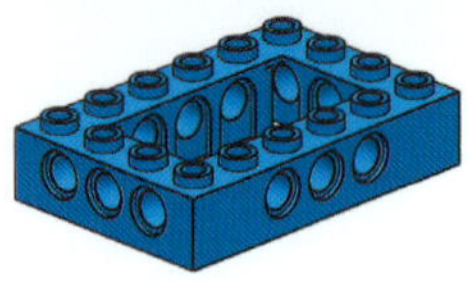

1x

1x

1x

1x

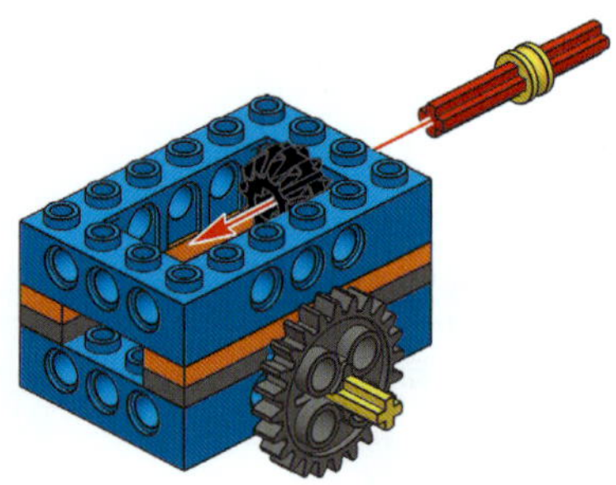

5

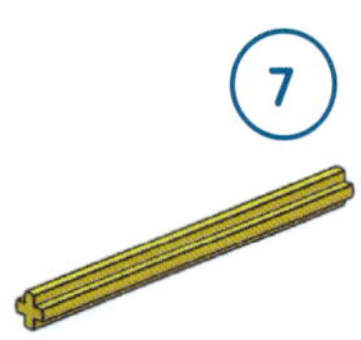

1x

1x

1x

1x

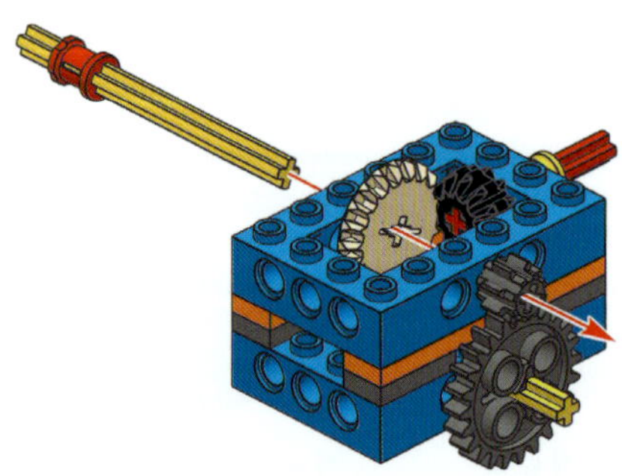

Bewegungen umwandeln

Abb. 13-16 zeigt einige Beispiele für die Umwandlung einer Drehung in eine andere Art von Bewegung, etwa Schieben oder Schwenken. Bei all diesen Mechanismen dient ein 2M-Liftarm mit Achsloch als Kurbelantrieb. Das Beispiel in **A** funktioniert wie ein Scheibenwischer, der sich hin und her bewegt. In **B** wird die Drehbewegung in eine Vor-und-Zurück-Bewegung umgewandelt, ähnlich wie bei den Kolben einer Dampfmaschine. Die anschließende Anleitung zeigt, wie du den Mechanismus aus **B** bauen kannst.

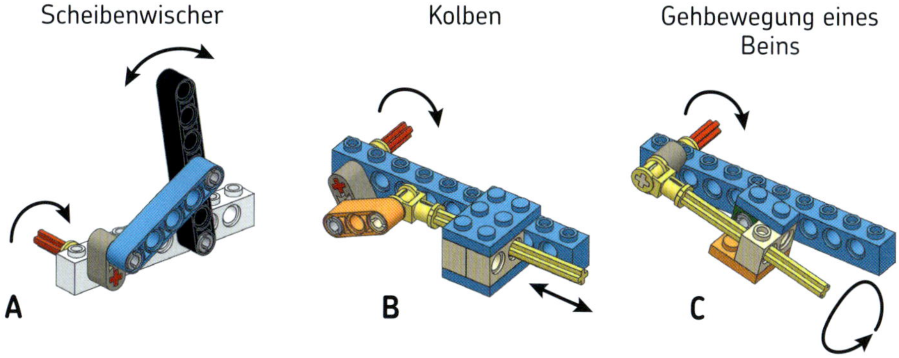

ABBILDUNG 13-16: Beispiele von Mechanismen, die eine Drehbewegung in eine geradlinige oder pendelnde Bewegung umwandeln

1

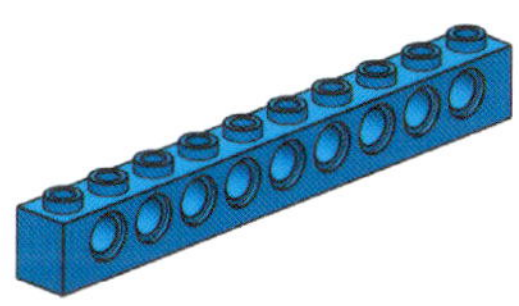

1x

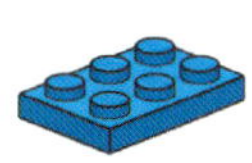

1x

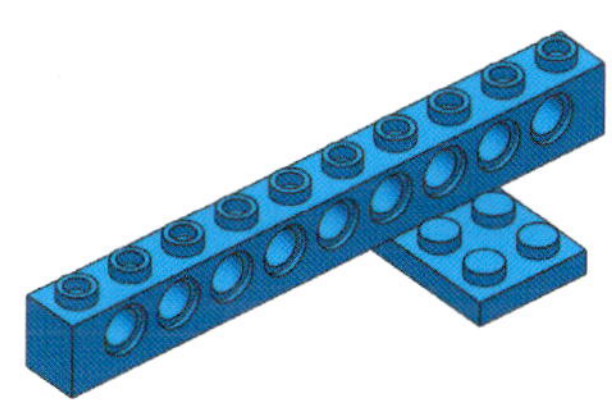

2

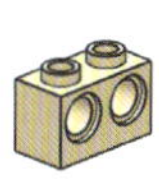

2x

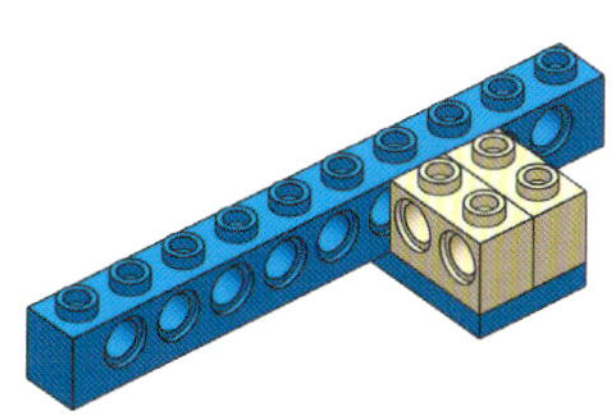

3

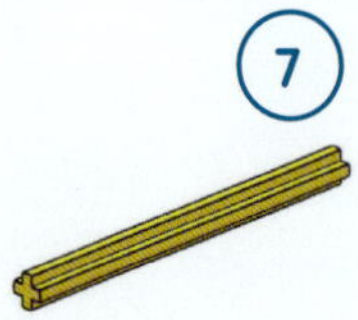

1x

1x

1x

4

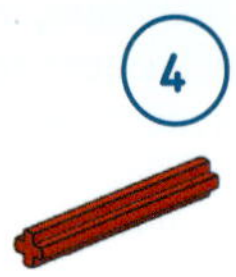

1x

1x

1x

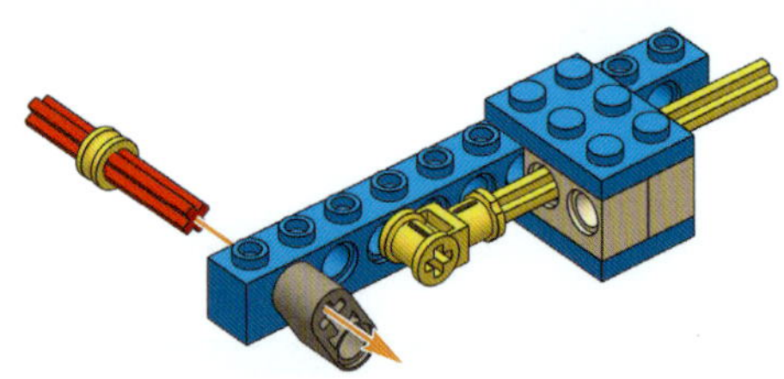

5

1x

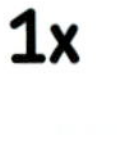

1x

1x

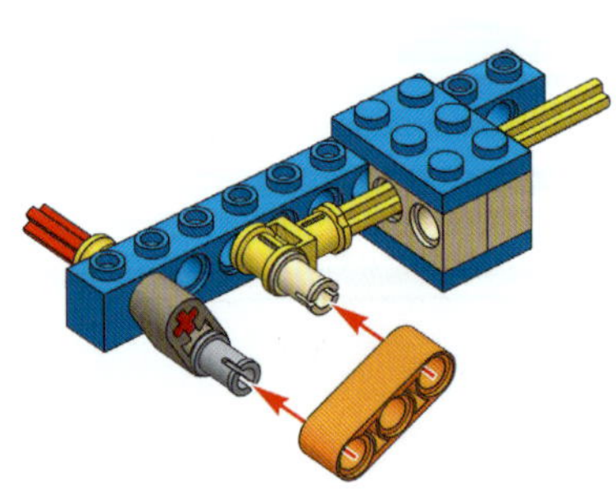

Mit den im nächsten Abschnitt gezeigten Abwandlungen kannst du aus dem Mechanismus in **C** ein funktionierendes Bein machen.

1

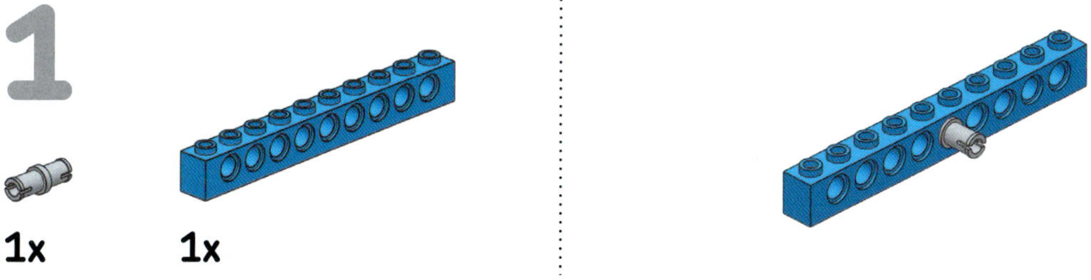

2

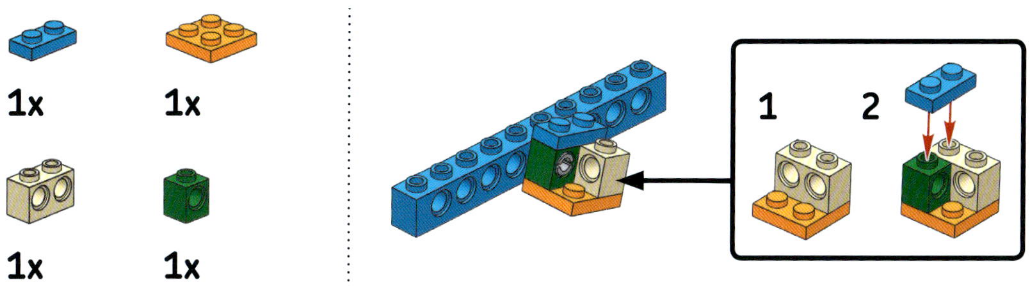

3

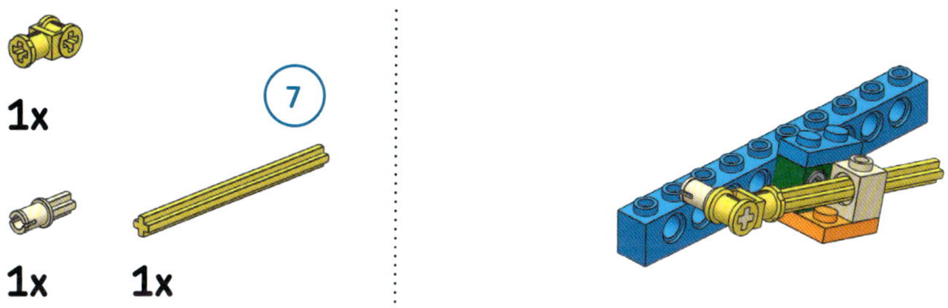

4

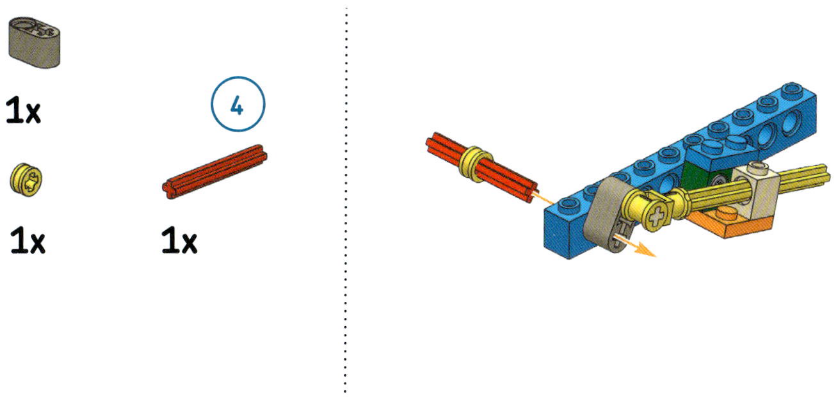

Motorgetriebene Mechanismen

Alle Bewegungen von LEGO-Boost-Modellen werden durch Motoren veranlasst. Die folgenden Mechanismen sind Beispiele dafür, wie du Zahnräder und Rahmen an den externen Boost-Motor bzw. den Move Hub anschließt.

- Beispiel **A** zeigt, wie du den externen Motor mit vertikal montierten Steinen aussteifst. Wenn du ein Getriebe anbringen musst, kannst du jede der Varianten aus Abb. 13-11 verwenden. Verbinde deren Stein jeweils mit schwarzen Pins mit dem Motor.
- In den Beispielen **B** und **C** siehst du, wie du eine Achse senkrecht zur Motorwelle antreibst (in einem Fall eine horizontale, im anderen eine vertikale Achse). Als Getriebe kannst du die Varianten **C** und **D** von Abb. 13-12 verwenden.
- Die Beispiele **D** und **E** zeigen eine Untersetzung (bzw. Übersetzung, wenn du die Zahnräder vertauschst) an den Motoren des Move Hubs. In **E** dient der schwarze Liftarm zur Aussteifung.

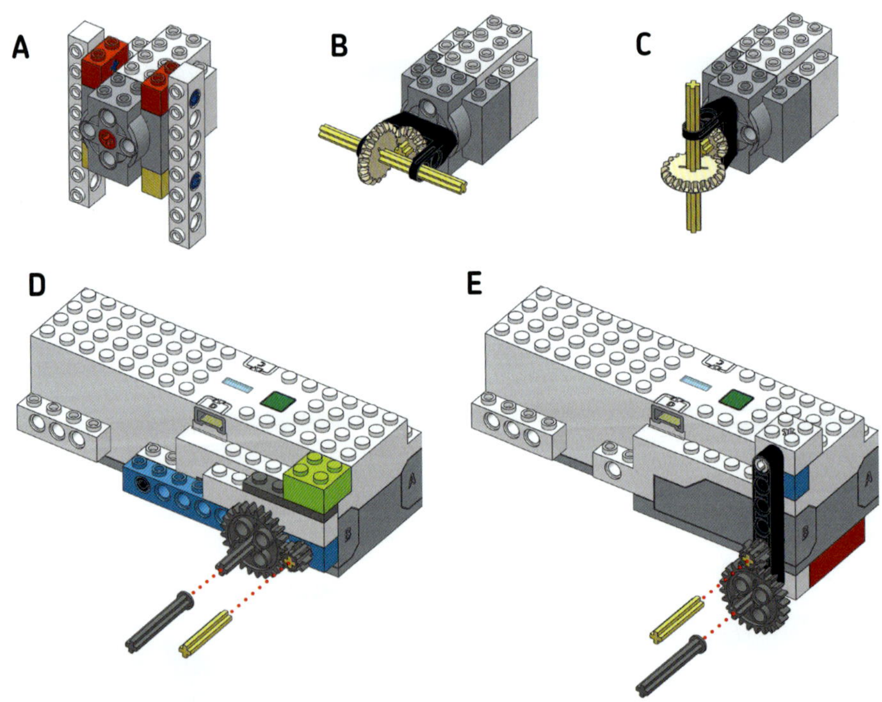

Abb. 13-17 zeigt die Grundkonstruktion für einen gehenden Roboter. Hier dient der 2M-Liftarm als Kurbelwelle, um die Drehbewegung des Motors in eine Pendelbewegung für die Beine umzuwandeln. Auf dieser Grundlage kannst du deine eigenen gehenden Roboter konstruieren!

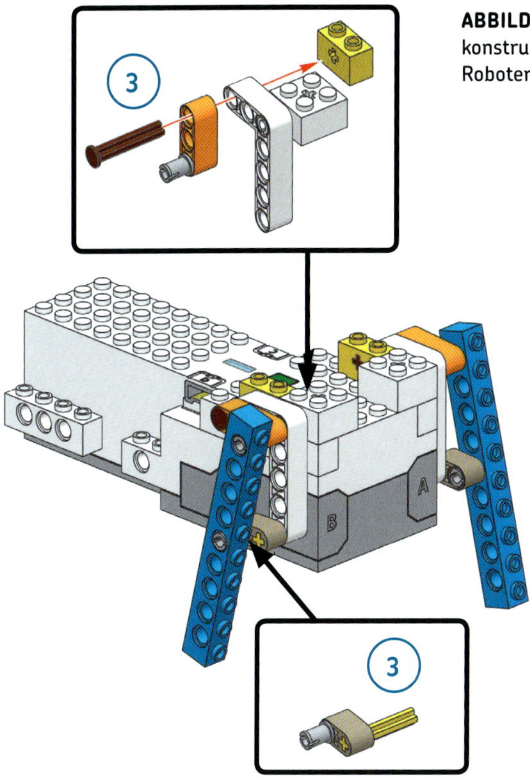

ABBILDUNG 13-17: Grundkonstruktion eines gehenden Roboters

Was du gelernt hast

Ich hoffe, dass du dieses Kapitel als praktisches »Rezeptbuch« nutzen kannst. Du hast hier einige Grundkenntnisse der LEGO-Geometrie erhalten und gelernt, wie du stabile Strukturen und funktionierende Getriebe baust. Außerdem hast du einige Ideen für Mechanismen erhalten, die Bewegungen übertragen und umwandeln, sowie für motorgetriebene Mechanismen, die du in deine eigenen Boost-Modelle einbauen kannst.

TEIL III

BrickPecker

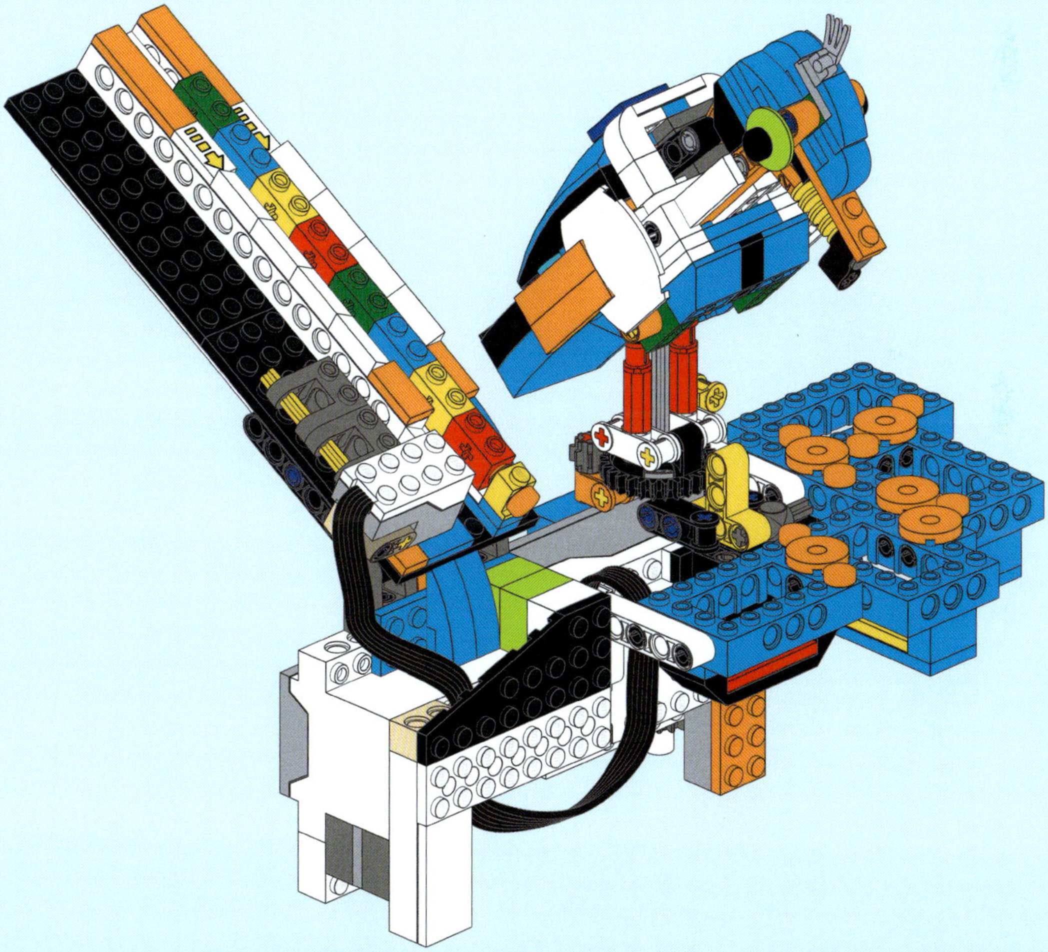

1

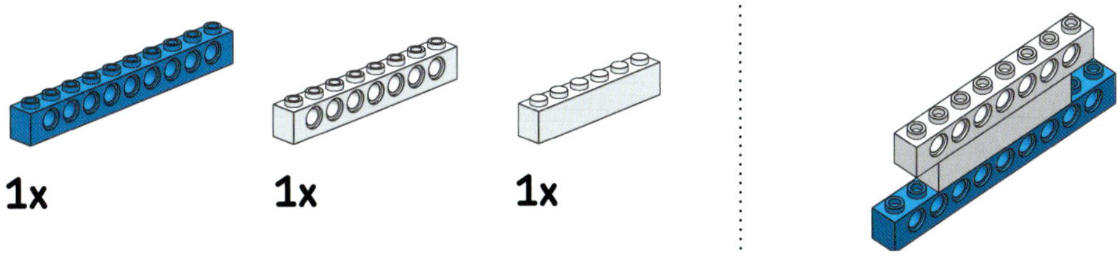

2

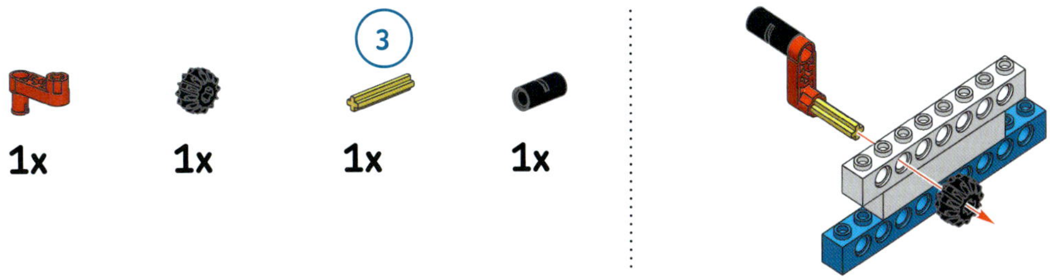

3

4

Das Übersetzungsverhältnis beträgt hier 36/12 = 3. Das bedeutet, dass drei Umdrehungen des Eingangsrads für eine Umdrehung des Ausgangsrads erforderlich sind. Die Achsen der Zahnräder drehen sich dabei in *entgegengesetzte* Richtungen.

Drehst du dagegen das größere Zahnrad an seiner Kurbel einmal um sich selbst, führt das kleine Zahnrad drei Umdrehungen aus. Jetzt beträgt das Übersetzungsverhältnis 1 : 3.

Ändere jetzt das Modell, indem du die Änderungen aus Schritt 4 rückgängig machst und wie in Schritt 5 einen Stein an dem großen Zahnrad montierst.

5

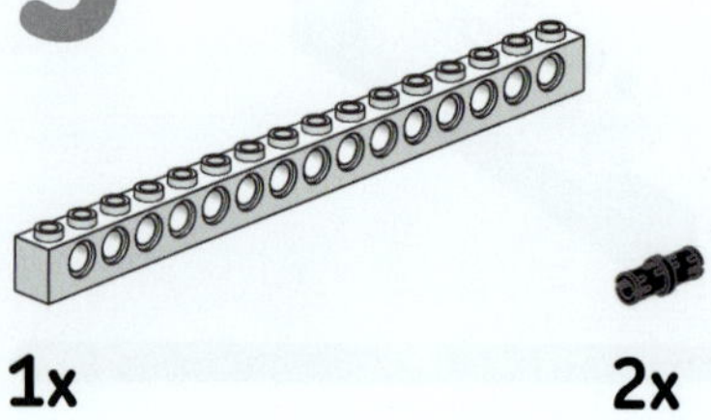

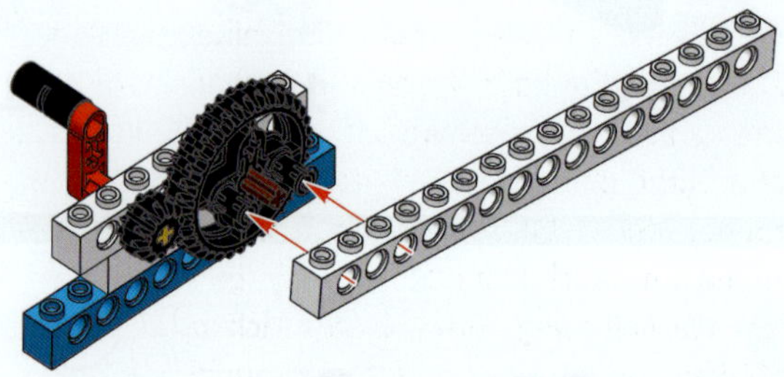

Setzte jetzt eine Last auf das Ende des Steins und versuche, sie wie in Abb. 13-9 gezeigt mithilfe der Kurbel anzuheben.

ABBILDUNG 13-9: In Getrieben kannst du das Drehmoment des Ausgangsrads erhöhen und dadurch Lasten mit geringem Kraftaufwand anheben.

Das 36z-Ausgangsrad hat ein dreimal so großes *Drehmoment* wie das 12z-Eingangsrad. Dieses Drehmoment ist die »Drehkraft«, die dafür sorgt, dass sich ein Objekt dreht. Dieses vergleichsweise hohe Drehmoment bewirkt, dass du die Last mit *einem Drittel des Kraftaufwands* anheben kannst, der erforderlich gewesen wäre, wenn du die Achse, an der die Last hängt, direkt antreiben würdest.

Verwendung von Zahnrädern

Zahnräder sind praktisch, wenn du die Drehbewegung von Motoren auf eine Achse übertragen musst, die *weit* von der Motorwelle entfernt oder anders ausgerichtet ist. Allerdings solltest du Zahnräder sparsam einsetzen, da sie die *Reibung* innerhalb des Mechanismus erhöhen, was die Rotation verlangsamt. Um die Reibung so gering wie möglich zu halten, solltest du die Zahnräder locker auf die Achsen stecken, wie Abb. 13-10 zeigt.

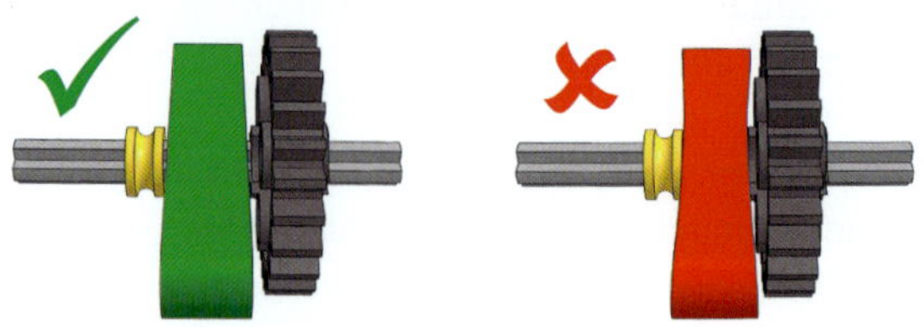

ABBILDUNG 13-10: Um Reibung zu vermeiden, solltest du Stopper und Zahnräder locker auf die Achsen aufstecken.

Zahnräder führen auch ein gewisses *Spiel* in den Mechanismus ein, also einen Bewegungsspielraum. Das kannst du selbst beobachten, indem du das große Zahnrad in dem Model aus S. 143 blockierst. Du wirst feststellen, dass du die Kurbel an dem kleinen Zahnrad trotzdem noch ein kleines bisschen bewegen kannst. Das Zahnspiel tritt aufgrund der winzigen Zwischenräume zwischen den ineinandergreifenden Zähnen auf. Je mehr Zahnräder ein Getriebe hat, umso stärker ist das Spiel. Zahnspiel bewirkt, dass sich die Endachse eines Getriebes auch dann ein bisschen bewegt, wenn der Motor stillsteht. Da der Drehsensor des Motors dieses Spiel nicht messen kann, hast du auch keine Möglichkeit, es von deinem Programm aus zu beeinflussen. Solche Wackelbewegungen können sich auf die Position der Spitze eines Roboterarms auswirken oder zu ungenauen Bewegungen führen.

Gute Verzahnung

Wie wählst du Zahnräder aus, damit sie gut ineinandergreifen? Tabelle 13-1 gibt die Radien aller Zahnräder in LEGO-Einheiten an. Um dich zu vergewissern, kannst du die Radien mit einem Balken als Vergleichswerkzeug messen.

TABELLE 13-1: Radien der verschiedenen Zahnräder

BAUART	ZAHNRAD	ZÄHNE	RADIUS (IN LEGO-EINHEITEN)	BAUART	ZAHNRAD	ZÄHNE	RADIUS (IN LEGO-EINHEITEN)
Zahnrad		8	0,5M	Doppelkegelrad	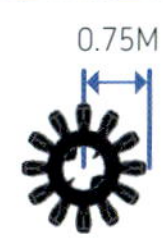	12	0,75M
	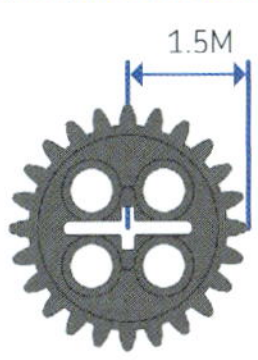	24	1,5M		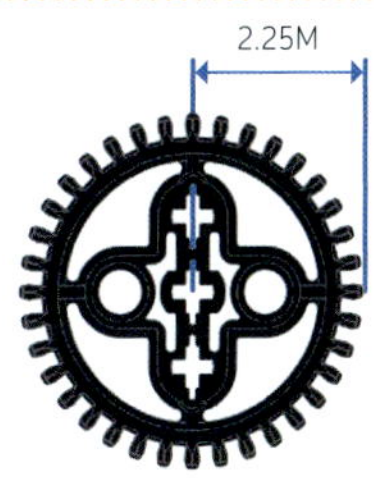	36	2,25M
Kegelrad		12	-		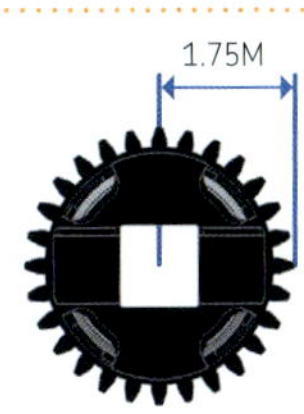	28	1,75M
	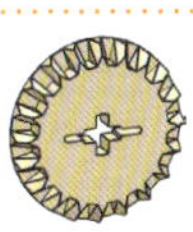	20	-				

Passende und unpassende Zahnradkombinationen

Es gibt zwei Arten von Zahnradkombinationen: passende und unpassende. Bei einer passenden Kombination ergibt die Summe der Radien der beiden Zahnräder in LEGO-Einheiten eine *ganze Zahl*. In einem solchen Fall kannst du die Zahnräder auf Achsen montieren, die du in einen Technic-Stein oder Liftarm einsetzt. Bei einer unpassenden Kombination ergibt die Summe der Radien eine Bruchzahl. Dabei ist es nicht möglich, die Zahnräder direkt auf Achsen in den Löchern von Steinen oder Liftarmen zu montieren.

Auch unpassende Kombinationen können nützlich sein, allerdings musst du dabei berücksichtigen, dass sie von den LEGO-Konstrukteuren nicht vorgesehen wurden. Das heißt, dass die Zähne eher locker ineinandergreifen und dass es schwierig sein kann, einen Rahmen zu bauen, der die Zahnräder zusammenhält. In den folgenden Abschnitten findest du auch einige Beispiele für solche unpassenden Kombinationen.

Zahnräder auf parallelen Achsen

In diesem und dem folgenden Abschnitt findest du verschiedene Beispiele für Getriebe, die du in deine Roboter einbauen kannst. Abb. 13-11 zeigt Möglichkeiten, um Zahnräder auf parallelen Achsen zu montieren.

Bei jedem der Beispiele sind das Übersetzungsverhältnis sowie in Rot der Abstand zwischen den Mittelpunkten der Zahnräder in LEGO-Einheiten angegeben. Beispielsweise leistet das Getriebe in **F** die gleiche Übersetzung wie das in **D**, ist allerdings durch den 3M-Liftarm, der die Achsen verbindet, dagegen gesichert, dass sich die Zahnräder voneinander lösen.

Die Getriebe in **B**, **H** und **I** bestehen aus Zahnrädern mit unpassendem Verhältnis, funktionieren aber trotzdem.

ABBILDUNG 13-11: Zahnräder auf parallelen Achsen. In Rot sind die Abstände zwischen den Achsen in LEGO-Einheiten angegeben.

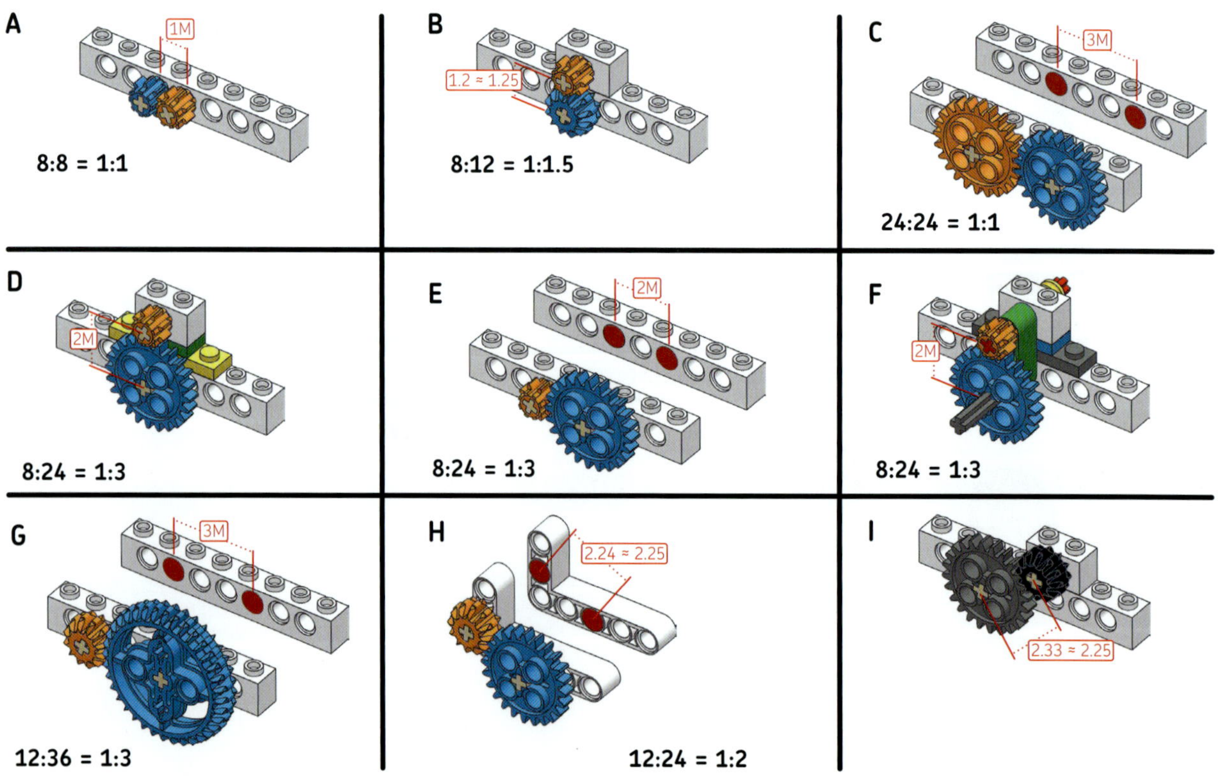

14

BrickPecker: Ein Vogel sortiert Steine

In diesem Kapitel erhältst du eine ausführliche Bauanleitung für BrickPecker, den »Steinspecht« (siehe Abb. 14-1), der Steine in seinem Nest nach Farben sortieren kann. Du fütterst den BrickPecker über eine Rutsche mit bunten »Samenkörnern«, die der Roboter mit seinem Schnabel aufnimmt und dann sortiert in den verschiedenen Behältern ablegt.

In jedem Schritt der Bauanleitung ist eine Liste aller Teile angegeben, die du in dem jeweiligen Schritt benötigst.

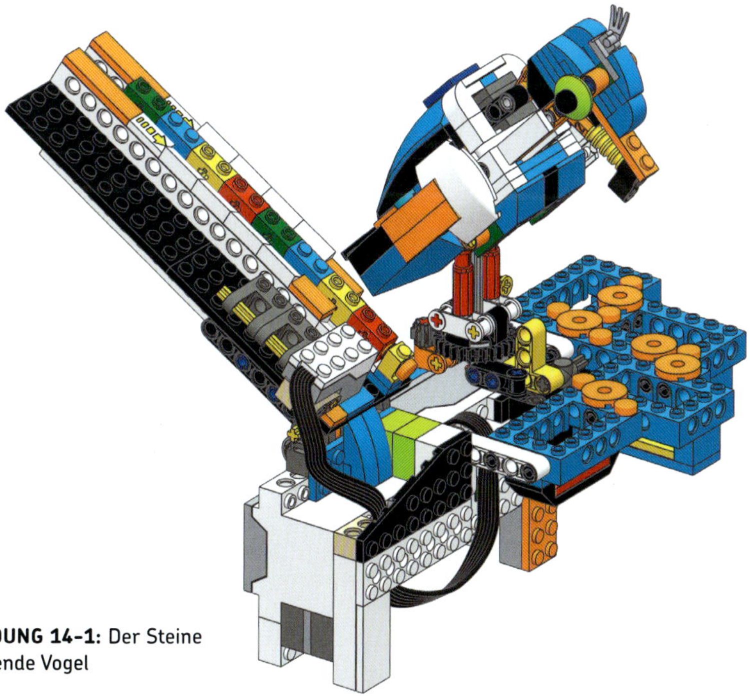

ABBILDUNG 14-1: Der Steine sortierende Vogel

1

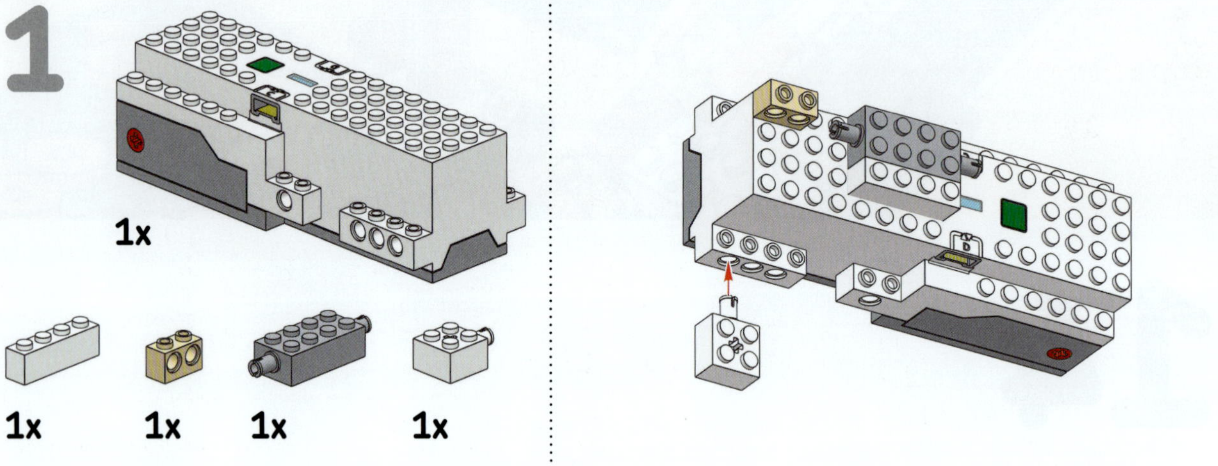

2

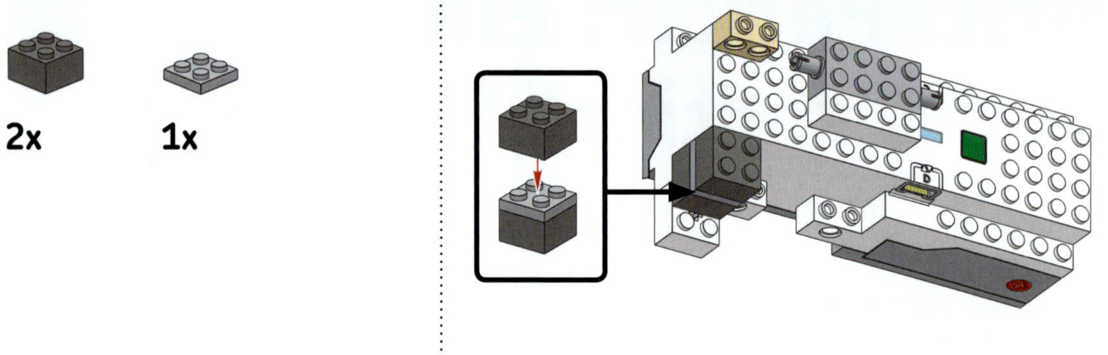

3

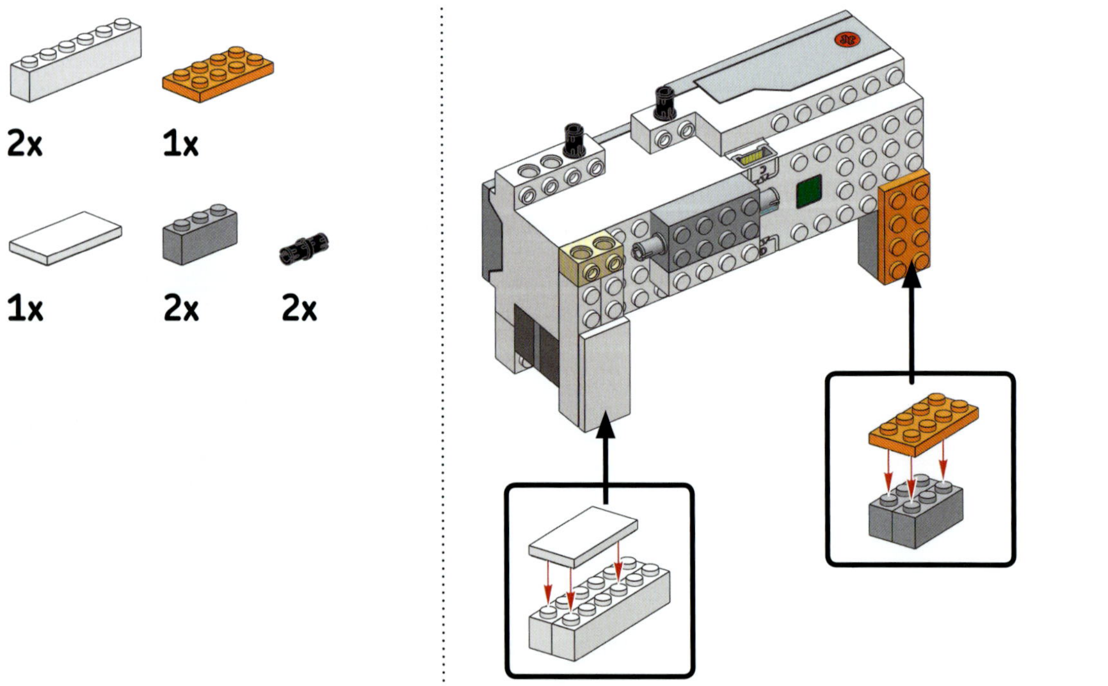

4

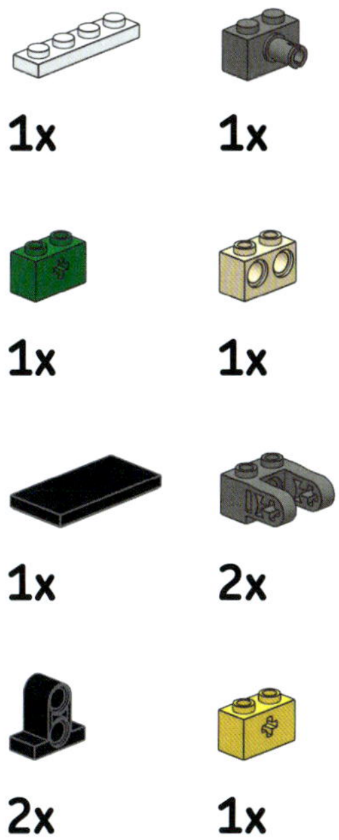

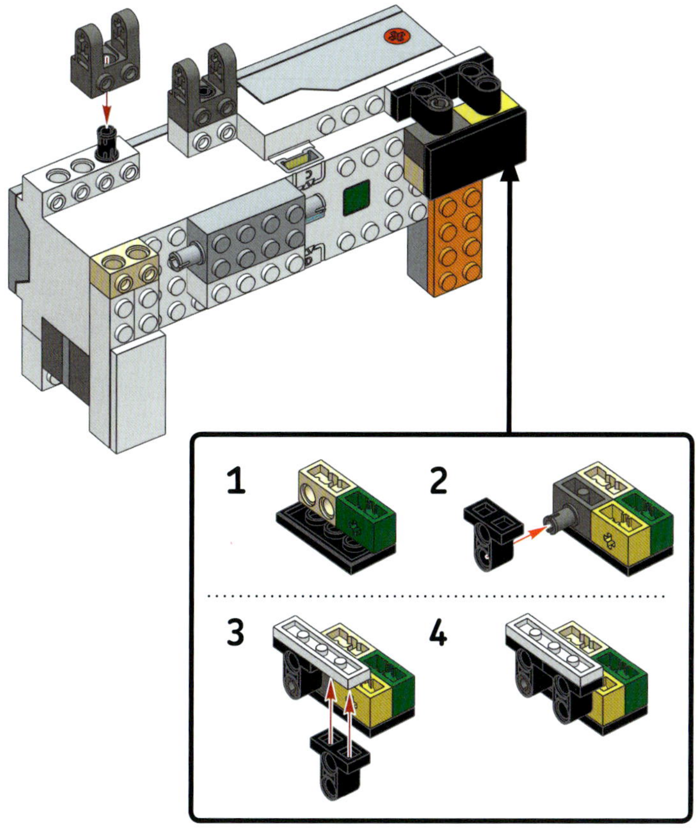

5

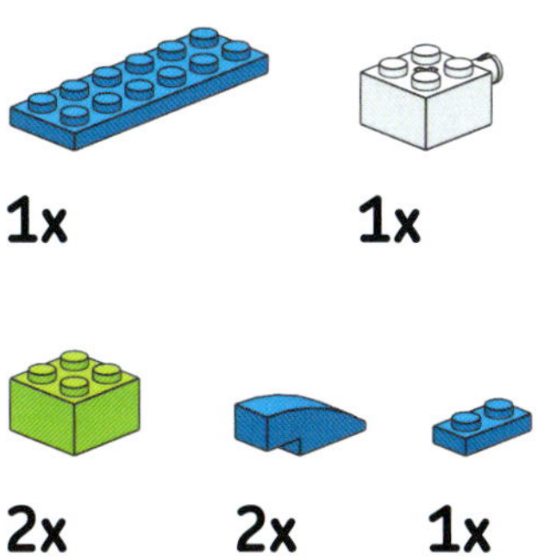

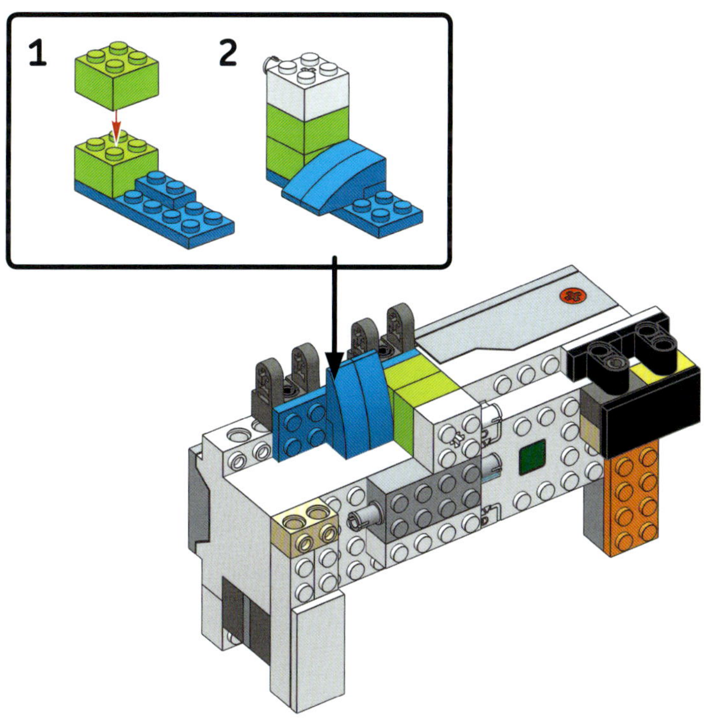

6

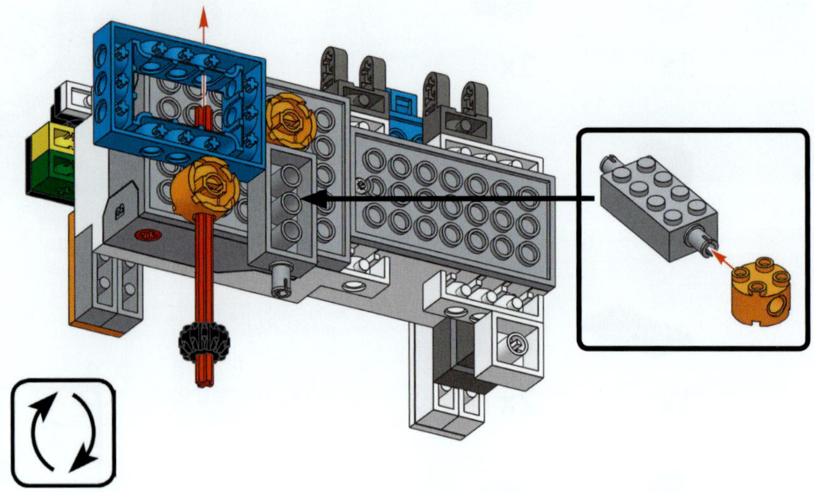

7

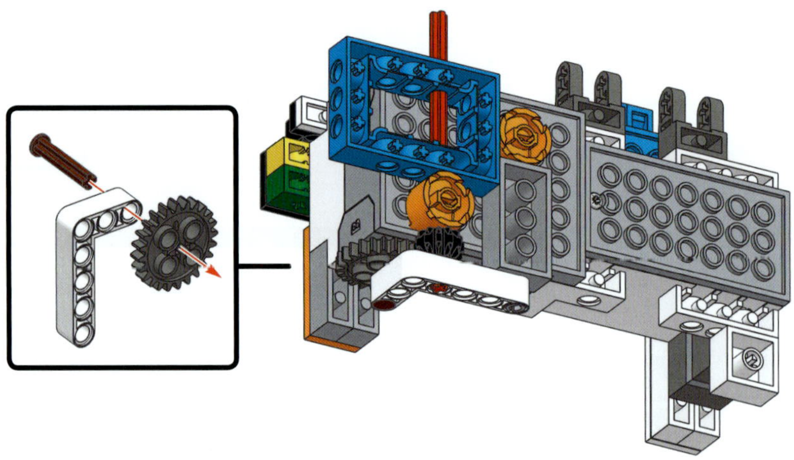

8

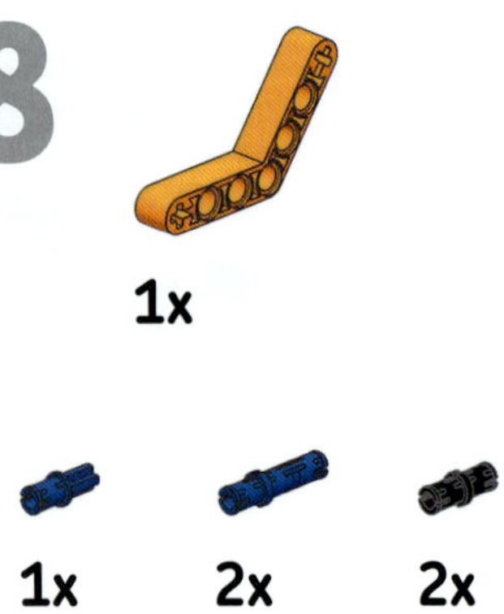

Die Rutsche bauen

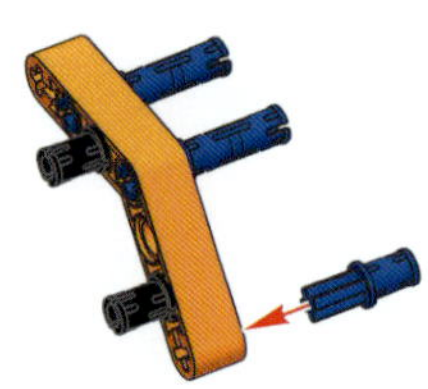

9

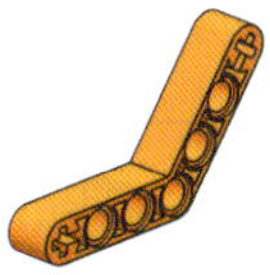

1x

2x

1x

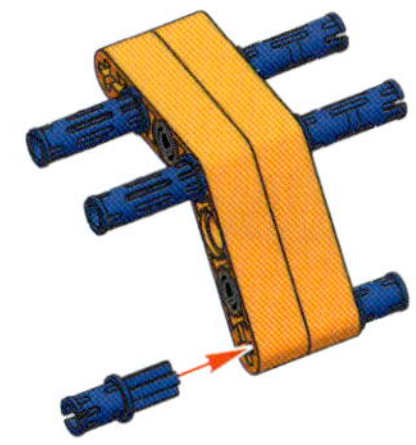

10

7

1x

2x

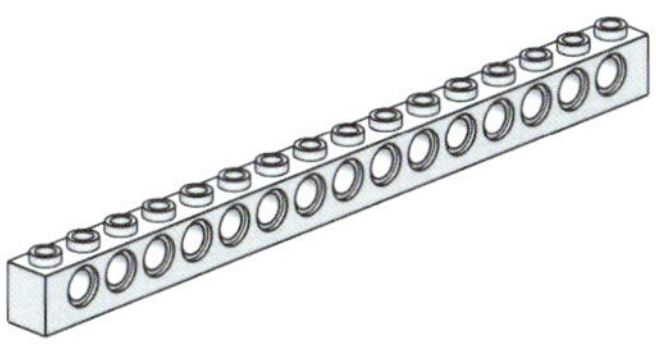

1x

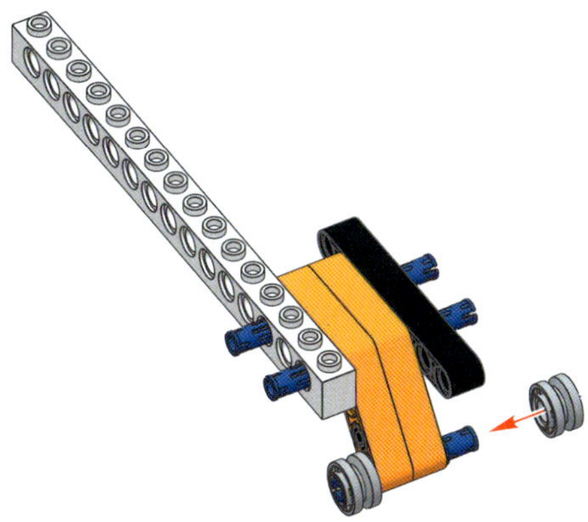

11

7

1x

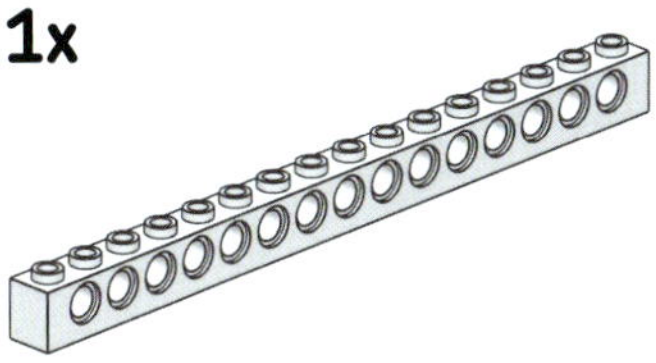

1x

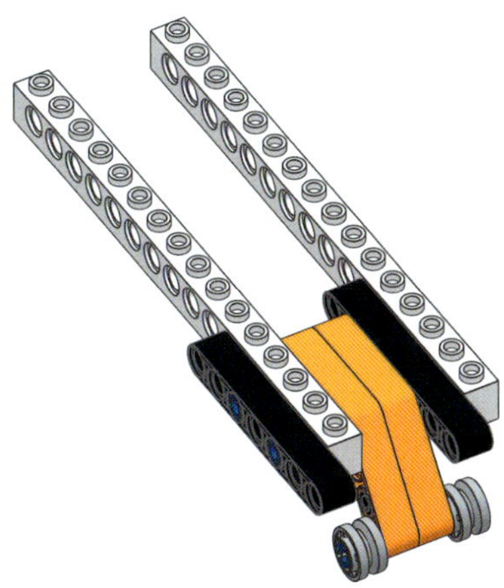

12

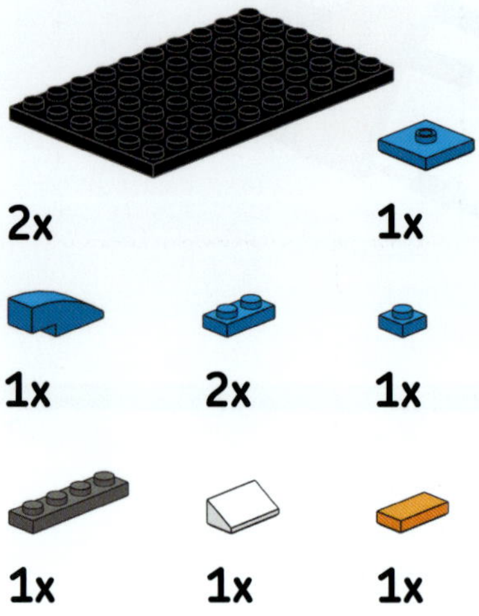

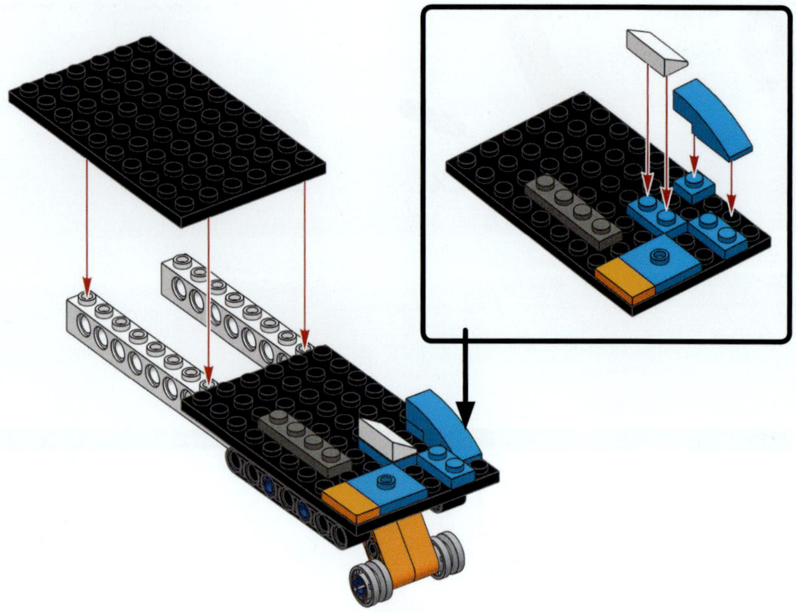

13

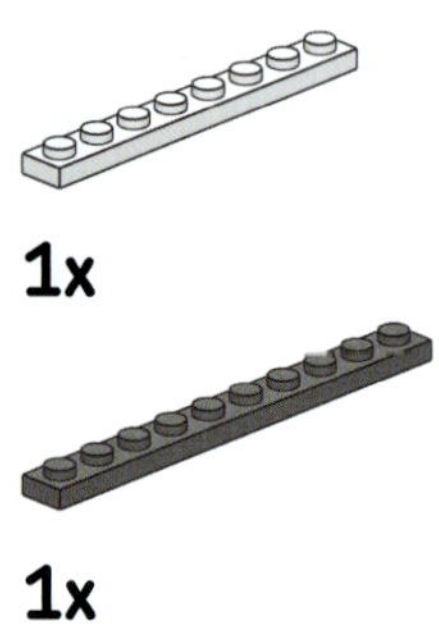

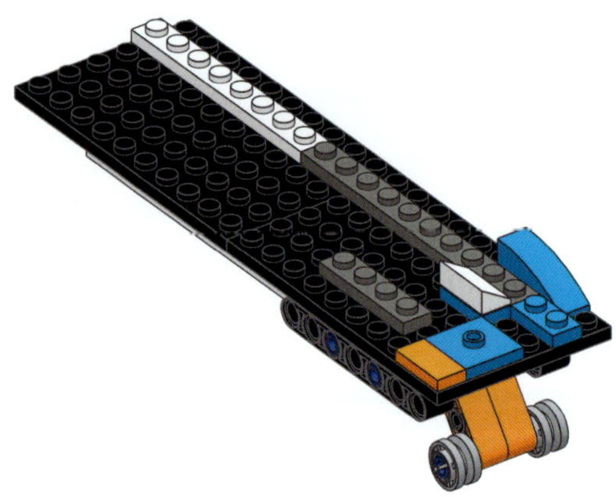

14

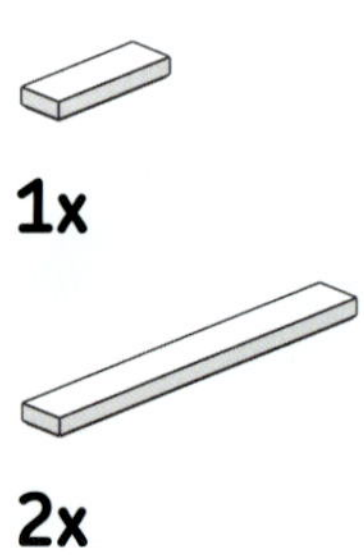

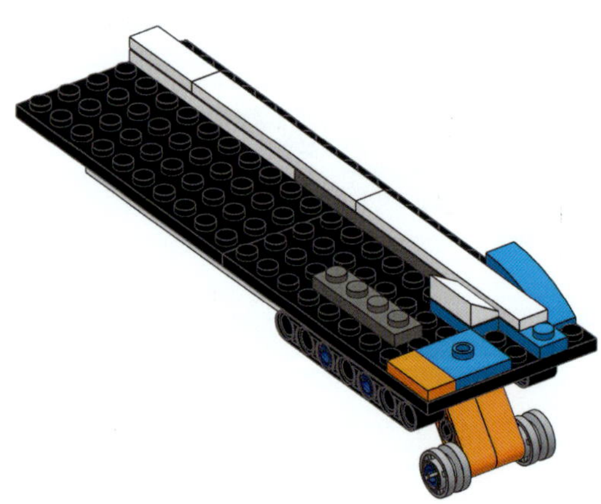

15

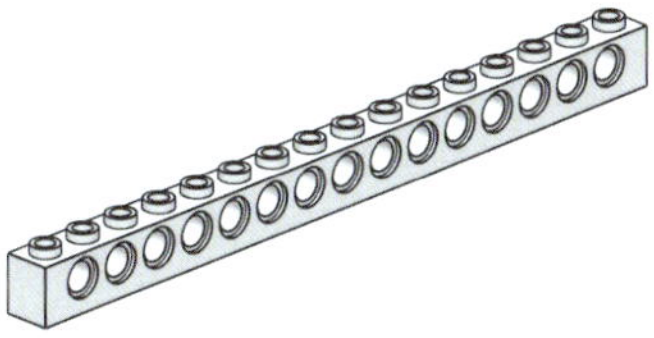

2x

2x

2x

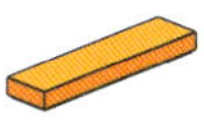

2x

8x

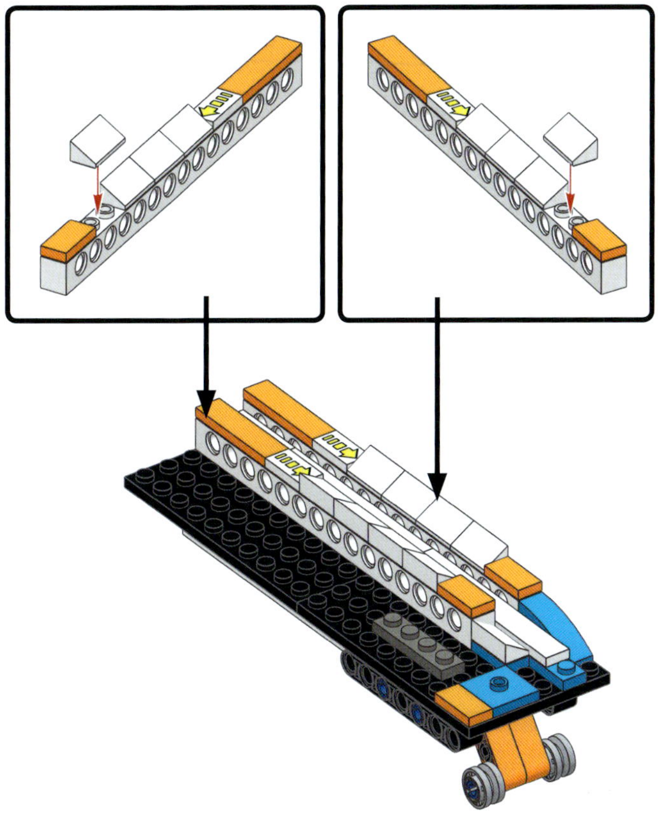

16

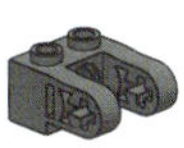

2x

1x

1x

1x

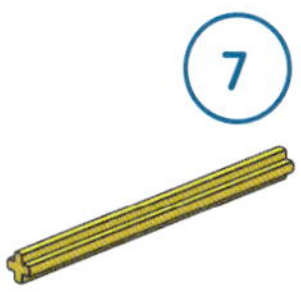

1x

1x

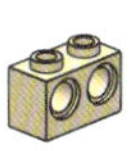

1x

1x

1x

1x

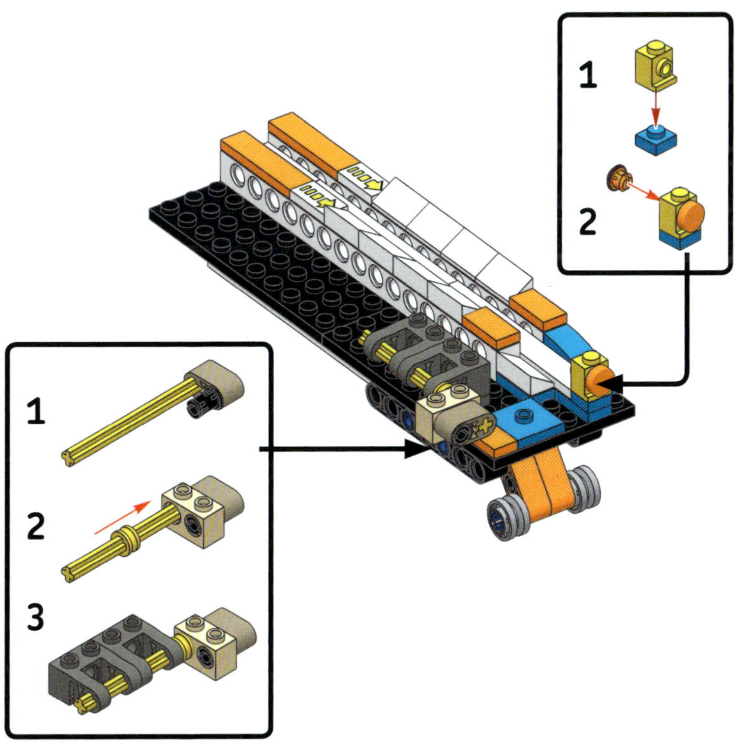

17

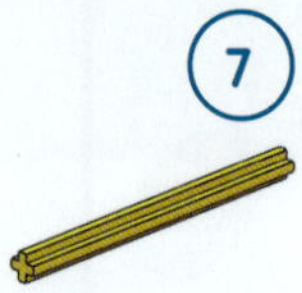

1x

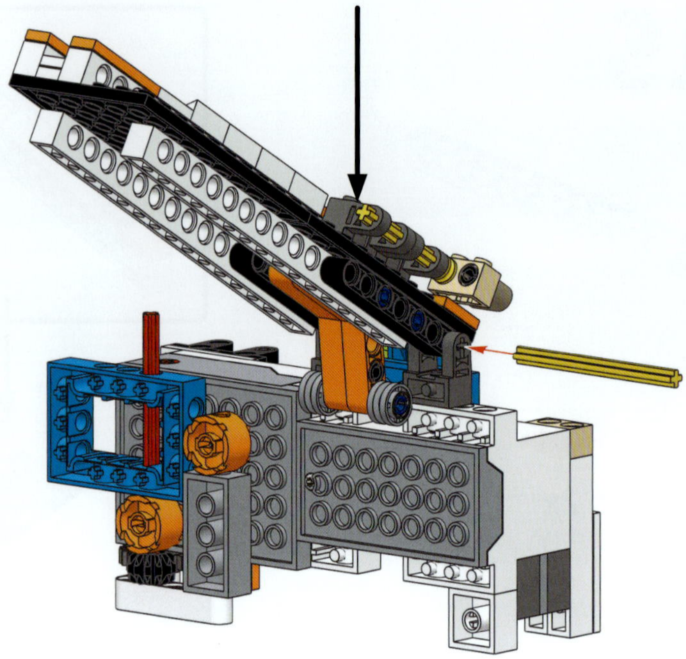

18

1x

19

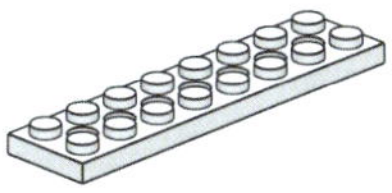

1x

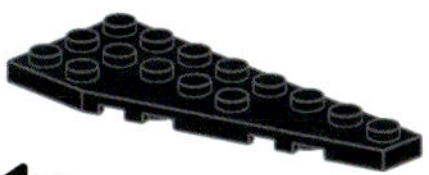

1x

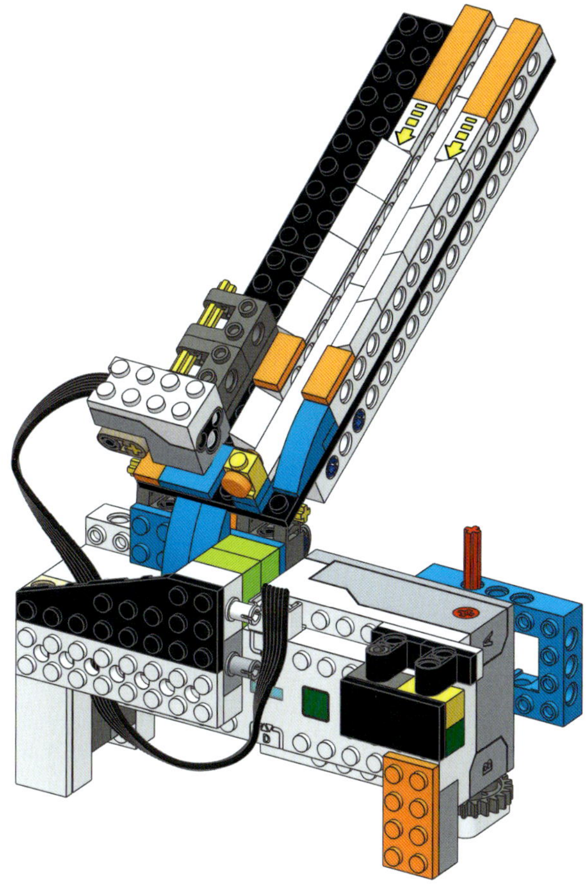

20

1x

1x

Die Baugruppe mit der Drehscheibe zusammensetzen

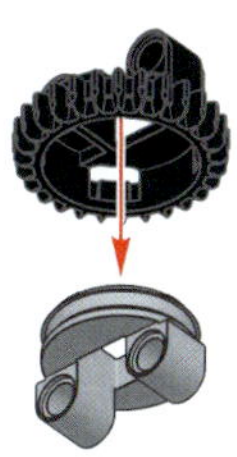

21

3

1x

1x

1x

1x

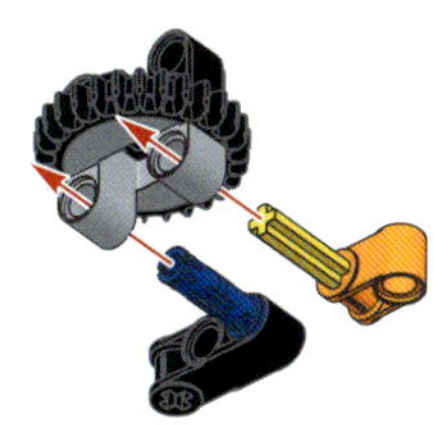

22

1x

1x

1x

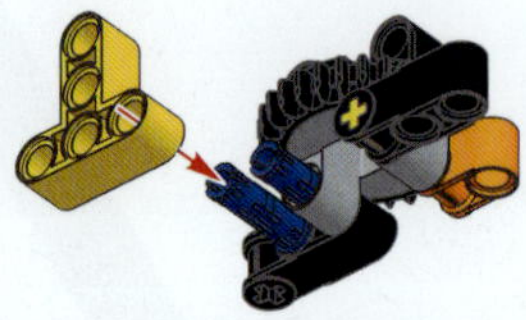

23

1x

1x

2x

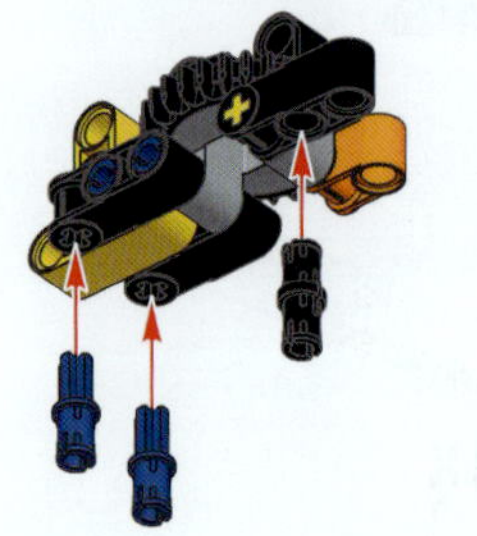

24

1x

4

1x

3

1x

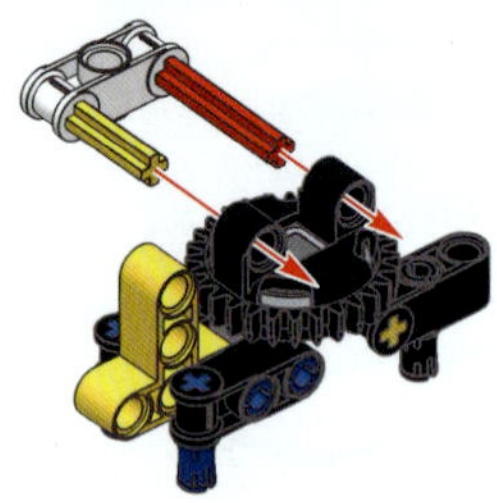

25

1x

1x

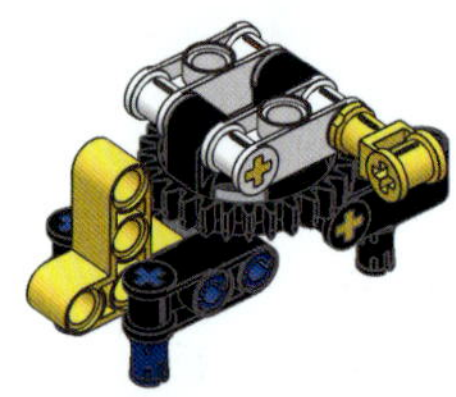

26

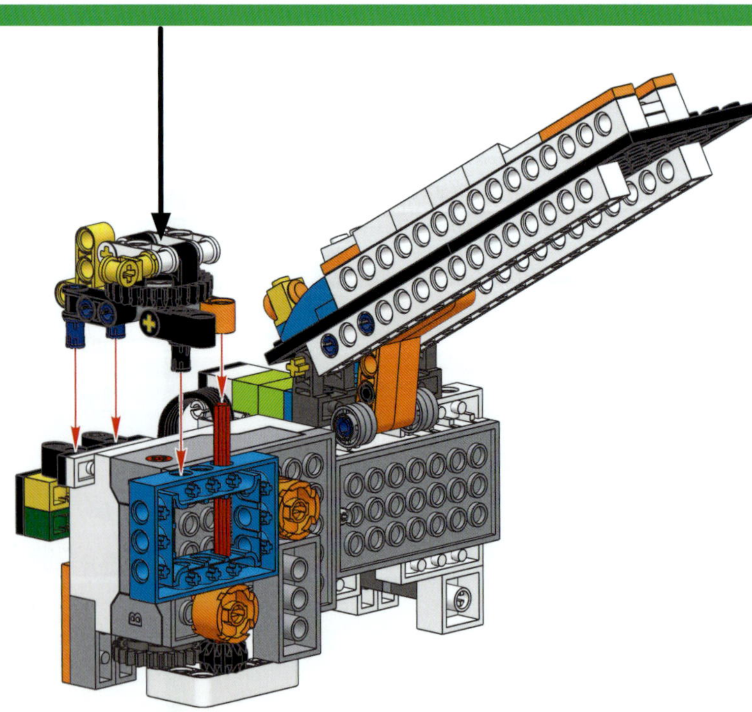

27

1x

1x

1x

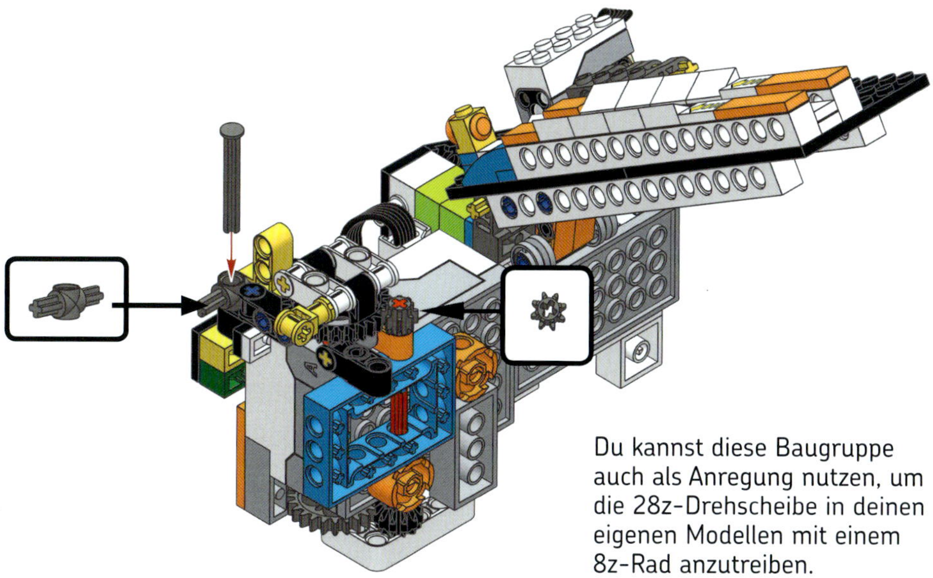

Du kannst diese Baugruppe auch als Anregung nutzen, um die 28z-Drehscheibe in deinen eigenen Modellen mit einem 8z-Rad anzutreiben.

28

Das Vogelnest bauen

3x

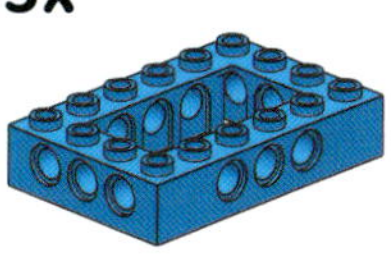

1x

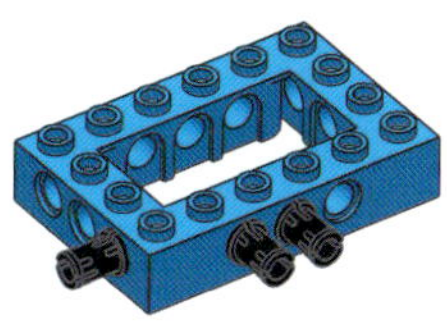

29

1x

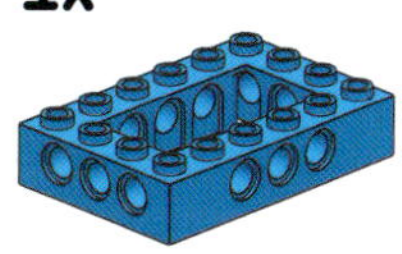

1x

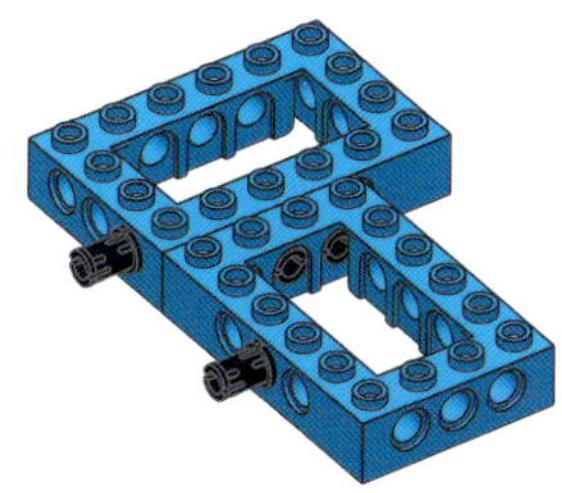

30

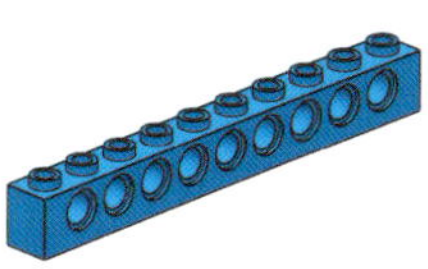

1x

4x

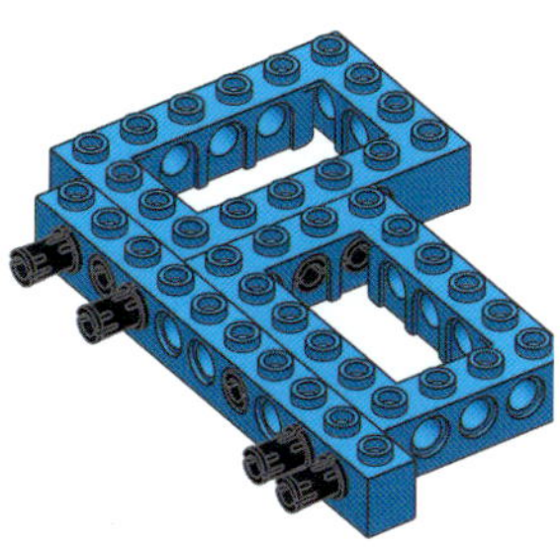

31

4x

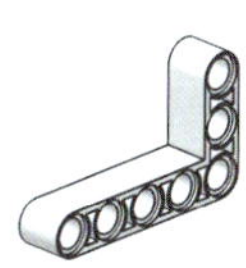

1x

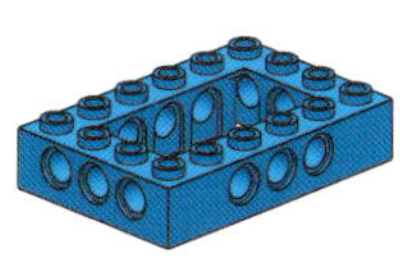

1x

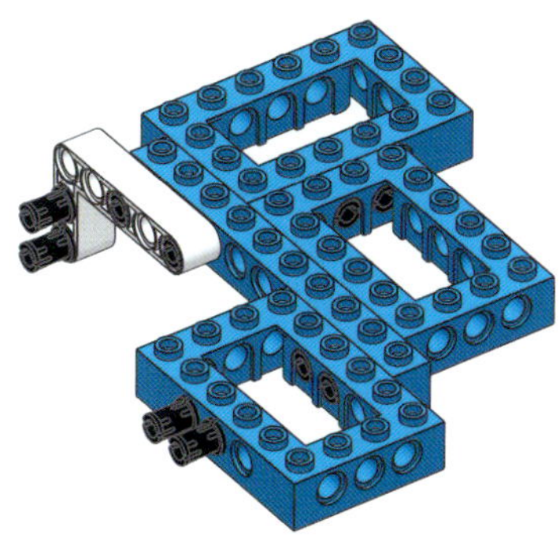

32

33

34

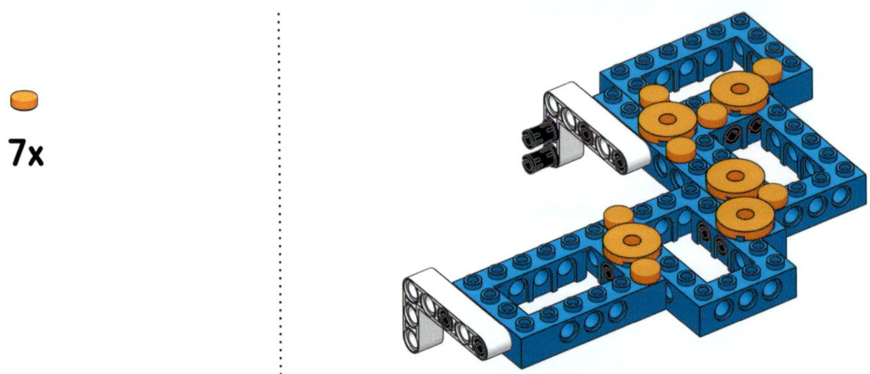

35

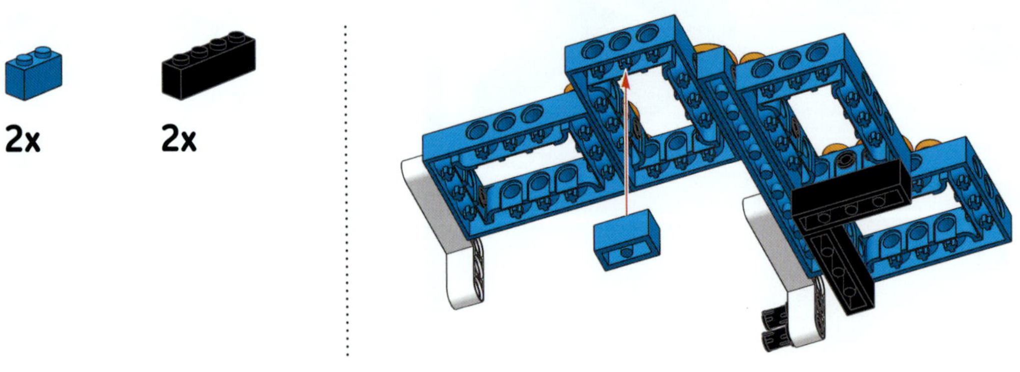

36

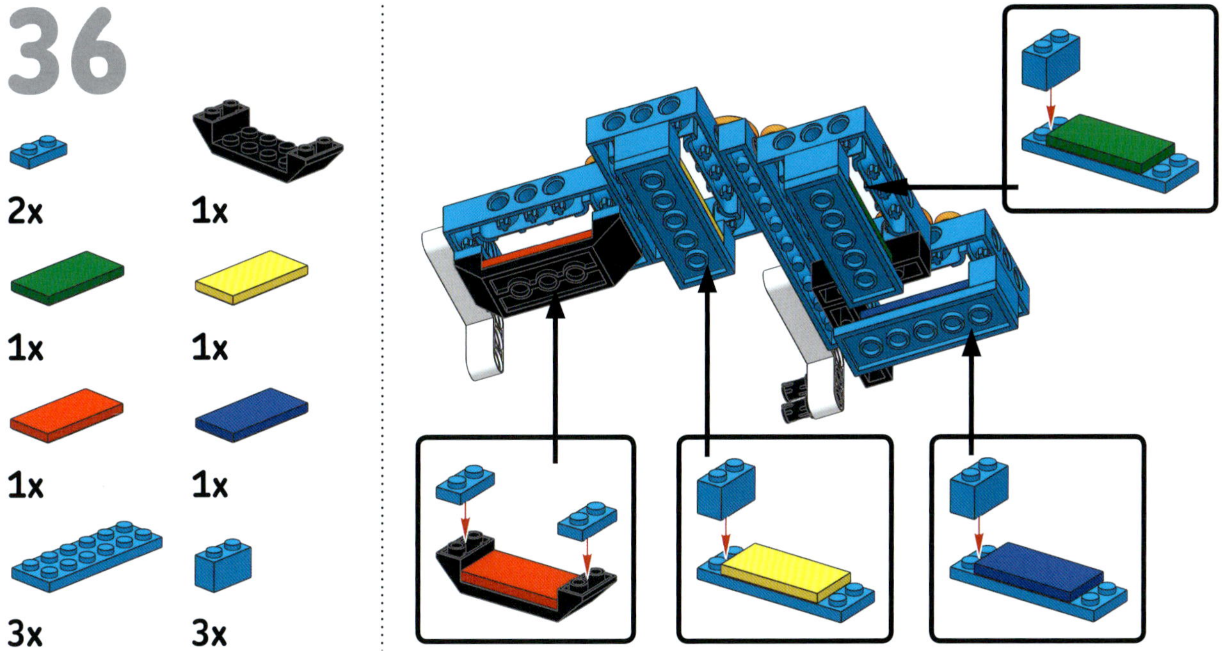

37

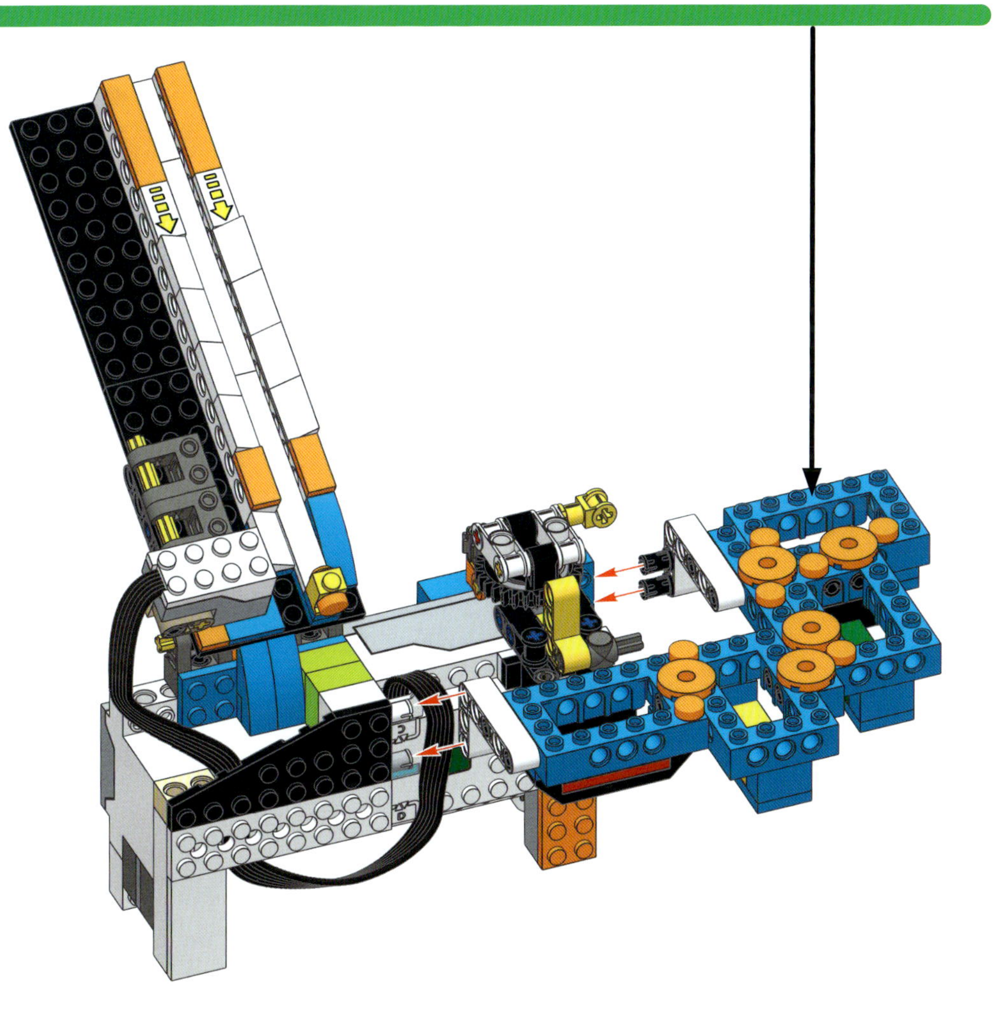

38

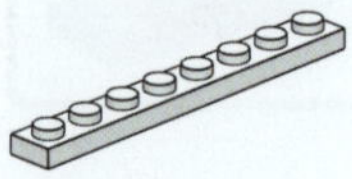

1x

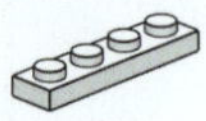

1x

Den Vogel bauen

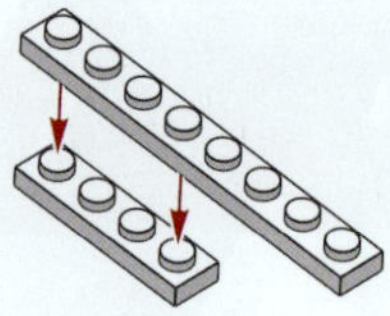

39

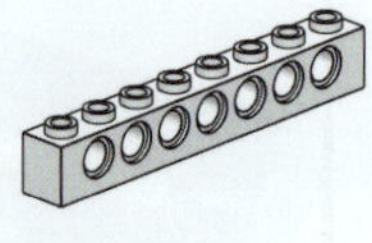

1x

3x

1x

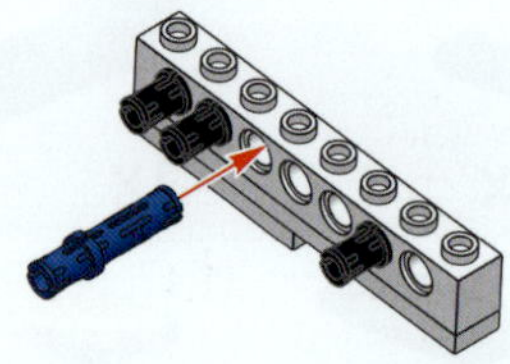

40

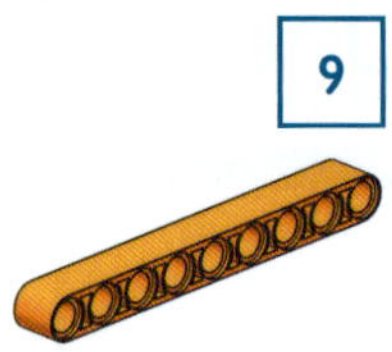

1x

1x

1x

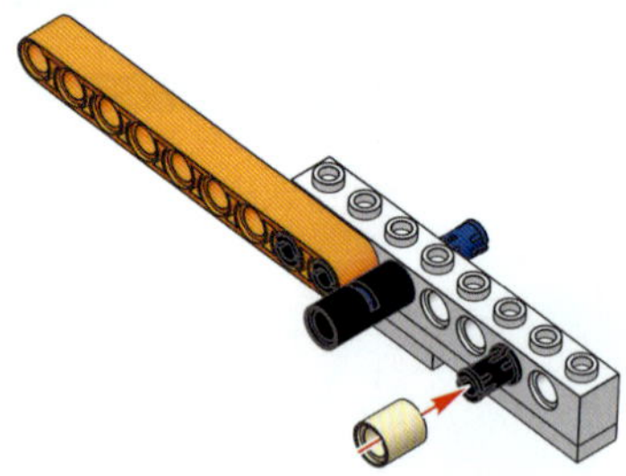

41

3x

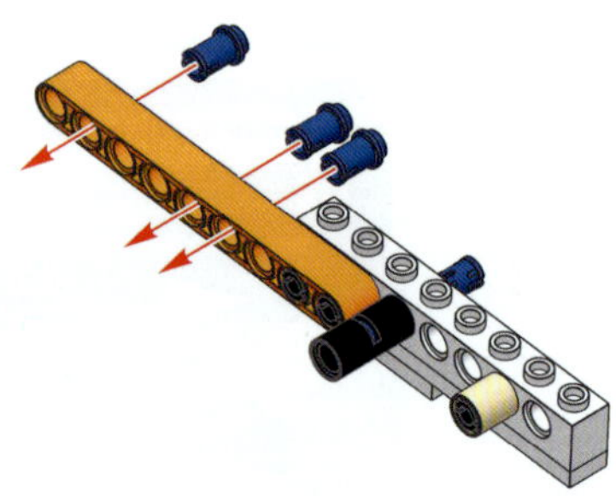

42

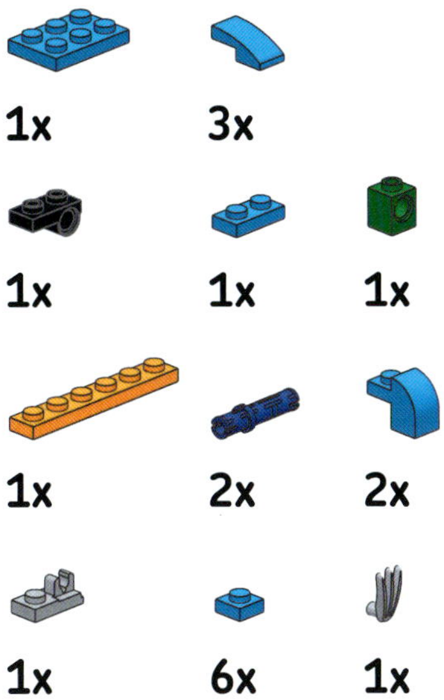

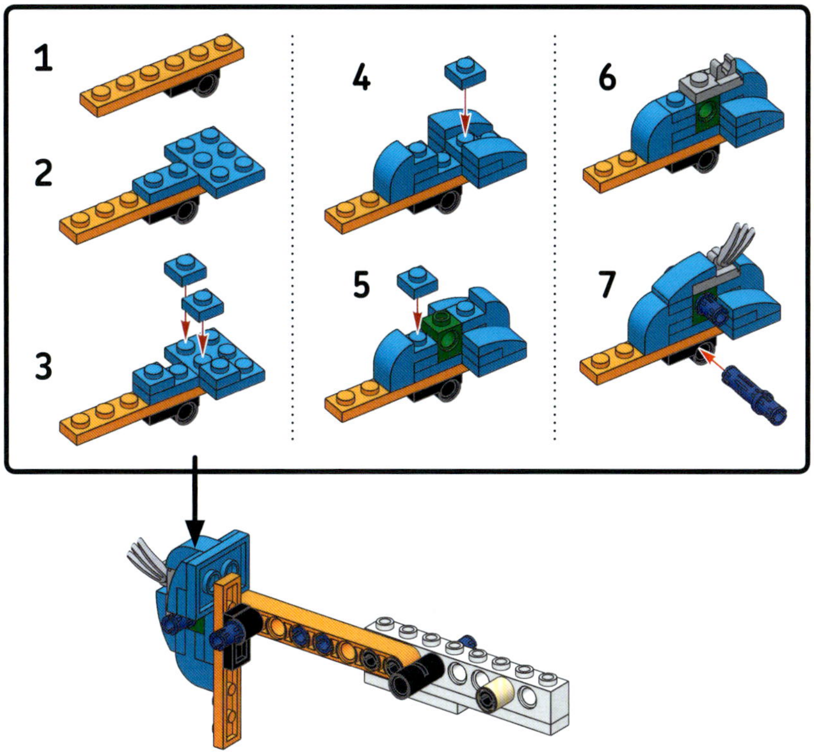

43

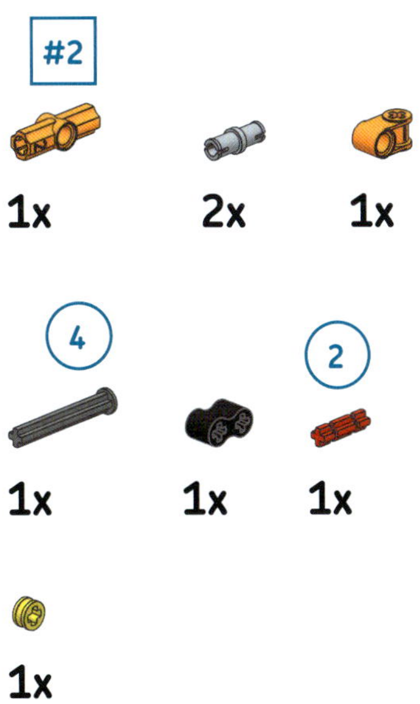

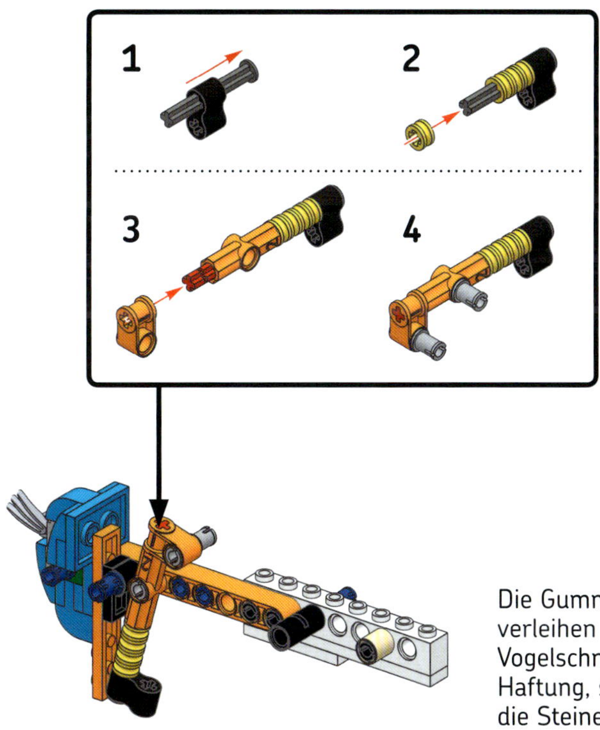

Die Gummiteile verleihen dem Vogelschnabel mehr Haftung, sodass er die Steine zuverlässig aufnehmen kann.

44

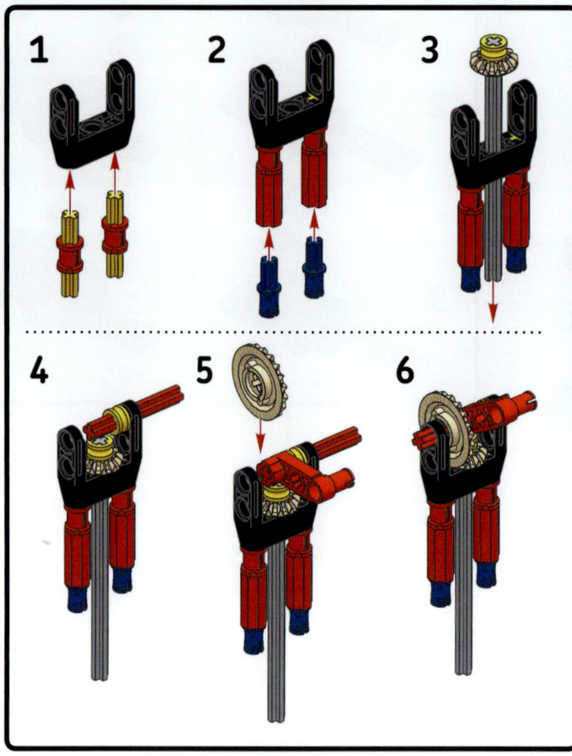

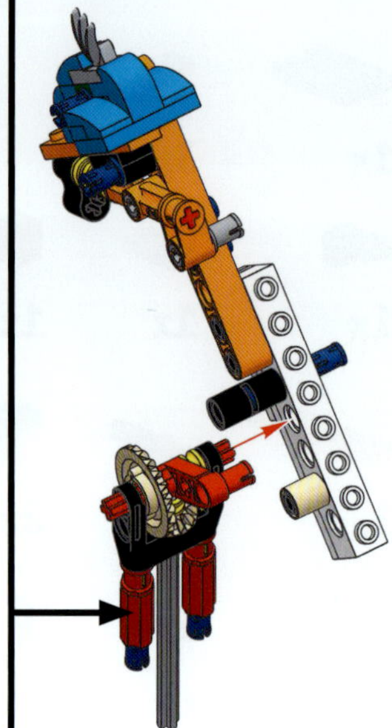

45

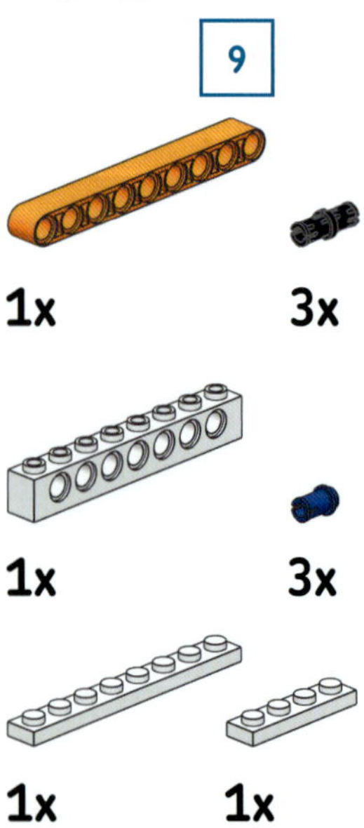

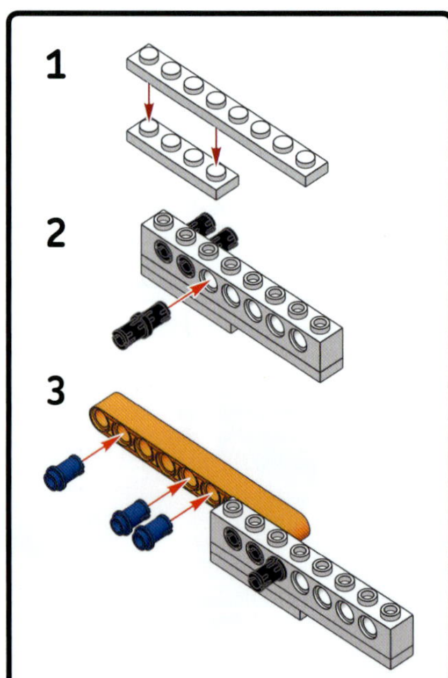

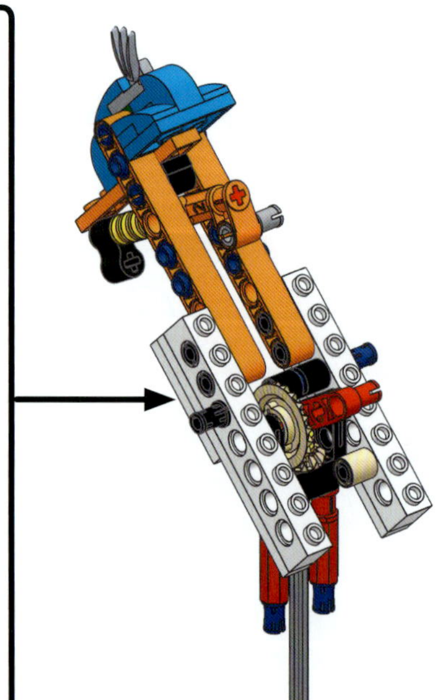

46

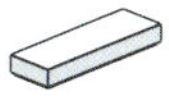

2x

2x

2x

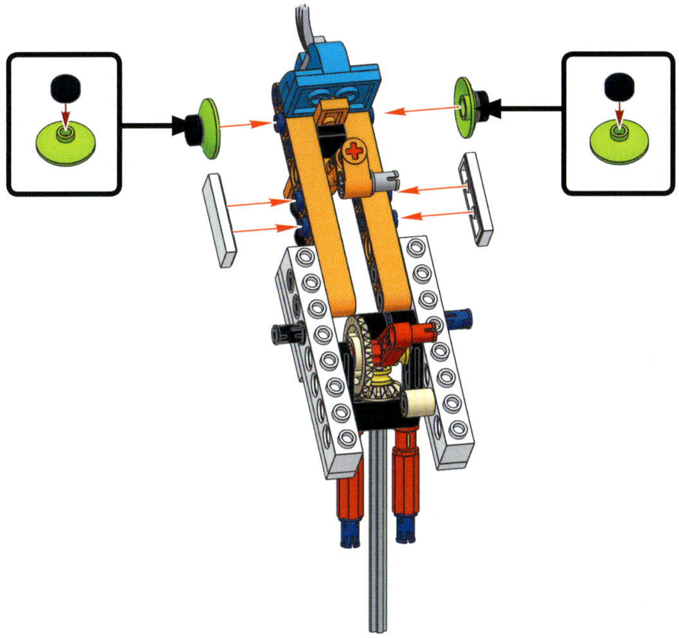

47

2x

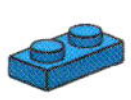

4x

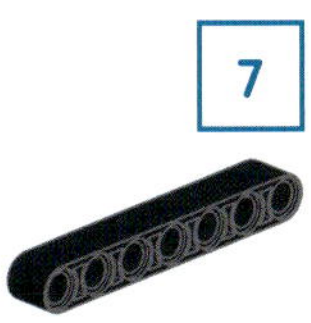

1x

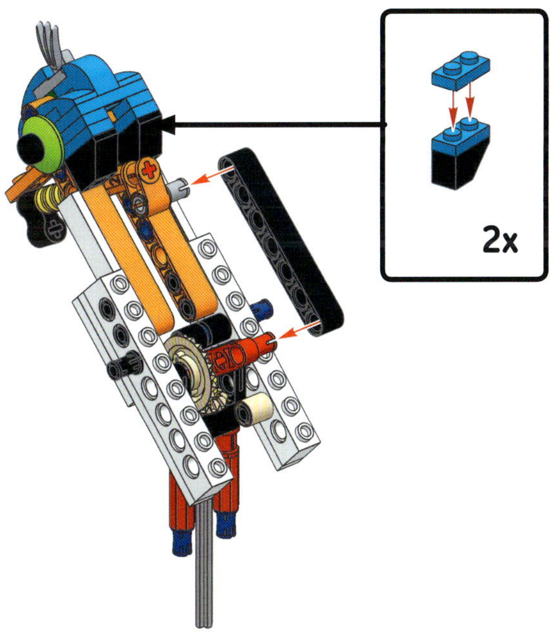

48

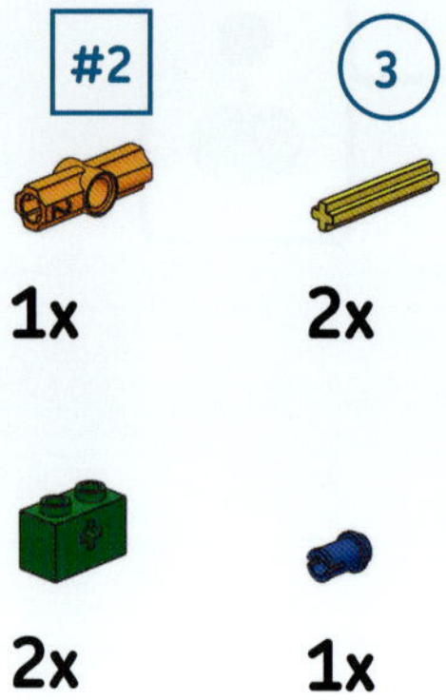

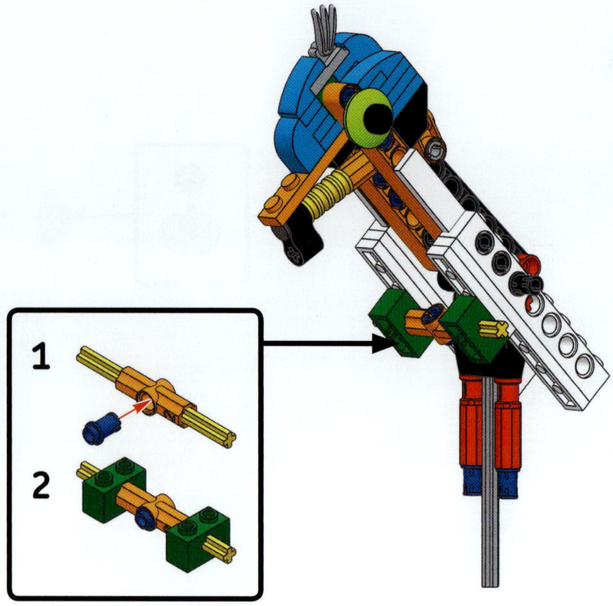

Bringe diese Baugruppe so an, dass die Noppe des Pins zum schwarzen Getriebe zeigt.

49

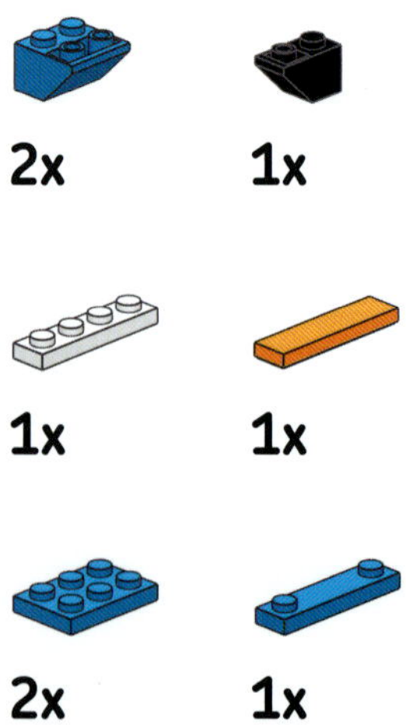

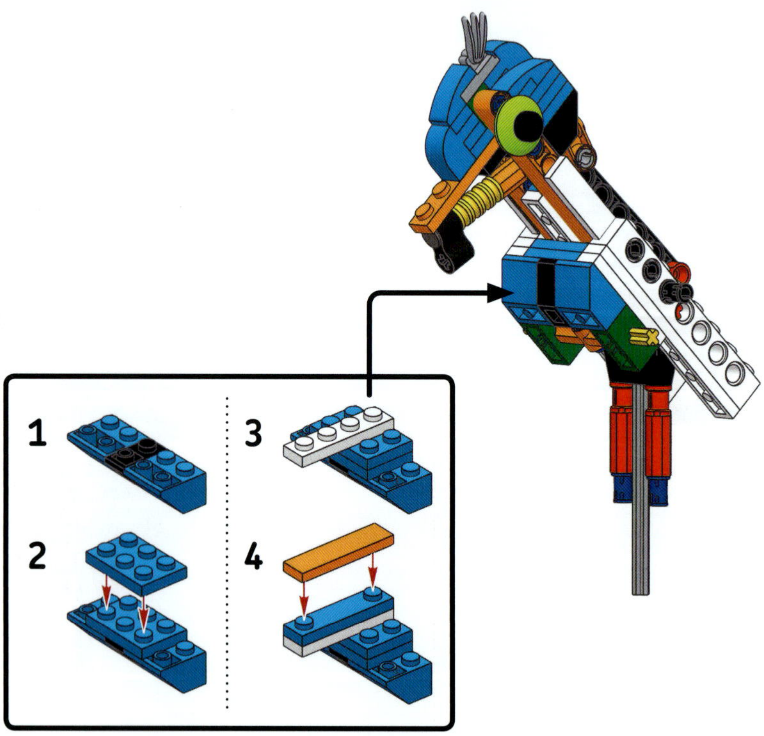

50

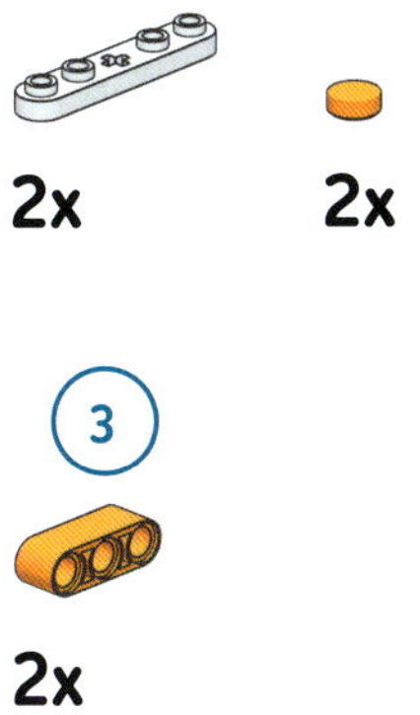

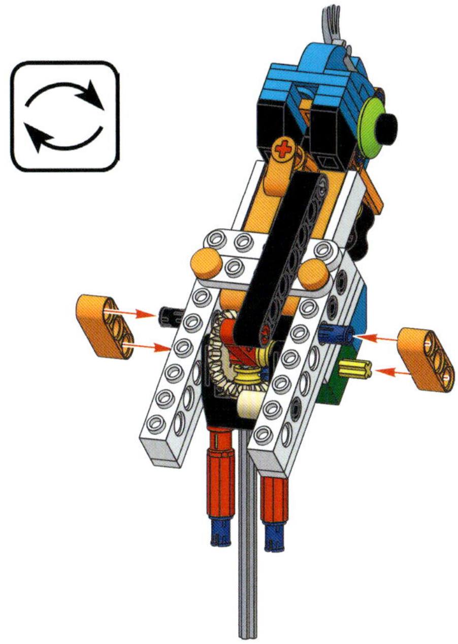

51

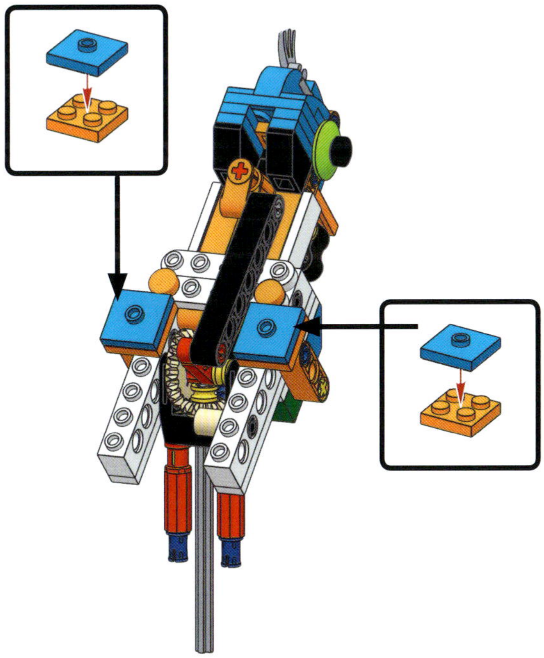

52

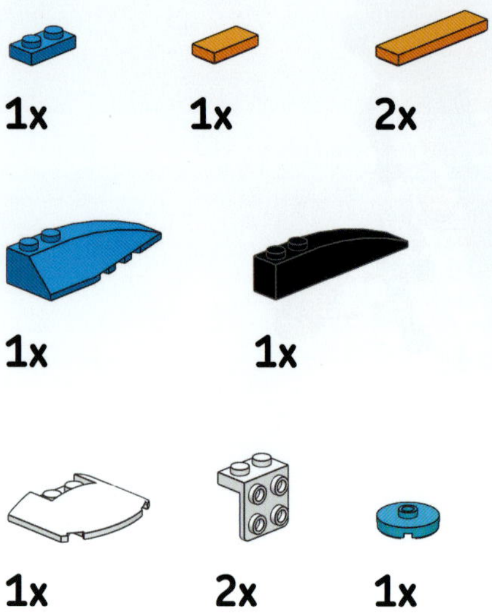

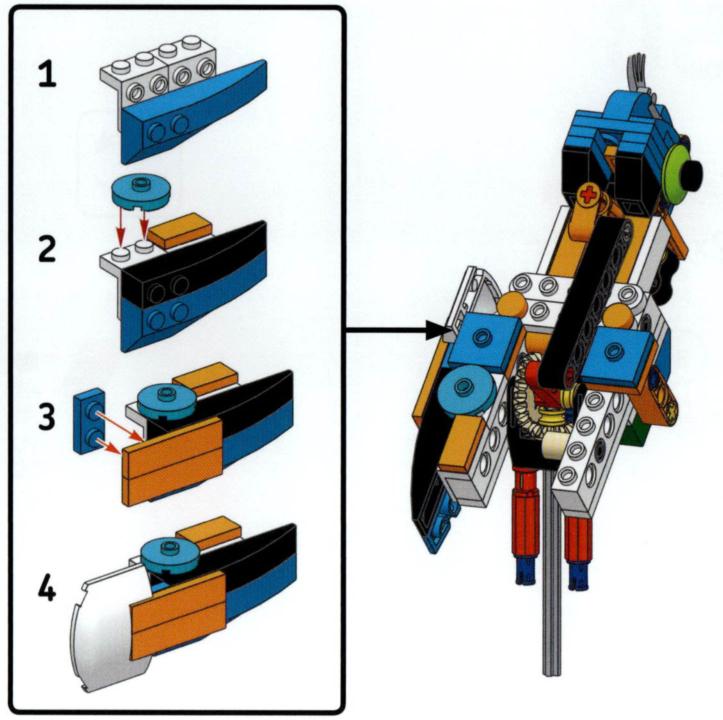

53

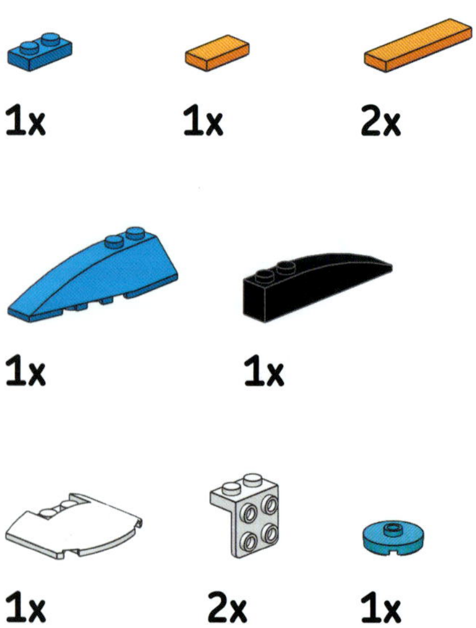

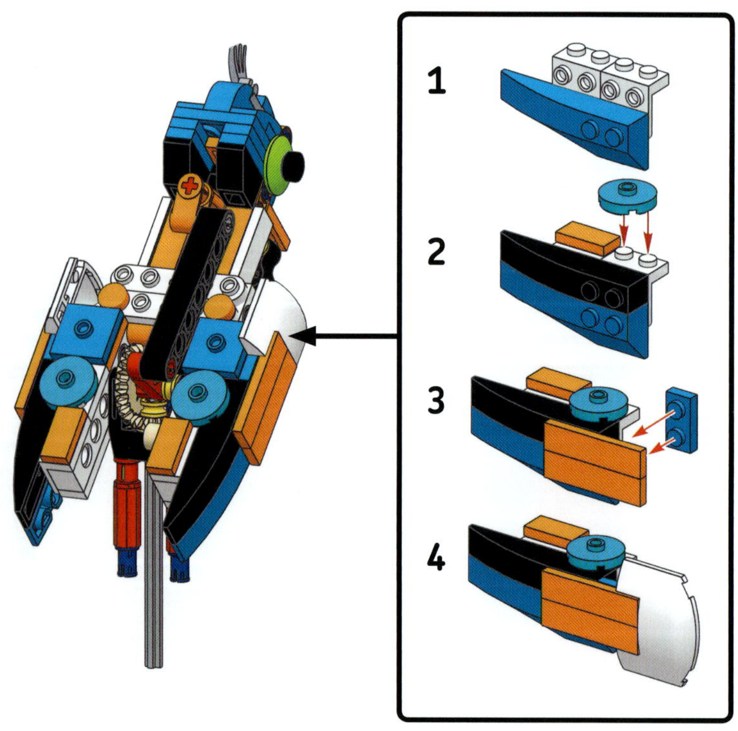

54

1x 1x 2x

1x 1x 1x

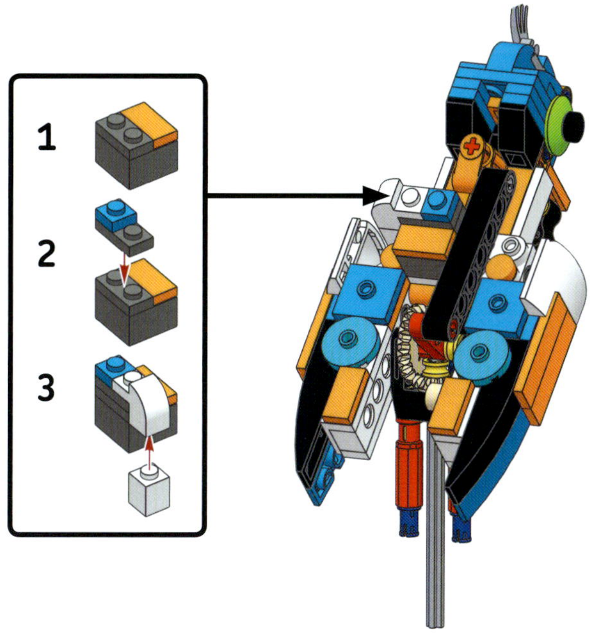

55

1x 1x 1x

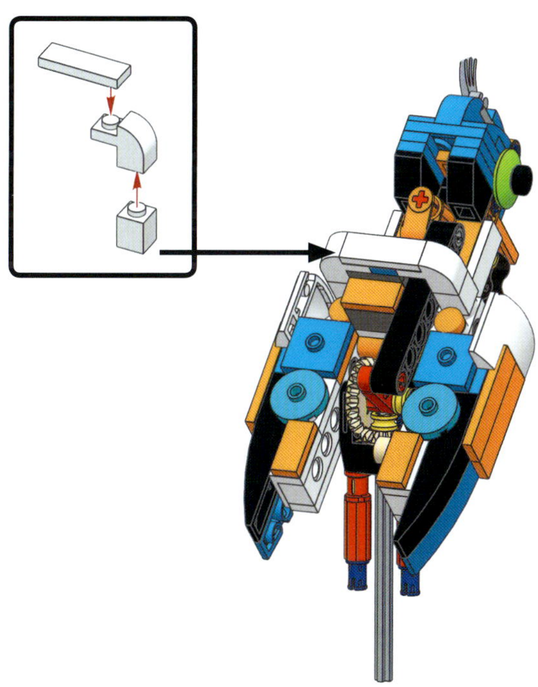

56

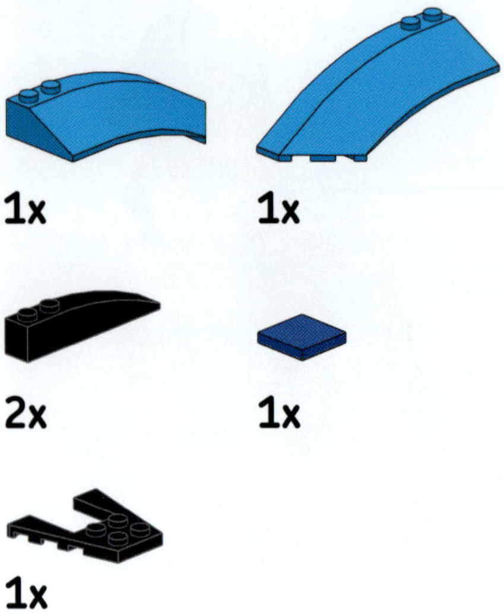

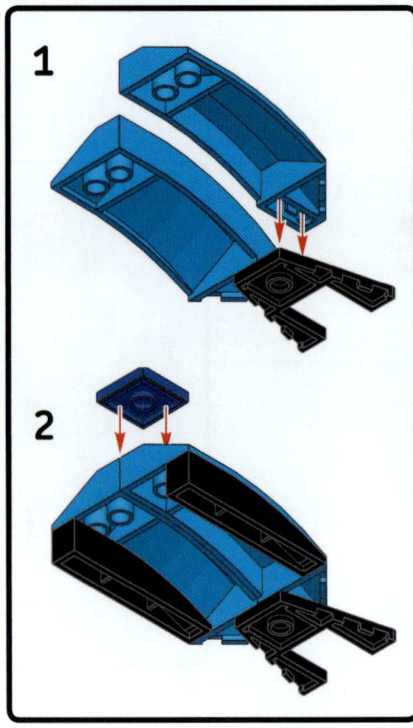

57

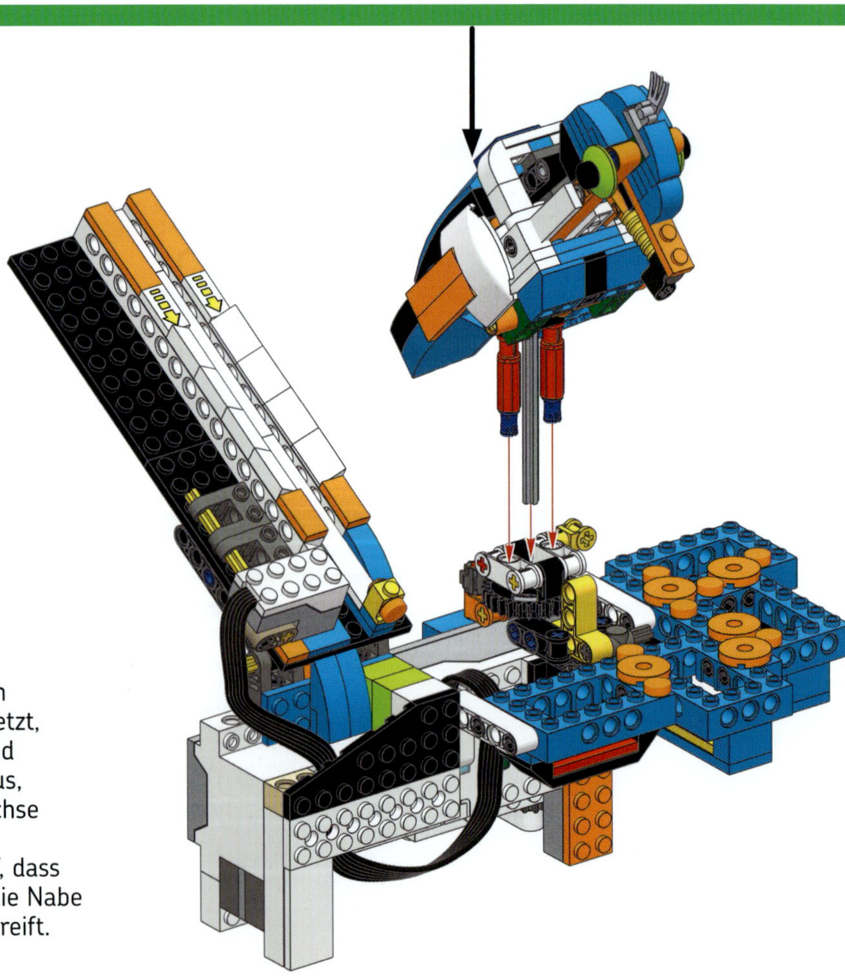

Bevor du den Vogel auf den Hauptteil des Modells aufsetzt, halte ihn an den Beinen und überprüfe den Mechanismus, indem du an der grauen Achse drehst. Achte dann bei der Montage des Vogels darauf, dass die graue Achse genau in die Nabe der Welle von Motor A eingreift.

58

2x

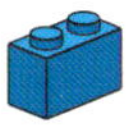

2x

2x

2x

Die farbigen Steine sind die Samenkörner, die der BrickPecker sortieren soll.

59

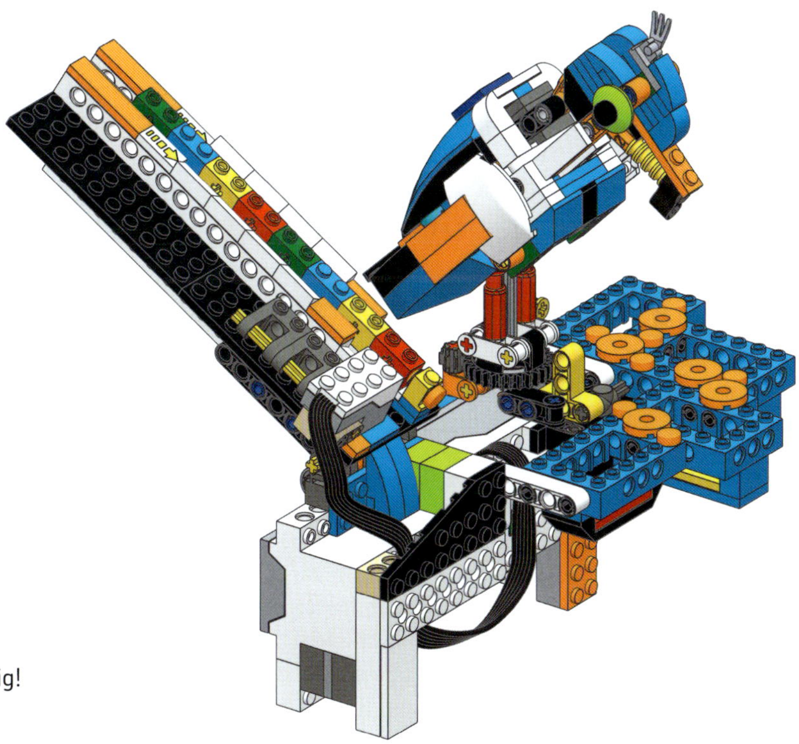

Der BrickPecker ist fertig!

Ein Motor für zwei Bewegungen

Der Mechanismus im BrickPecker macht es möglich, dass ein einziger Motor (Motor A des Move Hubs) sowohl den Schnabel bewegen als auch den ganzen Körper kippen kann. Wenn sich der Motor in die eine Richtung dreht, schließt er den Schnabel und hebt den Rumpf an. Rotiert er anderes herum, senkt er den Körper und öffnet den Schnabel.

Abb. 14-2 zeigt den grundlegenden Mechanismus innerhalb des Vogels. Bei ❶ ist der Körper nach unten geneigt und der Schnabel geöffnet. Wird die graue Achse gedreht, zieht der rote Hebel am schwarzen Liftarm. Dadurch schließt sich der Schnabel, doch der Körper bleibt geneigt, da das Schließen des Schnabels weniger Kraft erfordert als das Hochkippen des gesamten Körpers. Ist der Schnabel ganz geschlossen ❷, zieht der rote Hebel weiter am schwarzen Liftarm und richtet jetzt den Vogelkörper auf ❸, weil der Hebel und der Körper einen gemeinsamen Drehpunkt (die rote Achse) haben. Dreht sich die graue Achse anderes herum, werden die Bewegungen umgekehrt, sodass sich der Körper nach unten neigt und der Schnabel öffnet.

ABBILDUNG 14-2: Dieser Mechanismus macht es möglich, mit einem einzigen Motor verschiedene Bewegungen auszuführen, z. B. das Öffnen und Schließen des Schnabels und das Kippen des Körpers.

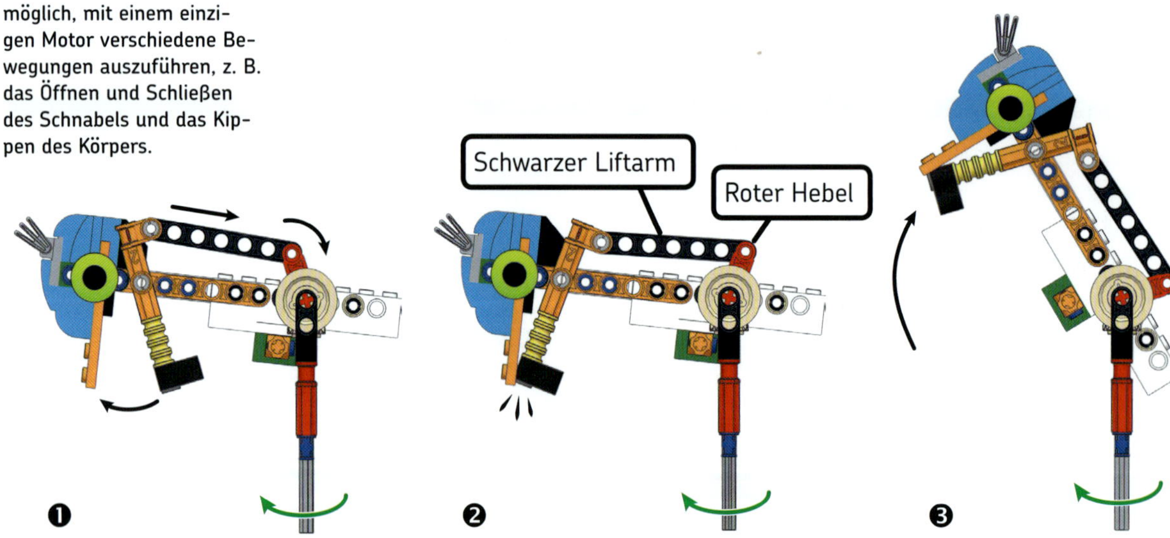

Was du gelernt hast

In diesem Kapitel hast du einen Vogel gebaut, der sich drehen, kippen und seinen Schnabel öffnen und schließen kann. Dabei hast du gelernt, wie ein Mechanismus, der nur von einem einzigen Motor angetrieben wird, zwei verschiedene Bewegungen ausführen kann. Ähnliche Mechanismen kannst du auch in deine eigenen Modelle einbauen, z. B. einen Roboterarm, der Steine aufnimmt und ablegt, oder einen Kran. In Kapitel 15 wirst du den BrickPecker programmieren, sodass er Steine nach Farben sortiert.

15

Den BrickPecker programmieren

In diesem Kapitel lernst du, wie du den BrickPecker so programmierst, dass er Steine von der Rutsche aufnimmt und in dem gleichfarbigen Behälter seines Nests ablegt. Bevor wir das Hauptprogramm schreiben, wollen wir wie üblich erst die erforderlichen Aktionsblöcke erstellen.

Als Erstes aber werfen wir noch einen genauen Blick auf das eigentümliche Getriebe des Vogels. Du musst wissen, wie es funktioniert, damit du verstehen kannst, was die Aktionsblöcke in diesem Projekt tun.

Funktionsweise des Getriebes

Die Achse, die die Kippbewegung des Vogels antreibt, führt durch die Mitte der Drehscheibe, wie du in Abb. 15-1 siehst. Diese grüne Achse soll sich genauso schnell drehen wie die Drehscheibe, damit der Vogel seine Neigung während der Drehung nicht ändert.

Das Übersetzungsverhältnis zwischen Motor B und der Drehscheibe, auf der der Vogel sitzt, beträgt 28/8 x 12/24 = 3,5 x 0,5 = 7/4 = 1,75. Das bedeutet, dass sich Motor B 1,75 Mal drehen muss, damit die Drehscheibe eine Drehung vollführt. Damit sich die Achse für den Neigeantrieb genauso schnell dreht, muss sich Motor A 1,75 Mal langsamer drehen als Motor B.

ABBILDUNG 15-1: Das Getriebe des Vogels

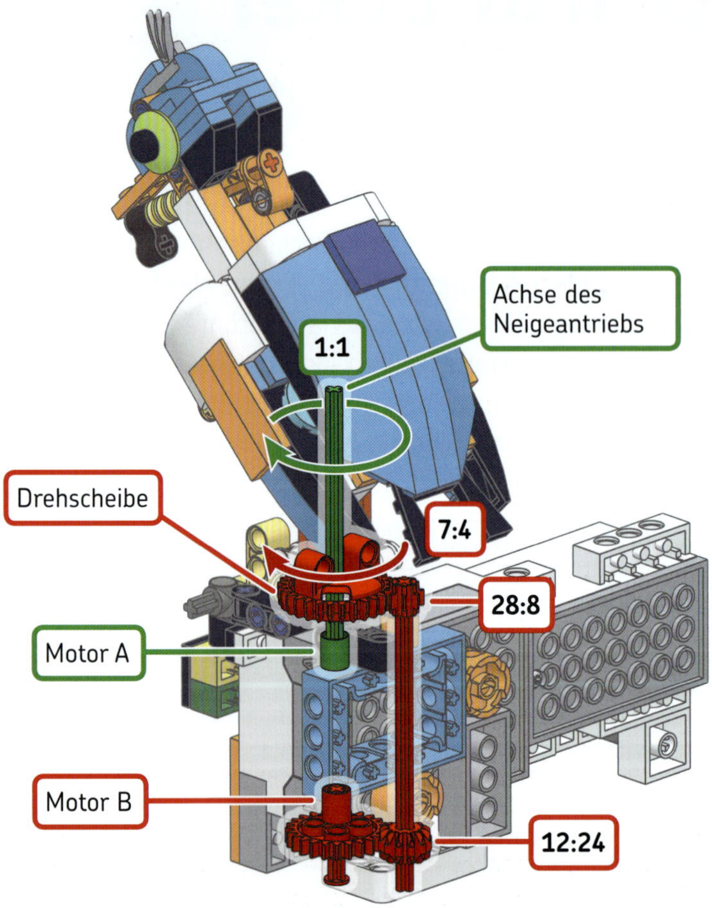

Damit sich der Vogel von der Rutsche zu den farbig gekennzeichneten Behältern dreht, muss Motor B um einen genau festgelegten Winkel rotieren. Um etwa sowohl die Drehscheibe als auch die Neigeachse um 100° zu drehen, musst du für Motor A eine Drehung um 100° und für Motor B, der die Drehscheibe über ein Getriebe antreibt, eine Drehung um 175° festlegen (das Ergebnis der Multiplikation von 100° mit dem Übersetzungsverhältnis 1,75).

Der Aktionsblock Zurücksetzen

Beim Einschalten des Move Hubs ist die Stellung seiner Motoren unbekannt. Der Aktionsblock **Zurücksetzen** bringt alle beweglichen Teile des Roboters in die Nullstellung (siehe Abb. 15-2). Im Falle der Neigebewegung ist die Nullstellung diejenige, bei der der Vogel mit geschlossenem Schnabel gerade aufgerichtet ist. Bei der Nullstellung für die Drehbewegung steht der Vogel im rechten Winkel zur Rutsche, um einen Stein aufzunehmen.

Den Aktionsblock **Zurücksetzen** musst du am Anfang jedes Programms platzieren, das du für den BrickPecker schreibst, damit er immer von einer bekannten Ausgangsstellung ausgeht. Die Sequenz dieses Blocks siehst du in Abb. 15-2.

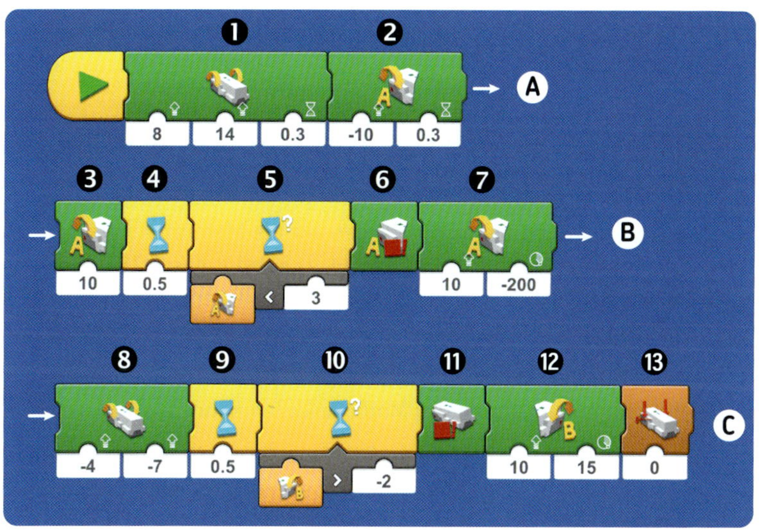

ABBILDUNG 15-2: Der Aktionsblock **Zurücksetzen** und sein Symbol im Hauptprogramm

Die Sequenz innerhalb des Aktionsblocks ist in Abb. 15-2 in die drei Teile A, B und C gegliedert, um die Erklärung zu vereinfachen. Damit der Aktionsblock funktioniert, musst du diese drei Teile zu einer einzigen Sequenz zusammenschließen.

Teil A: Der BrickPecker dreht sich von der Rutsche weg, schließt den Schnabel und richtet den Körper auf.

Block 1: Um den Vogel von der Rutsche wegzudrehen, lassen wir die Motoren A und B 0,3 Sekunden lang rotieren. Die Geschwindigkeit von Motor B (14) beträgt das 1,75-Fache der Geschwindigkeit von Motor A (8). Das entspricht dem Übersetzungsverhältnis, das wir weiter vorn berechnet haben. Dadurch, dass wir die Motorgeschwindigkeiten nach diesem Verhältnis festlegen, sorgen wir dafür, dass der Neigungswinkel unverändert bleibt, während wir den Vogel von der Rutsche wegdrehen.

Block 2: Wir drehen Motor A mit geringer negativer Geschwindigkeit (–10) 0,3 Sekunden lang, um den Vogel etwas aufzurichten.

Teil B: Der Vogel neigt sich ganz nach unten, schließt seinen Schnabel und richtet sich auf, bis er die Nullstellung der Neigebewegung erreicht.

Block 3: Startet Motor A bei geringer Geschwindigkeit (10), um den Vogelkörper zu neigen.

Block 4: Wartet 0,5 Sekunden lang, damit der Motor anlaufen kann.

Block 5: Wartet, bis die von Motor A gemeldete Geschwindigkeit unter 3 fällt. An diesem Punkt hat der Vogel die untere Grenze seines Bewegungsbereichs erreicht.

Block 6: Hält Motor A an.

Block 7: Dreht Motor A um –200°, um den Vogelkörper anzuheben und den Schnabel zu schließen.

Teil C: Der Vogel wendet sich der Rutsche zu, bis er die Nullstellung der Drehbewegung erreicht.

Block 8: Um den Vogel zur Richtung zu drehen, lassen wir die Motoren A und B umgekehrt rotieren. Die Geschwindigkeit von Motor B (–7) beträgt das 1,75-Fache der Geschwindigkeit von Motor A (–4), was dem zuvor berechneten Übersetzungsverhältnis entspricht. Die Geschwindigkeiten der Motoren werden dadurch so ausbalanciert, dass der Körper seinen Neigungswinkel bei der Drehung beibehält.

Block 9: Wartet 0,5 Sekunden lang, damit der Motor anlaufen kann.

Block 10: Wartet, bis die von Motor B gemeldete Geschwindigkeit über –2 steigt. Der Motor bewegt sich mit negativer Geschwindigkeit, damit sich der Vogel im Uhrzeigersinn dreht. Wenn der gelbe Verbinder gegen den gelben T-Liftarm stößt, hat der Vogel die Grenze seines Bewegungsbereichs erreicht und steht im rechten Winkel zur Rampe.

Schritt 11: Hält die Motoren A und B an.

Block 12: Dreht Motor B um 15°, um den Vogel ein bisschen von der Rampe hinwegzubewegen. Das entspannt das Getriebe, nachdem es zuvor beim Erreichen des Anschlags belastet wurde.

Block 13: Der Block **Voreinstellung Antriebsbasisposition** setzt die Drehsensoren der Motoren A und B zurück.

Der Aktionsblock Drehung

Der Aktionsblock **Drehung** steuert die Bewegung von Motor A und B so, dass sich der Vogel drehen und damit seinen Neigungswinkel beibehalten kann. Abb. 15-3 zeigt die Sequenz in diesem Block.

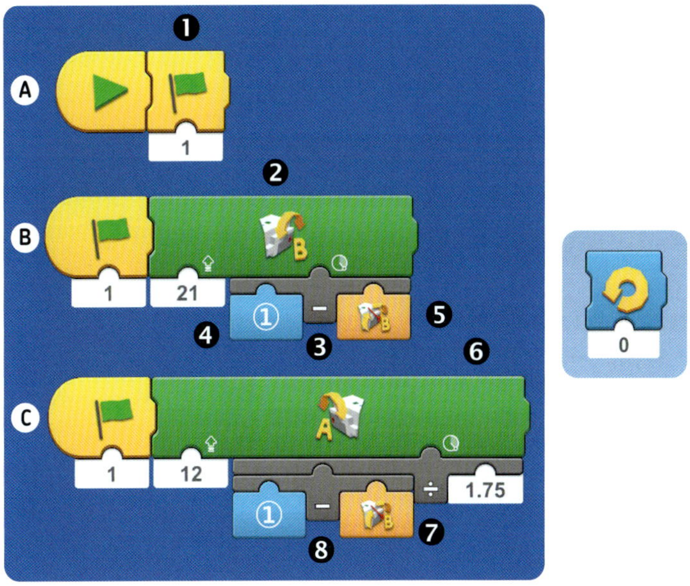

ABBILDUNG 15-3:
Der Aktionsblock **Drehung**

Der Block **Aktivierung Flagge** ❶ in Sequenz A startet gleichzeitig die Sequenzen B und C. Diese beiden Sequenzen laufen nun parallel und steuern jede einen Motor. Sequenz B ist für Motor B zuständig. Der Block **Geschwindigkeit Motor B für eine Entfernung** ❷ sorgt dafür, dass sich Motor B um den angegebenen Winkel relativ zur Nullstellung des Motors dreht. Da der Drehsensor des Motors zurückgesetzt wurde, als sich der Vogelkörper im rechten Winkel zur Rutsche befand, gibt der Block **Berichterstattung Position Motor B** ❺ den aktuellen Winkel des Vogels um die vertikale Achse relativ zu dieser Nullstellung zurück. Im Winkeleingang des Blocks **Geschwindigkeit Motor B für eine Entfernung** befindet sich der Block **Operator Subtraktion** ❸, der die Differenz zwischen dem im numerischen Eingang 1 des Aktionsblocks 1 ❹ festgelegten Winkel und der vom Block **Berichterstattung Position Motor B** ❺ gemeldeten aktuellen Stellung der Welle von Motor B berechnet. Die Geschwindigkeit des Motors ist auf 21 gesetzt.

Sequenz C steuert Motor A mit dem Block **Geschwindigkeit Motor A für eine Entfernung** ❻. Damit der Vogel während der Drehung seinen Neigungswinkel beibehält, muss sich dieser Motor genauso schnell drehen wie die Drehscheibe. Dazu setzen wir seine Geschwindigkeit auf 12 (21 : 1,75). Wenn der Vogel am Ziel angekommen ist, soll seine Neigung genauso groß sein wie zu Beginn der Drehung. Um das zu erreichen, drehen wir Motor A um einen Winkel, der um den Faktor 1,75 kleiner ist als der Drehwinkel von Motor B. Dazu wenden wir den Block **Operator Division** ❼ auf das Ergebnis von **Operator Subtraktion** ❽ an.

Der Aktionsblock AufnehmenAblegen

Der Aktionsblock **AufnehmenAblegen** aus Abb. 15-4 führt eine Folge von Bewegungen aus, mit denen der Vogel einen Stein von der Rutsche aufnimmt und in einem Behälter ablegt. Mit Eingang 1 des Aktionsblocks legen wir fest, um wie viel Grad sich der Vogel drehen soll, bevor er den Stein wieder fallen lässt.

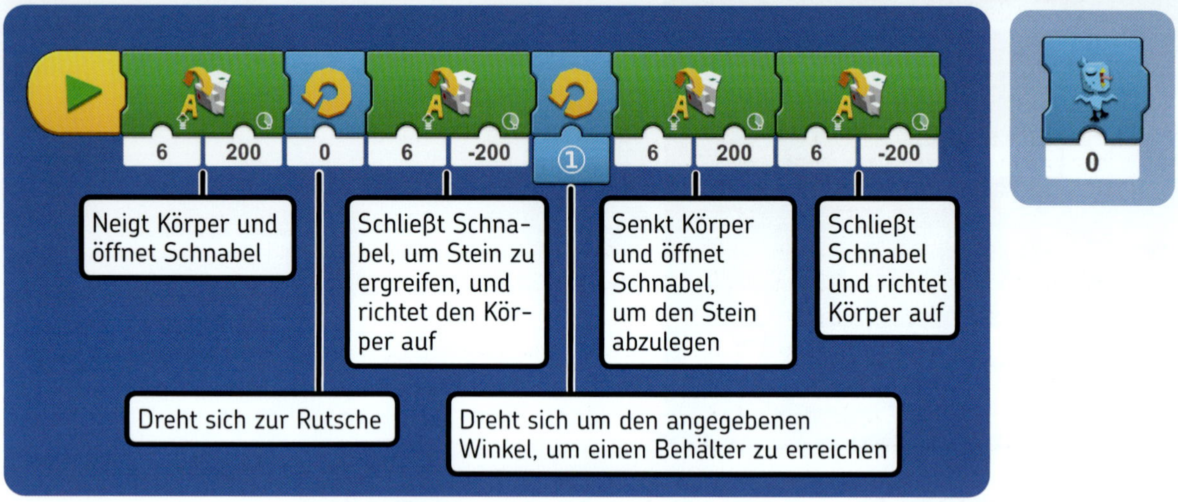

ABBILDUNG 15-4: Der Aktionsblock **AufnehmenAblegen**

Das Steinsortierprogramm

Damit hast du jetzt alle benötigten Aktionsblöcke zusammen und kannst damit beginnen, das Hauptprogramm für den BrickPecker zu schreiben. Das fertige Programm siehst du in Abb. 15-5.

Am Anfang des Programms bringen wir den Vogel mit dem Aktionsblock **Zurücksetzen** in die Ausgangsstellung. Danach ändern wir die Farbe der Hub-LED in Lila und bewegen den Vogel mit dem Aktionsblock **Drehung** von der Rutsche weg. Später wird der Block **AufnehmenAblegen** dafür sorgen, dass er sich mit geneigtem Körper und offenem Schnabel wieder zur Rampe dreht, um einen Stein aufzunehmen. Sobald sich der Vogel von der Rutsche abgewandt hat, warten wir mit dem Block **Auf wahr warten** darauf, dass am Ende der Rampe ein Stein mit einer anderen Farbe als Schwarz erkannt wird. Sobald der Sensor einen farbigen Stein wahrnimmt, fährt das Programm fort.

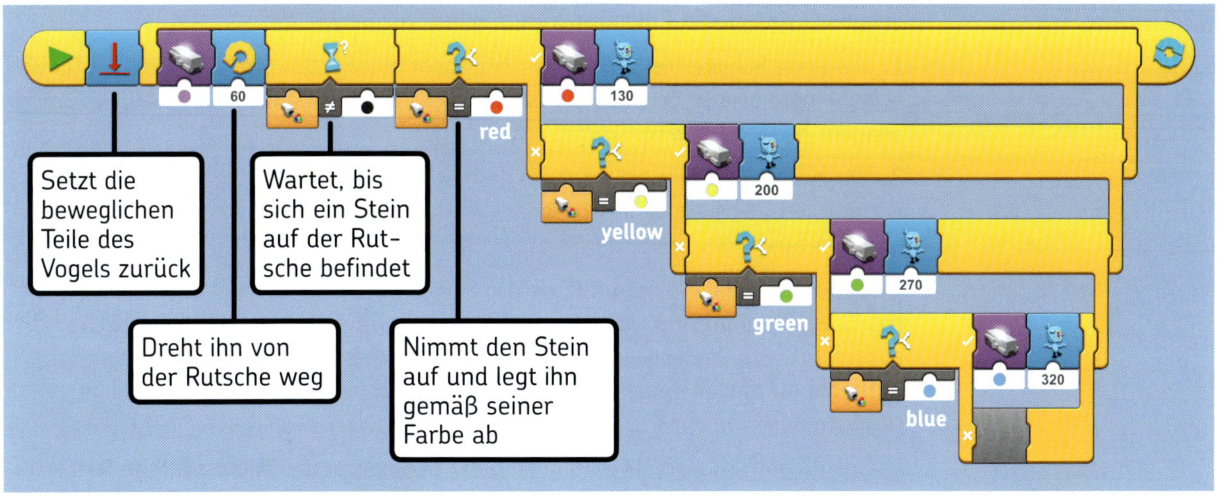

ABBILDUNG 15-5: In dem Steinsortierprogramm entscheiden die Schalterblöcke anhand der Farbe, wo die einzelnen Steine jeweils abgelegt werden.

Die Schalterblöcke bestimmen, zu welchem Behälter sich der Vogel dreht, bevor er den aufgenommenen Stein wieder fallen lässt. Der Boden jedes Behälters ist mit der Farbe der zugehörigen Steine markiert.

Wie du in Abb. 15-6 siehst, weist das Programm vier verschachtelte Schalterblöcke auf, wobei jeder Schalterblock zwei Sequenzen enthält: Die oberste wird ausgeführt, wenn die erkannte Farbe derjenigen im Vergleichsblock **Operator gleich** entspricht, die untere, wenn das nicht der Fall ist. Abb. 15-6 zeigt, wie das Programm abläuft, wenn der Sensor einen grünen Stein sieht.

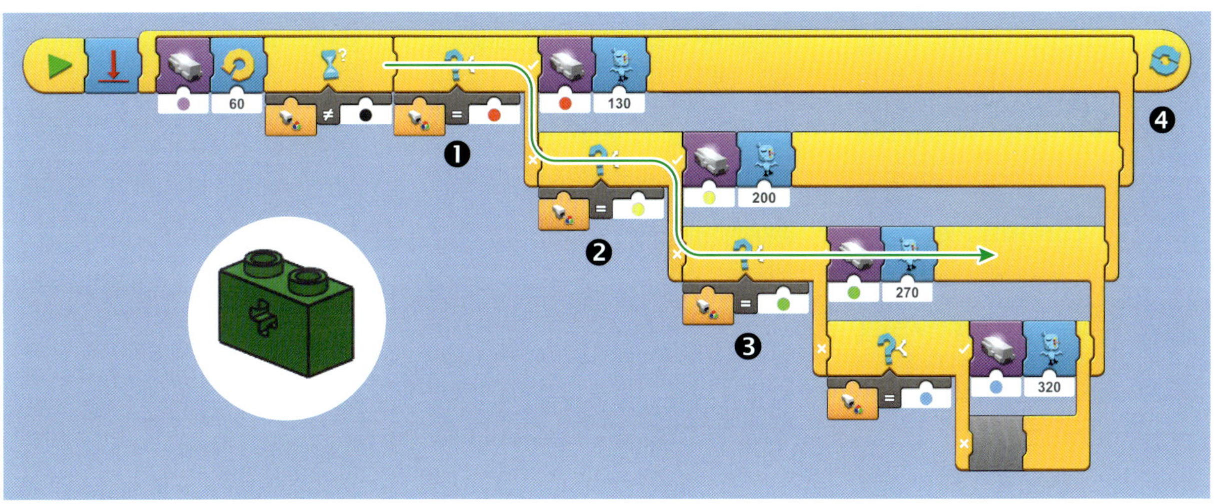

ABBILDUNG 15-6: Programmablauf bei der Wahrnehmung eines grünen Steins

Sehen wir uns diesen Programmablauf Schritt für Schritt an:

1: Der erste Schalterblock prüft, ob der Sensor einen roten Stein erkannt hat. Da wir es mit einem grünen Stein zu tun haben, ist die Bedingung falsch, weshalb die untere Sequenz ausgeführt wird.

2: Der zweite Schalterblock prüft, ob der Sensor einen gelben Stein erkannt hat. Auch diese Bedingung ist falsch, sodass wiederum die untere Sequenz dieses Schalterblocks ausgeführt wird.

3: Der dritte Schalterblock prüft, ob der Sensor einen grünen Stein erkannt hat. Diese Bedingung ist wahr, weshalb die obere Sequenz dieses Schalterblocks ausgeführt wird. Sie ändert die Farbe des Hub-Lichts in Grün und führt den **AufnehmenAblegen**-Block mit einem Eingangswert aus, der den Vogel zu dem richtigen Behälter dreht.

4: Das Programm wird mit dem Anfang der Sequenz in der **Endlosschleife** fortgesetzt, sodass sich der Vogel bereit macht, den nächsten Stein aufzunehmen und im zugehörigen Behälter abzulegen.

Was du gelernt hast

Ich hoffe, es hat dir Spaß gemacht, den Steinesortiervogel BrickPecker zu programmieren und zu füttern. In Kapitel 16 und 17 baust und programmierst du CYBOT, einen tollen menschenähnlichen Roboter, der gehen, reden, Pfeile verschießen und auf Sprachbefehle reagieren kann.

Versuch 15-1

Füge den Block **Klang abspielen** hinzu, damit der Vogel fröhlich zirpt, bevor er einen gelben Block aufnimmt, aber nicht bei Steinen anderer Farben.

Versuch 15-2

Lass den Vogel tanzen und zwitschern, wenn er ein lautes Geräusch hört. Tipp: Drehe nur Motor B (ohne den Aktionsblock **Drehung**), damit der Vogel eine Nickbewegung macht, während er sich dreht.

Versuch 15-3

Nimm den Boost-Sensor von der Rampe ab und befestige ihn so am Rand des roten Behälters im Nest, dass er dir zugewandt ist. Schreibe ein Programm, damit der Vogel dich mit einem Zwitschern begrüßt, wenn du dich ihm näherst, und nach deinen Fingern pickt, bis du die Hand wegziehst.

TEIL IV

CYBOT

16

Den CYBOT bauen

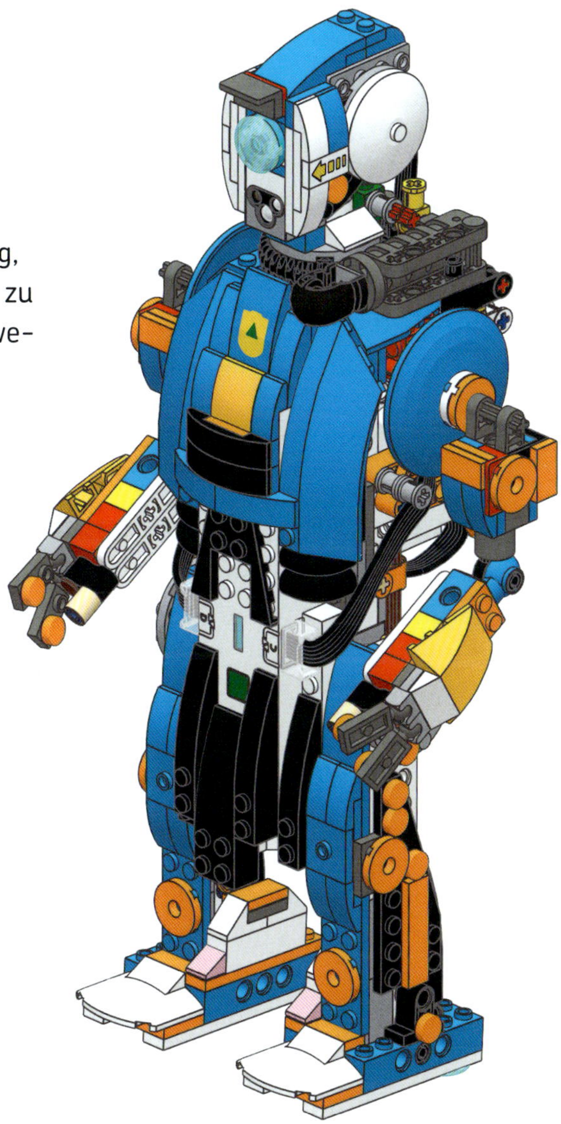

In diesem Kapitel findest du eine ausführliche Anleitung, um einen menschenähnlichen Roboter namens CYBOT zu bauen. Er kann gehen, sich umdrehen, seine Arme bewegen, den Kopf drehen und sogar schießen!

1

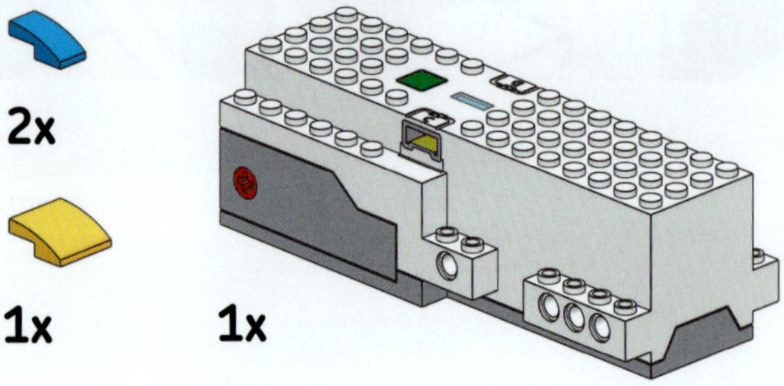

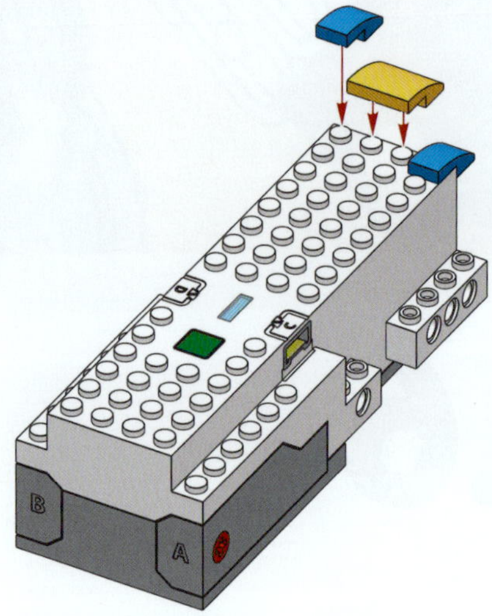

2

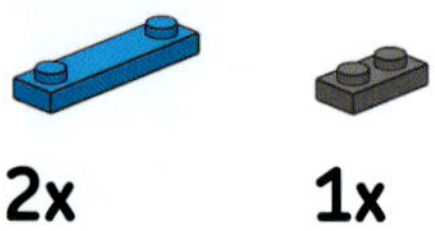

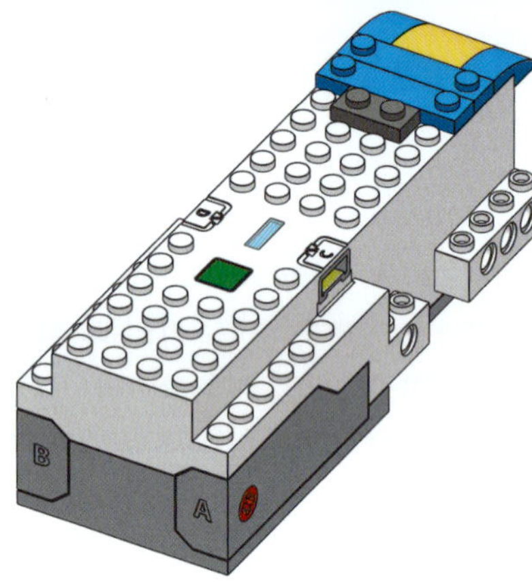

3

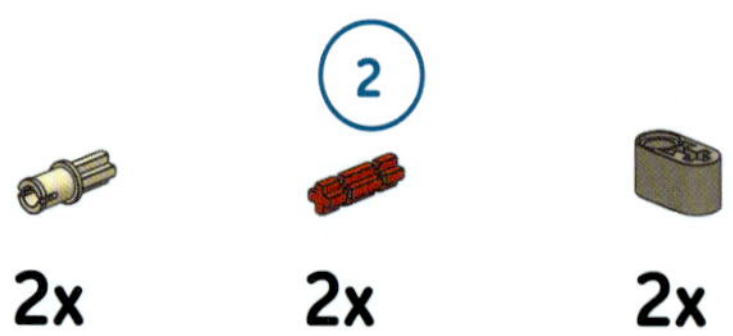

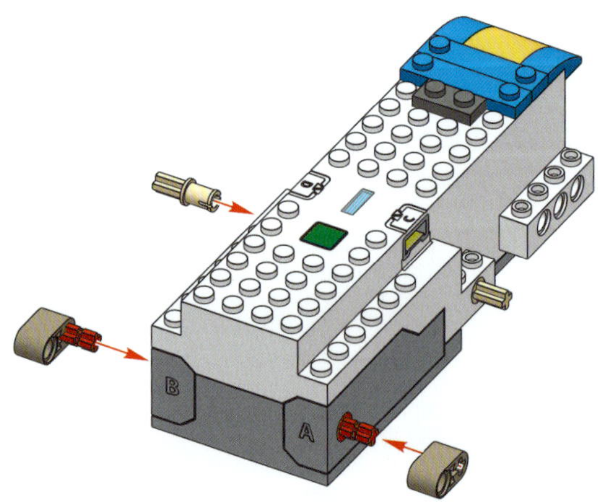

4

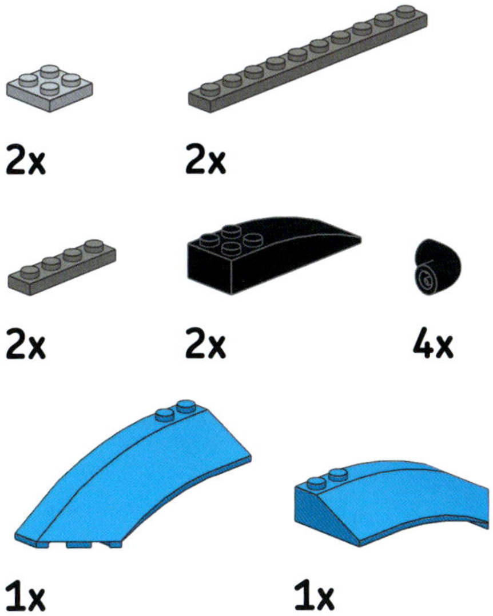

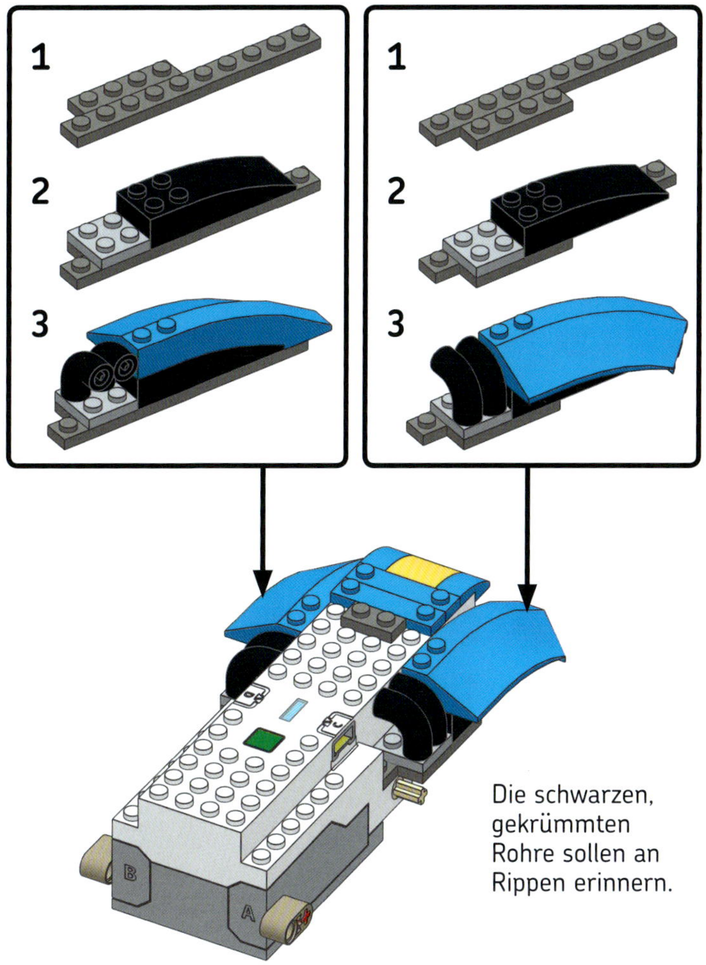

Die schwarzen, gekrümmten Rohre sollen an Rippen erinnern.

5

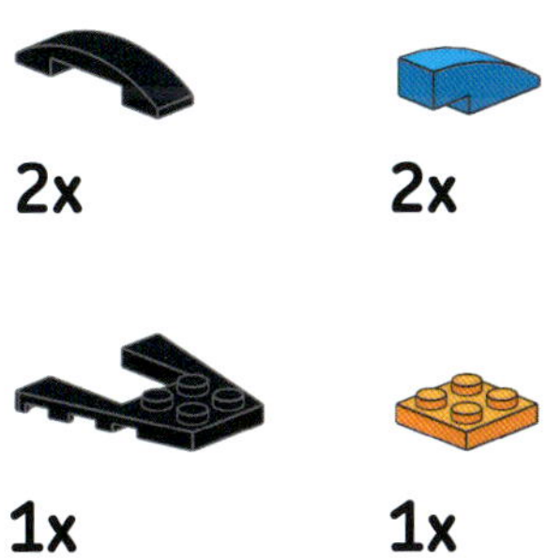

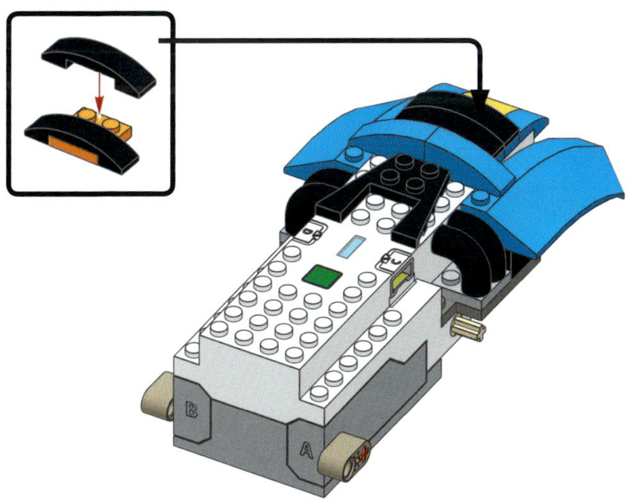

6

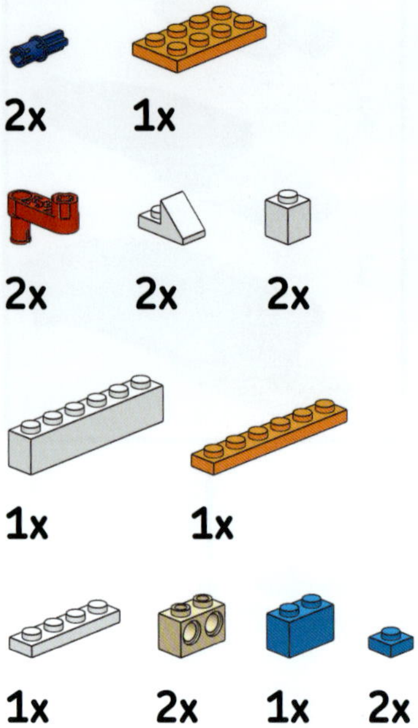

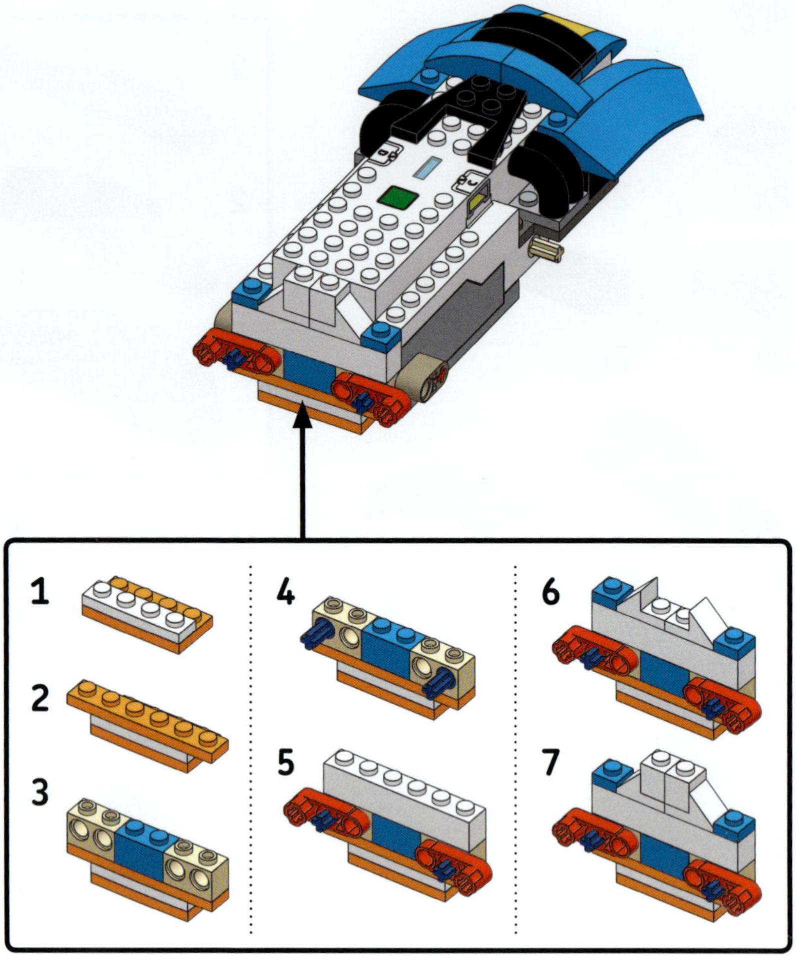

7

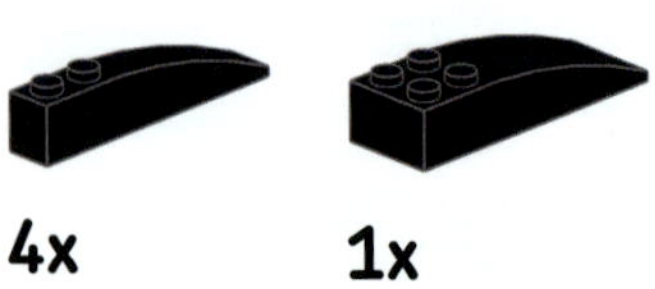

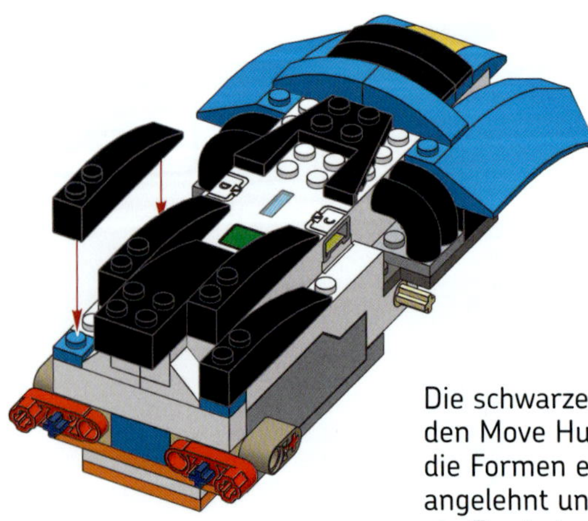

Die schwarzen Rundschrägen, die den Move Hub bedecken, sind an die Formen einer Samurairüstung angelehnt und geben dem CYBOT ein Erscheinungsbild ähnlich einem japanischen *Mecha*.

8

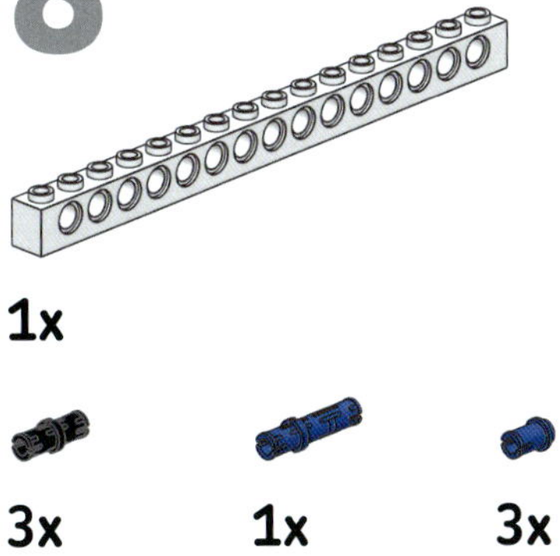

Das linke Bein bauen

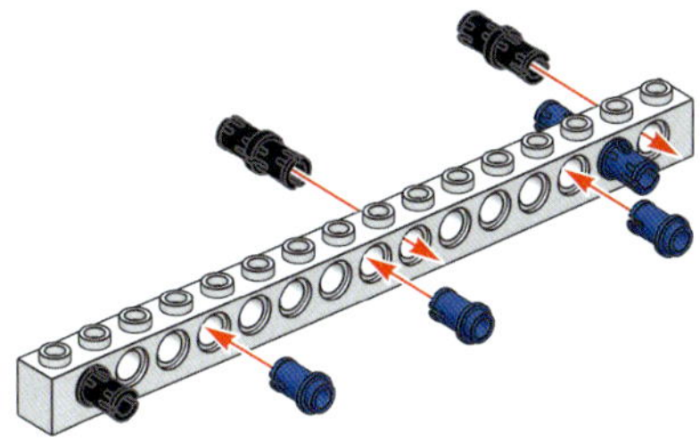

9

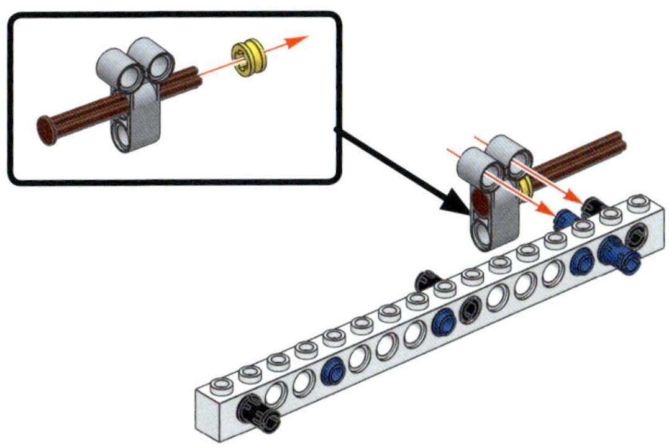

10

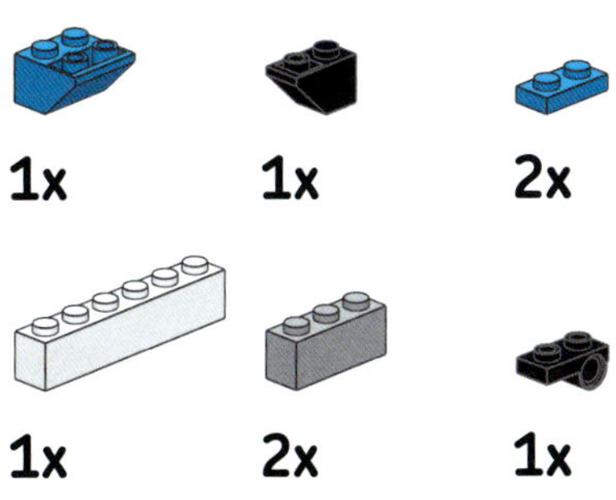

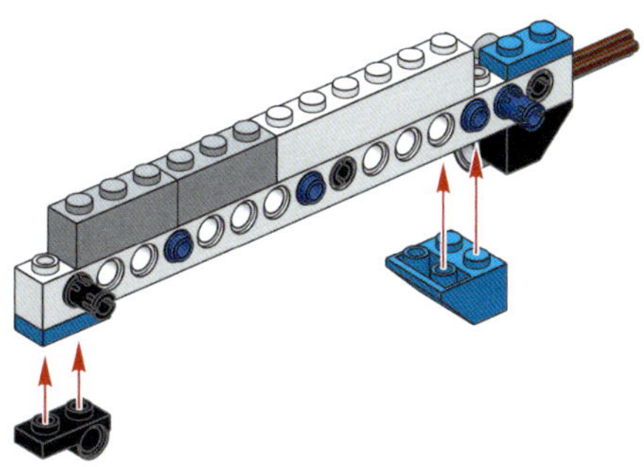

11

1x

1x

1x

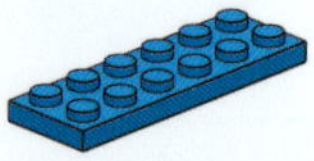

1x

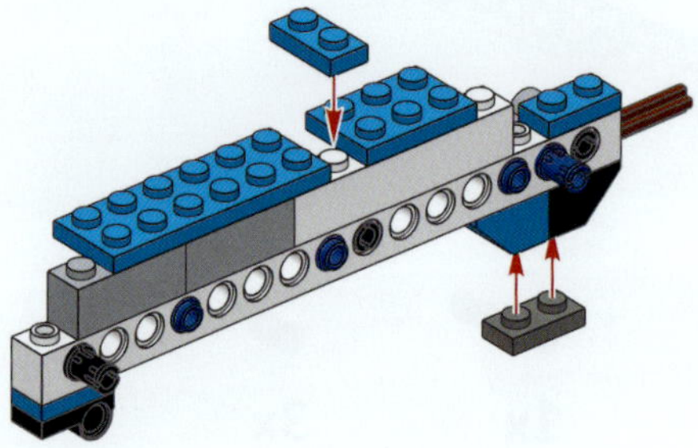

12

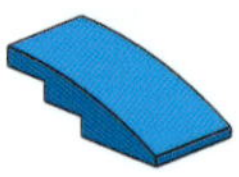

1x

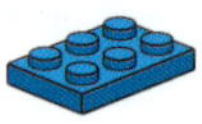

1x

1x

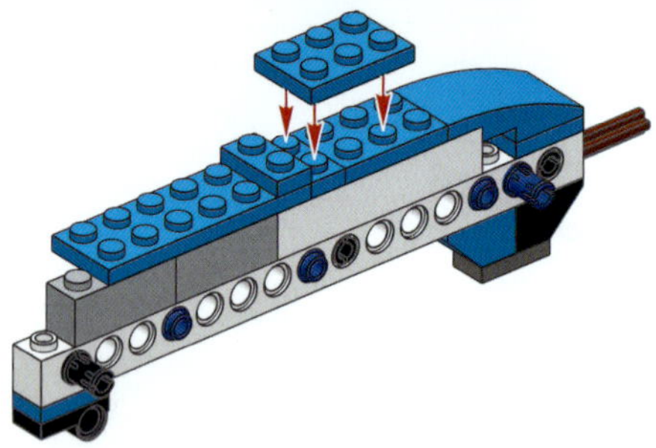

13

1x

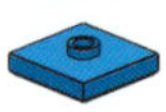

1x

4x

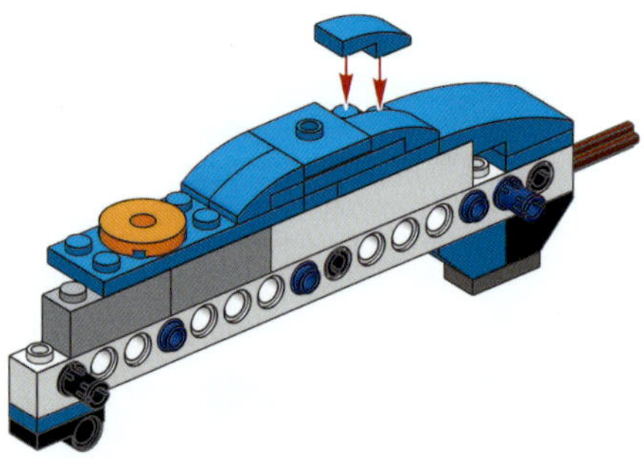

14

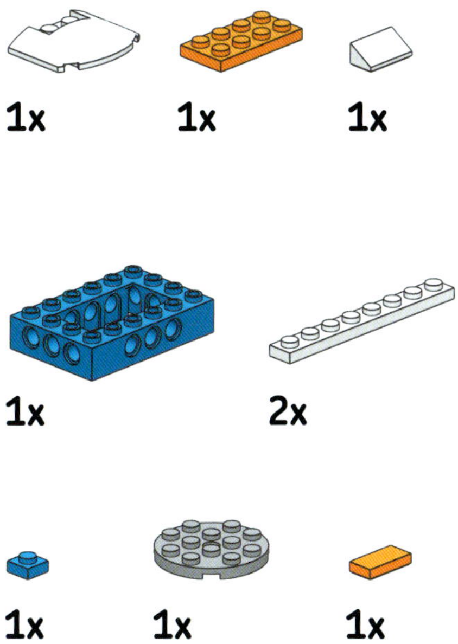

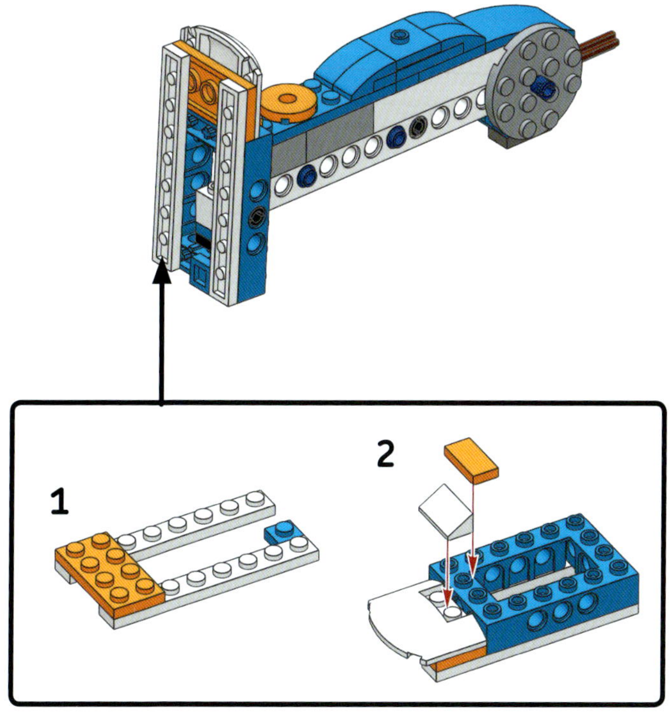

Schließe den Fuß so an, dass sich das Bein leicht nach vorn neigt, wenn der Fuß auf dem Boden liegt. Diese Vorwärtsneigung hilft dem Roboter, die Balance zu halten.

15

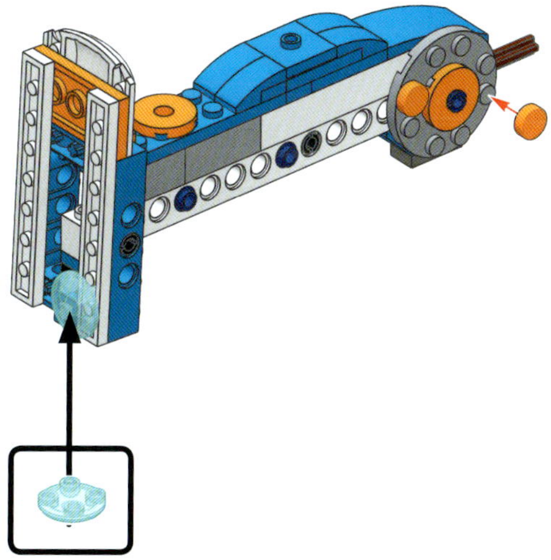

16

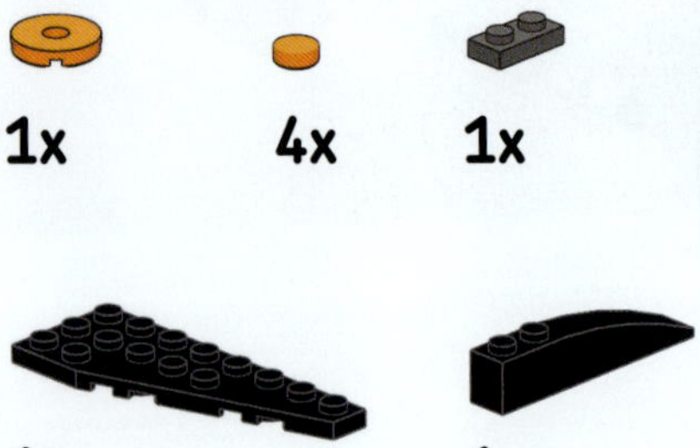

1x 4x 1x

1x 1x

1x 1x 4x

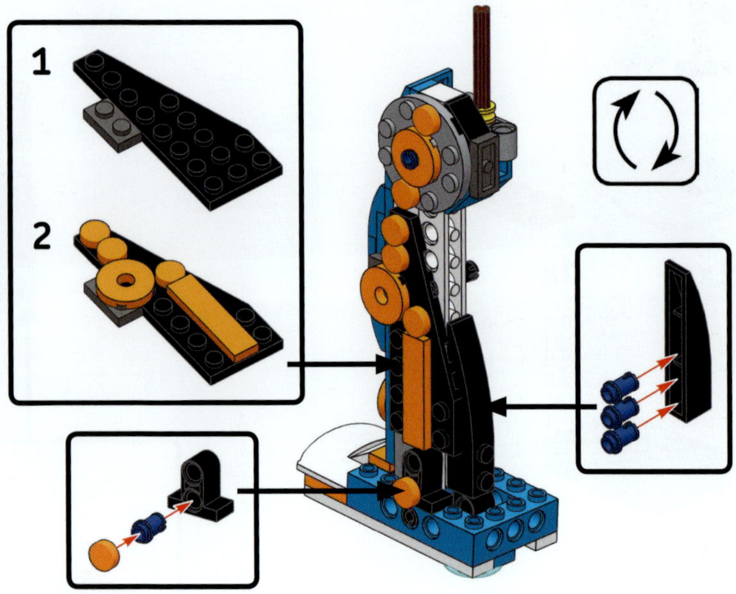

In diesem Schritt siehst du verschiedene Beispiele von SNOT-Bautechniken.

17

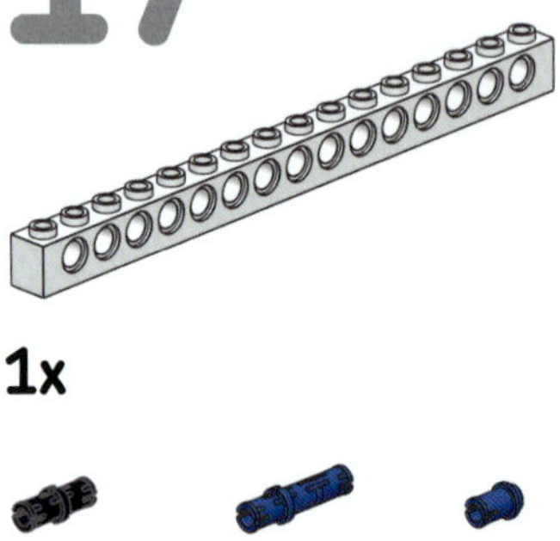

1x

3x 1x 3x

Das rechte Bein bauen

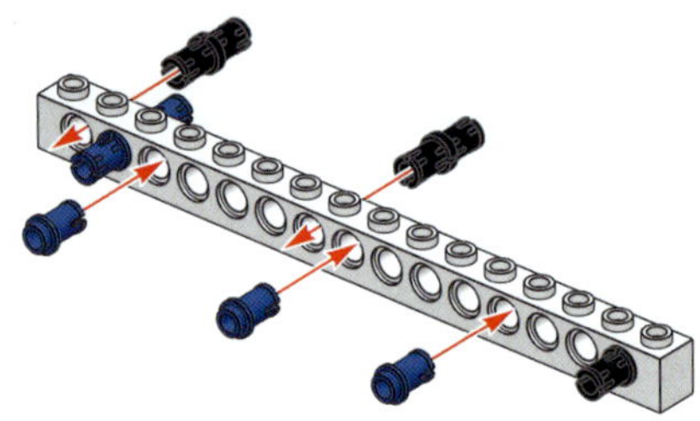

18

1x 1x 1x

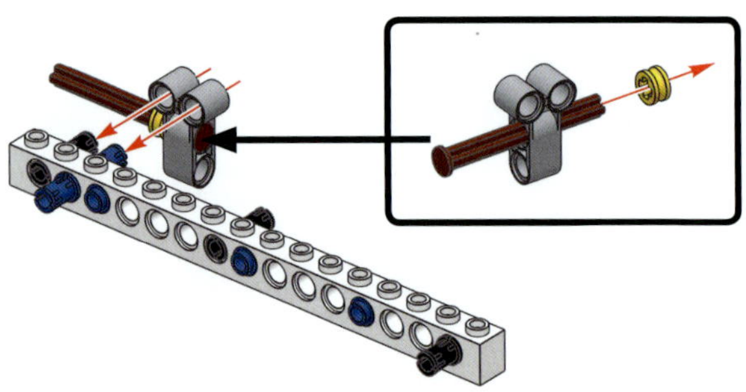

19

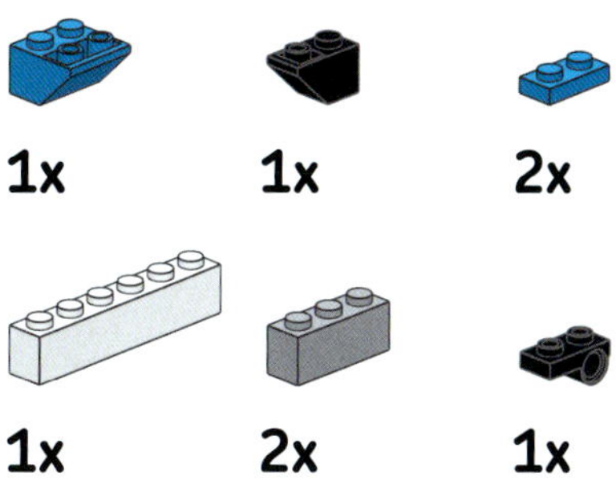

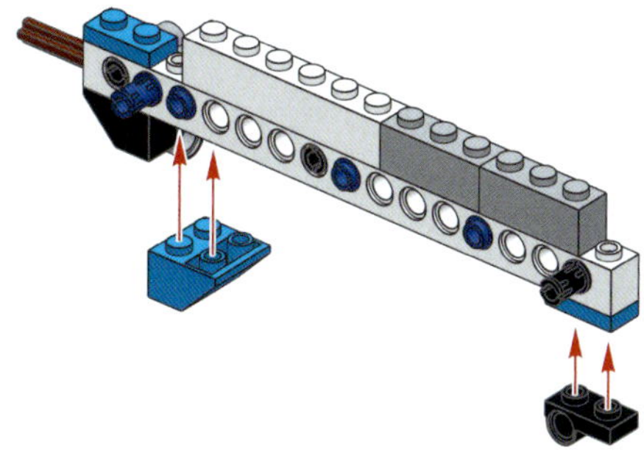

20

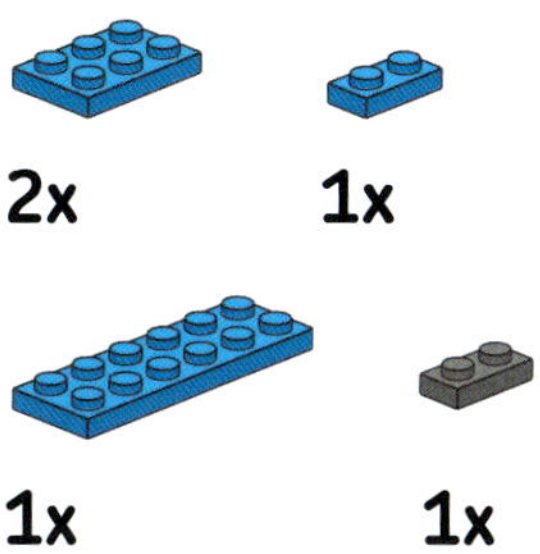

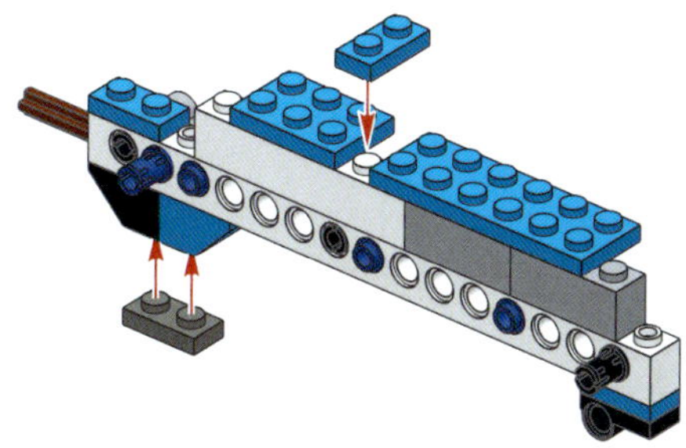

21

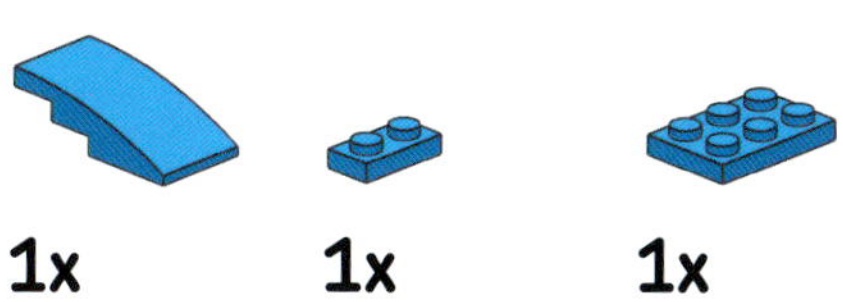

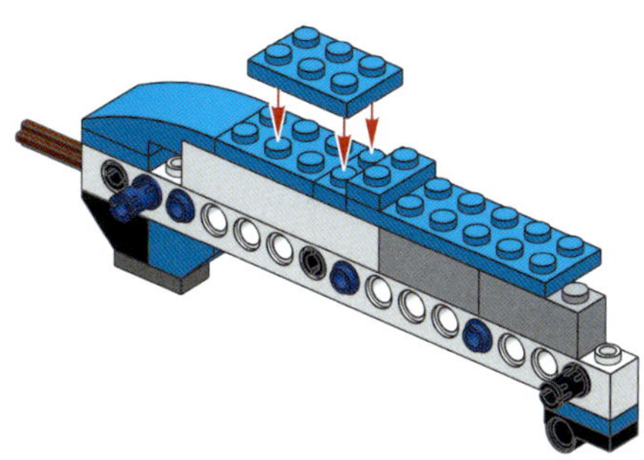

22

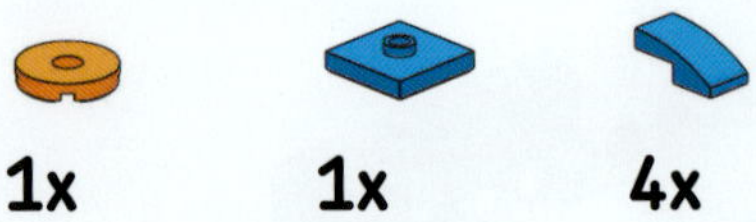

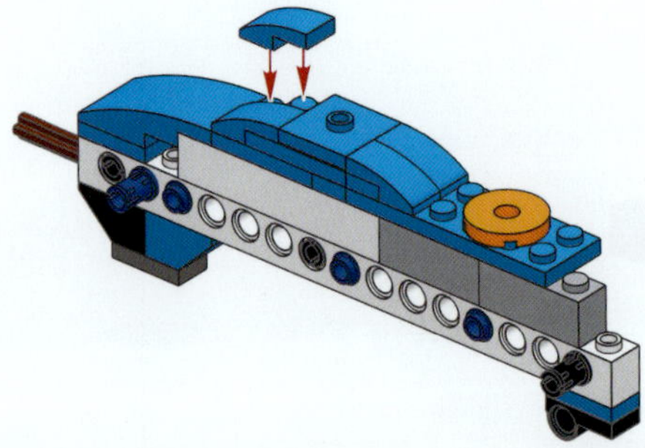

23

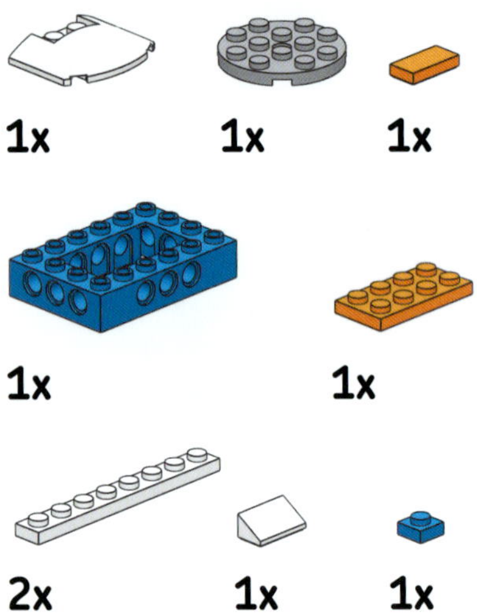

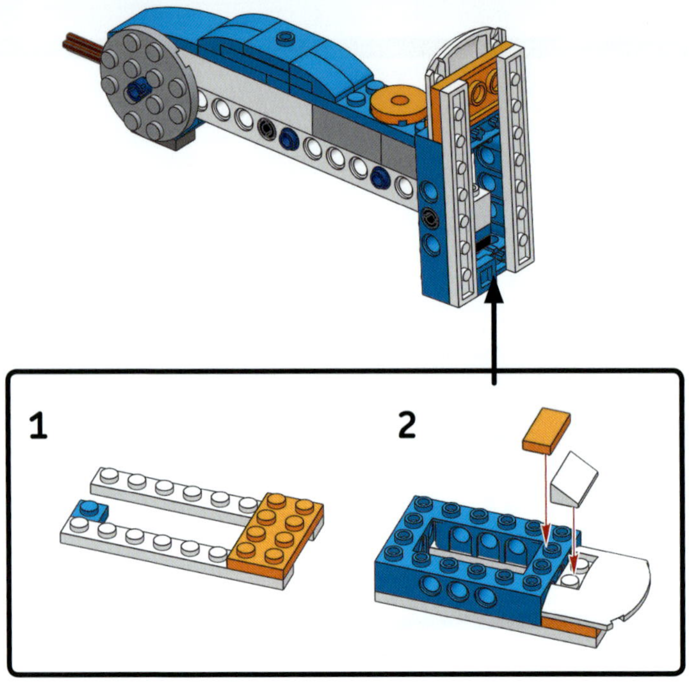

24

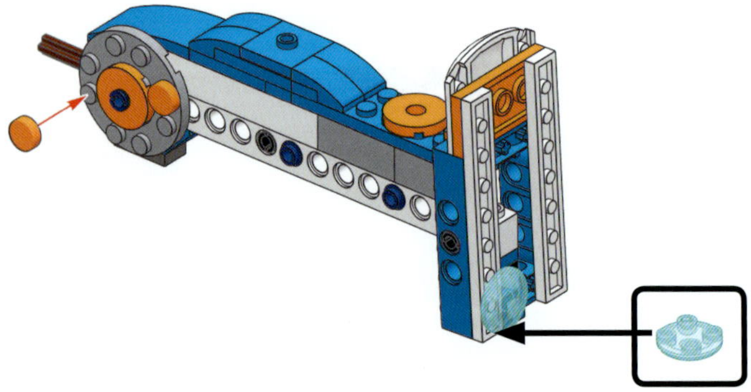

25

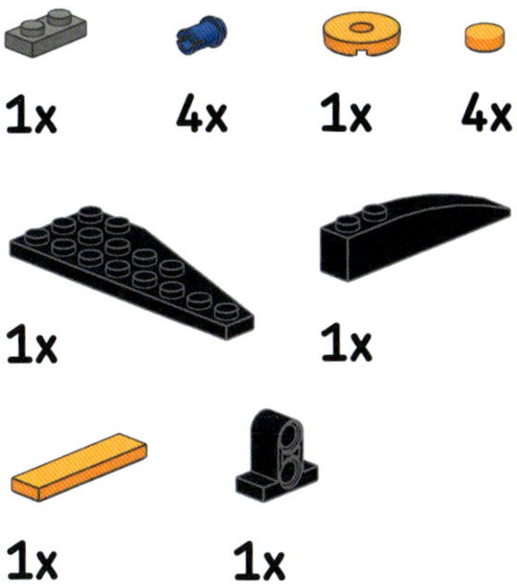

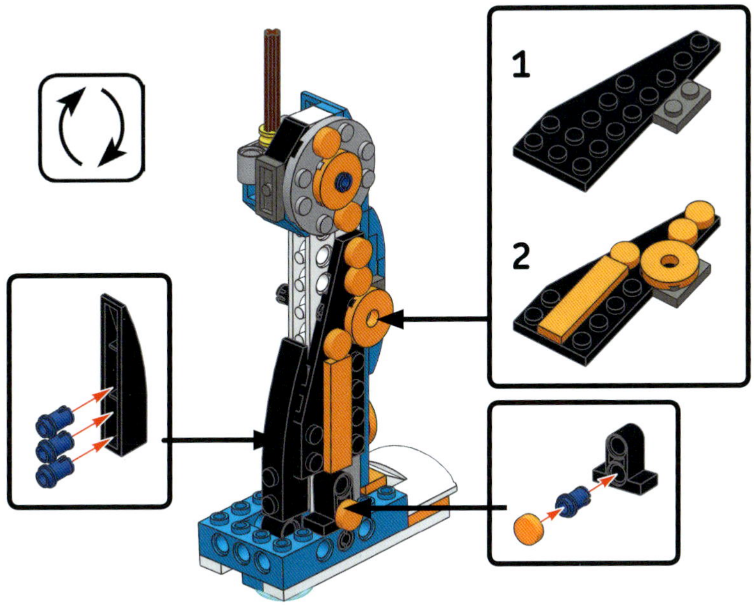

26

2x

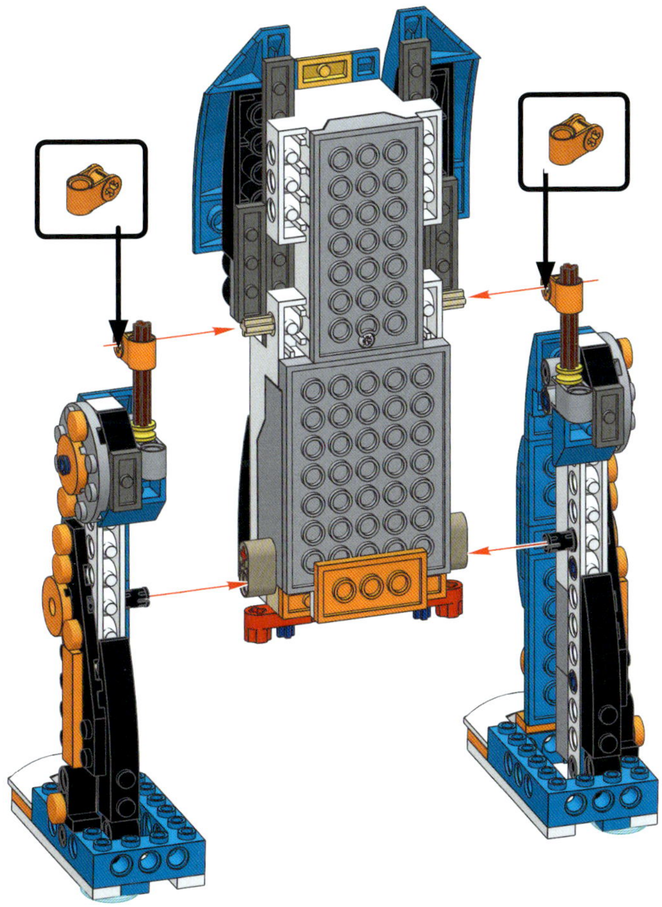

27

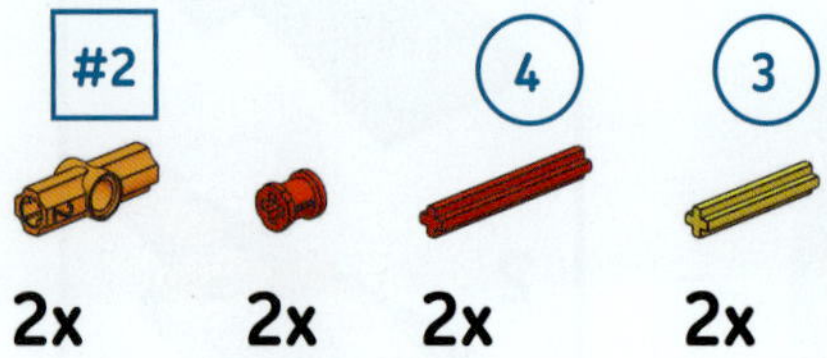

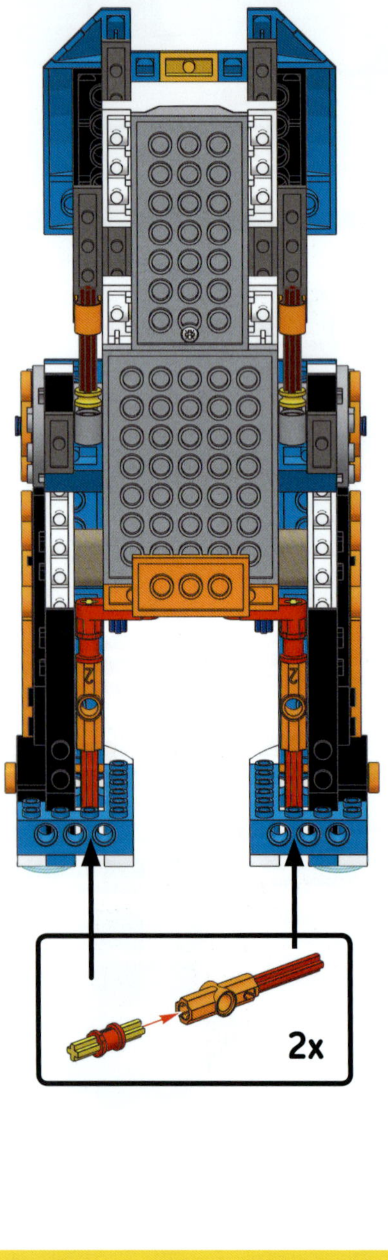

28

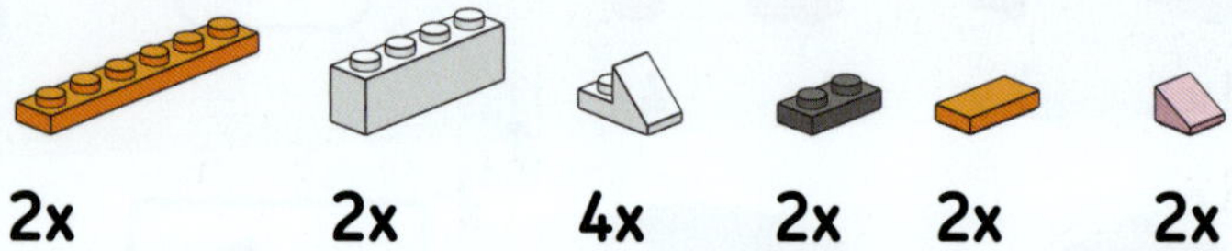

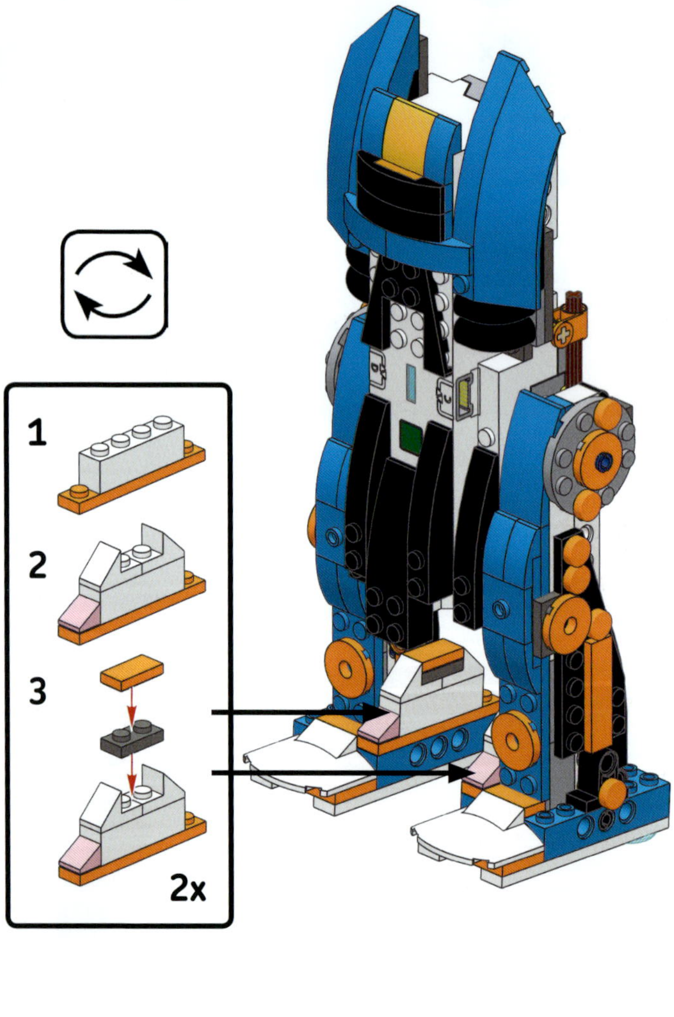

29

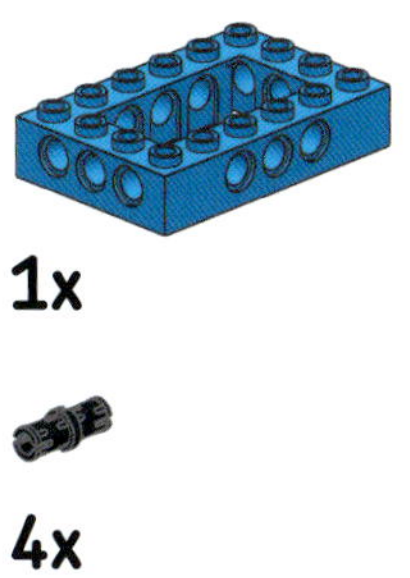

Den Oberkörper bauen

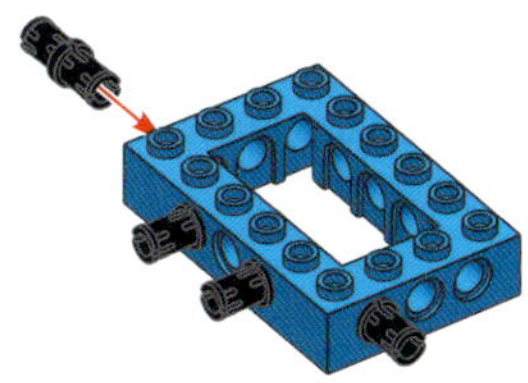

30

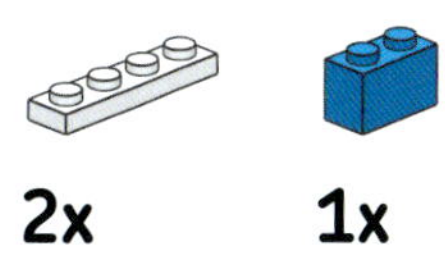

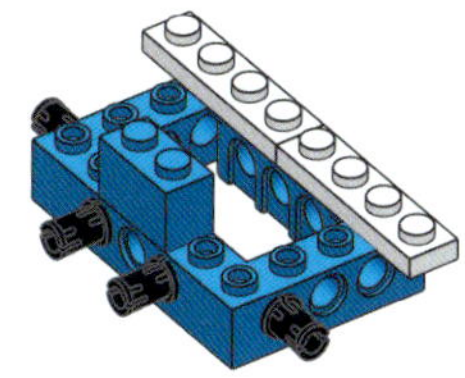

31

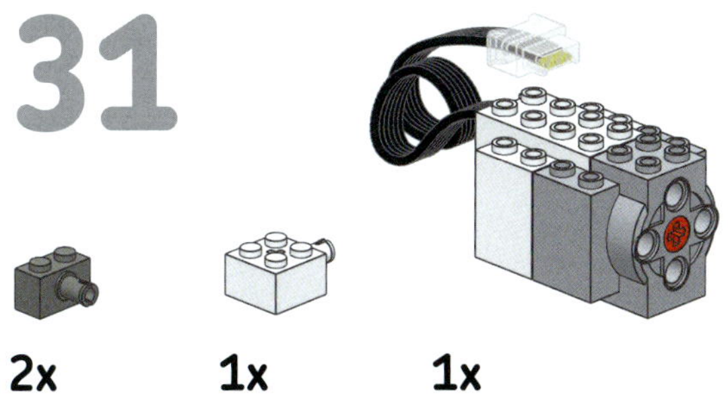

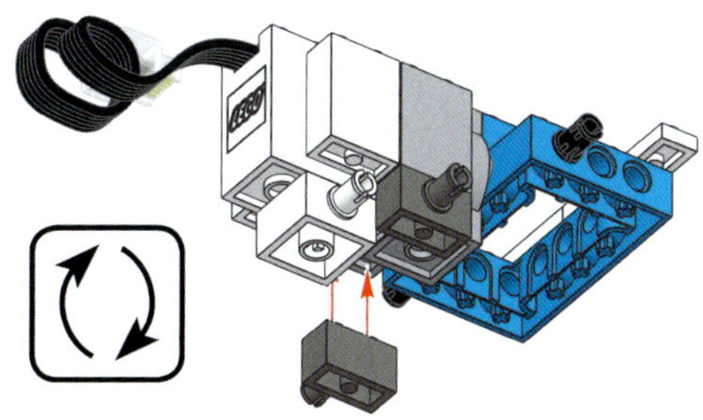

32

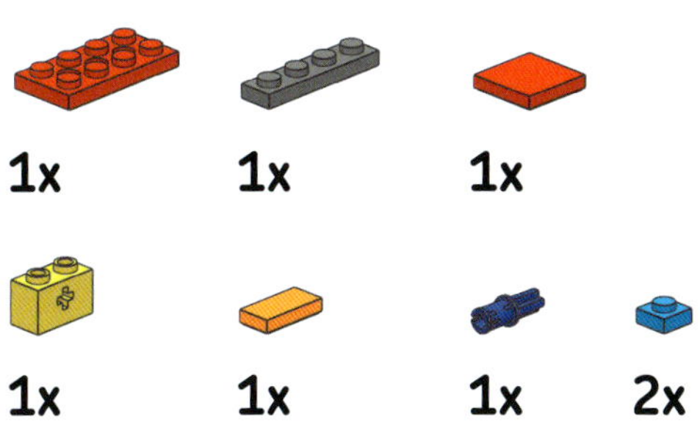

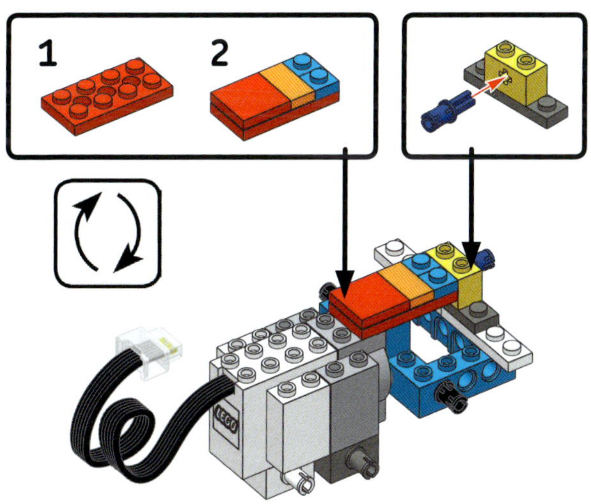

33

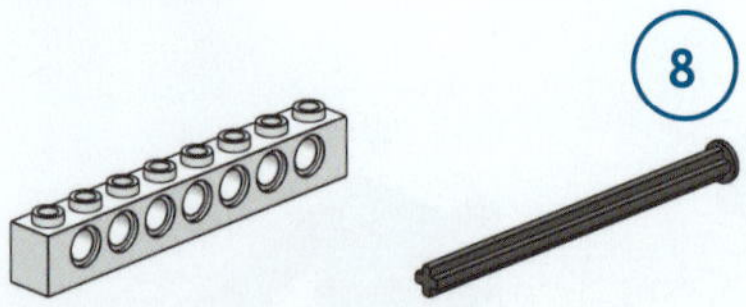

2x 2x

4x 2x 2x

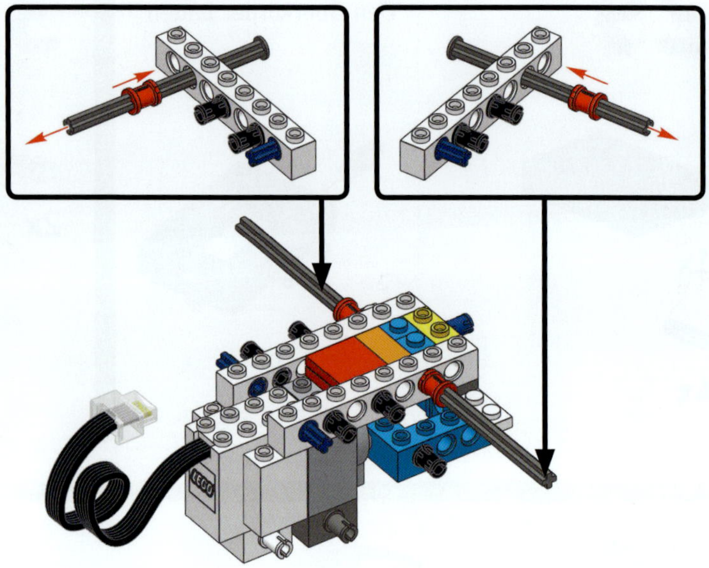

34

1x 1x 1x

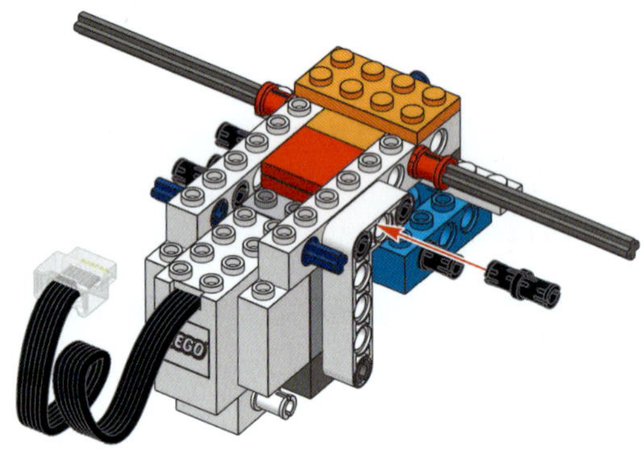

35

1x 1x

Der 3×5-Liftarm in L-Form hält den Motor und den Technic-Rahmen zusammen, sodass sie sich nicht voneinander lösen, wenn du den Oberkörper zum Batteriewechsel abnimmst.

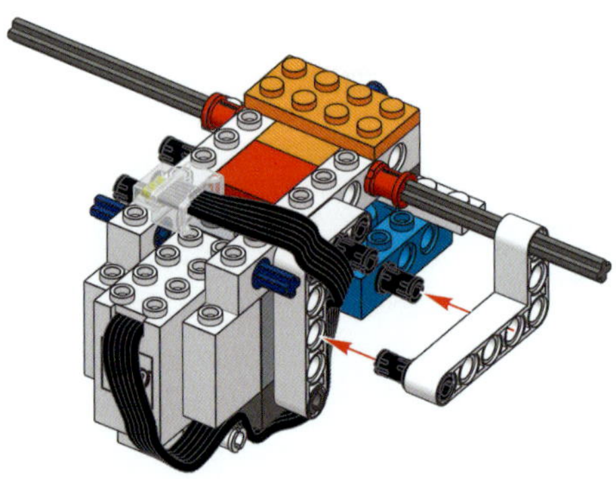

36

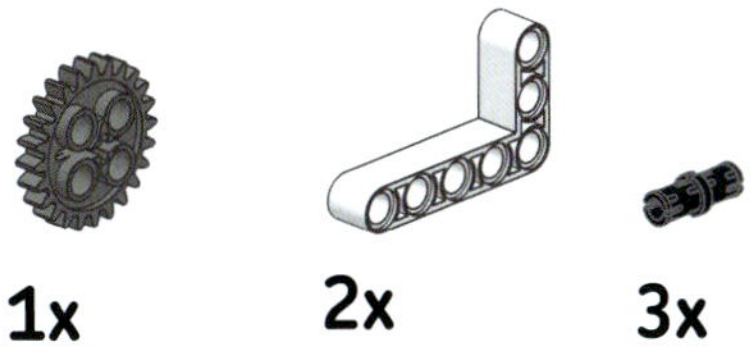

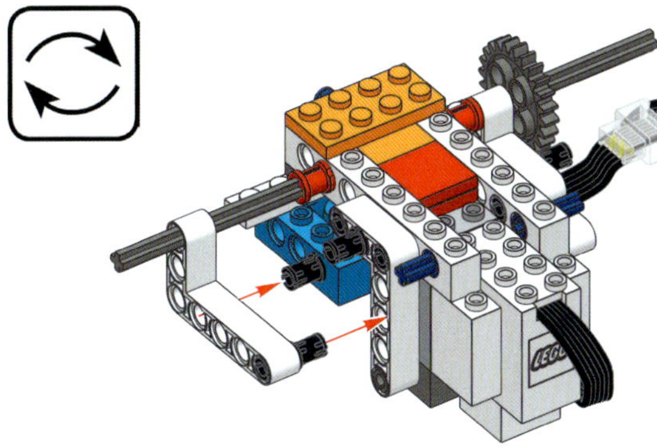

37

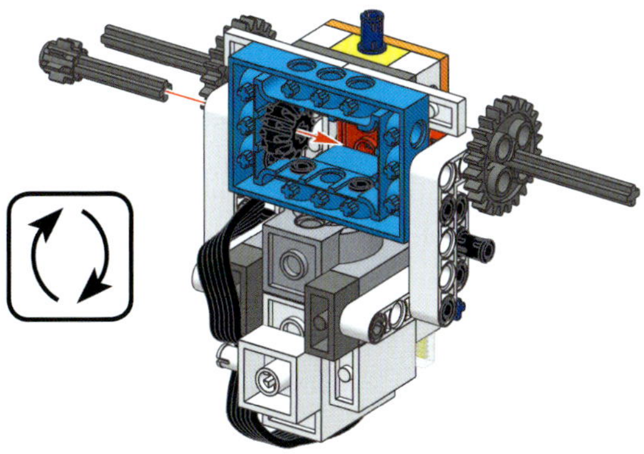

38

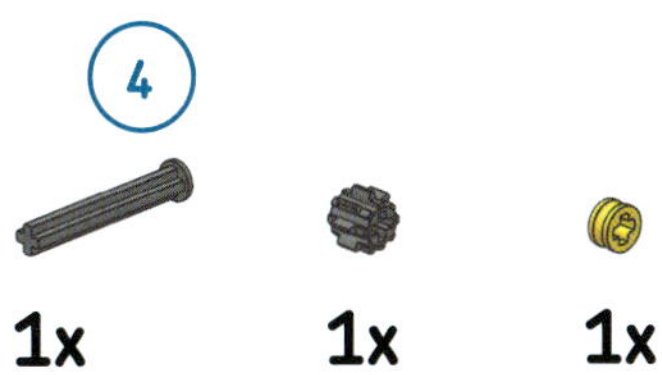

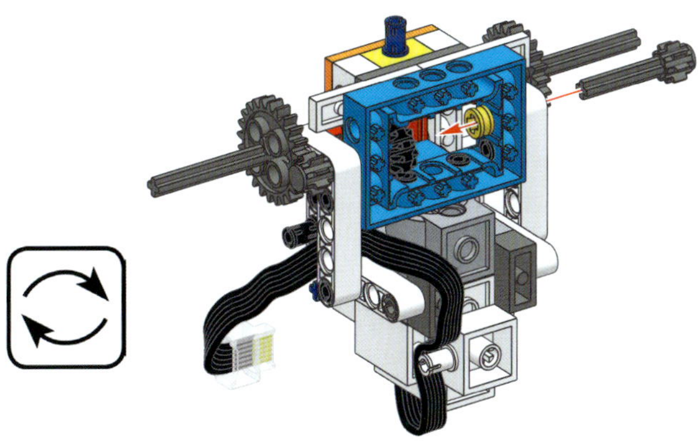

39

1x

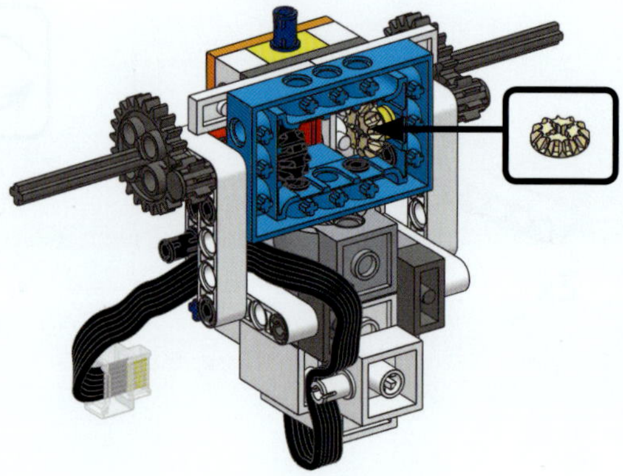

40

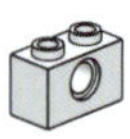

1x

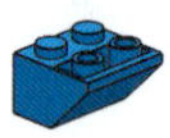

1x

1x

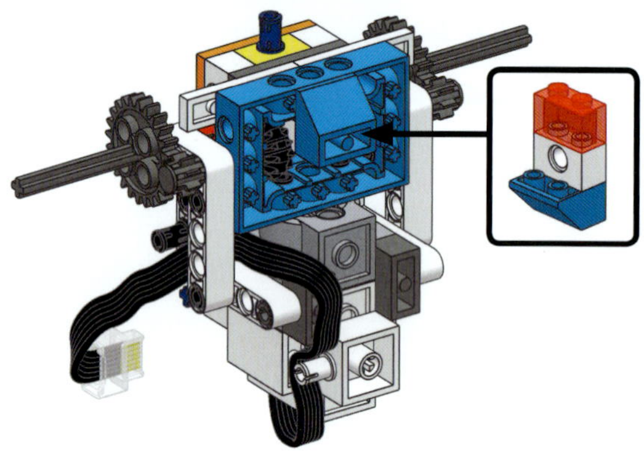

41

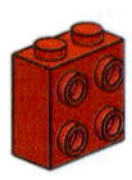

2x

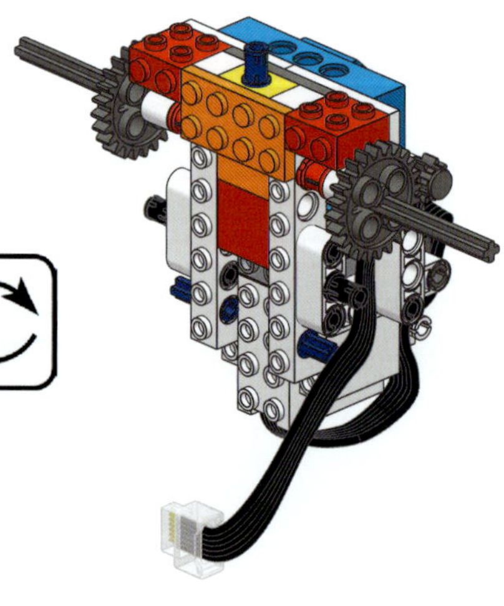

42

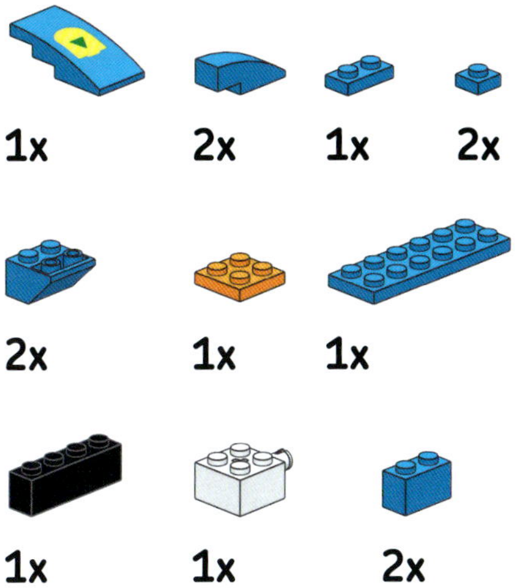

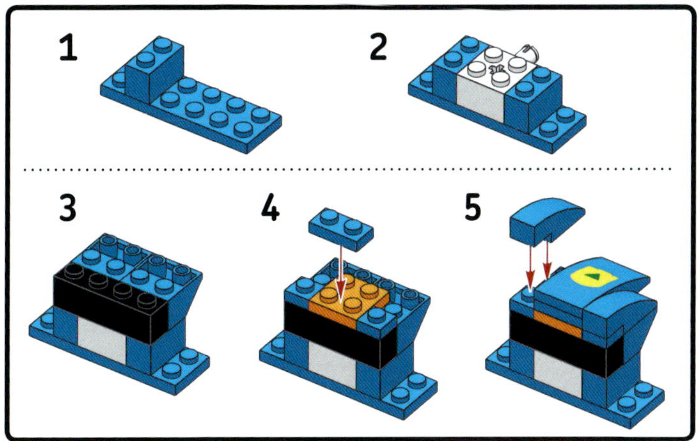

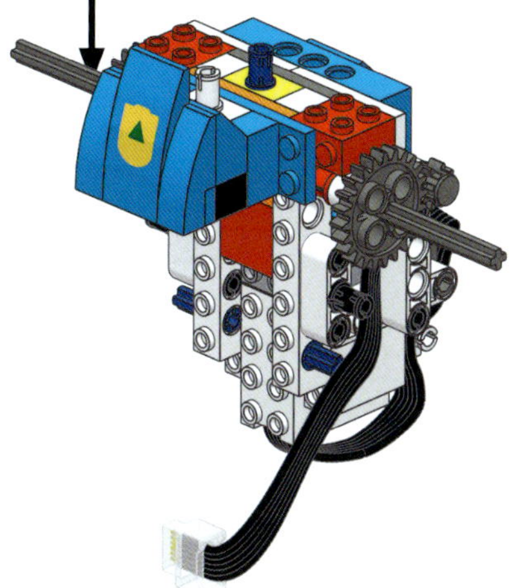

43

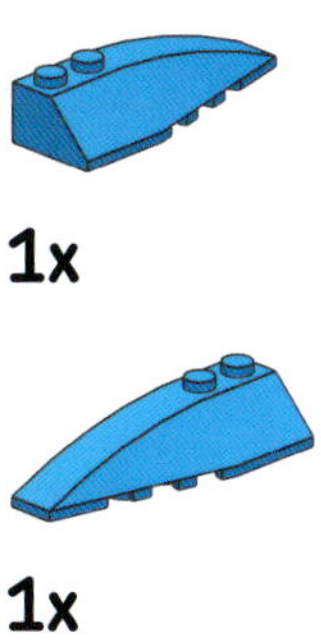

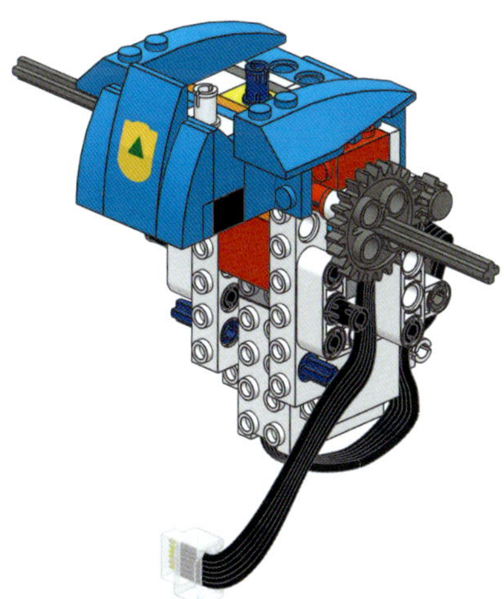

44

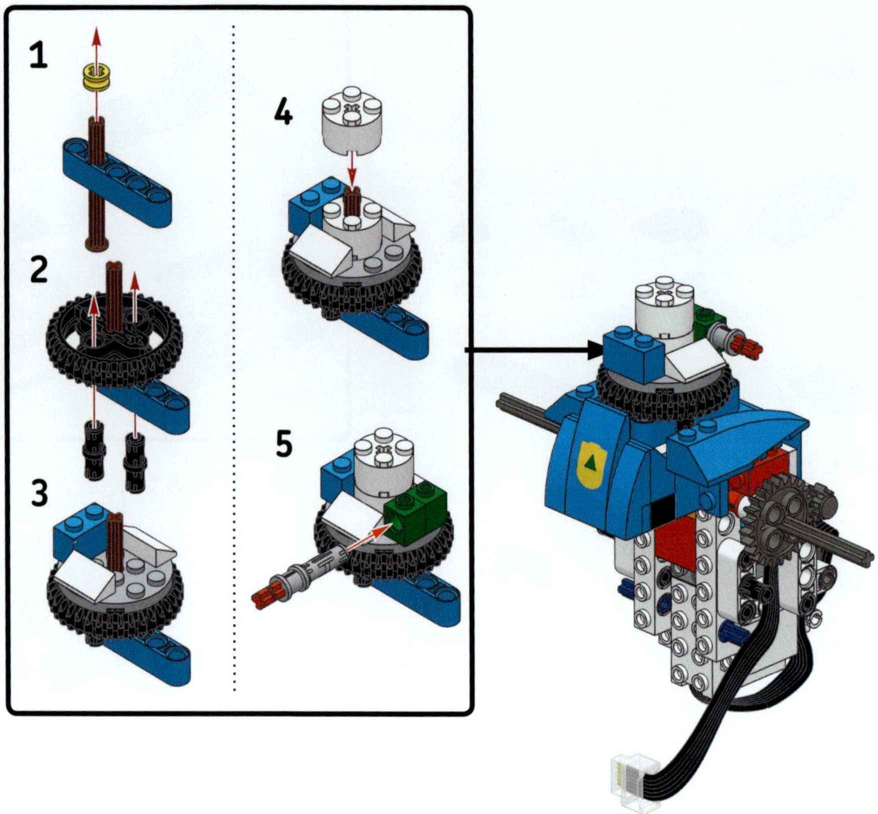

Damit sich Kopf und Arme gemeinsam bewegen, enthält der Oberkörper ein kompliziertes Getriebe. Das Übersetzungsverhältnis von der Motorwelle zum Kopf und zu den Armen ist identisch, nämlich 12/20 x 36/12 = 1,8 für den Kopf und 12/20 x 24/8 = 1,8 für die Arme.

Vergewissere dich beim Einbau des 20z-Kegelrads, dass die Achsen von Hals und Armen so ausgerichtet sind wie in Abb. 16-1. Wenn du die Position nachträglich korrigieren willst, musst du die 24z-Zahnräder nach außen ziehen.

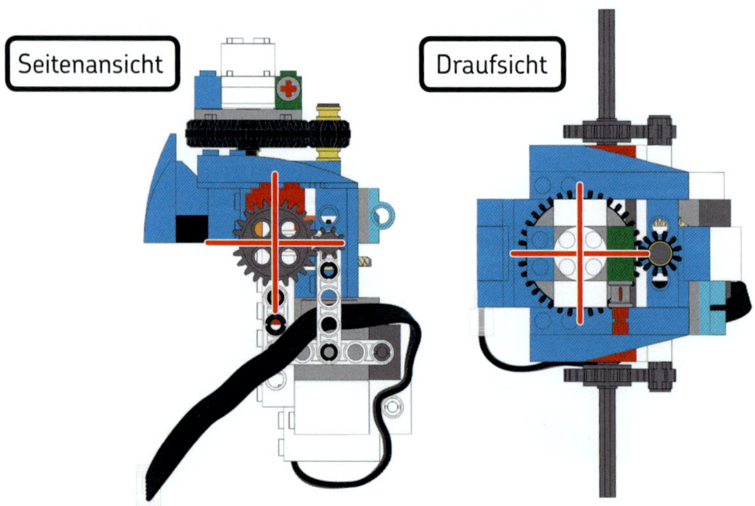

ABBILDUNG 16-1: Richte die Achsen von Hals und Armen beim Einbau des 20z-Kegelrads wie hier gezeigt aus.

45

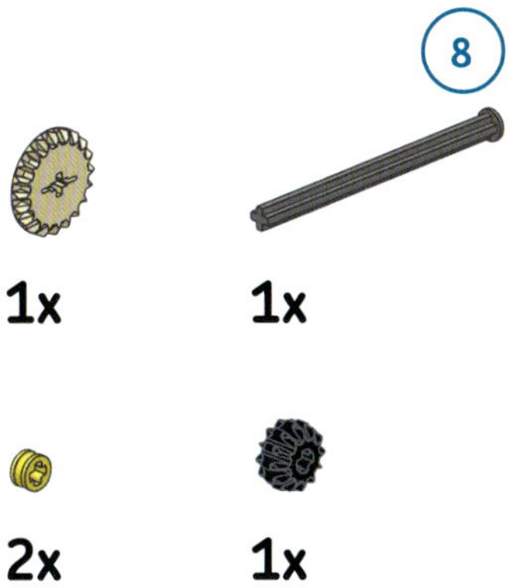

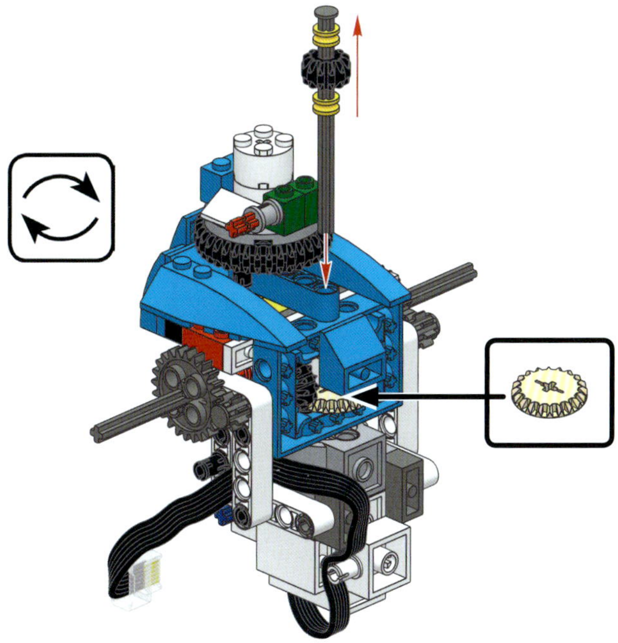

46

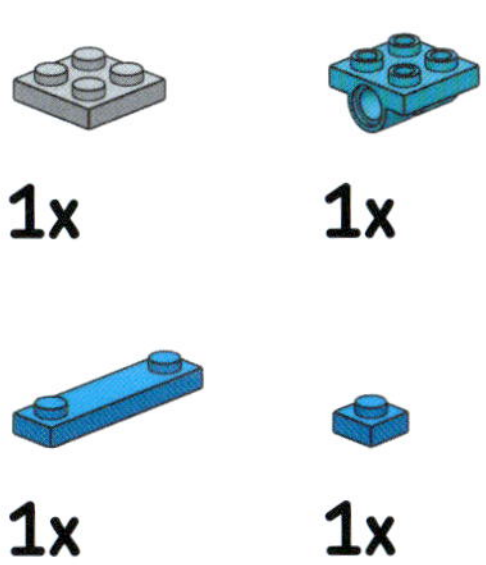

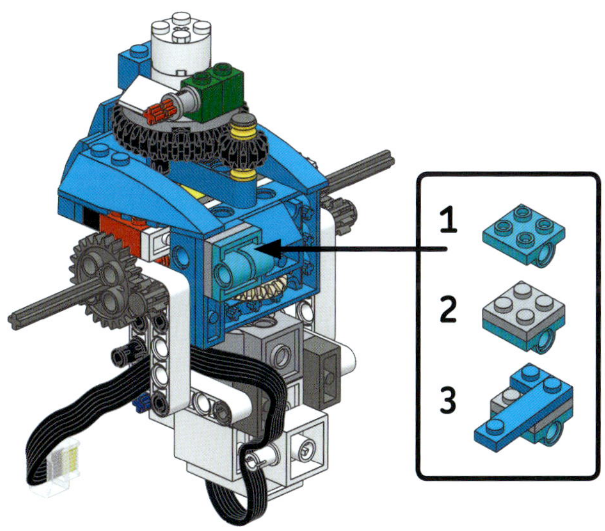

47

1x

1x

1x

1x

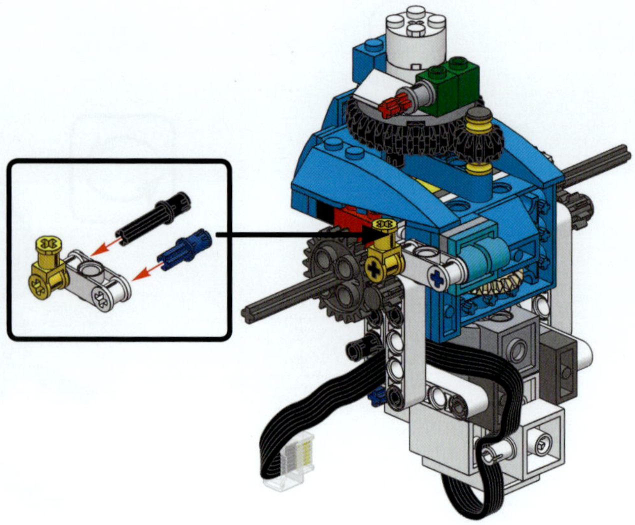

48

2x

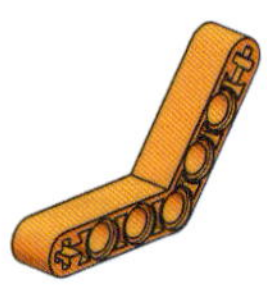
2x

2x

4x

1x

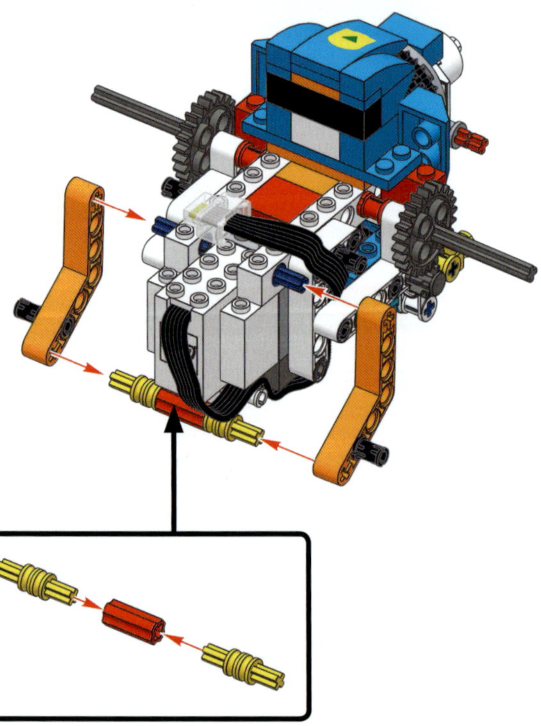

49

2x 2x

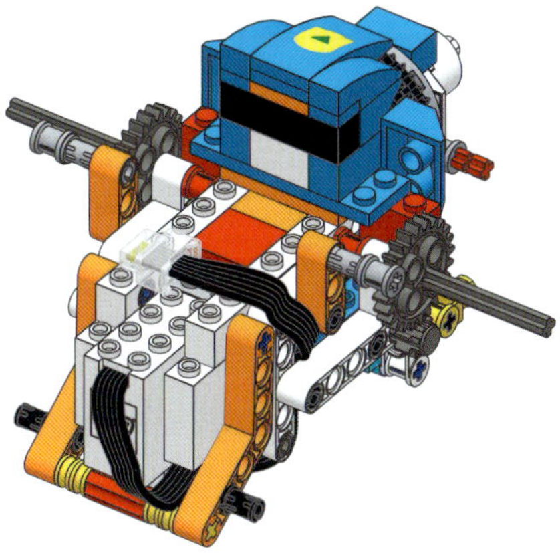

50

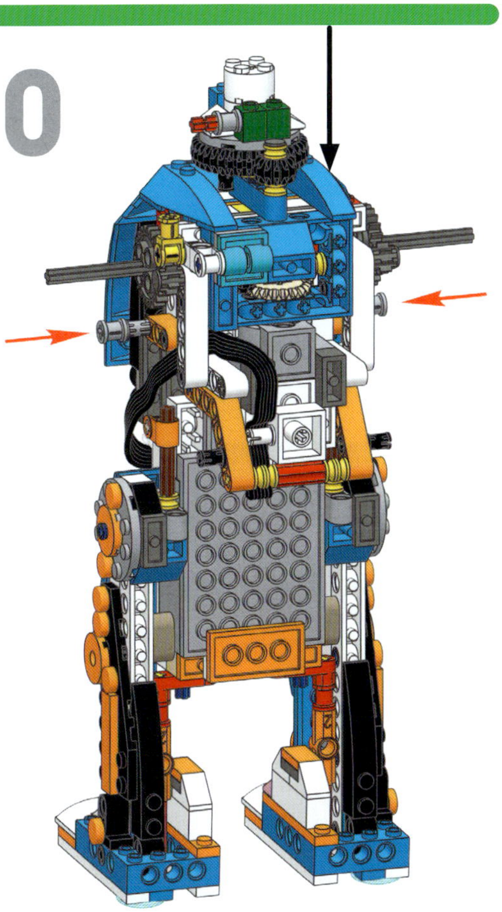

Die 3M-Pins mit Stopper halten den Ober- am Unterkörper fest. Du kannst sie leicht wieder herausziehen, wenn du die Batterien wechseln musst.

51

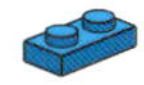

1x

1x

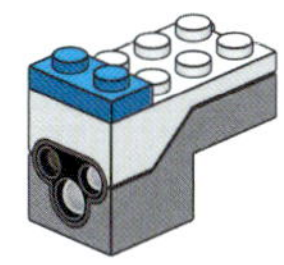

Auch im Kopf finden sich viele Beispiele von SNOT-Bautechniken. Damit sind Ergebnisse möglich, die sich durch einfaches Stapeln von Steinen und Platten in diesem Maßstab nicht erzielen lassen.

52

3x

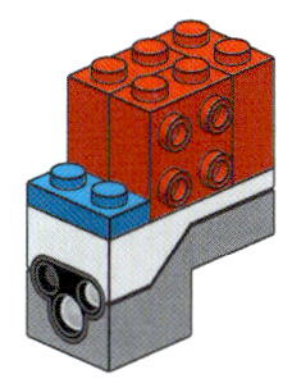

Sensorkabel sind der Übersichtlichkeit halber nicht dargestellt.

53

1x

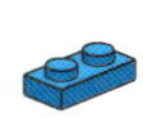

1x

54

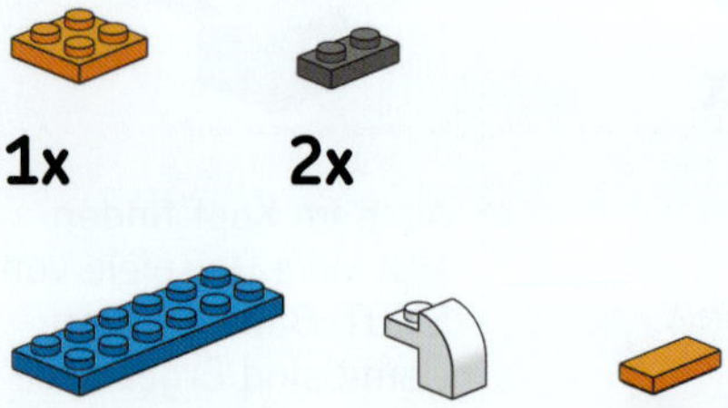

1x 2x

1x 2x 1x

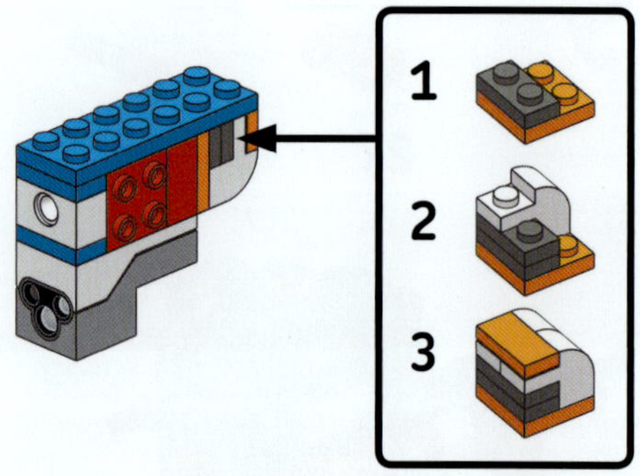

55

1x 1x

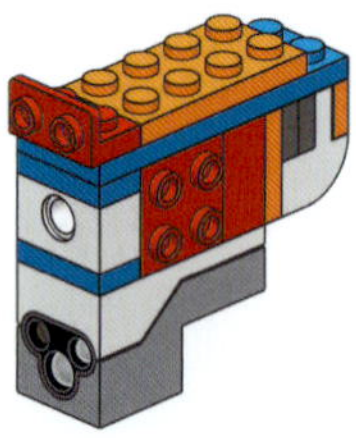

56

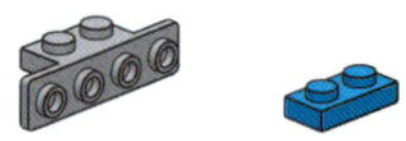

2x 1x

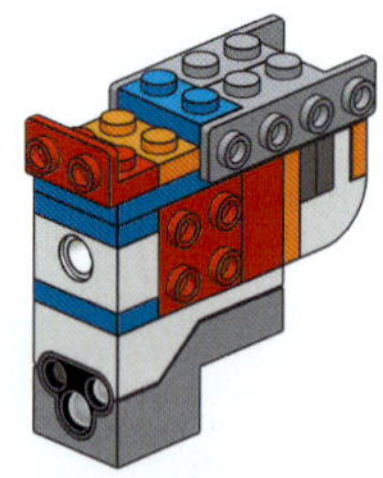

57

2x 1x

58

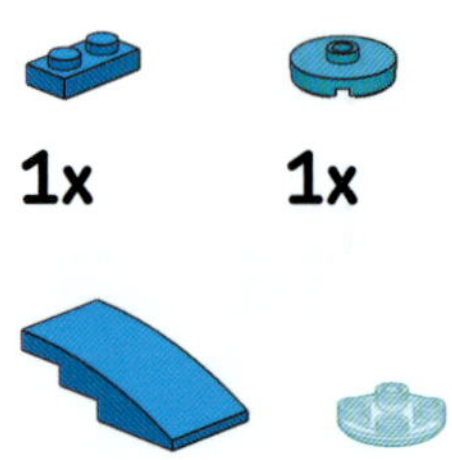

1x 1x

1x 1x

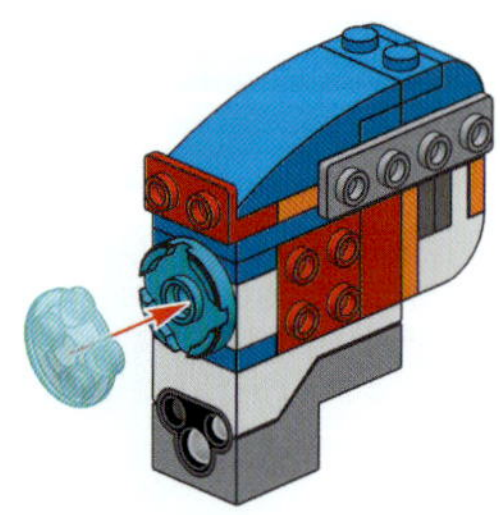

59

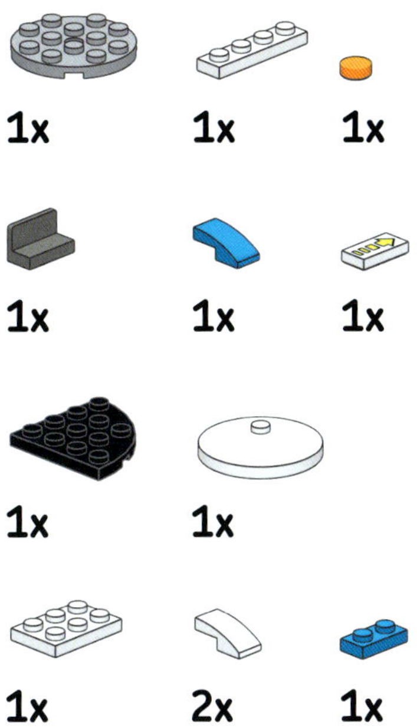
1x
1x
1x
1x
1x
1x
1x
1x
1x
2x
1x

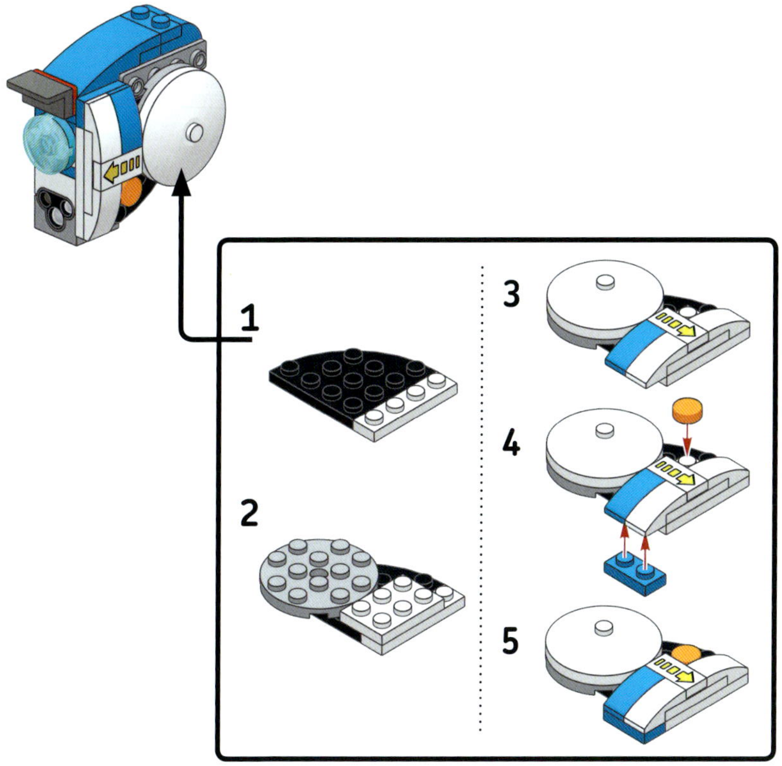
1
2
3
4
5

60

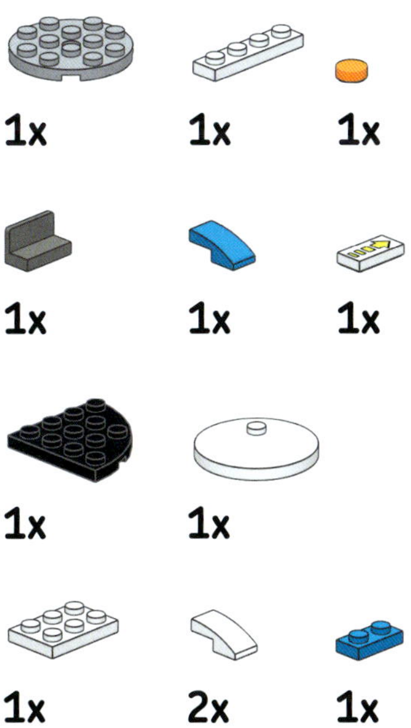
1x
1x
1x
1x
1x
1x
1x
1x
1x
2x
1x

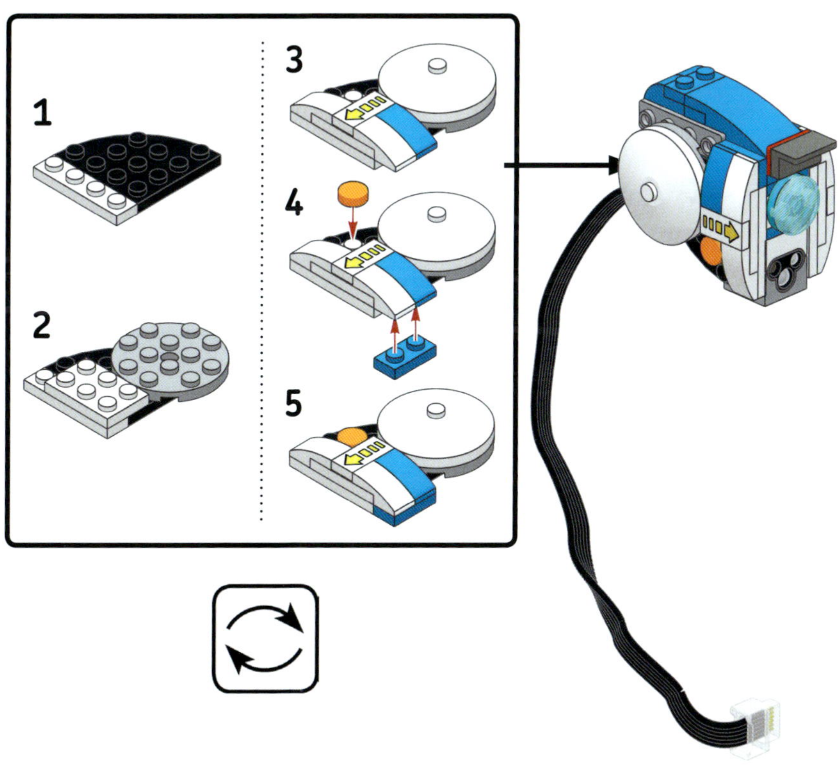
1
2
3
4
5

61

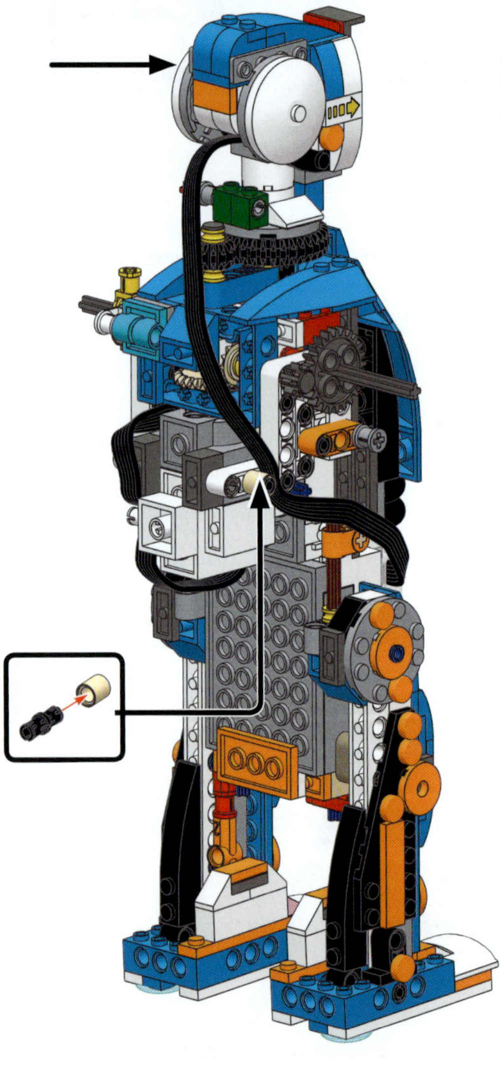

62

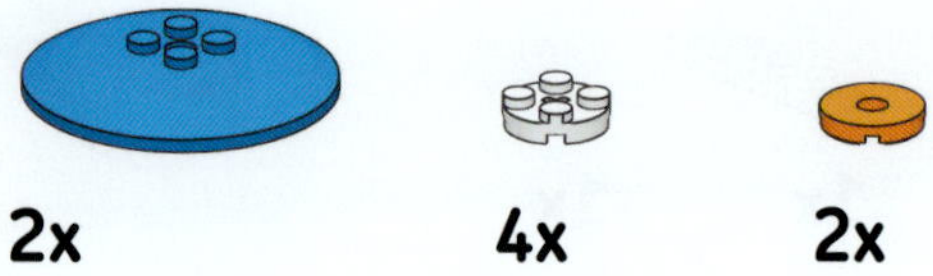

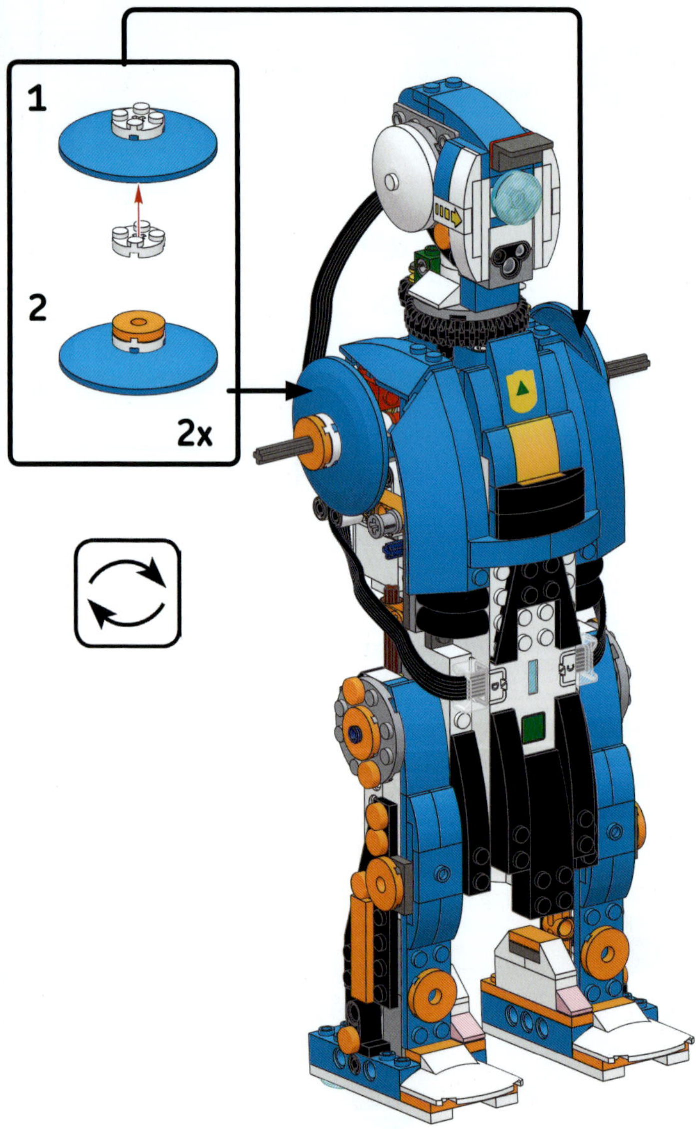

63

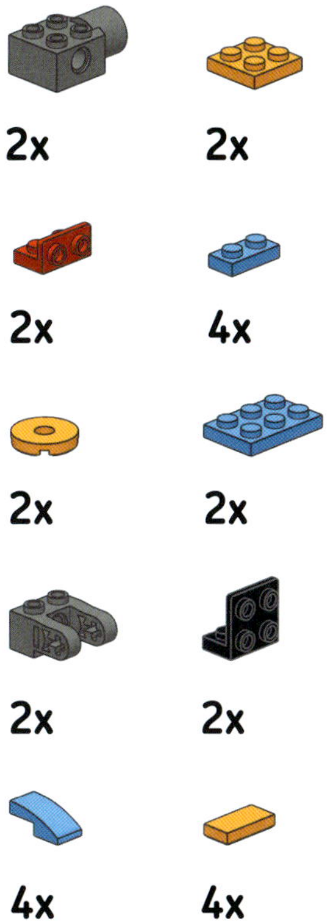

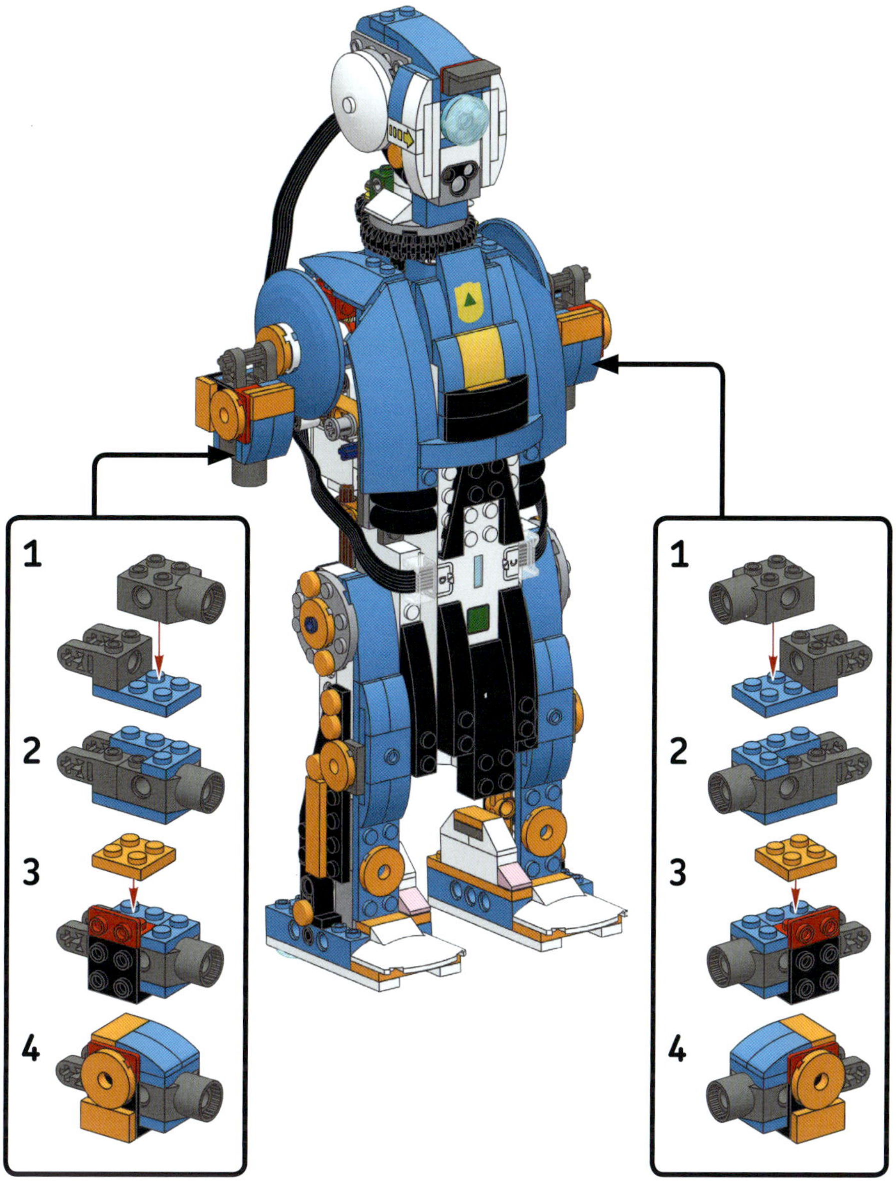

64

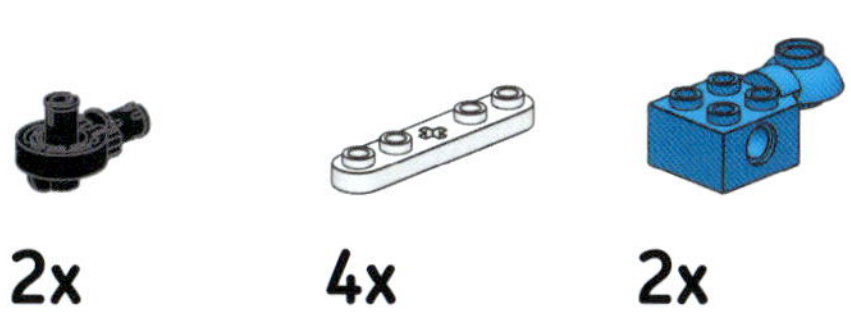

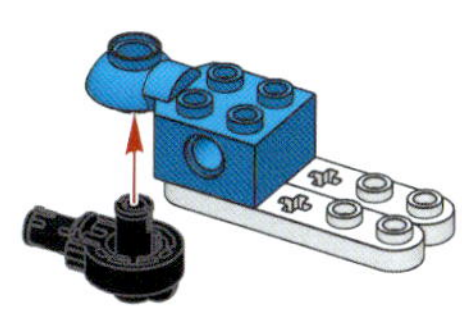

Baue zwei Exemplare des Unterarms.

65

2x 2x 4x

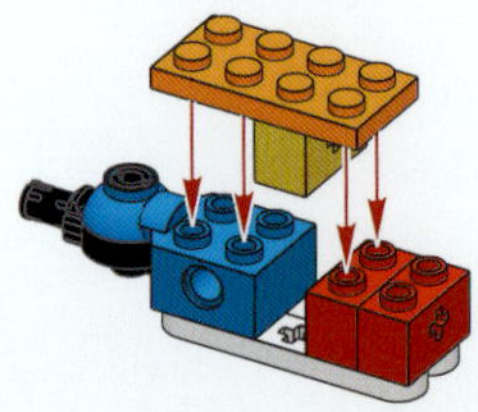

66

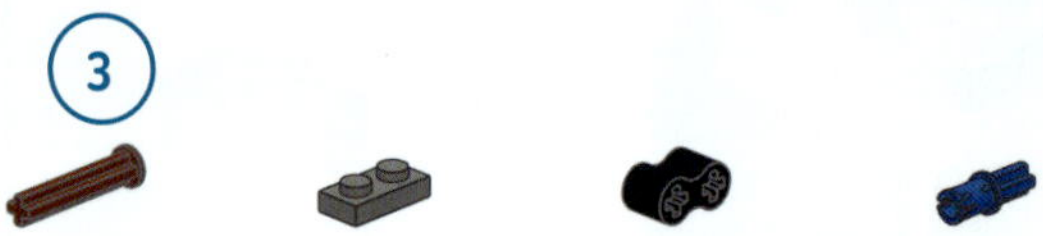

2x 2x 2x 2x

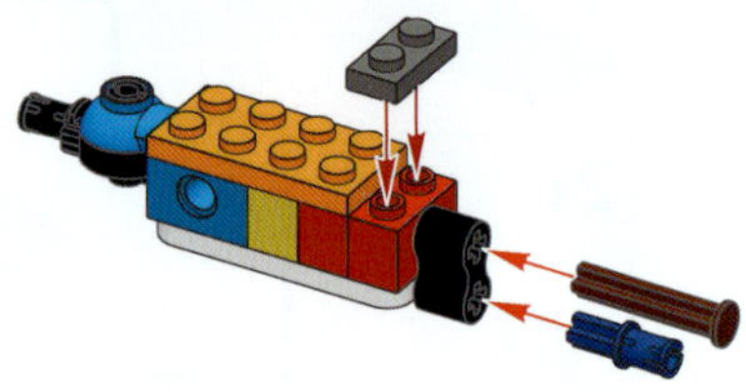

67

4x 2x

68

4x 2x 2x 4x

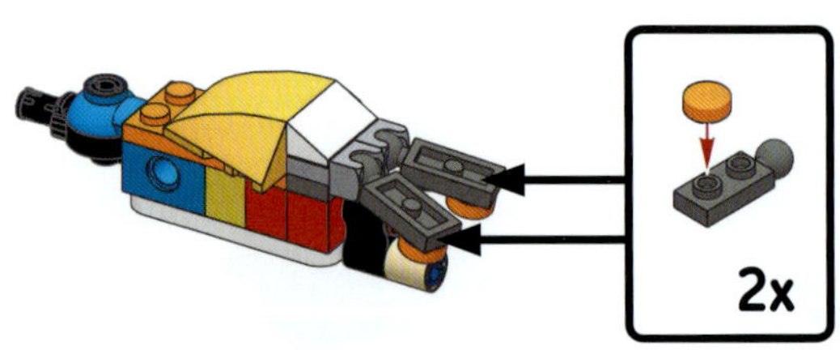

Jede Hand hat zwei Finger mit Gelenk und einen biegsamen Daumen. Dadurch kann der Roboter leichte, dünne Objekte festhalten.

69

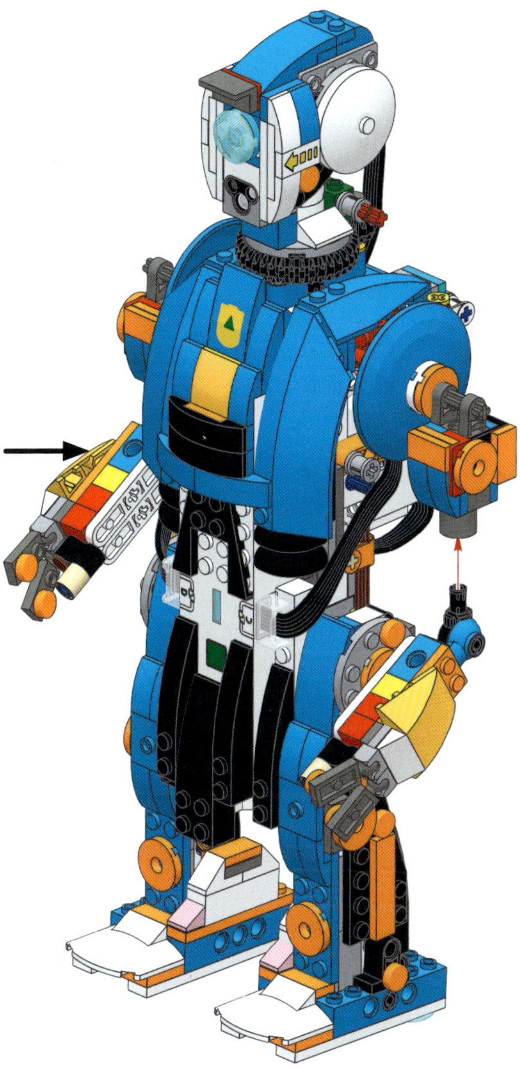

70

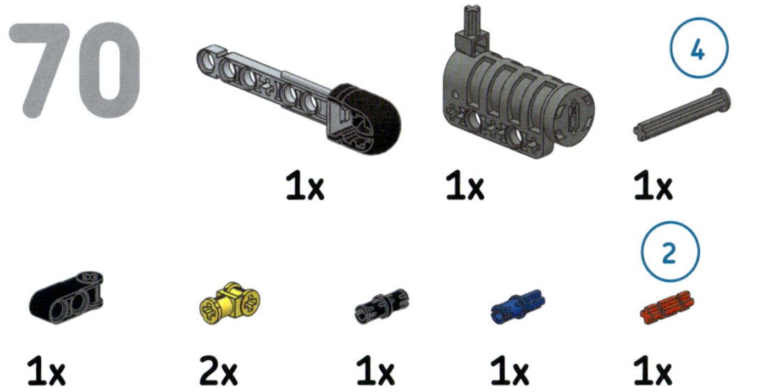

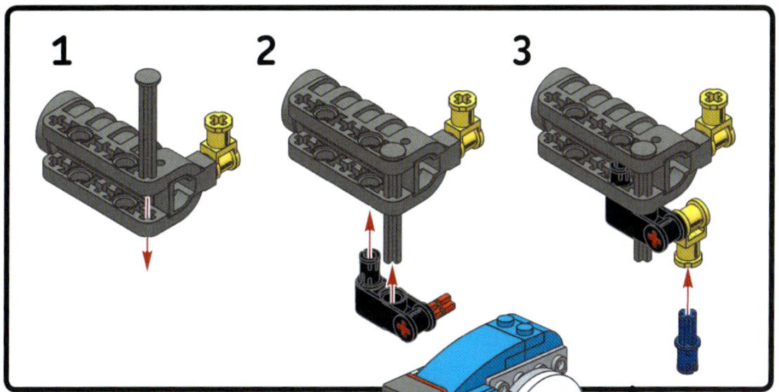

Wenn du den Roboter nicht bewaffnen willst, kannst du die Kanone natürlich auch weglassen!

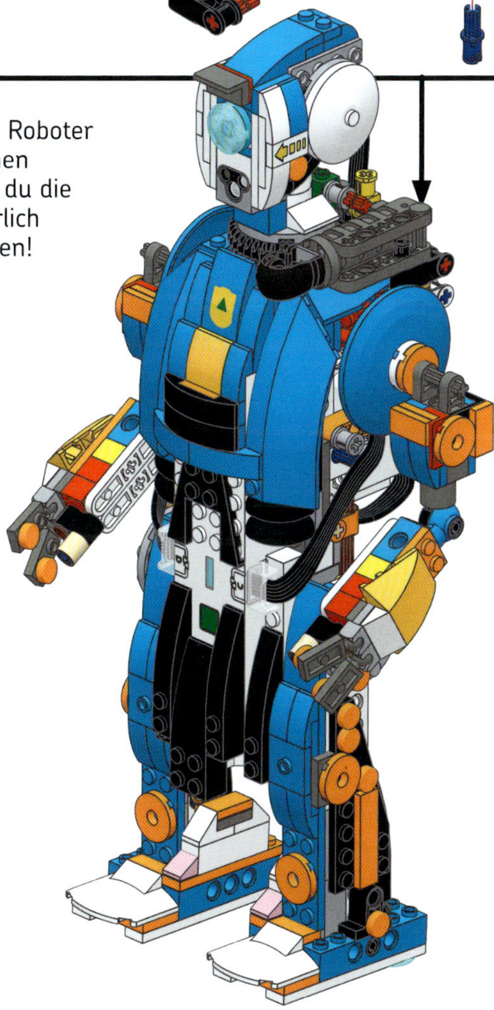

Batteriewechsel

Ich habe den Roboter so gebaut, dass du die Batterien schnell und einfach austauschen kannst (siehe Abb. 16-2). Zum Ausbau des Batteriefachs gehst du wie folgt vor:

1. Ziehe die Kabel ab.

2. Ziehe die grauen 3M-Pins eine Noppenbreite heraus. Fasse sie dabei an dem Stopper an.

3. Halte den Oberkörper an dem weißen 3×5-T-Liftarm fest und ziehe ihn vom Move Hub weg. Er sollte sich in einem Stück lösen.

Jetzt kannst du die Batterien wie üblich austauschen, indem du die Schraube löst und das Batteriefach herausnimmst. Nachdem du frische Batterien eingelegt hast, führst du die angegebenen Schritte in umgekehrter Reihenfolge durch. Achte dabei darauf, dass die Kabel den Armen und Beinen nicht ins Gehege kommen.

ABBILDUNG 16-2: Die Batterien von CYBOT lassen sich auf einfache Weise austauschen.

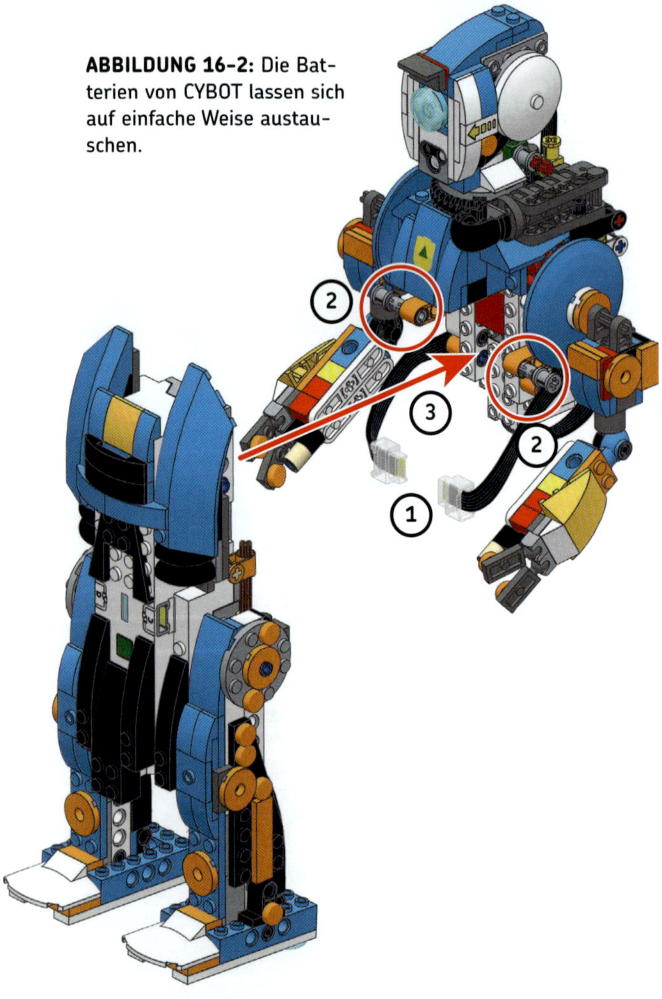

Was du gelernt hast

In diesem Kapitel hast du CYBOT gebaut und gelernt, wie du die Batterien austauschst. Als Nächstes kannst du den Roboter programmieren. In Kapitel 17 erfährst du, wie du Programme schreibst, um CYBOT gehen, reden, schießen und auf Sprachbefehle reagieren zu lassen.

17

Den CYBOT programmieren

In diesem Kapitel lernst du, wie du den menschenähnlichen Roboter CYBOT programmierst. Dazu erstellen wir zunächst Aktionsblöcke, um die Arme und Beine des Roboters zurückzusetzen, um die Beine auszurichten, wenn der Roboter anhält, und um ihn gehen, sich drehen und schießen zu lassen. Diese Aktionsblöcke kannst du auch in deinen eigenen Programmen für CYBOT nutzen.

Anschließend schreiben wir ein Programm, mit dem CYBOT seine Umgebung erkunden kann, und ein weiteres, um ihn über die Fernsteuerung zu dirigieren. Schließlich sehen wir sogar uns an, wie du CYBOT mit Sprachbefehlen steuern kannst.

Die Aktionsblöcke erstellen

Bevor wir unsere Programme schreiben, müssen wir die Aktionsblöcke für CYBOT gestalten. Lege dazu zunächst im Menü der Kreativen Leinwand ein neues Projekt mit dem Namen CYBOT an. Erstelle darin die folgenden Aktionsblöcke.

Der Aktionsblock Zurücksetzen

Wenn du den Move Hub einschaltest, sind die Stellungen der Motorwellen unbekannt. Damit der Roboter wie vorgesehen funktioniert, müssen Kopf, Arme und Beine in die Nullstellung gebracht und die Drehsensoren der Motoren auf 0 gesetzt werden. Darum kümmert sich die Sequenz innerhalb des Aktionsblocks **Zurücksetzen**, den du in Abb. 17-1 siehst.

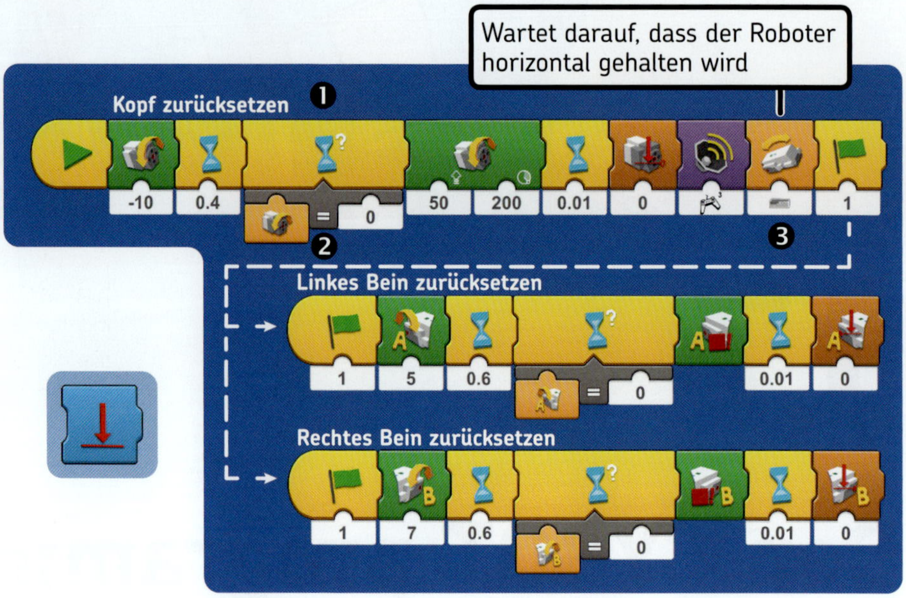

ABBILDUNG 17-1: Sequenz und Symbol des Aktionsblocks **Zurücksetzen**

In der Hauptsequenz des Aktionsblocks **Zurücksetzen** werden Kopf und Arme des Roboters zurückgesetzt. Sie sind über ein Getriebe miteinander verbunden. Der externe Motor läuft, bis die an dem 36z-Rad unten am Hals angebrachten Pins gegen den blauen 5M-Liftarm stoßen und den Motor dadurch blockieren.

Diese Blockierung wird von dem Block **Auf wahr warten** ❶ mit dem Vergleichsblock **Operator gleich** ❷ erkannt, der prüft, ob die aktuelle Geschwindigkeit des Motors 0 beträgt. Sobald das geschieht, wird der Motor zurückgedreht, um den Kopf an der Mittellinie des Roboters auszurichten und die Arme nach unten zu schwenken.

Wenn der Kopf zentriert ist, ertönt der Spiele-Klang ❸ (🎮), um dir mitzuteilen, dass du den Roboter jetzt in waagerechte Stellung bringen sollst. Der Block **Auf Hub-Ausrichtung warten** wartet, bis das geschehen ist. Sobald sich der Roboter in der Horizontalen befindet, werden zwei Sequenzen ausgelöst, die gleichzeitig ablaufen. Sie lassen die Motoren beider Beine langsam laufen, bis die Bewegung durch einen Handgriff blockiert wird, den du zuvor manuell herunterdrücken musst (siehe die Beschreibung im nächsten Abschnitt). Wenn das geschieht, werden die Motoren angehalten und ihre Drehsensoren auf 0 gestellt. Der Aktionsblock **Zurücksetzen** endet mit dem Abschluss dieser beiden Sequenzen.

CYBOT zurücksetzen

Damit CYBOT richtig gehen kann, müssen sich seine Beine in einer bekannten Ausgangsposition befinden. Da sich die Nocken, die die Beine antreiben, frei bewegen können, braucht der CYBOT deine Hilfe, um die Beine beim Einschalten des Move Hubs zurückzusetzen. Dazu dient die kurze Sequenz aus Abb. 17-2.

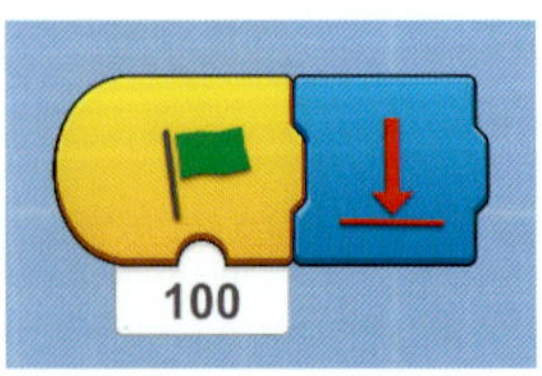

ABBILDUNG 17-2: Nimm diese kurze Sequenz in dein Programm auf, um CYBOT manuell zurückzusetzen.

Der Aktionsblock **Zurücksetzen** darf nur beim Einschalten des Move Hubs ausgeführt werden. Daher ist er an den Block **Start bei Flagge** angeschlossen und nicht an **Sequenz starten**. Dadurch wird die Sequenz nicht jedes Mal automatisch ausgeführt, wenn du auf die grüne Startschaltfläche tippst.

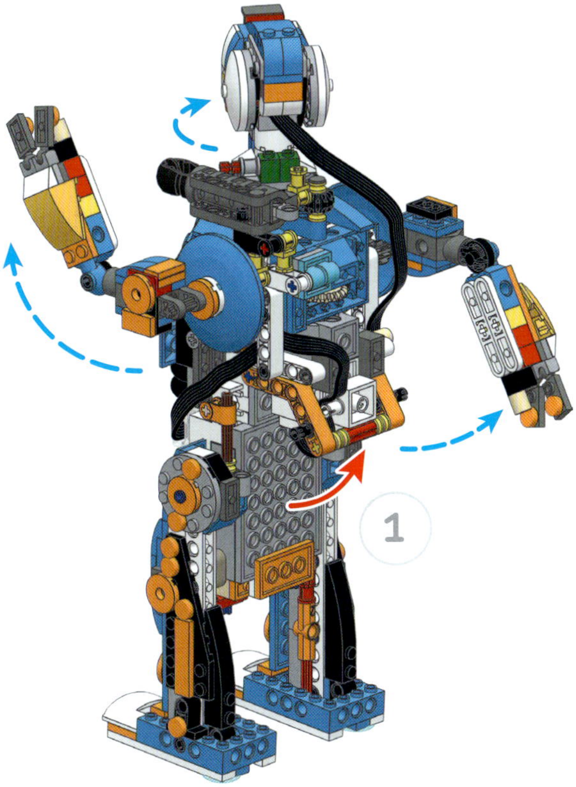

Um CYBOT zurückzusetzen, gehst du wie folgt vor:

1. Hebe den orangefarbenen Handgriff auf dem Rücken an, während CYBOT auf den Füßen steht, und starte die Rücksetzsequenz, indem du auf den Block **Start bei Flagge** aus Abb. 17-2 tippst. Jetzt dreht sich der Kopf so weit wie möglich nach hinten und dann zurück in die Mittelstellung. Gleichzeitig bewegen sich die Arme. Am Ende der Sequenz werden sie nach unten geschwenkt.

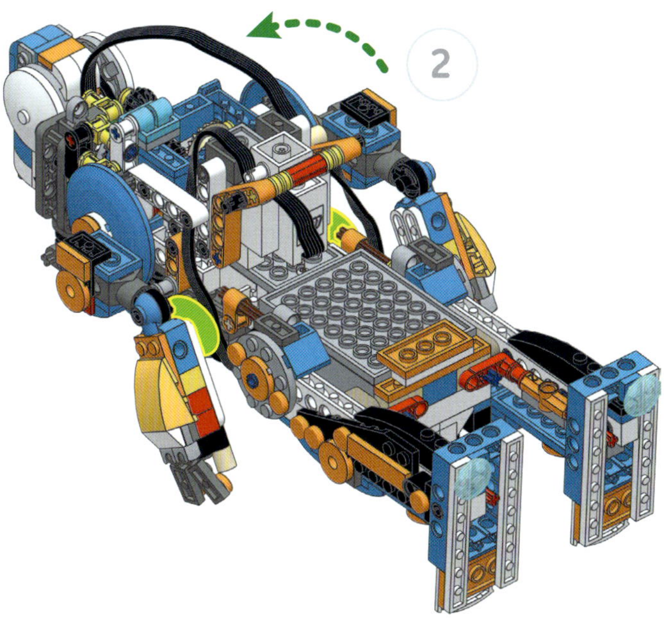

2. Wenn der Klang abgespielt wird, hältst du CYBOT vorsichtig an den Teilen fest, die wie Rippen aussehen, hebst ihn hoch und drehst ihn in Bauchlage.

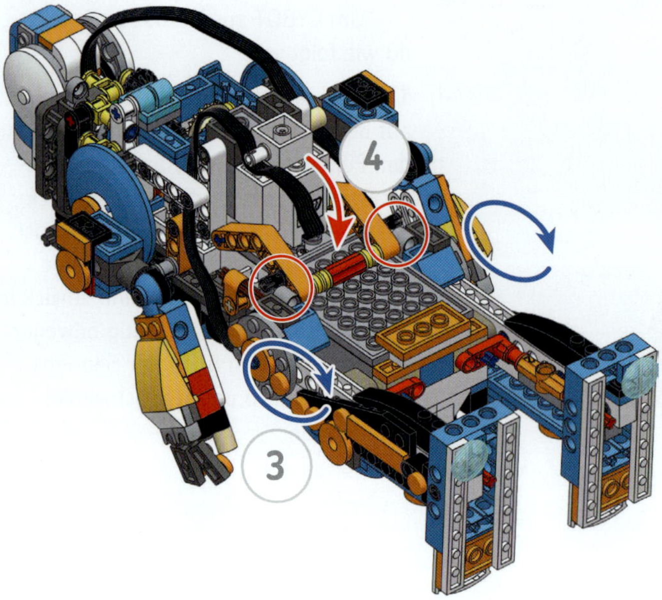

3. Die Beine beginnen sich jetzt mit leicht unterschiedlichen Geschwindigkeiten zu bewegen. Drücke den Handgriff nach unten auf den Rücken des Roboters, wenn die Beine ihre tiefste Stellung erreicht haben.

4. Wenn du den Handgriff heruntergedrückt hast, sollten die grauen Elemente an den Beinen gegen die Pins des Handgriffs stoßen und anhalten. Das ist die Nullstellung der Beine. Hebe den Handgriff wieder an, damit sich CYBOT frei bewegen kann. Stelle ihn auf die Füße. Er sollte jetzt sicher stehen können, mit beiden Beinen auf dem Boden. Der Körper sollte gerade aufgerichtet sein und sich weder nach vorn noch nach hinten lehnen.

Wenn sich eines der Beine nicht so weit bewegt, dass der graue Block gegen den schwarzen Pin stößt, wiederhole den Rücksetzvorgang von Anfang an. Vergewissere dich, dass die Bewegung der Beine nicht durch irgendetwas gebremst wird. Bei schwachen Batterien kann es vorkommen, dass der Rücksetzvorgang wiederholt nicht korrekt ausgeführt wird.

Der Aktionsblock KopfBewegen

Der Aktionsblock **KopfBewegen** aus Abb. 17-3 dreht den Scankopf relativ zur Nullstellung.

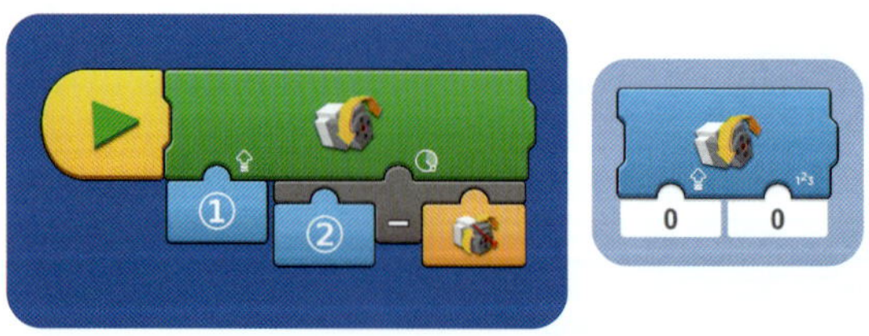

ABBILDUNG 17-3: Sequenz und Symbol des Aktionsblocks **KopfBewegen**

Der Motor dreht sich um einen Winkel, der dem gewünschten Winkel abzüglich des vom Drehsensor gemessenen aktuellen Winkels entspricht. Dadurch dreht er sich relativ zur Nullstellung und nicht relativ zu seiner letzten Position.

Der Aktionsblock Ausrichten

Der Aktionsblock **Ausrichten** (siehe Abb. 17-4) bringt die Arme und Beine zurück in die Nullstellung. Es geht schneller, diesen Block zu verwenden, als den halbautomatischen Rücksetzvorgang auszuführen. Du kannst ihn am Anfang jeder Sequenz einsetzen, um die Gliedmaßen wieder auszurichten. Wenn du den Move Hub einschaltest, musst du allerdings den Rücksetzvorgang durchführen.

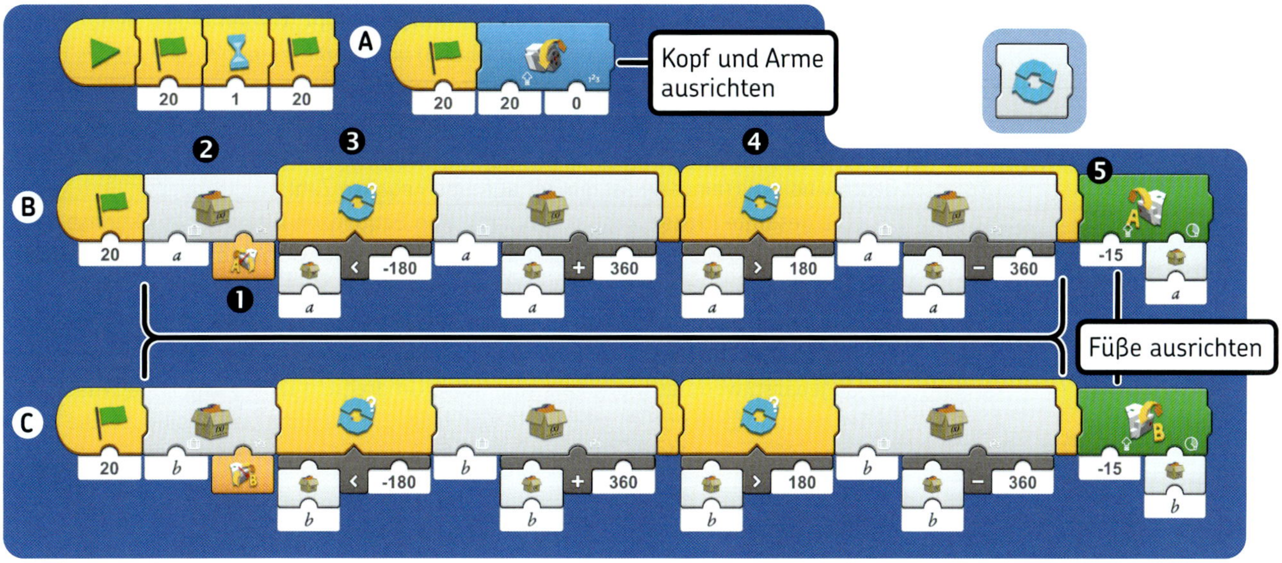

ABBILDUNG 17-4: Sequenzen des Aktionsblocks **Ausrichten**

Der Aktionsblock **Ausrichten** löst drei parallele Sequenzen aus. Die erste (**A**) ruft den Block **KopfBewegen** aus, um Kopf und Arme in Nullstellung zu bringen. Der zweite Eingang dieses Blocks setzt den Winkel auf 0.

Die unteren beiden Sequenzen (**B** und **C**) richten die Füße so aus, dass beide ganz auf dem Boden aufsetzen. Man könnte meinen, das wäre ziemlich einfach, allerdings ist es viel kniffliger als die Ausrichtung des externen Motors, der Arme und Kopf bewegt. Das Problem ist, dass die Beinmotoren mehr als eine komplette Umdrehung ausführen können, da sie eine volle Umdrehung schon für einen Schritt benötigen. So haben die Motoren etwa nach drei Schritten dreimal 360° zurückgelegt. Der Motorwinkel beträgt also 3 x 360° = 1080°, doch die Kurbeln, die die Beine antreiben, stehen bei 0°. Um die Motorwelle wieder in die Nullstellung zu bringen, muss sie sich nur um den Winkel zurückdrehen, der über eine volle 360°-Drehung hinausgeht (siehe Abb. 17-5). Meldet der Sensor beispielsweise einen Winkel von 450°, so muss der Motor sich nur um 90° zurückdrehen, um wieder in die Nullstellung zu gelangen.

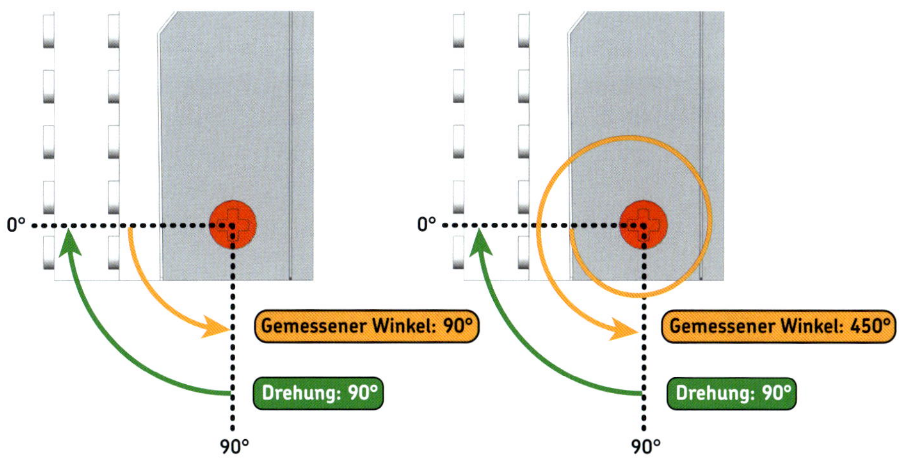

ABBILDUNG 17-5: Der Aktionsblock **Ausrichten** bringt alle Motoren wieder in die Nullstellung. Wenn sich ein Motor mehr als einmal komplett gedreht hat, muss er lediglich um den Winkel seiner aktuellen Stellung zurückgedreht werden und nicht um die ganzen vollen Umdrehungen. In diesem Beispiel ist nur eine Drehung um 90° erforderlich: 450° - 360° = 90°.

Um den Winkel zu berechnen, um den der Motor gedreht werden muss, ziehen wir so oft 360° (den Winkel einer vollen Umdrehung) vom gemessenen Winkel ab, bis das Ergebnis zwischen -180° und 180° liegt. Ist der Ausgangswinkel negativ, addieren wir 360°, bis wir in dem genannten Bereich landen. Den resultierenden Wert nutzen wir als Eingabe für den Block **Geschwindigkeit Motor A/B für eine Entfernung** ❺. Den Geschwindigkeitseingang setzen wir auf eine negative Zahl.

Die gesamte Prozedur ist in den parallelen Sequenzen **B** und **C** des Aktionsblocks **Ausrichten** aus Abb. 17-4 programmiert. Der vom Block **Berichterstattung Position Motor A** ❶ gemeldete Winkel wird mithilfe des Blocks **Variable schreiben** ❷ in einer Variablen gespeichert und dann um volle Umdrehungen (360°) verringert. Dazu wird der Wert in der Variablen entweder in der ersten **While-true-Schleife** ❸ immer wieder angepasst, wenn er größer als eine halbe Umdrehung (180°) und negativ ist, oder in der zweiten ❹, wenn er größer als eine halbe Umdrehung und positiv ist. Die obere Sequenz (**B**) steuert Motor A (linkes Bein), die untere (**C**) Motor B (rechtes Bein).

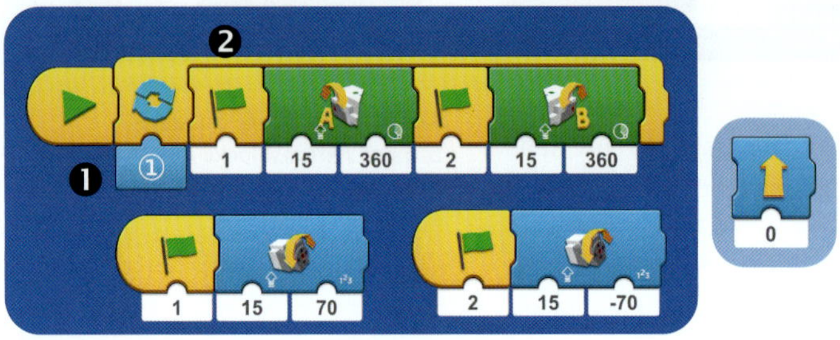

ABBILDUNG 17-6: Der Aktionsblock **Vorwärts**

Der Aktionsblock Vorwärts

Der Aktionsblock **Vorwärts** (siehe Abb. 17-6) lässt CYBOT einen Schritt vorwärts machen, indem er die Beinmotoren nacheinander jeweils eine volle Umdrehung ausführen lässt. Die Arme bewegen sich synchron, um einen menschlichen Gang zu simulieren.

Mit dem numerischen Eingang Nr. 1 ❶ des Aktionsblocks kannst du festzulegen, wie viele Schritte CYBOT macht. Diese Eingabe legt fest, wie oft der Block **Schleife für Anzahl Wiederholungen** ❷ ausgeführt wird.

ABBILDUNG 17-7: Der Aktionsblock **WendeRechts**

Der Aktionsblock WendeRechts

Der Aktionsblock **WendeRechts** aus Abb. 17-7 lässt CYBOT wiederholt nur mit dem linken Bein ausschreiten, sodass der Roboter nach rechts abbiegt. Der Eingang des Blocks ❶ wird auf die Anzahl der gewünschten Schritte gesetzt. Mit jedem Schritt dreht sich der Roboter um 15° im Uhrzeigersinn. Um seine Gehrichtung im rechten Winkel zu ändern (90°), sind sechs Schritte erforderlich.

ABBILDUNG 17-8: Der Aktionsblock **WendeLinks**

Der Aktionsblock WendeLinks

Der Aktionsblock **WendeLinks** aus Abb. 17-8 ähnelt **WendeRechts**, lässt CYBOT aber wiederholt nur mit dem rechten Bein ausschreiten, sodass der Roboter nach links abbiegt. Mit jedem Schritt dreht sich der Roboter um 15° gegen den

Uhrzeigersinn. Auch hier sind wieder sechs Schritte erforderlich, um die Richtung im rechten Winkel zu ändern.

Der Aktionsblock DrehungRechts

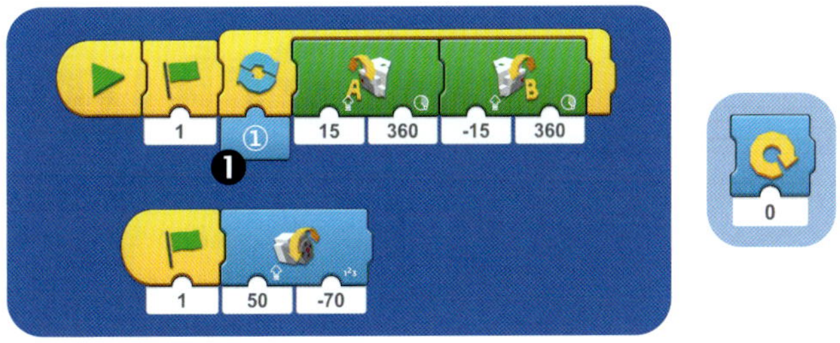

ABBILDUNG 17-9: Der Aktionsblock **DrehungRechts**

Der Aktionsblock **DrehungRechts** aus Abb. 17-9 dreht CYBOT auf der Stelle nach rechts, indem er ihn wiederholt mit dem linken Bein vorwärts und mit dem rechten rückwärts schreiten lässt. Der numerische Eingang 1 ❶ legt die Anzahl der Schritte fest. Bei jedem Schritt dreht sich der Roboter um fast 30°, weshalb eine Drehung im rechten Winkel drei Schritte erfordert.

Der Aktionsblock DrehungLinks

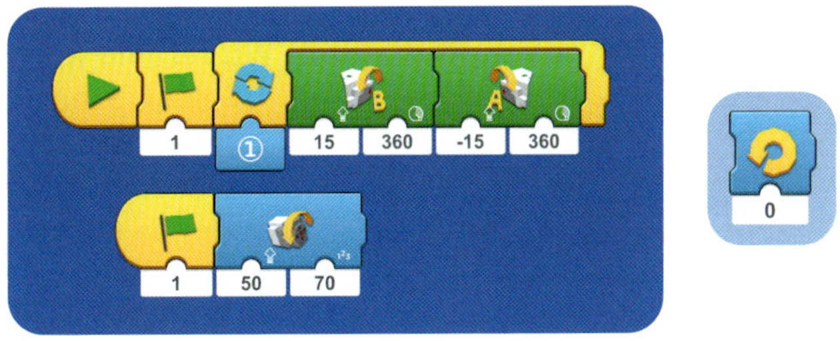

ABBILDUNG 17-10: Der Aktionsblock **DrehungLinks**

Der Aktionsblock **DrehungLinks** aus Abb. 17-10 ähnelt sehr stark **DrehungRechts**, dreht CYBOT aber auf der Stelle nach links, indem er ihn wiederholt mit dem rechten Bein vorwärts und mit dem linken rückwärts schreiten lässt. Bei jedem Schritt dreht sich der Roboter um fast 30°, weshalb eine Drehung im rechten Winkel drei Schritte erfordert.

Der Aktionsblock Schießen

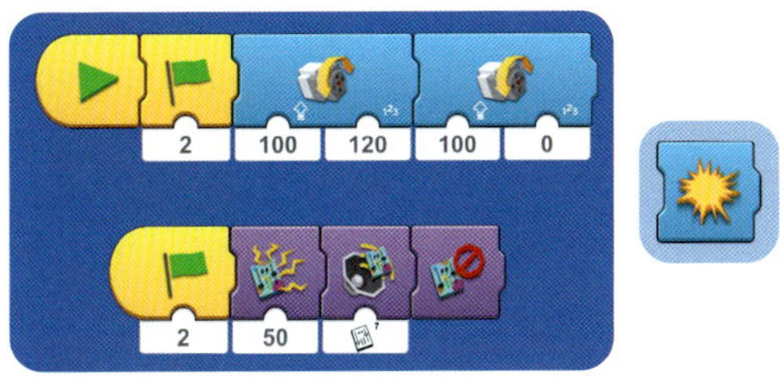

ABBILDUNG 17-11: Der Aktionsblock **Schießen**

Der Aktionsblock **Schießen** aus Abb. 17-11 löst den Abzug der Schulterkanone aus, indem er den Kopf nach links dreht. Beim Abfeuern des Pfeils wird ein Schussgeräusch (Schlag- und Schussgeräusch Nr. 7) mit dem Verzerrungsfilter in der Einstellung 50 abgespielt. Für den Fall, dass du danach andere Klänge ohne Verzerrung wiedergeben möchtest, wird der Filter anschließend gelöscht.

Versuch 17-1

Schreibe mithilfe der vorstehenden Aktionsblöcke ein Programm, das CYBOT auf Streife gehen und dabei ein Quadrat abschreiten lässt. Tipp: Entnimm den Beschreibungen der Blöcke **WendeRechts** und **DrehungRechts**, um wie viel Grad sich der Roboter bei jedem Schritt dreht.

Versuch 17-2

Was musst du in deiner Lösung zu Versuch 17-1 ändern, damit sich der Roboter in einer Linie vor- und zurückbewegt wie ein Wachposten vor einem Gebäude?

Das Erkundungsprogramm

In diesem Abschnitt programmieren wir CYBOT so, dass er seine Umgebung erkundet. Das Programm funktioniert ähnlich wie *Go to Free Area* aus dem Abschnitt »Hindernisse umgehen« auf Se. 118. CYBOT geht vorwärts, bis er ein Hindernis erkennt. Dann schaut er sich um und wendet sich in die Richtung, in der die wenigsten Hindernisse zu liegen scheinen. Der Pseudocode dafür sieht wie folgt aus:

```
Richte alle beweglichen Teile aus
Beginn der Endlosschleife
  Wiederhole während (Abstand größer als 8)
    Gehe 1 Schritt vorwärts
  Ende der Während-Schleife
  Spiele einen Alarmton ab
  Drehe den Kopf nach rechs
  Speichere den Messwert des Entfernungssensors in Variable A

  Drehe den Kopf nach links
  Speichere den Messwert des Entfernungssensors in Variable B
  Drehe den Kopf wieder geradeaus
  Wenn (Abstand in A ist größer als Abstand in B)
    dann drehe dich 2 Schritte nach rechts
  Sonst
    Drehe dich 2 Schritte nach links

  Ende Wenn
Zurück zum Beginn der Endlosschleife
```

Abb. 17-12 zeigt das fertige Erkundungsprogramm. Der Klang, der in der parallelen Sequenz abgespielt wird, ist die Nr. 19 aus der Rubrik »Publikumsgeräusche und Warnungen« (?). Anhand der Kommentare in der Abbildung solltest du erkennen können, wie es funktioniert.

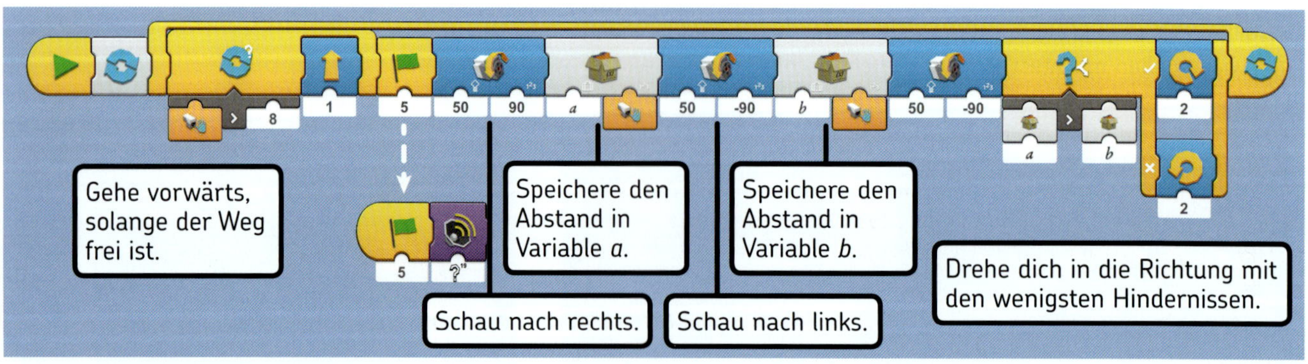

ABBILDUNG 17-12: Das Erkundungsprogramm

Das Fernsteuerungsprogramm

Mit dem Programm aus Abb. 17-13 kannst du CYBOT über die LEGO-Boost-Fernsteuerungsoberfläche dirigieren. Mit dem Joystick lässt du den Roboter vorwärtsgehen und wenden, und mit dem Knopf schießt du. Nach dem Schuss endet das Programm.

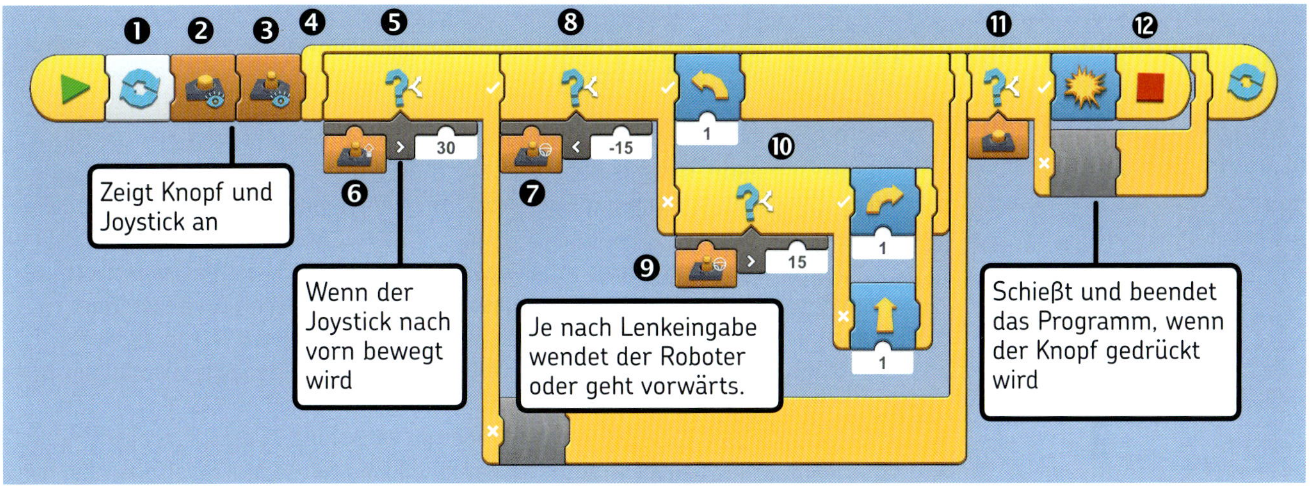

ABBILDUNG 17-13: Das Fernsteuerungsprogramm

Als Erstes richtet das Programm die Arme und Beine mithilfe des Aktionsblocks **Ausrichten** ❶ aus. (Wenn du den Move Hub gerade erst eingeschaltet hast, musst du jedoch zuvor den halbautomatischen Rücksetzvorgang durchführen!) Anschließend werden der Knopf und der Joystick in der Fernsteuerungsoberfläche eingeblendet. In der anschließenden **Endlosschleife** ❹ befinden sich zwei Schalterblöcke. Der erste ❺ prüft, ob der vom Block **Berichterstattung Geschwindigkeit Joystick-Widget** ❻ zurückgegebene Wert größer als 30 ist. Dadurch geht der Roboter vorwärts, wenn du den Joystick nach vorn drückst.

Wird der Joystick vom Mittelpunkt wegbewegt, dreht sich der Roboter entsprechend dem Wert, den der Block **Berichterstattung Lenkung Joystick-Widget** (❼ und ❾) meldet. Um zu erkennen, in welche Richtung der Joystick gedrückt wurde, verwenden wir zwei ineinander verschachtelte Schalterblöcke (❽ und ❿). Ist der Lenkwert kleiner als –15 (Joystick nach links), dreht sich CYBOT einen Schritt nach links. Anderenfalls führt der zweite Schalterblock ❿ eine zweite Prüfung durch und dreht CYBOT einen Schritt nach links, wenn der Lenkwert größer als 15 ist. Sind beide Bedingungen falsch, wurde der Joystick gerade oder fast gerade nach vorn gedrückt, weshalb CYBOT vorwärtsschreitet. Wir nutzen hier die Werte –15 und 15, um einen gewissen Spielraum für den Joystick festzulegen, innerhalb dessen CYBOT geradeaus geht, auch wenn der Joystick nicht genau gerade nach vorn geschoben wurde.

Der letzte Schalterblock ⓫ lässt den Roboter schießen, wenn der Knopf gedrückt wurde. Nach dem Abfeuern der Kanone wird das Programm durch den Block **Alle Sequenzen stoppen** ⓬ beendet.

Versuch 17-3

Baue eine Zielscheibe für CYBOT und schreibe ein Fernsteuerungsspiel wie das aus Kapitel 12.

Tipp: Du musst das Programm QuickDraw aus Abb. 12-12 abändern und den Aktionsblock **Countdown** aus Abb. 12-9 nachbauen.

Sprachsteuerung

Die LEGO-Boost-App kann zwar keine Wörter erkennen, aber wir können trotzdem ein wirklich cooles Programm schreiben, das es so aussehen lässt, als würde CYBOT gesprochenen Befehlen gehorchen (wobei er in Wirklichkeit nur auf die Anzahl der Wörter reagiert). Wenn du ein guter Schauspieler bist, kannst du deine Freunde verblüffen, indem du vorgibst, dass CYBOT versteht, was du ihm sagst.

Wörter zählen

CYBOT kann Befehle anhand der Anzahl gesprochener Wörter unterscheiden. Der Trick besteht darin, dass du die Wörter klar aussprichst und kleine Pausen dazwischen einlegst, damit das Programm jedes Wort als eigenen Ton erkennen und damit die Wörter zählen kann.

Das funktioniert wie folgt: Wenn das Mikrofon deines Geräts das erste Wort erkennt, wird eine Stoppuhr (Timer) gestartet. Jedes Mal, wenn ein neues Wort erklingt, wird der Zähler erhöht und die Stoppuhr zurückgesetzt. Wenn du nichts mehr sagst, überschreitet die Stoppuhr irgendwann einen Grenzwert, woraufhin das Programm den Befehl ausführt, der für die ermittelte Anzahl an Wörtern vorgesehen ist. Der Roboter geht drei Schritte, aber du kannst ihn jederzeit anhalten, indem du »Stopp!« rufst (wobei es auch jeder andere Klang tut, sodass du also auch in die Hände klatschen oder »Erdbeereis!« rufen kannst).

Tabelle 17-1 gibt eine Übersicht über die Sprachbefehle, die du dem Roboter geben kannst. Du kannst auch etwas anderes sagen oder die Befehle in einer anderen Sprache geben, solange nur die Anzahl der Wörter stimmt. Um CYBOT vorwärtsgehen zu lassen, kannst du beispielsweise »Gehe!« oder »Vorwärts!« rufen, aber auch »Forward!«, »Cammina!« oder »Adelante!«. Sprich aber langsam, denn wenn die Töne zu kurz sind, kann die App sie möglicherweise nicht als Wörter zählen, insbesondere nicht auf einem langsamen Gerät.

TABELLE 17-1: Sprachbefehle

AKTION	BEISPIELBEFEHL	ANZAHL WÖRTER
Vorwärtsgehen	Geh! Vorwärts!	1
Drehung nach rechts	Nach rechts! Kehrt rechts!	2
Drehung nach links	Jetzt nach links! Bitte nach links!	3
Schießen	Schieß einen Pfeil ab! Achtung, da kommt ein LEGO-Imitat!	Mehr als 3

Der Aktionsblock Befehl

Bevor du das Programm zur Steuerung von CYBOT mit Sprachbefehlen schreiben kannst, musst du den Aktionsblock **Befehl** aus Abb. 17-14 erstellen. Er hat zwei numerische Eingänge. Der erste bestimmt, welcher Befehl ausgeführt werden soll (diesen Wert bezieht der Block von der Variablen, die die Wortanzahl enthält), während der zweite die Anzahl der Schritte angibt, die der Roboter gehen soll. Der logische Eingang 3 legt fest, ob die Ausführung des Befehls mit einem Klang wie »Stopp!« angehalten werden kann.

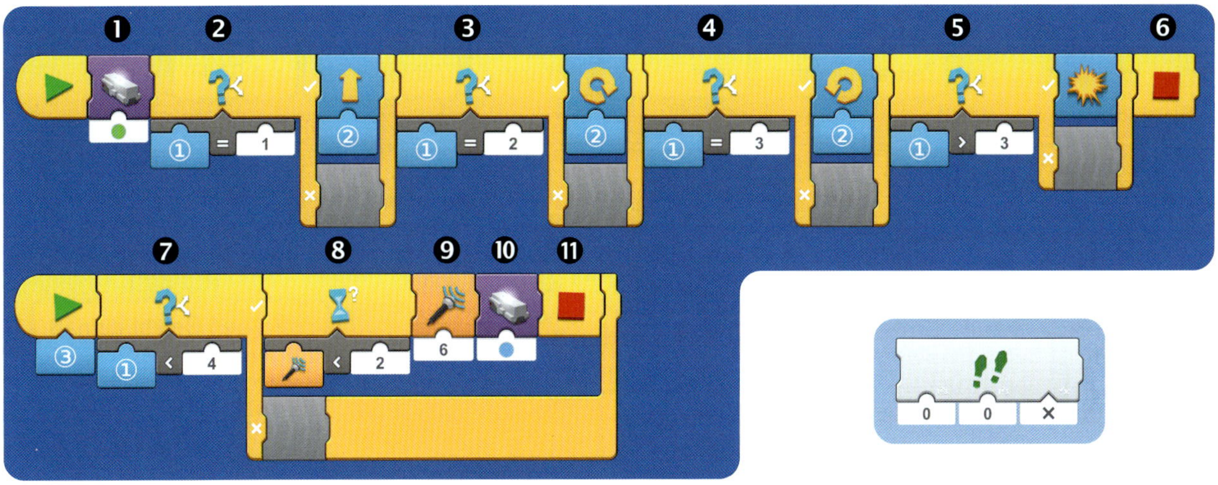

ABBILDUNG 17-14: Der Aktionsblock **Befehl**

In der Hauptsequenz wird **LED-Farbe Hub** ❶ auf Grün gesetzt, um uns mitzuteilen, dass der Befehl ausgeführt wird. Eine Folge von Schalterblöcken (❷ bis ❹) weist CYBOT an, sich wie in Tabelle 17-1 angegeben gemäß der Anzahl der erkannten Wörter zu bewegen. Beispielsweise führt der Schalterblock ❷ den Aktionsblock **Vorwärts** aus, wenn der Wert im numerischen Eingang 1 gleich 1 ist.

In den oberen Sequenzen dieser Schalterblöcke (die ausgeführt werden, wenn die Bedingung wahr ist) gibt es jeweils einen Aktionsblock, der CYBOT gehen lässt, wobei die Eingänge dieser inneren Aktionsblöcke auf den Wert des numerischen Eingangs 2 gesetzt sind. Der letzte Schalterblock ❺ führt den Aktionsblock **Schießen** aus, wenn der Wert des numerischen Eingangs 1 größer als 3 ist. Sobald der Roboter mit dem Gehen aufhört, hält der Block **Alle anderen Sequenzen stoppen** ❻ die parallele Sequenz und das Programm an.

Die parallele Sequenz wird nur dann gestartet, wenn der logische Eingang 3 wahr ist. Wenn das der Fall ist, ist es möglich, CYBOT jederzeit durch den Zuruf »Stopp!« anzuhalten.

Der Schalterblock ❼ an dem Block **Start bei wahr** prüft, ob der numerische Eingang 1 (die Anzahl der Wörter) kleiner als 4 ist. Diese Bedingung sorgt dafür, dass wir nur Bewegungen unterbrechen können, aber keine Schüsse (siehe Tabelle 17-1). Anderenfalls wäre es möglich, dass der Block **Auf wahr warten** in dieser parallelen Sequenz die Ausführung von **Schießen** zu früh abbricht, wenn er das laute Geräusch wahrnimmt, das von **Schießen** abgespielt wird.

Innerhalb des Schalterblocks ❼ wartet der Block **Auf wahr warten** ❽ zunächst auf das Absinken des Geräuschpegels nach dem letzten Wort des gesprochenen Befehls. Anschließend wartet der Block **Auf Lautstärke warten** ❾ auf einen lauten

HINWEIS:

Um zwischen mehreren Bedingungen zu unterscheiden, können Schalterblöcke ineinander verschachtelt werden. In Abb. 17-14 stehen die Schalterblöcke hintereinander, da immer nur eine der Bedingungen auf einmal wahr sein kann.

Klang (etwa den Zuruf »Stopp!«). Wenn das geschieht, setzt der Block **LED-Farbe Hub** ❿ die Farbe des LED-Lichts auf Blau. Der Block **Alle anderen Sequenzen stoppen** ⓫ bricht dann die Hauptsequenz ab, und der Roboter hält an.

Der Code

Abb. 17-15 zeigt das Sprachsteuerungsprogramm.

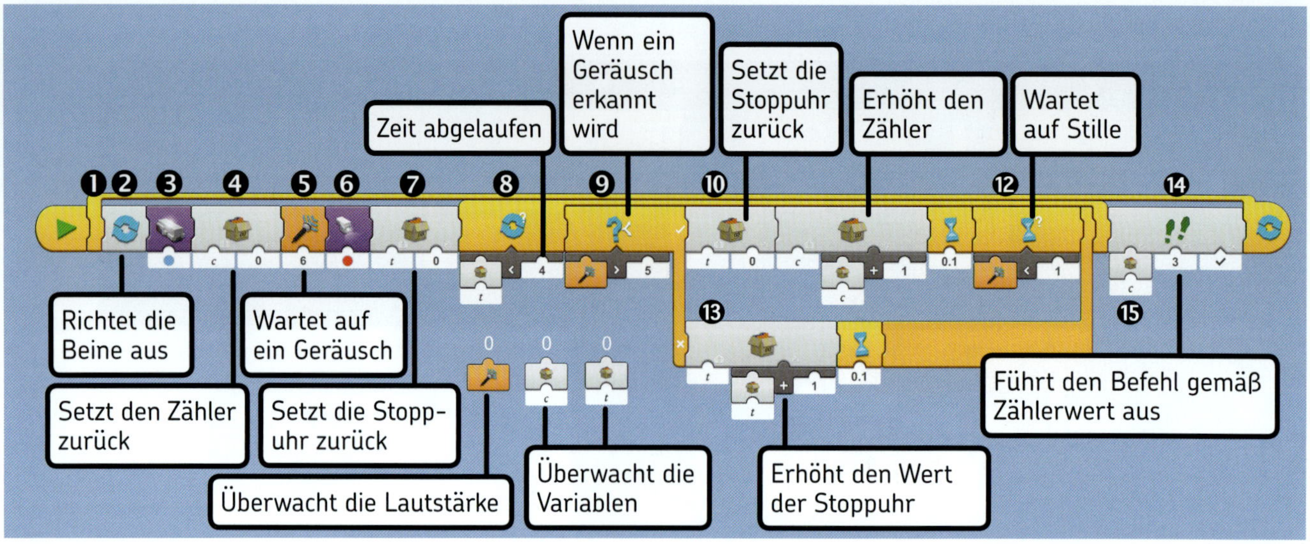

ABBILDUNG 17-15: Das Sprachsteuerungsprogramm

Das Programm wird wiederholt in einer **Endlosschleife** ❶ ausgeführt. Darin werden als Erstes die Beine ausgerichtet ❷, die Move-Hub-LED auf blaues Licht eingestellt ❸ und die Variable *c*, die als *Wortzähler* fungiert, auf 0 zurückgesetzt ❹. Der Block **Auf Lautstärke warten** ❺ hält das Programm an, bis ein Geräusch mit einer Lautstärke von mehr als 5 erkannt wird (wahrscheinlich das erste Wort eines Befehls). Der Move Hub leuchtet jetzt rot ❻, um anzuzeigen, dass der Roboter zuhört, und die Variable *t*, unsere Stoppuhr (*Timer*) wird auf 0 zurückgesetzt ❼.

Der im Abschnitt »Wörter zählen« auf S. 234 beschriebene Vorgang läuft in der **While-true-Schleife** ❽ ab, die ausgeführt wird, solange der Wert von *t* kleiner als 4 ist. Das ist der zeitliche Grenzwert (*Timeout*), den du je nach der Verarbeitungsgeschwindigkeit deines Geräts möglicherweise neu einstellen musst. Auf dem Tablet, auf dem ich das Programm getestet habe, sorgte der Wert 4 dafür, dass der Roboter auf eine Pause von mehr als einer Sekunde wartet. Wenn dein Gerät schneller ist, musst du den Timeout-Wert unter Umständen auf 6 oder 7 setzen.

Innerhalb der **While-true-Schleife** ❽ prüft ein Schalterblock ❾, ob die Lautstärke größer als 5 ist. Wird ein Klang erkannt, wird der Wahr-Fall des Schalterblocks ausgeführt: Die Timervariable *t* wird auf 0 zurückgesetzt ❿ und der Wortzähler *c* erhöht ⓫. Anschließend wartet das Programm darauf, dass die Lautstärke zwischen den Wörtern wieder fällt ⓬. Passe die Lautstärkewerte ggf. an die Empfindlichkeit deines Mikrofons an.

Versuch 17-4

Ändere das Sprachbefehlsprogramm, sodass CYBOT auf deinen ersten Zuruf »CYBOT!« mit den Worten »Zu Diensten!« reagiert. Danach soll sich das Programm genauso verhalten wie zuvor.

Tipp: Füge in dem Programm aus Abb. 17-15 Blöcke vor dem Block **While-true-Schleife** ❽ hinzu.

Fällt die Lautstärke auf 5 oder darunter, wird die Timervariable *t* im Falsch-Fall des Schalterblocks ❾ alle 0,1 Sekunden erhöht ⓭. Auch diese Einstellung für die Pausenlänge hängt von der Geschwindigkeit des Geräts ab, auf dem die LEGO-Boost-App läuft.

Wenn der Timer abgelaufen ist, sorgt der zuvor beschriebene Aktionsblock **Befehl** ⓮ dafür, dass sich der Roboter so verhält, wie es die von der Variablen *c* ⓯ abgerufene Anzahl der Wörter verlangt.

Versuch 17-5

Ändere den Wert des numerischen Eingangs 2 im Aktionsblock **Befehl**, sodass CYBOT eine halbe Drehung vornimmt, wenn er aufgefordert wird, sich umzuwenden.

Versuch 17-6

Schreibe ein Programm, um CYBOT dadurch zu steuern, dass du farbige Fliesen vor seinen Sensor hältst. Tipp: Schlage in Kapitel 7 nach, wie das funktioniert.

Was du gelernt hast

In diesem Kapitel hast du CYBOT beigebracht, zu gehen, sich zu drehen, sich umzuschauen und zu schießen. Außerdem hast du ihn dazu programmiert, auf Streife zu gehen, seine Umgebung zu erkunden und sogar auf Sprachbefehle zu reagieren. In diesem Block hast du ausgiebig Aktionsblöcke verwendet und dir dabei eine umfangreiche Bibliothek solcher Blöcke angelegt, die du in deinen eigenen Programmen für CYBOT verwenden kannst.

Lösungen der Versuche

Hier findest du die Lösungen zu den Versuchen in diesem Buch. Wenn ein Kapitel nicht aufgeführt ist, liegt das daran, dass darin keine Versuche enthalten waren. Ist ein Versuch nicht aufgeführt, bedeutet das, dass es keine einzig wahre Antwort gibt, sondern dass du die Möglichkeiten auf eigene Faust ausprobierst.

Kapitel 2

Versuch 2-1

MARIO fährt rückwärts.

Kapitel 3

Versuch 3-1

Der Wert des Lenkrichtungseingangs muss negativ sein.

Versuch 3-2

Dauer = 2

Versuch 3-3

Geschwindigkeit = 20, Lenkrichtung = –100, Dauer = 0,5

Kapitel 5

Versuch 5-1

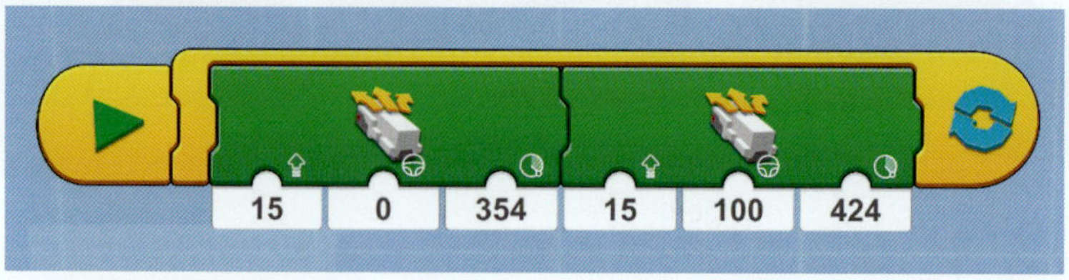

Versuch 5-2

Wenn sich ein Roboter auf einem geschlossenen Pfad bewegt, hat er am Ende immer die gleiche Ausrichtung wie am Anfang. Das bedeutet, dass er sich insgesamt um 360° dreht. Da ein Dreieck drei Seiten hat, muss sich der Roboter an den Ecken eines dreieckigen Pfads also jeweils um 360° / 3 = 120° drehen. Daher musst du den Winkelparameter auf 120° x 120 / 51 = 282° setzen. Der Schleifenblock muss die Sequenz dreimal ausführen.

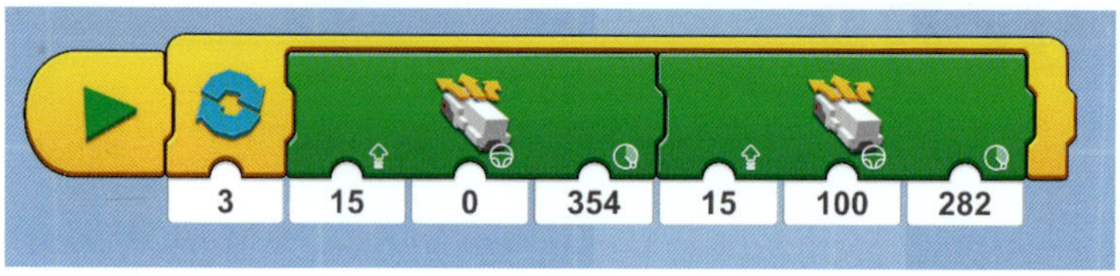

Versuch 5-3

Auch hier bewegt sich der Roboter auf einem geschlossenen Pfad und muss sich daher insgesamt um 360° drehen. Da ein Sechseck sechs Seiten hat, muss sich der Roboter an den Ecken eines sechseckigen Pfads also jeweils um 360° / 6 = 60° drehen. Daher musst du den Winkelparameter auf 60° x 120 / 51 = 141° setzen. Der Schleifenblock muss die Sequenz sechsmal ausführen.

Kapitel 6

Versuch 6-2

Eine mögliche Lösung sieht wie folgt aus:

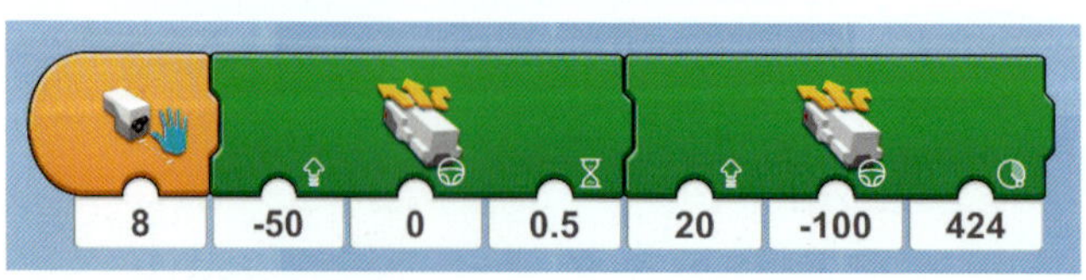

Kapitel 7

Versuch 7-2

Gelb, gelb

Versuch 7-3

Feuer: Gelb, gelb, gelb, grün, gelb
Blauer Bereich: Gelb, gelb, gelb, gelb, gelb

Kapitel 8

Versuch 8-2

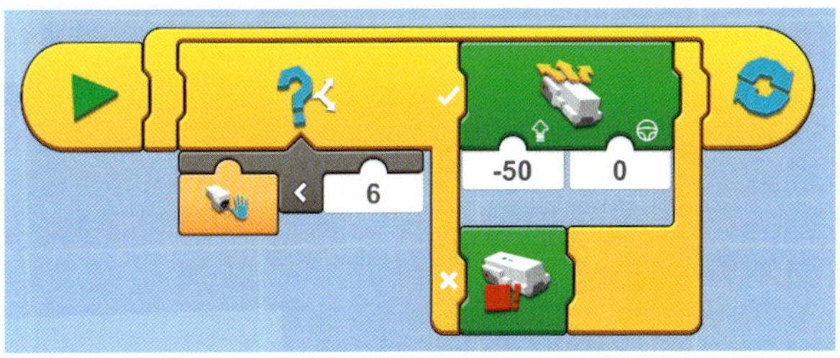

Versuch 8-3

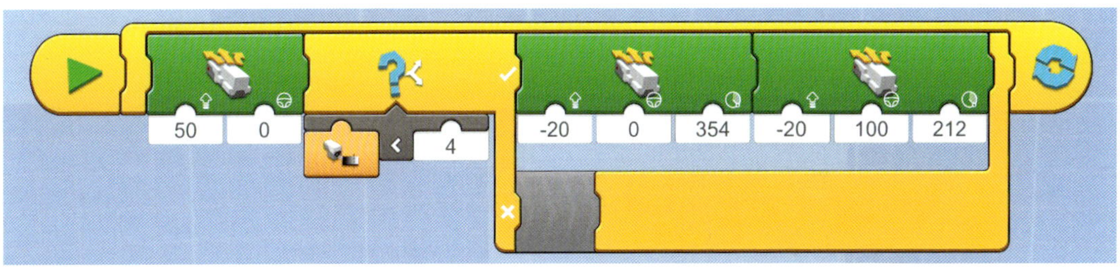

Versuch 8-4

Dieses Programm:

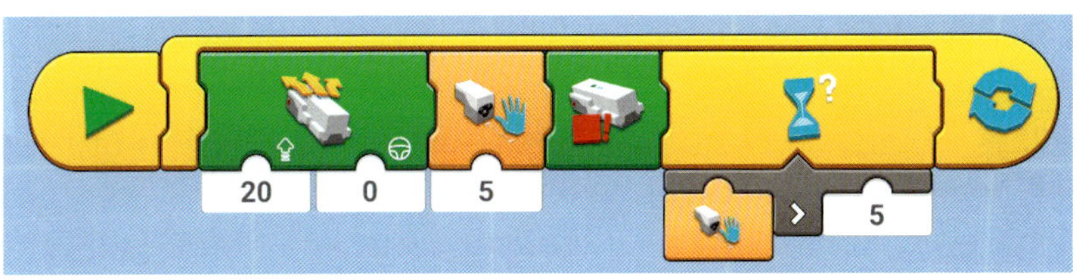

funktioniert genauso wie dieses:

Versuch 8-5

Versuch 8-6

Versuch 8-7

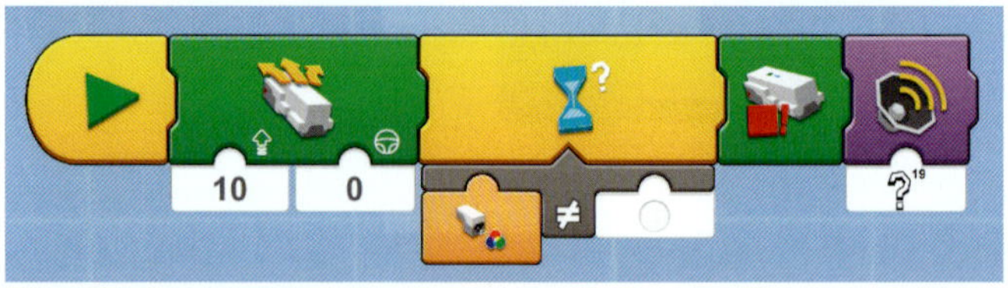

Versuch 8-8

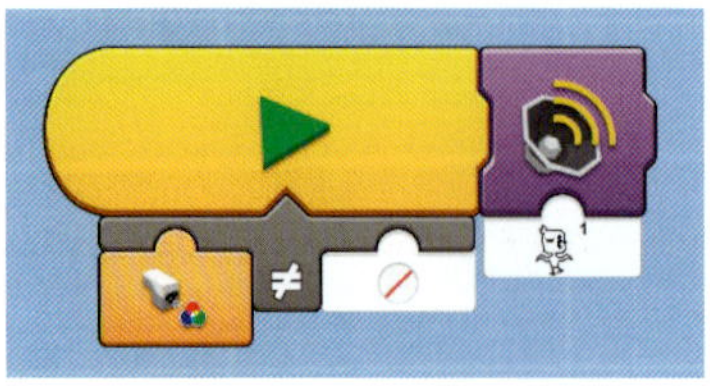

Versuch 8-9

Versuch 8-10

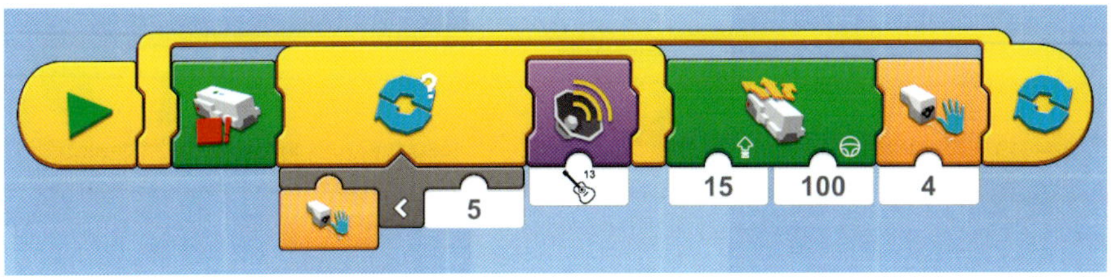

Kapitel 9

Versuch 9-2

Damit der Roboter der Wand zu seiner Linken folgt, musst du in der Sequenz des Proportionalcontrollers den Wert von K im zweiten Eingang des Blocks **Operator Multiplikation** auf -10 ändern. In der Sequenz für Ecken änderst du das Vorzeichen der Lenkrichtungseingänge aller Blöcke vom Typ **Steuerradlenkung der Antriebsbasis für eine Entfernung**.

Versuch 9-4

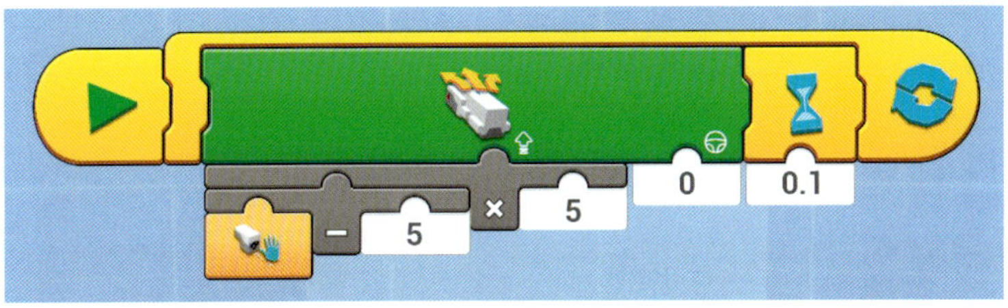

Beachte, dass der Roboter nicht ganz zum Stillstand kommt, wenn er den richtigen Abstand erreicht hat, sondern sich ein bisschen vor und zurück bewegt. Das liegt an der Verzögerung bei der Übertragung (siehe »Probleme durch verzögerte Übermittlung« auf S. 71 in Kapitel 8). Ein Verzicht auf die Pause von 0,1 Sekunde wird keine Abhilfe schaffen!

Kapitel 10

Versuch 10-1

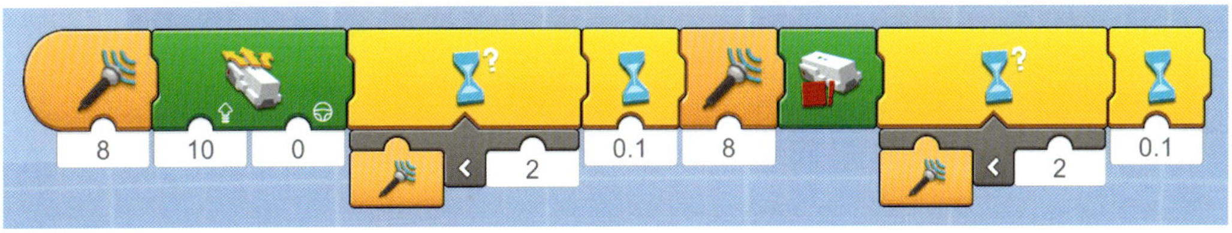

Versuch 10-2

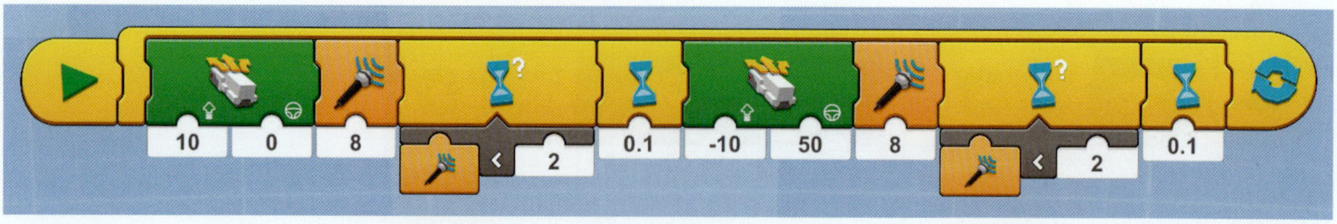

Um sicherzustellen, dass jedes Geräusch getrennt wahrgenommen wird, muss auf jeden Block vom Typ **Auf Lautstärke warten** der Block **Auf wahr warten** folgen, der darauf wartet, dass die Lautstärke wieder unter einen niedrigen Wert fällt (in diesem Beispiel ist das der Wert 2).

Versuch 10-3

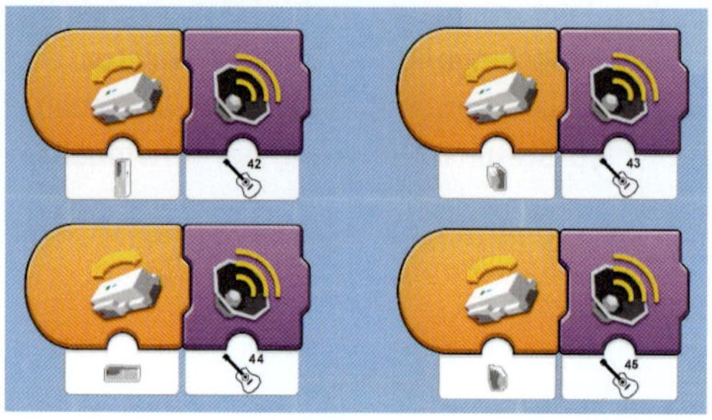

Versuch 10-4

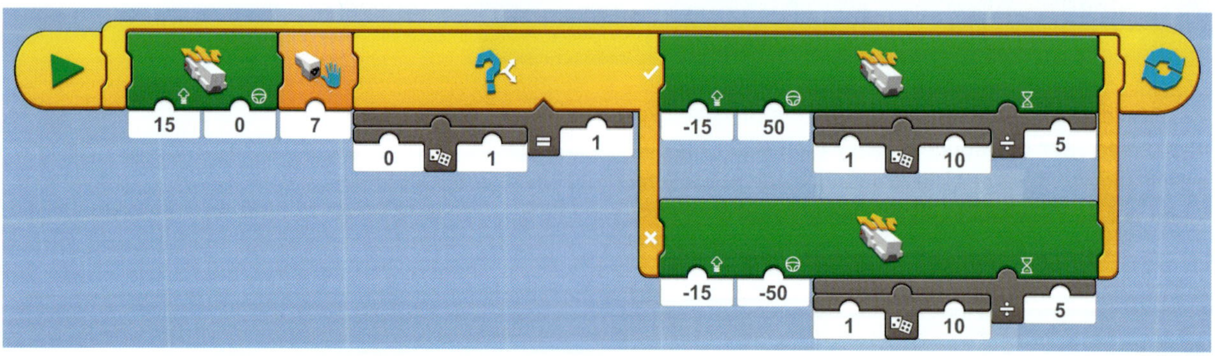

Versuch 10-5

Ändere die beiden Eingänge des Blocks **Operator Zufall**, der an den Klangblock angeschlossen ist.

Kapitel 11

Versuch 11-1

Gib genau die Werte ein, um die sich der Kopf drehen soll, ohne die aktuelle Stellung des Kopfs zu berücksichtigen, also 45, –90 und 0.

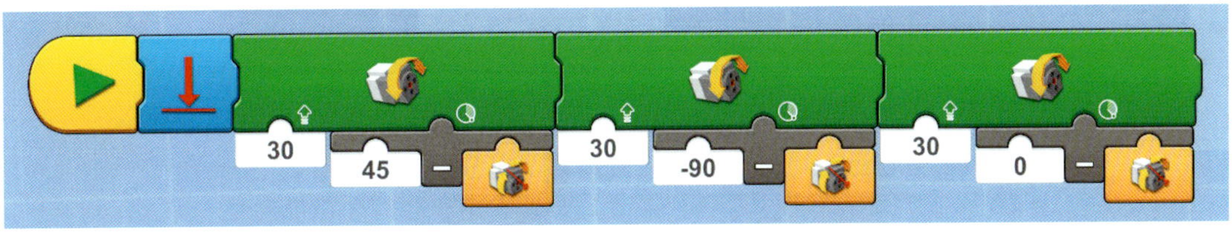

Versuch 11-2

60, –60, 0

Versuch 11-3

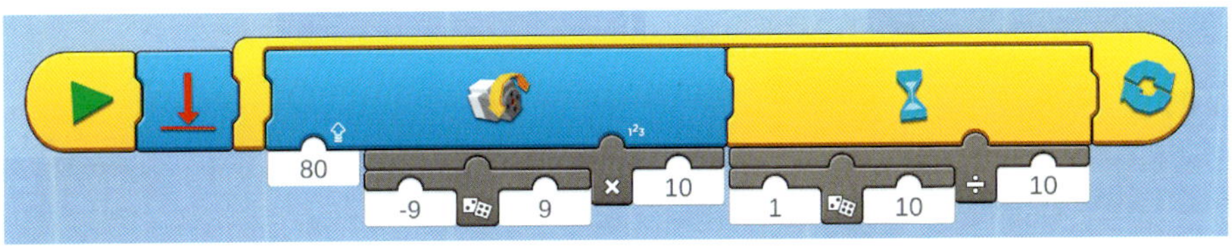

Kapitel 12

Versuch 12-1

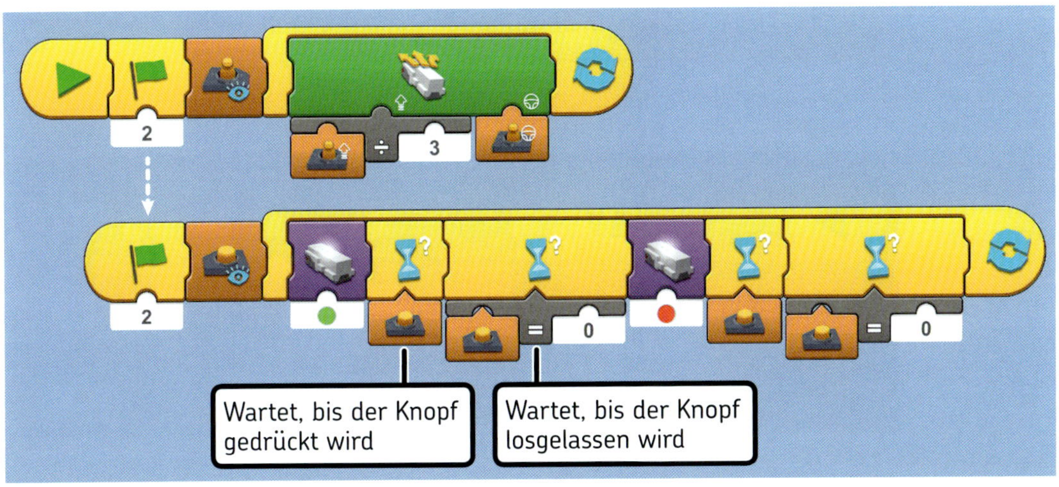

Versuch 12-2

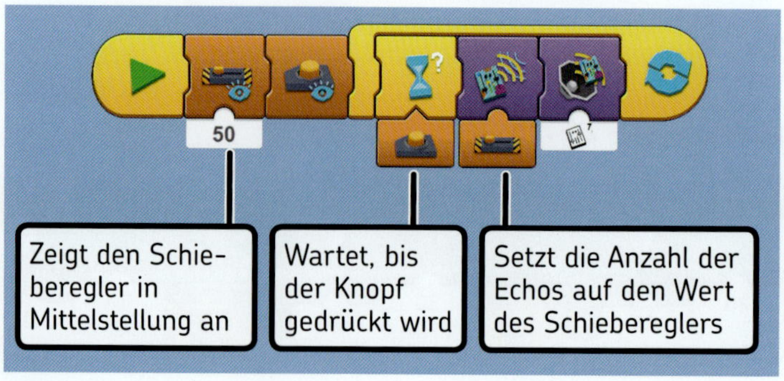

Versuch 12-3

Versuch 12-4

Das obere Bild zeigt das Programm für MARIOs Feuerlöschspiel. Darunter siehst du den neuen Aktionsblock **FahreZuFarbe**.

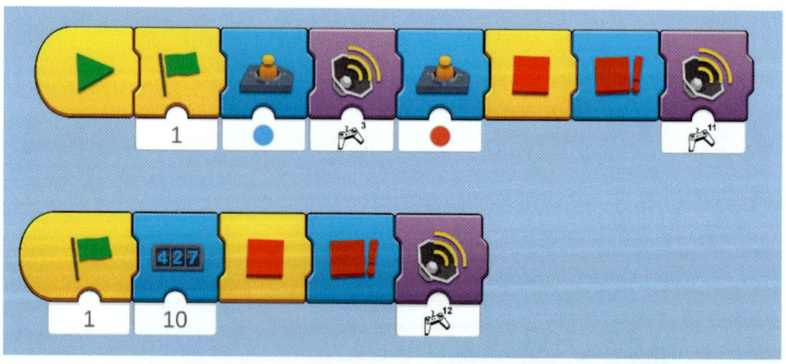

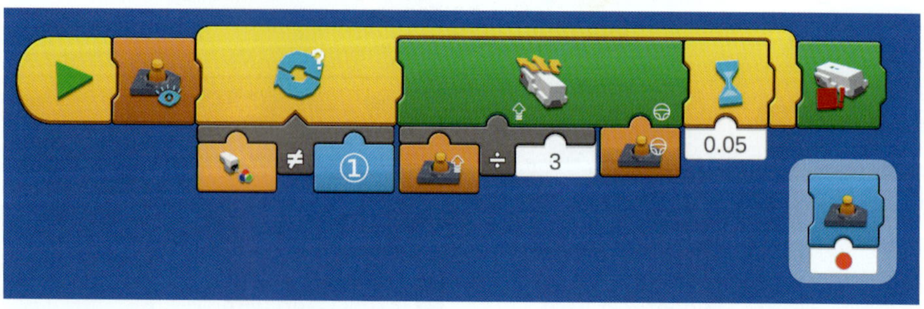

Kapitel 15

Versuch 15-1

Füge im Schalterblock vor dem Block **LED-Farbe Hub** einen Klangblock ein, der das Tiergeräusch 1 () abspielt.

Versuch 15-2

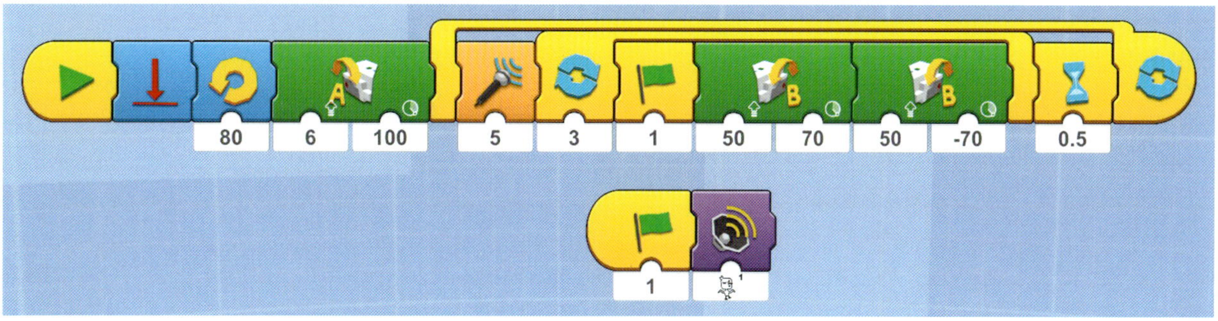

Versuch 15-3

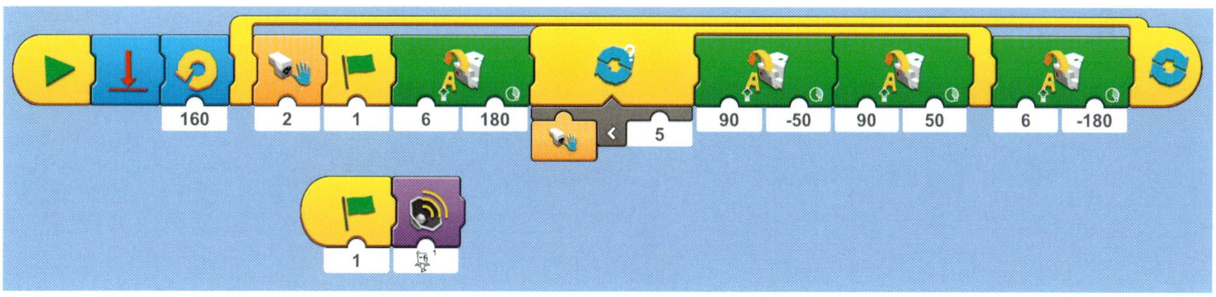

Kapitel 17

Versuch 17-1

Versuch 17-2

Ersetze in der vorstehenden Lösung den Block **Schleife für Anzahl Wiederholungen** durch den Block **Endlosschleife** und ändere den Eingang des Aktionsblocks **DrehungRechts** auf 6.

Versuch 17-5

Ändere den Wert von Eingang 2 von 3 auf 6.

Index

Q

R

S

T

U

V

W

Y

Z

Christoph Ruge · Hilke Krasemann
Henry Krasemann · Michael Friedrichs

Eigene LEGO®-Modelle programmieren

**Mit Bauanleitungen für neue Modelle
Für Powered Up, BOOST und Control+**

2021
212 Seiten, Broschur
€ 26,90 (D)

ISBN:
Print 978-3-86490-799-9
PDF 978-3-96910-054-7
ePub 978-3-96910-055-4
mobi 978-3-96910-056-1

Auf *dpunkt.de* auch als Bundle (Print & E-Book) erhältlich.

Motoren und -Sensoren von LEGO erwecken die berühmten Bausteine durch Bewegung, Licht und Sound zum Leben. Das Autorenteam gibt dir einen Überblick, welche Teile der verschiedenen LEGO-Produktlinien Boost, Control+ und Powered UP miteinander eingesetzt werden können und stellt die neue Elektronik-Generation von LEGO vor.

Für das Buch hat sich ein außergewöhnliches Autorenteam zusammengefunden: Henry Krasemann begeistert mit seinem Youtube-Kanal *Klemmbausteinlyrik* seit Jahren LEGO-Fans, Michael Friedrichs ist bekannt über die LEGO-Tipps bei *Promobricks.de* und Christoph Ruge zählt zu den erfolgreichsten deutschsprachigen LEGO-Designern (er entwarf u.a. das LEGO-Modell der Internationalen Raumstation ISS).

Der Überblick über die Programmierblöcke für LEGO® BOOST, Powered UP und Control+, mit denen Modelle gesteuert werden, bietet dir eine große Erleichterung beim selbständigen Bau mit Motoren und Sensoren. Viele Illustrationen und drei exklusive neue Modelle zeigen dir zudem die Möglichkeiten ihrer Steuerung per App.

»Die leicht nachvollziehbare Darstellung und das übersichtliche Layout machen es selbst jüngeren Kindern und Einsteigern leicht, den Zugang zu Programmierung und Technik zu finden und die eigenen LEGO-Modelle zum Leben zu erwecken.«
ekz.bibliotheksservice, Januar 2021

dpunkt.verlag
www.dpunkt.de